“十三五”江苏省高等学校重点教材（编号：2019-1-010）

教育部经济管理类主干课程教材

审计系列

IT Auditing

计算机审计

（第2版）

陈 伟 编著

中国人民大学出版社

· 北京 ·

序　言

随着信息技术的飞速发展和广泛应用，信息化成为当今世界经济和社会发展的大趋势，信息技术及其应用已经渗透到经济和社会的各个领域。审计是党和国家监督体系的重要组成部分，中央审计委员会的成立，强调更好发挥审计在党和国家监督体系中的重要作用。中共中央总书记、国家主席、中央军委主席、中央审计委员会主任习近平2018年5月23日在主持召开的中央审计委员会第一次会议上指出，“要坚持科技强审，加强审计信息化建设”。由此，加快审计信息化建设，创新审计理念、方法与技术越来越重要。

我国高度重视审计信息化。审计署第四任审计长李金华曾指出，审计人员不懂得计算机审计知识和技术，将失去审计的资格。早在1998年，审计署党组向国务院提出建设审计信息化系统的建议，2002年国家计委正式批准“金审工程”开工，随后“金审工程”被列为国家“十五”期间首先启动的12个“金”字号电子政务重大工程之一。20多年来，在审计署党组的正确领导和周密部署下，信息技术与审计业务的有机融合不断增强，审计信息技术支持和保障水平快速发展，提升了信息化条件下的审计监督能力。审计署第五任审计长刘家义曾指出，中国审计的根本出路在于信息化，而信息化的基础是数字化。面对大数据时代的到来，审计署胡泽君审计长在2018年1月召开的全国审计工作会议上指出“积极推进大数据审计”。2015年12月，中共中央办公厅、国务院办公厅印发《关于实行审计全覆盖的实施意见》，指出创新审计技术方法是实现审计全覆盖的一个重要手段。

推进审计信息化，既需要政府的积极推动和引导，也需要广大教育工作者、科技工作者的广泛参与。加强审计信息化理论研究，培养审计信息化人才，服务于我国的审计信息化建设，是每个审计教育工作者、科技工作者的责任。南京审计大学一直重视审计信息化的科研、教学与社会服务工作。本书作者长期从事审计信息化领域的科研、教学与社会服务工作，近年主持了多项国家自然科学基金项目以及10多项教育部人文社会科学研究项目等省部级课题；参与完成了审计署承担的国务院“金审工程”、国家863计划“计算机审计数据采集与处理技术”、国家科技支撑计划“审计行业信息智能处理分析与预警系统及其应用”等多项课题；发表了数十篇审计信息化方向的学术论文；研发了多项具有自主知识产权的审计软件；出版了《大数据审计理论、方法与应用》《计算机审计》《审计信息化》《联网审计技术方法与绩效评价》《电子数据审计模拟实验》《计算机辅助审计原理及应用》等多部著作，相关著作被国内数百所高校选作教材。

为了更好地普及和推广计算机审计理论与方法，培养计算机审计人才，满足我国审计信息化快速发展的需要，在第 1 版的基础上，本书作者撰写了《计算机审计》（第 2 版）。这本书是作者多年从事审计信息化科研、教学和实践工作的系列成果之一，系统地分析了计算机审计的理论体系和相关内容，介绍了计算机审计的最新理论前沿和热点问题，如大数据审计等。设计的 6 个实验模块涵盖了本书的理论内容，满足了实践教学的需要。相信《计算机审计》（第 2 版）的出版对我国审计学科的建设与发展，以及在我国培育一批信息时代高素质的审计人才具有重要意义。

南京审计大学党委书记、教授

中国审计学会副会长、审计教育分会会长

中国内部审计协会副会长

前 言

审计对象的信息化使得审计信息化成为必然，大数据时代的到来对审计方式、方法产生了重要影响。传统的手工审计方式已不能满足目前信息化环境的需要。我国高度重视审计信息化工作。中共中央总书记、国家主席、中央军委主席、中央审计委员会主任习近平2018年5月23日在主持召开的中央审计委员会第一次会议上指出，“要坚持科技强审，加强审计信息化建设”。审计署第四任审计长李金华曾指出，审计人员不懂得计算机审计知识和技术，将失去审计的资格；领导不懂得计算机审计，将失去领导资格。审计署第五任审计长刘家义曾指出，中国审计的根本出路在于信息化。

伴随着审计信息化浪潮，作者从教15年来一直致力于审计信息化方向的科研、教学与社会服务工作。近年来，大数据审计的研究与应用得到迅速发展，审计署胡泽君审计长在2018年1月召开的全国审计工作会议上指出“积极推进大数据审计”。本书与时俱进，对第1版的内容进行更新。本书第2版是作者根据财经类高校开设计算机审计课程的需要，结合作者承担的多项科研项目以及审计项目，在已出版的《大数据审计理论、方法与应用》《计算机审计》《计算机辅助审计原理及应用》《审计信息化》《电子数据审计模拟实验》《联网审计技术方法与绩效评价》等多部著作的基础上，结合目前计算机审计的最新发展，以通俗的语言系统地分析计算机审计，目的是让即使没有较多专业背景的读者也能学会计算机审计。

内容

计算机审计是目前国内审计信息化领域使用最多的一个术语。什么是计算机审计？目前国内没有统一的定义，国外一般使用IT审计或计算机辅助审计技术（CAATs）等概念。根据国内对“计算机审计”一词的使用情况，可以把计算机审计的含义总结如下：计算机审计是与传统审计相对称的概念，它是随着计算机技术的发展而产生的一种新的审计方式，其内容包括利用计算机进行审计和对计算机系统进行审计。由此可见，计算机审计的内涵和IT审计的内涵相似。因此，本书就从电子数据审计和信息系统审计两个方面介绍计算机审计。

本书力求全面反映该领域国内外最新成果。在内容安排上：第1章内容属于基础篇，供读者掌握计算机审计的基础理论知识，这一部分首先分析了为什么要学习计算机审计，然后分析了国内外关于计算机审计的研究与应用现状；在此基础上，第2～5章结合案例重点分析了电子数据审计；第6章讲解了信息系统审计；第7章内容属于高级篇，供读者了解计算机审计的最新理论前沿，特别是最新的热点问题，如大数据审计等；第8章内容属于实践篇，基于Excel，Access，SQL Server，IDEA以及电子数据审计模拟实验室软件V1.0，设计了5个电子数据审计的实验模块、1个信息系统审计的实验模块，以便各高校在不同环境下都能很好地开设实验课程。

特色

作为一本高等学校的教材，仅仅介绍如何应用某一审计软件或某一数据库工具来开展计算机审计是不够的，还需要有相应的系统的理论知识。本书是作者在多项国家级和省部级课题研究、多年高校教学实践与审计行业实务培训、承担和参与多项大型实际审计项目的基础上完成的，紧扣目前我国开展的计算机审计的现状和特点，在介绍国内外关于计算机审计研究现状的基础上，结合案例，系统地分析计算机审计的基本概念、基本原理以及基本技术方法。书中设计了6个实验模块，满足了各种条件下开设实验课程的需要。此外，本书还系统地介绍了持续审计、联网审计特别是大数据审计等计算机审计的最新理论知识。因此，本书具有前沿性、系统性、可操作性、理论联系实际等特点。本书可作为高等院校相关专业的学生学习计算机审计的实务教材，也可作为审计从业人员学习计算机审计的教材。

书中的案例均为作者根据所承担和参与的实际审计项目修改而成，未经许可，请勿引用转载。

对象

本书可作为高等学校审计、会计、财务管理等专业的教材，供本科生、研究生两个层次使用，同时可作为审计从业人员的专业培训教材和业务学习资料，以及审计专业人士、审计科技工作者的参考书。

致谢

本书的撰写得到了南京审计大学以及审计署等审计实务部门领导和专家的大力支持，审计署电子数据审计司的邵永春司长、审计署上海特派办的鲍朔望特派员等以及国内高校的审计专家对本书写作的指导思想和框架结构提出了许多中肯的意见。

本书相关内容的研究先后得到了国家自然科学基金（项目编号：71572080，70971068，70701018）、教育部人文社会科学研究项目（项目编号：14YJAZH006，08JC630045）、教育部留学回国人员科研启动基金（项目编号：教外司留〔2012〕940号）、中国博士后科学基金（项目编号：20060390281）、江苏省社会科学基金（项目编号：13GLC016）、江苏省“六大人才高峰”高层次人才项目（项目编号：2014-XXRJ-015）、江苏省高校“青蓝工程”中青年学术带头人项目（项目编号：苏教师〔2010〕27号）以及江苏省“333高层次人才工程”等项目的资助。

中国人民大学出版社对本书的出版给予了大力的支持，在此一并表示感谢！

本书的相关教学材料、实验数据、教学软件，可与本人联系（Email:chenweich@nau.edu.cn）。本书不足之处，恳请读者不吝赐教指正，作者将在下一版中进一步完善。

陈　伟

目 录

第 1 章　绪　论 ······ 1

1.1　为什么要学习计算机审计 ······ 1

1.2　计算机审计相关概念分析 ······ 5

1.3　国内计算机审计的研究与应用情况 ······ 9

1.4　国外计算机审计的研究与应用情况 ······ 12

1.5　本书的内容与结构 ······ 18

1.6　本章小结 ······ 19

第 2 章　电子数据审计 ······ 20

2.1　概　述 ······ 20

2.2　电子数据审计简介 ······ 20

2.3　审计数据采集 ······ 23

2.4　审计数据预处理 ······ 29

2.5　审计数据分析 ······ 34

2.6　审计数据验证 ······ 38

2.7　电子数据审计国内现状分析 ······ 41

2.8　本章小结 ······ 49

第 3 章　基于电子表格软件的电子数据审计 ······ 51

3.1　概　述 ······ 51

3.2　电子表格软件 Microsoft Excel 简介 ······ 51

3.3　基于 Microsoft Excel 的审计数据采集 ······ 53

3.4　基于 Microsoft Excel 的审计数据分析 ······ 65

3.5　本章小结 ······ 71

第 4 章　基于数据库工具的电子数据审计 ······ 72

4.1　概　述 ······ 72

4.2　基于数据库工具的电子数据审计基础知识 ······ 72

4.3　基于 Microsoft Access 的电子数据审计 ······ 82

4.4 基于 SQL Server 的电子数据审计 …… 111
4.5 本章小结 …… 133
第5章 基于审计软件的电子数据审计 …… 134
5.1 概 述 …… 134
5.2 国内外审计软件概况 …… 135
5.3 基于 IDEA 的电子数据审计 …… 149
5.4 基于电子数据审计模拟实验室软件的电子数据审计 …… 187
5.5 本章小结 …… 240
第6章 信息系统审计 …… 241
6.1 概 述 …… 241
6.2 信息系统审计简介 …… 241
6.3 信息系统一般控制及审计 …… 244
6.4 信息系统应用控制及审计 …… 256
6.5 IT 治理审计 …… 262
6.6 信息系统审计准则与规范 …… 265
6.7 本章小结 …… 268
第7章 计算机审计前沿 …… 269
7.1 概 述 …… 269
7.2 持续审计 …… 269
7.3 联网审计 …… 276
7.4 大数据审计 …… 282
7.5 本章小结 …… 298
第8章 计算机审计模拟实验 …… 299
8.1 实验模块一（基于 Microsoft Excel 2007） …… 299
8.2 实验模块二（基于 Microsoft Access 2007） …… 302
8.3 实验模块三（基于 SQL Server 2008） …… 307
8.4 实验模块四（基于 IDEA 8） …… 311
8.5 实验模块五（基于电子数据审计模拟实验室软件 V1.0） …… 318
8.6 实验模块六（信息系统审计） …… 323

附录A 实验所用数据 …… 325
附录B 术语表 …… 330
参考文献 …… 333

第1章

绪　论

学习目标

- 理解学习计算机审计的重要意义
- 熟悉信息技术与组织业务之间的重要关系
- 熟悉计算机审计的相关术语
- 了解国内外计算机审计研究与应用情况
- 熟悉常用的计算机辅助审计技术
- 掌握数据库的相关知识

1.1　为什么要学习计算机审计

1.1.1　审计与审计证据

审计作为一种独立的经济监督活动，一直受到各个国家的重视。随着我国改革开放和社会主义经济建设事业的蓬勃发展，审计监督的地位和作用越来越重要。2018年5月23日，中共中央总书记、国家主席、中央军委主席、中央审计委员会主任习近平在主持召开的中央审计委员会第一次会议上指出，审计是党和国家监督体系的重要组成部分。审计机关成立30多年来，在维护国家财政经济秩序、提高财政资金使用效益、促进廉政建设、保障经济社会健康发展等方面发挥了重要作用。①

简单地讲，审计实质上就是不断收集、鉴定和综合运用审计证据的过程。审计证据是指审计机关和审计人员获取的用以说明审计事项真相、形成审计结论基

① 习近平：加强党对审计工作的领导 更好发挥审计在党和国家监督体系中的重要作用. 中国共产党新闻网，2018-05-24.

础的证明材料。

一般来说，审计证据有下列几种：

（1）书面证据，即以书面形式存在并证明审计事项的证据。

（2）实物证据，即以实物形式存在并证明审计事项的证据。

（3）电子审计证据，即以录音录像或者计算机存储、处理的证明审计事项的视听或者电子数据资料。

（4）口头证据，即与审计事项有关人员提供的口头证据。

（5）专门机构或者专门人员的鉴定结论和勘验笔录。

（6）其他证据。

各种审计证据可用来实现各种不同的审计目标，审计人员形成任何审计结论和意见，都必须以合理、充分的审计证据为基础。由此可见，审计证据对审计人员而言事关重大，它贯穿独立审计的全过程，是形成审计意见的依据。因此，审计人员必须注重选择审计证据，保证审计质量，以降低审计风险。

1.1.2 常用审计方法

一般来说，审计人员常用的审计方法如下。

1. 检查法

检查法是指对相关文件、资料进行审查，或者对有形资产进行审查，以发现相关问题。

2. 观察法

观察法是指查看相关人员正在从事的活动或者执行的程序。

3. 重新计算法

重新计算法亦称复算法或验算法，是指通过对有关数据指标进行重新计算，以验证其是否正确、可靠的审计技术。

4. 外部调查法

外部调查法是指向与审计事项有关的第三方进行调查，以证实某些问题的一种审计确认方法。

5. 分析法

分析法是指研究财务数据之间、财务数据与非财务数据之间可能存在的合理关系，对相关信息做出评价，并关注异常波动和差异的方法。

6. 鉴定法

鉴定法是指对某些审计事项检查需要的技能超出了审计人员的正常业务范围，聘请专门人员运用专门方法进行检测以获取审计证据的一种审计技术。鉴定法是一种证实问题的方法，不是审计的专门技术，但却是必不可少的技术。鉴定法多用于一些涉及较多专门技术问题的领域，以及难以判别真实情况的一般审计事项。

1.1.3 信息化环境给传统审计带来挑战

在我国，20世纪80年代，以查账为主要手段的审计职业遇到了信息技术的挑战。金融、财政、海关、税务、民航、铁道、电力、石化等重要行业开始广泛运用计算机、数据库、网络等现代信息技术进行管理，国家机关、企事业单位信息化趋向普及。信息技术与组织业务的关系可简单描述为图 1－1。可见，信息技术对一个组织的运行起着至关重要的作用。以银行为例，目前银行的业务运行都离不开信息技术的支持，银行的相关信息系统有存款系统、贷款系统、资金交易系统、国际业务系统、身份识别系统、理财资产管理系统、信用风险管理系统、信用卡审批影像平台等，还有当前流行的手机银行系统、直销银行系统、微信银行系统等。2018 年 4 月，国内第一家无人银行在上海正式开业。

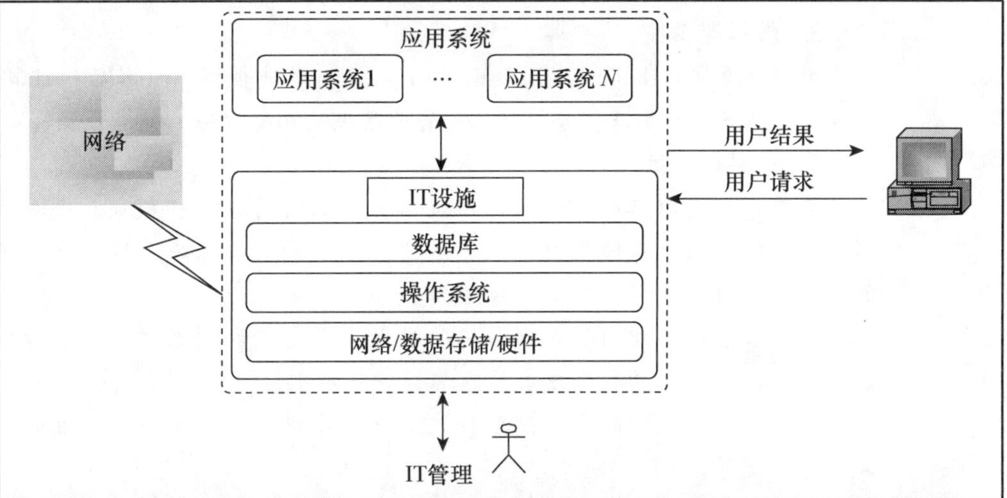

图 1－1　信息技术与组织业务的关系

不难发现，信息化环境对审计工作产生了巨大的影响，以查账为主要手段的审计职业遇到了信息技术的挑战。审计对象的信息化客观上要求审计机关的作业方式必须及时做出相应的调整，运用信息技术全面检查被审计单位的经济活动，发挥审计监督的应有作用。因此，利用信息技术开展审计工作成为必然。而审计人员为了适应现今信息时代的需要，必须使用计算机审计技术来完成审计任务。不懂得计算机审计技术，审计工作将难以开展。因此，掌握计算机审计技术对于审计人员来说非常重要。2018 年 5 月 23 日，中共中央总书记、国家主席、中央军委主席、中央审计委员会主任习近平在主持召开的中央审计委员会第一次会议上指出，要坚持科技强审，加强审计信息化建设。[①]

数据库的相关知识

1. 数据库

数据库（database，DB）就是为了实现一定的目的按某种规则组织起来的

① 习近平：加强党对审计工作的领导 更好发挥审计在党和国家监督体系中的重要作用. 中国共产党新闻网，2018-05-24.

“数据”的集合。

2. 数据库管理系统

数据库管理系统（database management system，DBMS）是位于用户与操作系统之间的一种数据管理软件，它为用户或应用程序提供访问数据库的方法，包括数据库的创建、查询、更新及各种数据控制。

数据库管理系统都是基于某种数据模型，可以分为层次模型（hierarchical model）、网状模型（network model）、关系模型（relational model）和面向对象模型（object oriented model）等。

3. 数据库系统

数据库系统（database system，DBS）是指引进数据库技术后的计算机系统，包括硬件系统、数据库集合、数据库管理系统及相关软件、数据管理员和用户。

4. 关系数据库

关系模型是用二维表格结构来表示实体之间的联系的模型。关系模型概念简单、清晰，用户易懂易用，有严格的数学基础，数据库系统大多是关系模型的。关系数据库中常用的概念介绍如下：

（1）表。表是组织和存储数据的对象，它由行和列组成。数据库实际上是表的集合，数据库的数据或者信息都存储在表中。

（2）字段。表中的每一列数据就是一个字段，字段有自己的属性，如字段大小、类型等。

（3）记录。表中的每一行数据叫作一个记录。每一个记录包含这行中的所有信息，但记录在数据库中并没有专门的记录名，常常用它所在的行数表示这是第几个记录。

（4）值。数据库中存放在表的行列交叉处的数据叫作值，它是数据库中最基本的存储单元。

相关概念的实例如图1-2所示。

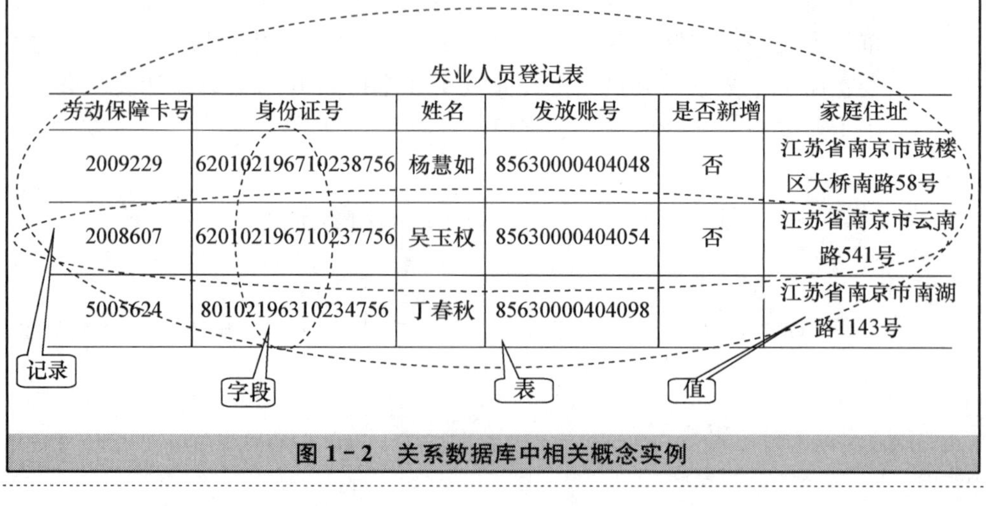

图1-2 关系数据库中相关概念实例

1.1.4 计算机审计的内容

如前面所述，目前审计人员可以采用检查法、观察法、重新计算法、外部调查法、分析法、鉴定法等收集审计证据。信息化环境下，审计证据的获取更多是通过采用计算机技术对被审计电子数据的分析来完成的，也就是说，通过对被审计数据的分析，发现可疑数据，并通过对可疑数据进行确认，最终获取审计证据。因此，信息化环境下，电子审计证据成为一种重要的证据形式。电子审计证据（electronic audit evidence，EAE）是指任何生成的、传递的、经过处理的、记录的以及（或者）是以电子形式保存的用来支持审计报告内容的信息，这些信息仅能通过使用合适的设备和技术（例如计算机、软件、打印机、扫描仪、传感器或磁质媒介等）来获得。电子审计证据包括会计记录、原始文档、日记账和总账、支持性文件和其他任何形式的以电子形式存在的可为审计使用的数据或信息。

此外，信息化环境下，除了通过审计电子数据获得审计证据之外，审计被审计单位的信息系统，即信息系统审计，也是目前开展审计工作的一项重要内容。比如，《中华人民共和国国家审计准则》（2010）第六十二条和第七十六条指出了信息系统审计的重要性。

> 第六十二条　审计人员可以从下列方面调查了解被审计单位信息系统控制情况：
>
> （一）一般控制，即保障信息系统正常运行的稳定性、有效性、安全性方面的控制；
>
> （二）应用控制，即保障信息系统产生的数据的真实性、完整性、可靠性等方面的控制。
>
> 第七十六条　审计人员认为存在下列情形之一的，应当检查相关信息系统的有效性、安全性：
>
> （一）仅审计电子数据不足以为发现重要问题提供适当、充分的审计证据；
>
> （二）电子数据中频繁出现某类差异。

分析到这里，不难发现，目前计算机审计可以归纳成两部分内容：

（1）电子数据审计；

（2）信息系统审计。

因此，本书就从以上两个方面介绍计算机审计。

1.2 计算机审计相关概念分析

随着信息技术在审计领域的应用，在审计理论界和实务界出现了一系列相应的术语，本节对一些典型的术语进行整理和分析，以便为后面的学习打下基础。

1. IT 审计

随着信息技术的发展，组织的运行越来越依赖于信息技术（information technology，IT）。信息化环境下信息技术不但成为审计的工具，即计算机辅助审计技术（computer assisted audit technologies，CAATs），而且成为审计的对象。因此，IT 审计（IT audit 或 IT auditing）成为审计领域研究与应用的热点，IT 审计所包括的主要内容可简要归纳为图 1-3。

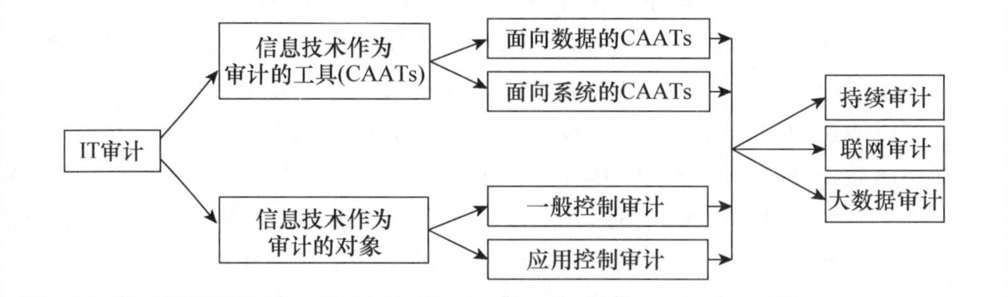

图 1-3 IT 审计的主要内容

2. 计算机审计

计算机审计在国内学术界有多种叫法，有时也称 EDP 审计、电算化审计、信息系统审计等；有的文献认为计算机审计包括对计算机管理的数据进行检查以及对管理数据的计算机进行检查；有的文献认为，无论是对计算机信息系统进行审计还是利用计算机辅助审计，都统称为计算机审计，或者说，计算机审计包括计算机系统作为审计的对象和作为审计的工具两个方面。根据国内对“计算机审计”一词的使用情况，可以把计算机审计的含义总结如下：

计算机审计是与传统审计相对称的概念，它是随着计算机技术的发展而产生的一种新的审计方式，其内容包括利用计算机进行审计和对计算机系统进行审计。由此可见，计算机审计的内涵和 IT 审计的内涵相似。

3. 计算机辅助审计

如同计算机辅助制造（computer aided manufacturing，CAM）、计算机辅助设计（computer aided design，CAD）等概念一样，计算机在审计领域中的辅助应用称为计算机辅助审计。审计署把计算机辅助审计理解为：“计算机辅助审计，是指审计机关、审计人员将计算机作为辅助审计的工具，对被审计单位财政、财务收支及其计算机应用系统实施的审计。”

计算机辅助审计的内容很广泛，仅仅理解为计算机在审计中的简单应用是不够的。

4. 计算机辅助审计技术

简单地讲，计算机辅助审计技术是指用来完成计算机辅助审计的技术。一些文献为了突出实现计算机辅助审计技术的工具，有时也会使用“计算机辅助审计工具与技术”（computer assisted audit tools and techniques，CAATTs）这一术语。一些文献给出了计算机辅助审计技术的定义：

（1）有的文献认为，从广义上讲，计算机辅助审计技术是指在帮助完成审计的过程中使用的任何技术。

（2）由于多数关于计算机辅助审计技术的定义仅限于用于审计计算机应用系统以及用于抽取和分析电子数据的技术，因此有的文献把计算机辅助审计技术描述为，用来直接检测一个应用系统的内部逻辑以及通过检查应用系统处理的数据来间接地评价一个应用系统逻辑的技术。

（3）有的文献认为，计算机辅助审计技术是基于计算机的技术，它能帮助审计人员提高工作效率，并有借助计算机的能力和速度提高收集审计证据效率的审计功能。

（4）有的文献认为，简单地讲，计算机辅助审计技术就是指有助于以更有效的、高效的、及时的方式进行审计的技术。

综上所述，计算机辅助审计技术可以概括为：为了满足信息化环境下审计的需要，基于计算机的用来对信息系统或信息系统处理的数据进行审计的技术。

后面将分析到，常用的计算机辅助审计技术可以分成两类：一类是用于验证程序/系统的计算机辅助审计技术，即面向系统的计算机辅助审计技术；另一类是用于分析电子数据的计算机辅助审计技术，即面向数据的计算机辅助审计技术，也可以称为电子数据审计技术。

5. 电子数据审计

对我国来说，在信息化环境下审计被审计单位的电子数据，发现大案、要案是一项重要任务，特别是政府审计。国际上也高度关注电子数据审计问题，国际内部审计师协会（Institute of Internal Auditors，IIA）2011 年发布了全球技术审计指南《数据分析技术》。可见，电子数据审计是目前国内外审计领域关注的重点。2014 年 12 月，审计署进行机构调整，增设了电子数据审计司。电子数据审计司的增设充分说明电子数据审计在我国目前审计工作中的重要性。对于电子数据审计，目前还没有明确的定义。根据该术语的使用情况，电子数据审计一般可以理解为“对被审计单位信息系统中的电子数据进行采集、预处理以及分析，从而发现审计线索，获得审计证据的过程”。

6. 信息系统审计

信息系统审计（information system audit，ISA）也是目前常用的概念，一般理解为对计算机系统的审计。信息系统审计的国际权威组织——国际信息系统审计和控制协会对信息系统审计做了如下定义：信息系统审计是收集和评估证据，以确定信息系统与相关资源能否适当地保护资产、维护数据完整、提供相关和可靠的信息、有效完成组织目标、高效率地利用资源并且存在有效的内部控制，以确保满足业务、运作和控制目标，在发生非期望事件的情况下，能够及时地阻止、检测或更正的过程。

7. 持续审计

持续审计（continuous auditing，CA）是在相关事件发生的同时或之后很短的时间内就能产生审计结果的一种审计类型。根据这一定义，把持续审计称为实时审计更为合适。此外，要实现持续审计，需要一个在线的计算机系统把审计部门和被审计部门连接起来，所以，持续审计也称为持续在线审计（continuous online auditing，COA）。

8. 联网审计

随着信息化程度的提高以及计算机网络的广泛使用，目前正在开展的联网审计（online auditing）也是持续审计的一种方式。在2004年召开的第二届计算机审计国际研讨会上，多个国家和地区的专家对联网审计的研究与应用进行了交流。印度总审计署认为，联网审计是一项技术，它可以在系统处理数据的同时，或者在处理结束后马上收集审计证据；中国香港特别行政区审计署认为联网审计就是在局域网环境下，以审计为目的的信息技术应用；波兰最高监察院认为联网审计的工作内容主要包括通过互联网实现访问被审计单位的公共数据库，并分析电子格式的文件、声明和解释。

在以上这些观点的基础上，联网审计可以归纳为：联网审计是由于网络技术在审计中的应用而形成的一种新的审计模式，它使得审计信息交流、审计证据采集和分析、审计项目管理等任务实现网络化、远程化，并且由于新的方法和工具的应用，使审计任务的性质、目标发生局部变化。

9. 大数据审计

科学研究在经历了实验科学（empirical science）、理论科学（theoretical science）、计算科学（computational science）这三个阶段后，进入数据密集型科学阶段（data-intensive science），与之相伴的是大数据（big data）时代的到来。大数据时代为计算机审计提供了机遇和挑战。研究大数据环境下的计算机审计问题具有重要的理论意义和应用价值。

目前，被审计单位信息化程度越来越高，信息系统越来越复杂，需要采集的数据量越来越大，数据类型较多，不仅仅是数据库中的结构化电子数据，还包括一些与被审计单位相关的会议记录、会议决议、办公会通知、办公文件、业务介绍、部门年度工作总结、风险分析报告、相关审计报告、政策文件、内部控制手册、信息系统使用手册等非结构化数据。因此，审计工作与大数据已经密不可分。大数据环境对审计工作来说既是机遇。又是挑战，大数据环境下需要考虑如何利用大数据技术审计电子数据、如何审计大数据环境下的电子数据、如何利用大数据技术审计信息系统、如何审计大数据环境下的信息系统等。

综上所述，大数据审计是随着大数据时代的到来以及大数据技术的发展而产生的一种新的计算机审计（审计作业信息化）方式，其内容包括大数据环境下的电子数据审计（如何利用大数据技术审计电子数据、如何审计大数据环境下的电子数据）和大数据环境下的计算机信息系统审计（如何利用大数据技术审计信息系统、如何审计大数据环境下的信息系统）两方面的内容。大数据审计所包括的主要内容可简要归纳为图1-4。

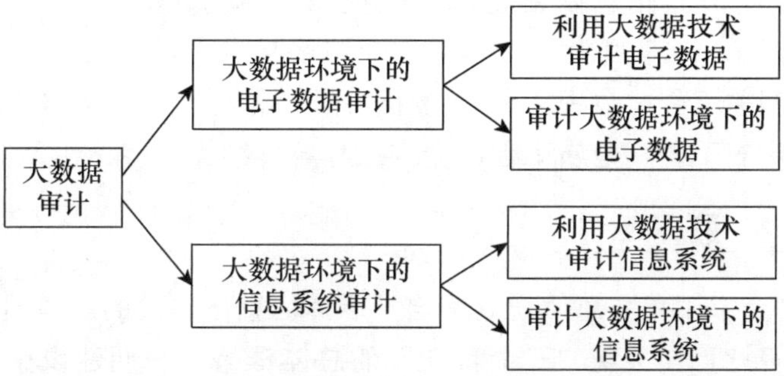

图1-4 大数据审计的主要内容

1.3 国内计算机审计的研究与应用情况

1.3.1 金审工程

如前所述，到了20世纪80年代，以查账为主要手段的审计职业遇到了计算机技术的挑战。审计对象的信息化客观上要求审计单位的作业方式必须及时做出相应的调整，运用计算机技术全面检查被审计单位经济活动，发挥审计监督的应有作用。

1998年，审计署党组根据当时的状况，认真分析了信息化条件下审计工作面临的“失去审计资格”的职业风险，于1998年年底向国务院汇报工作时提出建设审计信息化系统的建议，得到了国务院的充分肯定。1999年12月，审计署根据国务院的要求，上报了《审计信息化系统建设规划》。在国务院领导和有关部门的大力支持下，2002年7月28日，国家计委正式批准“金审工程”开工。2002年8月，《国家信息化领导小组关于我国电子政务建设指导意见》（中办发〔2002〕17号）批准“金审工程”作为我国电子政务建设的重大业务系统建设工程，列入国家“十五”期间首先启动的12个“金”字号电子政务重大工程名单。目前，“金审工程”一期和二期已经顺利完成。“金审工程”三期将在“金审工程”一期和二期的基础上，利用大数据、云计算等现代信息技术，积极推进大数据审计。

审计信息化是审计领域的一场革命。审计信息化的进一步发展必将促使审计手段发生一些重大变革。总的来说，“金审工程”建设的意义如下：

（1）审计信息化象征着审计工作将发生三个转变，即从单一的事后审计变为事后审计与事中审计相结合；从单一的静态审计变为静态审计与动态审计相结合；从单一的现场审计变为现场审计与远程审计相结合。

（2）审计信息化必将推动审计方法的改变。对被审计单位的账目逐笔审计在过去是不可想象的，但在审计信息化情况下将轻而易举。

（3）审计信息化必将推动广大审计人员思维方式的转变，增强审计人员的全局意识和宏观意识。

(4) 审计信息化必将提高审计质量，降低审计风险。

除了“金审工程”之外，“金”字号电子政务工程还包括：办公业务资源系统、金关工程、金税工程、金卡工程、金宏工程、金财工程、金盾工程、金保工程、金农工程、金质工程、金水工程，详细介绍参见相关书籍。

1.3.2 联网审计

“金审工程”总体规划确定了审计信息化建设的总体目标、审计模式、建设内容和审计工作实现“三个转变”的总体框架。一期建设中，对实现“预算跟踪＋联网核查”审计模式所采用的联网审计方式进行了试点。为更好地研究联网审计技术，为“金审工程”二期建设提供技术支持，2004年国家科技部批复了审计署申请的国家“863”计划项目——“计算机审计数据采集与处理技术”研究课题。

1. 研究目标

国家“863”计划“计算机审计数据采集与处理技术”项目的研究目标是，为有效履行信息网络环境下的审计监督，需要对网络环境下计算机审计的数据采集与处理等技术进行科学研究，包括不同网络环境下的审计组网模式、数据采集技术、清理技术、转换技术、存储技术、分析处理技术，以及各技术模型的工程化实验等方面的研究，并取得研究成果的工程化实验数据和工程经验，为“金审工程”二期设计和建设提供科技成果指导和工程建设模型。

2. 研究内容

(1) 联网审计系统组网模式研究。针对被审计单位信息系统的数据布局、网络构架、系统结构等方面的不同，需要研究采用何种方式联网，即组网模式，才能有效地采集被审计单位信息系统中的数据。重点研究集中式数据采集组网模式（例如海关大数据集中系统的数据采集）、分布式数据采集组网模式（例如银行以省为单位的数据分布式系统的数据采集）、点对点式数据采集组网模式（例如中央一级预算单位的单点系统的数据采集）等。

(2) 审计数据的采集、清理与转换技术研究。审计数据的采集、清理与转换技术主要是针对被审计单位不同的系统结构、网络结构、数据结构和业务特点，研究数据采集接口和数据采集方式，以及对原始数据的识别、转换、清理和验证等技术。

(3) 审计数据的存储与处理技术研究。审计数据的存储与处理技术主要研究海量数据的存储方式和技术、多维数据库和联机分析处理、审计分析模型和构建技术等。

(4) 联网审计系统的安全研究。联网审计系统的安全研究主要研究不同组网模式条件下数据采集的安全措施，数据传输、存储和分析处理方面的安全，应用系统的安全，网络系统的安全，以及联网审计的安全管理等。

(5) 联网审计工程化实验环境的研究和建设。为了开展联网审计组网模式、数据采集与转换、数据存储与处理、联网审计安全等技术的研究，需要搭建一个研究和实验的平台，包括网络系统、计算机设备、应用系统及安全系统的建设。

在理论研究的基础上，审计署选取一些行业开展了联网审计应用试点。

目前大数据环境下，联网审计的实现方法也随之发生变化，相关情况将在第7章中做介绍。

1.3.3 电子数据审计

如前面所述，随着信息技术的发展，组织的运行越来越依赖于信息技术。因此，一方面，信息化环境下信息技术成为审计的对象，即如何对被审计单位应用的信息技术进行审计，一般情况下称为信息系统审计；另一方面，在审计信息化环境下信息技术成为审计的工具，即审计人员如何应用信息技术开展审计工作，即计算机辅助审计技术。概括来说，常用的计算机辅助审计技术可以分成两类：一类是用于验证程序/系统的计算机辅助审计技术，即面向系统的计算机辅助审计技术；另一类是用于分析电子数据的计算机辅助审计技术，即面向数据的计算机辅助审计技术，也可以称为电子数据审计技术。电子数据审计是目前我国开展审计信息化的重点。2014年12月，审计署机构调整，增设了电子数据审计司，其主要职责为：审计电子数据的归口管理；审计电子数据的采集、验收和整理工作；组织开展跨行业、跨部门、跨地区的数据分析工作，对电子数据进行综合分析和利用等。电子数据审计司的增设充分说明电子数据审计在目前我国审计工作中的重要性。

2015年12月8日，中共中央办公厅、国务院办公厅印发了《关于实行审计全覆盖的实施意见》等文件，其中，《关于实行审计全覆盖的实施意见》“七、创新审计技术方法”中指出：构建大数据审计工作模式，提高审计能力、质量和效率，扩大审计监督的广度和深度。有关部门、金融机构和国有企事业单位应根据审计工作需要，依法向审计机关提供与本单位本系统履行职责相关的电子数据信息和必要的技术文档，不得制定限制向审计机关提供资料和开放计算机信息系统查询权限的规定，已经制定的应予修订或废止。审计机关要建立健全数据定期报送制度，加大数据集中力度，对获取的数据资料严格保密。适应大数据审计需要，构建国家审计数据系统和数字化审计平台，积极运用大数据技术，加大业务数据与财务数据、单位数据与行业数据以及跨行业、跨领域数据的综合比对和关联分析力度，提高运用信息化技术查核问题、评价判断、宏观分析的能力。2018年5月23日，中共中央总书记、国家主席、中央军委主席、中央审计委员会主任习近平在主持召开的中央审计委员会第一次会议上指出，各地区各部门特别是各级领导干部要及时、准确、完整地提供同本单位本系统履行职责相关的资料和电子数据，不得制定限制向审计机关提供资料和电子数据的规定，已经制定的要坚决废止。对有意设置障碍、推诿拖延的，要进行批评和通报；造成恶劣影响的，要严肃追责问责。①

1.3.4 信息系统审计

信息系统审计（information system audit，ISA）也是目前常用的概念，一般理解

---

① 习近平：加强党对审计工作的领导 更好发挥审计在党和国家监督体系中的重要作用. 中国共产党新闻网，2018-05-24.

为对计算机系统的审计。信息系统审计的国际权威组织——国际信息系统审计和控制协会对信息系统审计的定义如下：信息系统审计是收集和评估证据，以确定信息系统与相关资源能否适当地保护资产、维护数据完整、提供相关和可靠的信息、有效完成组织目标、高效率地利用资源并且存在有效的内部控制，以确保满足业务、运作和控制目标，在发生非期望事件的情况下能够及时地阻止、检测或更正的过程。

我国对信息系统审计也非常重视，在这方面所做的主要工作如下：

- 1999年2月，中国注册会计师协会发布了《中国注册会计师独立审计准则》，其中包括《独立审计具体准则第20号——计算机信息系统环境下的审计》；2006年3月，中国注册会计师协会发布了《中国注册会计师审计准则第1633号——电子商务对财务报表审计的影响》。
- 2008年9月，中国内部审计协会发布了《内部审计具体准则第28号——信息系统审计》；2013年8月，中国内部审计协会发布了新修订的《中国内部审计准则》，其中包括第2203号内部审计具体准则——信息系统审计。
- 2012年2月，审计署发布了《信息系统审计指南——计算机审计实务公告第34号》。

相关行业也高度重视信息系统审计的应用，例如：

- 中国银行业监督管理委员会于2009年3月发布了《商业银行信息科技风险管理指引》，同时废止了2006年11月发布的《银行业金融机构信息系统风险管理指引》。
- 中国保险监督管理委员会于2008年3月发布了《保险业信息系统灾难恢复管理指引》。
- 中国证券监督管理委员会于2014年12月发布了金融行业推荐性标准《证券期货业信息系统审计规范》，于2016年11月发布了金融行业推荐性系列标准《证券期货业信息系统审计指南 第1部分：证券交易所》《证券期货业信息系统审计指南 第2部分：期货交易所》《证券期货业信息系统审计指南 第3部分：证券登记结算机构》《证券期货业信息系统审计指南 第4部分：其他核心机构》《证券期货业信息系统审计指南 第5部分：证券公司》《证券期货业信息系统审计指南 第6部分：基金管理公司》《证券期货业信息系统审计指南 第7部分：期货公司》。

1.4 国外计算机审计的研究与应用情况

计算机审计是国内审计信息化发展过程中形成的一个概念术语，但国际上一般使用IT审计、计算机辅助审计（技术与工具）、信息系统审计等概念术语。本节对国外计算机审计的研究与应用情况进行简单分析。

1.4.1 计算机辅助审计技术

国外较早地关注审计信息化的研究与应用。早在1955年就提出了“通过计算机审计”（auditing through the computer）的概念。之后，“通过计算机审计”得到越来越多学者的关注。“通过计算机审计”是和“绕计算机审计”（auditing around the computer）相对立的一个概念。为了实现“通过计算机审计”的思想，一些文献提出了类似于测试数据法（test data）的测试程序叠（test decks）的方法。一些文献在比较测试程序叠法的基础上，提出了一种模型法（the model approach）来实现“通过计算机审计”，该方法的原理类似于平行模拟法（parallel simulation）。之后，越来越多的计算机辅助审计技术被提出。

从早期针对电子数据处理（electronic data processing，EDP）系统的审计，到目前针对计算机信息系统的审计，计算机辅助审计技术已被研究了几十年。使用计算机辅助审计，不仅能节省审计时间、降低审计风险，而且能提高审计质量。

一、计算机辅助审计技术的分类

测试数据、集成测试（integrated test facility，ITF）、平行模拟、嵌入审计模块（embedded audit module，EAM）以及通用审计软件（generalized audit software，GAS）这五种技术被认为是最典型的计算机辅助审计技术。一些文献认为，测试数据、集成测试和平行模拟这三种技术直接检测应用系统的内部逻辑；嵌入审计模块和通用审计软件这两种技术处理应用数据，间接检测应用系统的逻辑。

表 1-1 从是动态审计还是静态审计、对被审计信息系统和数据的影响、对专业知识的需要程度以及对被审计单位的依赖程度这四个影响使用的因素出发，比较了测试数据、集成测试、平行模拟、嵌入审计模块以及通用审计软件这五种典型计算机辅助审计技术的优缺点，以便审计人员在实施审计时选择合适的计算机辅助审计技术。

表 1-1 典型 CAATs 的优缺点分析

CAATs 类型	影响使用的因素			
	是动态审计还是静态审计	对被审计信息系统和数据的影响	对专业知识的需要程度	对被审计单位的依赖程度
测试数据	静态	影响小	不需要	依赖
集成测试	动态	影响大	需要	信息获取不依赖被审计单位
平行模拟	动态或静态	影响小	需要的程度取决于被审计信息系统的复杂程度	审计人员直接获得输出信息，不需要被审计单位的干涉
嵌入审计模块	动态	影响大	在设计和实施嵌入审计模块时需要	依赖
通用审计软件	静态	影响小	相对容易使用。一般不需要技术背景。但在获取一些具有复杂结构的数据时需要 IT 专家的帮助	对被审计单位依赖程度低

根据以上文献的研究，结合目前计算机辅助审计技术的应用现状，计算机辅助审计技术的分类可总结为图1-5。根据图1-5，常用的计算机辅助审计技术可以分成两类：

(1) 用于验证程序/系统的计算机辅助审计技术，即面向系统的计算机辅助审计技术。

(2) 用于分析电子数据的计算机辅助审计技术，即面向数据的计算机辅助审计技术。

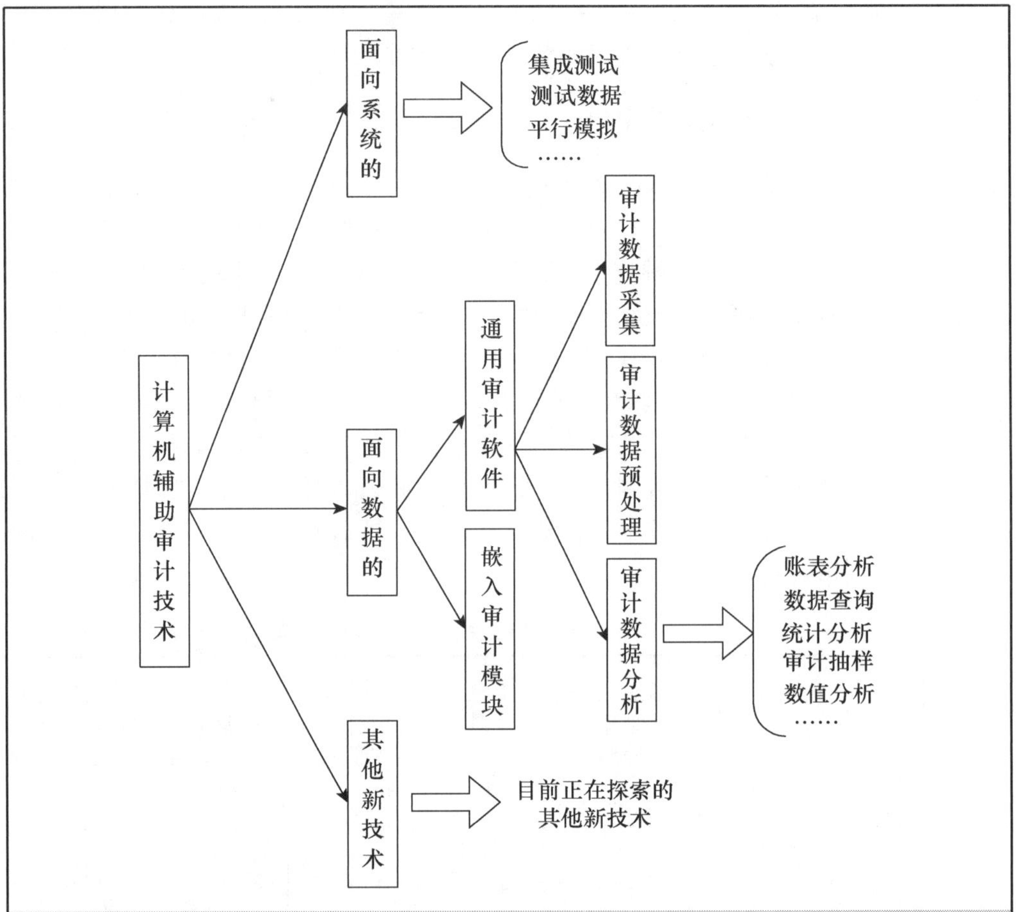

图1-5 计算机辅助审计技术的分类

二、面向系统的计算机辅助审计技术

常见的用于验证程序/系统的计算机辅助审计技术分析如下。

1. 平行模拟

平行模拟是指针对某一应用程序，审计人员采用一个独立的程序去模拟该程序的部分功能，在输入数据的同时进行并行处理，比较模拟程序处理的结果和该应用程序处理的结果，以验证该应用程序的功能是否正确的方法。其原理如图1-6所示。

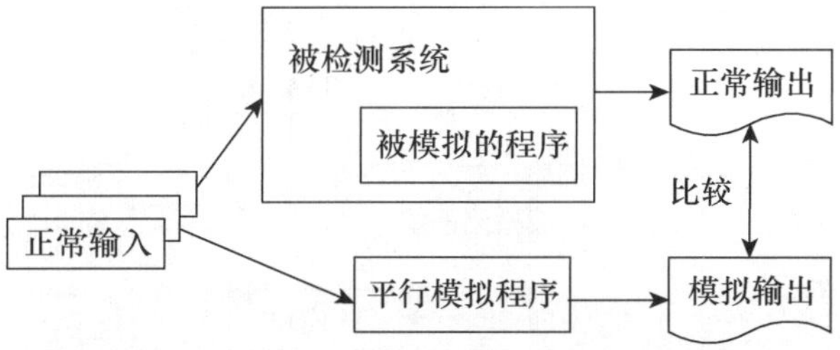

图 1-6 平行模拟原理

平行模拟法的优点是一旦建立了模拟程序，可以随时对被审计系统进行抽查，也可以用模拟系统重新处理全部的真实业务数据，进行比较全面的审查。与抽查相比，可以进行更彻底的测试。其主要缺点是模拟系统的开发通常需要花费较长的时间，开发或购买费用都较高；另外，如果被审计系统更新，则模拟系统也要随之更新，相应的费用要增加。

2. 测试数据

测试数据技术是指采用审计人员准备好的测试数据来检测被审计信息系统，通过将被审计信息系统处理的结果与应有的正确结果进行比较，来检测应用系统的逻辑问题和控制问题的一种方法。其原理如图 1-7 所示。测试数据法的优点是适用范围广，应用简单易行，对审计人员的计算机技术水平要求不高。因此，它广泛应用于各种系统的测试和验收。其主要缺点是可能不能发现程序中所有的错弊。

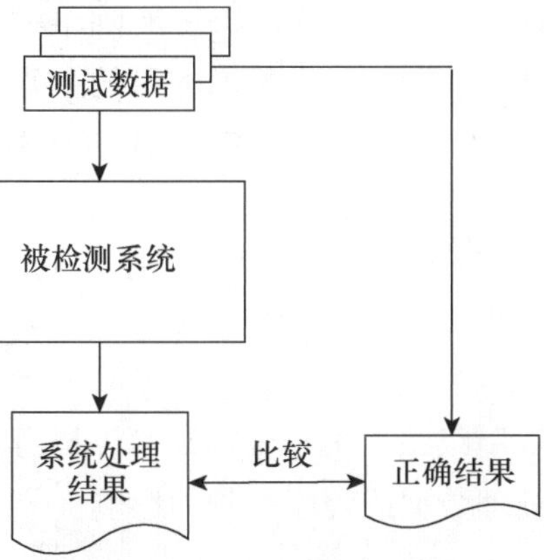

图 1-7 测试数据技术原理

3. 集成测试

集成测试技术是在正常的应用系统中创建一个虚拟的部分或分支，从而提供一个内置的测试工具。它一般用来审计复杂的应用系统，其原理如图 1-8 所示。该技术是在系统正常处理过程中进行测试的，因此可直接测试被审计信息系统在真实业务处理时的功能是否正确有效。然而，集成测试技术也有弊端。因为测试是在系统真实业务处理过程中进行的，如果未能及时、恰当地处理虚拟的测试数据，这些虚拟的测试数据可能会对被审计单位真实的业务和汇总的信息造成破坏或影响。

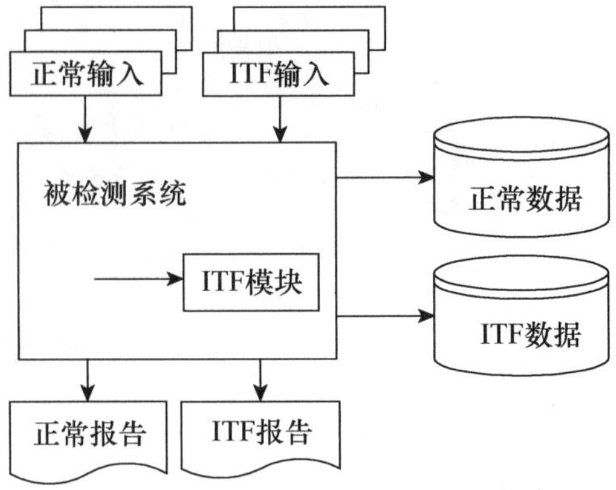

图 1-8　集成测试技术原理

4. 程序编码审查

程序编码审查（program code review）是一种对应用系统的程序编码进行详细审查的技术，它一般不被算作真正的计算机辅助审计技术。通过审查程序编码，审计人员可以识别出程序中的错误代码、未被授权的代码、无效的代码、效率低的代码以及不标准的代码。这种技术的优点是审计人员审查的是程序本身，因此能发现程序中存在的任何错弊问题。其缺点是对审计人员的计算机水平要求高，比较费事费时，而且要确认被审计的源程序的确是真实运行系统的源程序。

5. 程序代码比较

程序代码比较（program code comparison）是指审计人员对程序的两个版本进行比较。审计人员使用这种技术的目的主要有：

（1）检查被审计单位所给的被审计信息系统和被审计单位所使用的系统是不是同一款软件。

（2）检查和前一个版本相比，程序代码是否发生了变化，如果发生了变化，是否有程序变更管理程序。

6. 跟踪

审计人员采用跟踪（tracing）技术可以分析一个程序的每一步，从而发现每一行代码对被处理数据或程序本身的影响。

7. 快照

快照（snapshot）是一种允许审计人员在一个程序或一个系统中指定的点冻结一个程序，使审计人员能够观察特定点数据的技术。快照技术具有快速、易用的特点，对于识别业务处理中潜在的数学计算错误是非常有用的。缺点是功能有限，不具有通用性。

三、面向数据的计算机辅助审计技术

有些计算机辅助审计技术主要用于分析数据文件，与面向系统的计算机辅助审计技术不同，这些技术不直接测试程序的有效性。常见的用于分析数据文件的计算机辅助审计技术主要包括嵌入审计模块技术以及通用审计软件。

1. 嵌入审计模块

嵌入审计模块技术是指在一个应用系统中长久驻存一个审计模块，该模块检查输入到系统中的每一笔事务数据，并识别出其中不符合预定义规则的事务数据，审计人员可以对这些被识别出的事务数据进行实时的或定期的审查。嵌入审计模块技术的原理如图 1-9 所示。一些文献的研究表明，嵌入审计模块技术是一种有效的计算机辅助审计技术。需要指出的是，使用嵌入审计模块技术需要在被审计信息系统开发时就考虑。

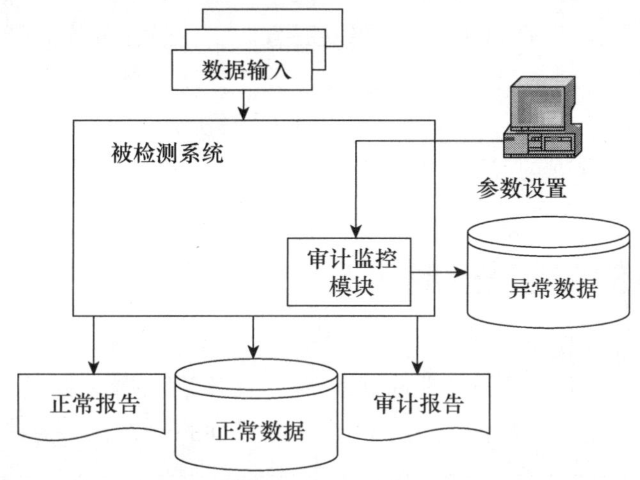

图 1-9 嵌入审计模块技术原理

2. 通用审计软件

由于对被审计信息系统影响小，对被审计单位依赖程度低，以及相对容易使用等因素，通用审计软件是目前最常使用的计算机辅助审计技术。目前，我国实施的电子数据审计大多是采用这种计算机辅助审计技术。通用审计软件具有审计数据采集和审计数据分析功能，通过审计数据采集，可以把被审计信息系统中的数据采集到审计软件中，然后，通过审计数据分析，发现审计线索，从而完成审计任务。

四、计算机辅助审计技术其他相关研究

除了以上分析的常见计算机辅助审计技术之外，一些学者尝试着采用新的信息技术研究计算机辅助审计，比如数据挖掘技术在计算机辅助审计中的应用、审计专家系统在计算机辅助审计中的应用、人工神经网络技术在审计中的应用等。这些研究都为计算机辅助审计提供了新的方法和思路。

1.4.2 信息系统审计与电子数据审计

国际上也高度重视信息系统审计的研究与应用。早在计算机进入实用阶段时，美国就开始提出系统审计（system audit）。1969 年，电子数据处理审计师协会

（EDP Auditor Association，EDPAA）在美国洛杉矶成立。1994年，EDPAA更名为“信息系统审计与控制协会”（Information Systems Audit and Control Association，ISACA），总部设在美国芝加哥。国际上不仅高度重视信息系统审计，也高度关注电子数据审计问题，国际内部审计师协会在2011年发布的全球技术审计指南《数据分析技术》中重点分析了面向数据的计算机辅助审计技术在审计数据分析中的应用。特别是近年由于大数据时代的到来，国际上更重视大数据的审计与分析。

1.4.3 持续审计

信息技术的发展将使得计算机审计朝持续、动态、实时的方向发展。持续审计成为计算机审计的一个重要发展方向。在过去的十几年里，持续审计得到国外学术界、审计人员以及软件开发人员的关注，持续审计相关理论与技术实现方法等得到广泛的研究，这使持续审计的研究与应用得到很大的发展，我们将在第7章做详细分析。

1.5 本书的内容与结构

为了使读者更清楚地理解本书的内容以及各章之间的逻辑关系，将本书的章节结构及其逻辑关系总结为图1-10。在后面的章节中，将按这一组织结构进行分析。

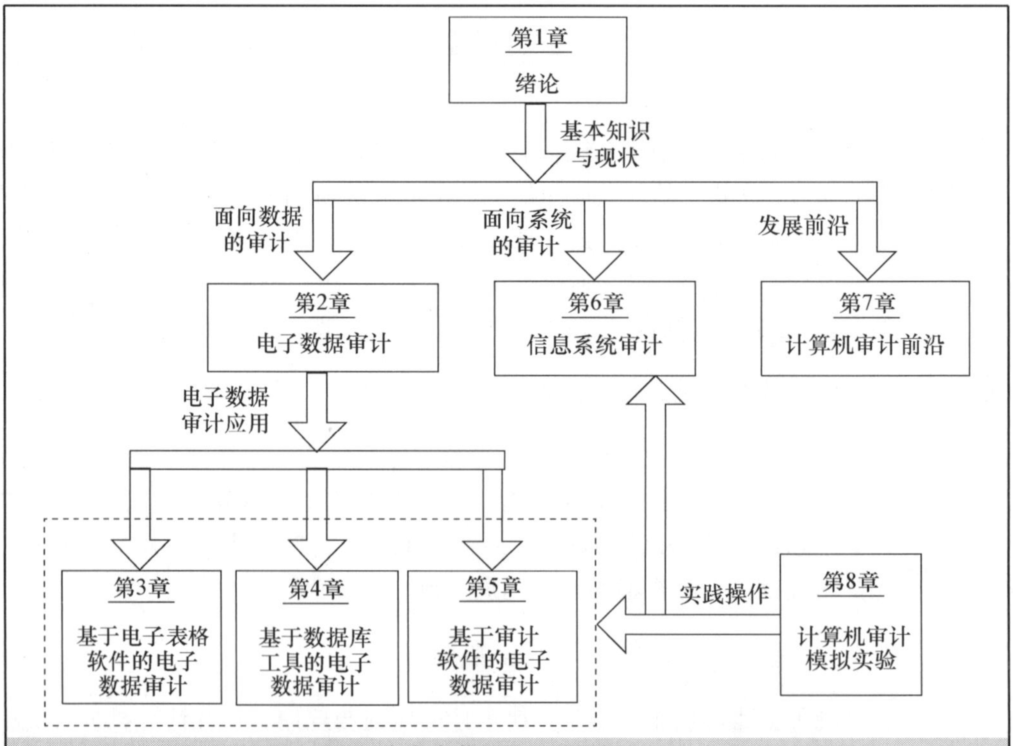

图1-10 全书章节结构及其逻辑关系示意图

1.6 本章小结

本章根据目前审计工作的需要，首先分析了开展计算机审计的重要性，在此基础上，分析了计算机审计的国内外研究与应用状况，以及目前常见计算机审计的相关术语和概念。通过本章的学习，读者可以深入理解为什么要学习计算机审计，以及目前计算机审计的国内外应用状况，从而为后面深入学习计算机审计打下基础。

思考题

1. 为什么计算机审计在我国越来越重要？
2. 什么是审计证据？
3. 常用的计算机辅助审计技术有哪些？
4. 如何开展计算机审计？
5. 大数据环境对计算机审计有何影响？

第2章 电子数据审计

学习目标

- 熟悉信息化环境下实施审计项目的主要流程
- 掌握电子数据审计的原理以及开展步骤
- 掌握审计数据采集的原理、特点、主要步骤以及方法
- 掌握审计数据预处理的原理及方法
- 掌握审计数据分析的原理及方法
- 理解审计数据验证的重要性，熟悉审计数据验证的方法

2.1 概　述

如前面所述，电子数据审计是目前计算机审计的重要内容之一。本章首先介绍电子数据审计的原理，在此基础上，对电子数据审计的关键步骤如审计数据采集、审计数据预处理、审计数据分析等分别进行介绍，从而为第3章、第4章以及第5章的学习打下理论基础。

2.2 电子数据审计简介

2.2.1 信息化环境下实施审计项目的主要流程

信息化环境下的审计与手工审计相比，审计目标是相同的，但审计技术和方

法、审计作业方式发生了根本性变化。目前，我国信息化环境下实施审计项目的一般流程如图 2-1 所示。由图 2-1 可知，审计实施是整个流程的关键环节，这一环节就是电子数据审计的内容。

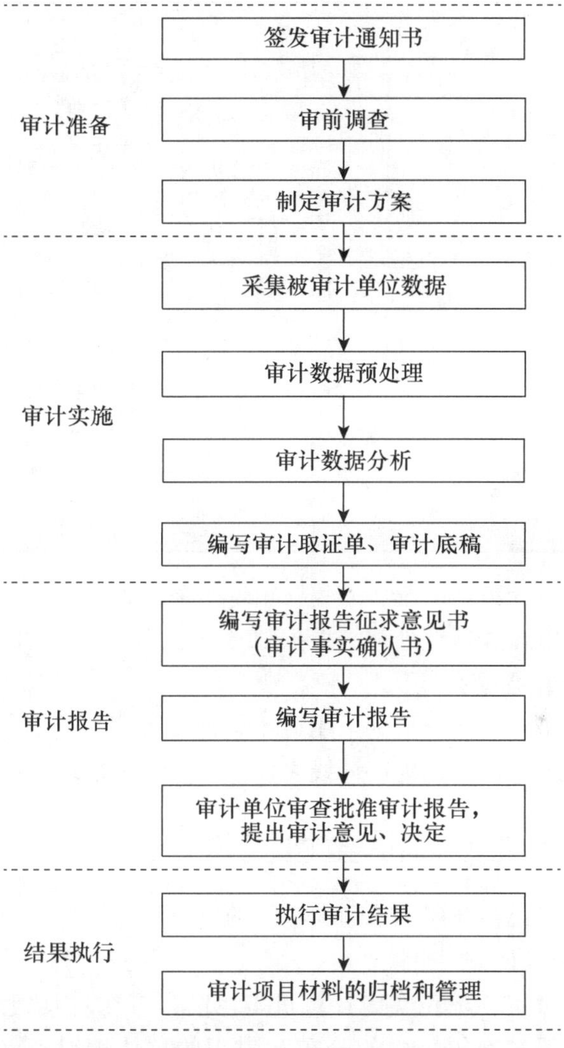

图 2-1　信息化环境下审计项目实施的流程

2.2.2　电子数据审计的原理

为了避免影响被审计单位信息系统的正常运行，规避审计风险，并保持审计的独立性，审计人员在进行电子数据审计时，一般不直接使用被审计单位的信息系统进行查询、检查，而是将所需的被审计单位的电子数据采集到审计人员的计算机中，利用审计软件进行分析。概括起来，目前我国研究及开展的电子数据审计的原理如图 2-2 所示。

一般来说，电子数据审计需要如下几个关键步骤：

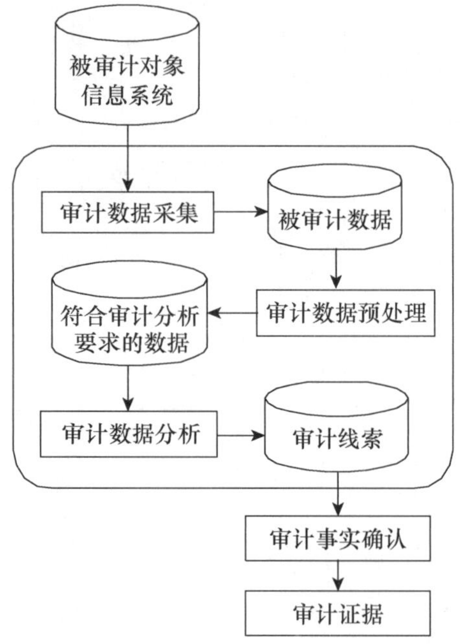

图 2-2 电子数据审计原理

（1）审计数据采集。采集被审计对象信息系统中的数据。

（2）审计数据预处理。根据对这些数据的分析和理解，将其转换为满足审计数据分析需要的数据形式。

（3）审计数据分析。采用通用软件或专门的审计软件对采集到的电子数据进行分析处理，从而发现审计线索，获得审计证据。

2.2.3 开展电子数据审计的步骤

具体来说，开展电子数据审计的主要步骤如下。

1. 审前调查

在对被审计单位实施计算机审计前，应在对其组织结构进行调查的基础上，掌握信息系统在组织内的分布和应用的总体情况。然后，根据审计的目的和信息系统的重要性确认深入调查的子系统，进行全面和详细的了解，内容应包括软硬件系统、应用系统的开发情况和有关技术文档情况、系统管理员的配置情况、系统的功能、系统数据库的情况等。通过审前调查，审计人员应全面了解被审计单位信息系统的概况，对信息系统中与审计相关的数据更要有全面、详细、正确的认识，提出可行的、满足审计需要的数据需求，确定数据采集的对象及方式。

2. 审计数据采集

在审前调查提出数据需求的基础上，审计人员在被审计单位的配合和支持下，通过可行的技术手段，如直接复制、通过中间文件和开放数据库互连（ODBC）采集等方式，及时获取所需的被审计单位信息系统中的数据。

3. 审计数据预处理

由于存在被审计单位数据来源繁杂，数据格式不统一，信息表示代码化，数据在采集和处理的过程中可能失真，被审计单位可能有意更改、隐瞒数据真实情况等诸多影响，对采集到的数据必须进行预处理，确保采集到的数据能为审计所用。数据预处理为电子数据审计的进行创造了“物质”基础，其工作的质量直接影响电子数据审计的开展和成败。

4. 审计数据分析

对预处理后的数据，审计人员首先从不同层次、不同角度进行分析，从总体上把握情况，找准薄弱环节，选择审计重点，根据所选择的重点问题，采用合适的审计方法完成对具体审计数据的分析。

5. 审计事实确认

通过对审计数据进行分析，发现问题的线索，通过让被审计单位对这些问题进行确认，最终形成审计证据。由于在审计数据的采集、预处理和分析过程中难免出现人为处理错误等情况，因此，在可能的情况下，最好先将审计数据分析的明细结果交给被审计单位，征求意见，经双方认定的结果确定后，再将分析结果具体化为纸质资料，由被审计单位签字确认，作为审计证据资料。

2.3 审计数据采集

把被审计单位的电子数据采集过来，是开展电子数据审计的关键步骤。修订后的《中华人民共和国审计法》(简称《审计法》)对审计数据采集做了更具体的规定，其中第三十一条规定，审计机关有权要求被审计单位按照审计机关的规定提供预算或者财务收支计划、预算执行情况、决算、财务会计报告，运用电子计算机储存、处理的财政收支、财务收支电子数据和必要的电子计算机技术文档，在金融机构开立账户的情况，社会审计机构出具的审计报告，以及其他与财政收支或者财务收支有关的资料，被审计单位不得拒绝、拖延、谎报。被审计单位负责人对本单位提供的财务会计资料的真实性和完整性负责。

本节介绍审计数据采集的原理、特点、主要步骤及方法。

2.3.1 审计数据采集的原理

简单地讲，审计数据采集就是审计人员为了完成审计任务，在进行电子数据审计时，按照审计需求从被审计单位的信息系统或其他来源获得相关电子数据的过程。其原理如图 2－3 所示。

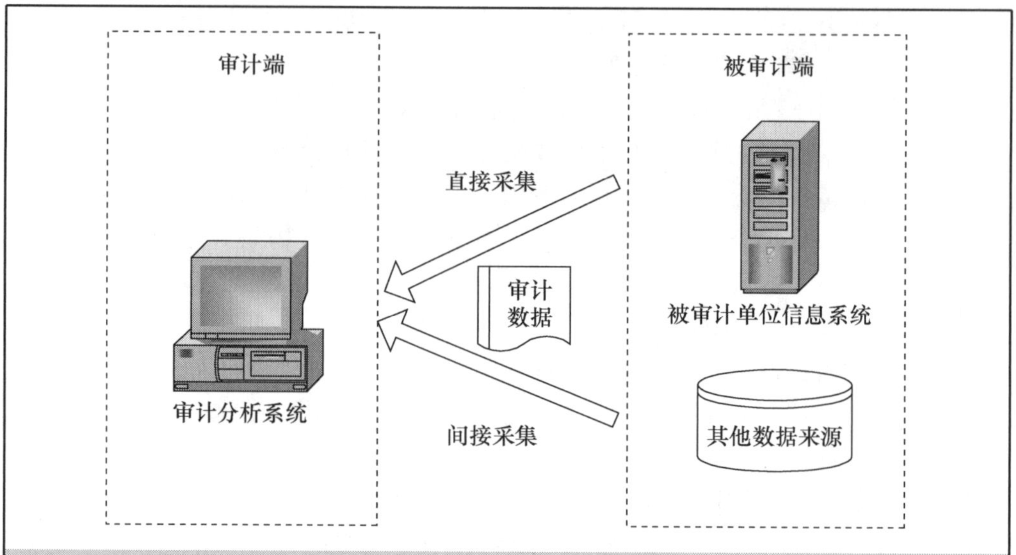

图2-3 审计数据采集的原理

审计数据采集的对象一般是被审计单位信息系统中的电子数据或数据库中的备份数据，审计人员也可以从其他来源获得被审计单位的审计数据，例如从会计核算中心、税务等部门获得审计数据。

2.3.2 审计数据采集的特点

一般来说，审计数据采集具有以下特点。

1. 选择性

选择性是指审计人员在进行审计数据采集时只采集与审计需求相关的数据。审计人员在进行审计数据采集工作之前，必须认真分析和研究本次审计工作方案中明确的审计范围、审计内容以及审计重点，结合审前调查所提出的数据需求，确认本次审计数据采集的范围、内容以及重点，特别是在不能完全采集电子数据的情况下，例如，当审计人员面对海关、银行、税务等被审计单位海量的电子数据时，审计数据采集必须做到有的放矢，减少盲目性，提高审计效率，降低审计风险。

2. 目的性

目的性是指审计数据采集是为进行审计数据分析，发现审计线索，获取审计证据做基础数据准备的。如前面所述，为了完成电子数据审计，首先需要采集被审计信息系统中的数据，即审计数据采集；然后，根据对这些数据的分析和理解，将其转换为满足审计数据分析需要的数据形式，即审计数据预处理；最后，采用通用软件或专门的审计软件对采集到的电子数据进行分析，从而发现审计线索，获得审计证据，即审计数据分析。由此可见，审计数据采集是开展电子数据审计的首要步骤，是为进行审计工作做基础数据准备的，具有一定的目的性。

3. 可操作性

可操作性是指审计人员在进行审计数据采集时，需根据被审计单位的实际情况选择最合适的审计数据采集方案。后面将会介绍实现审计数据采集的技术和方法多种多样，因此，在执行审计数据采集任务时，需要根据被审计单位的具体情况，采取最佳的审计数据采集方案，以降低审计成本和审计风险。

4. 复杂性

信息化环境下，被审计单位的信息化程度差异较大。一些小的单位多采用一些自己开发的应用软件，数据库系统一般也采用单机的，如 Access，FoxPro 等。而一些重要的单位，如银行等部门，信息化程度高，采用的应用软件和数据库系统层次也较高，数据库系统多数采用 Oracle 数据库。甚至还有单位使用盗版软件，软件部分功能不能使用，不能备份数据库，从而不容易采集数据。被审计单位信息化程度的差异性造成了审计人员在审计数据采集过程中不能采用同一种审计数据采集方法，必须根据被审计单位的实际情况选择合适的审计数据采集方法，从而造成了审计数据采集的复杂性。

2.3.3　审计数据采集的主要步骤

在实际的电子数据审计过程中，审计数据采集一般可以归纳为以下几个主要步骤，如图 2-4 所示。

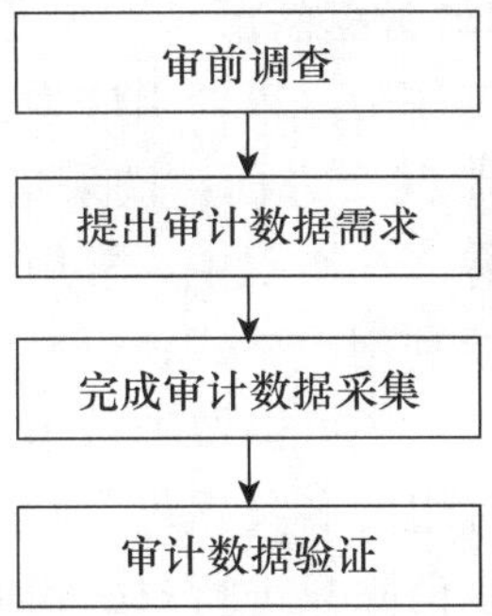

图 2-4　审计数据采集的主要步骤

一、审前调查

开展电子数据审计之前，应在对被审计单位的组织结构进行调查的基础上，掌握被审计单位计算机信息系统在其组织内的分布和应用的总体情况。然后，根据审计的目的和被审计单位计算机信息系统的重要性确认深入调查的子系统，进行全面、详细的了解。通过审前调查，了解被审计单位信息系统的相关情况。

二、提出审计数据需求

在审前调查的基础上，提出数据需求，指定采集的系统名称（或指定数据库中具体的表名称、字段名称等）、采集的具体方式，指定数据传递格式、所需数据的时间段、交接方式、数据上报期限和注意事项等内容。关键步骤如下。

1. 确定所需数据内容

首先，应在审计组内将被审计单位计算机信息系统的相关情况进行通报，将调查所形成的材料分发给审计组相关成员阅读，并由负责具体调查工作的组员对材料进行讲解。审计组相关成员应对所需数据的内容进行讨论，再决定初步的数据需求。进行讨论是必要的，因为：

（1）通过讨论可以提出尽量全面、完整的数据需求，防止因考虑不周全而多次、零星提出数据需求，从而延误电子数据的获取；

（2）通过讨论使审计组成员了解被审计单位计算机信息系统及其数据的概况，为后面的审计数据分析打下基础。

2. 确定审计数据采集的具体方式

经过审计组讨论，初步确定审计数据需求后，应同被审计单位的计算机管理人员商量，从技术的角度考虑所需要的数据能否采集，以哪种方式采集更好，具体的文件格式、传递介质等问题。如果在发出正式的数据需求前不向被审计单位的计算机技术人员询问，有可能造成审计数据需求不合理，特别是在数据格式不现实或审计数据采集方式不是最佳方式的情况下，不利于工作的开展。

3. 提出正式的审计数据需求

在做好上述两步工作后，审计组应发出正式的审计数据需求。审计数据需求的主要内容应包括以下几个方面：被采集的系统名称、数据的内容、数据格式、传递方式、时限要求等。在实践中，常用的方式是请被审计单位将指定数据转换为通用的、便于审计组利用的格式；也可以通过ODBC等方式连接，直接对数据进行采集；特殊情况下，还可以要求被审计单位搭建系统分析环境。无论采取哪种方式，都应该以审计组的名义提出审计数据需求，明确目的、内容和责任等事项。审计数据需求可以消除只进行口头说明可能引起的需求不明，它能准确表达审计组的要求，并使被审计单位正确理解数据需求，从而为顺利采集数据打下基础。另外，在审计数据需求中规定安全控制措施、双方责任等事项还可以在一定程度上避免审计风险。为了便于理解如何提出正式数据需求，本书参照《审计信息化》（陈伟编著，北京：高等教育出版社，2017）中的实例，相关审计数据需求如例2-1和例2-2所示。

例2-1　要求被审计单位提供数据

江展市审计局

审计需求

江发制造集团有限公司：

根据我局审计工作安排，请准备以下资料：

（1）公司2013—2016年的财务数据，数据字段包括：集团名称、企业名称、唯一主代码、银行账号、银行名称、凭证号、交易日期、交易时间、入账日期、入账时间、借贷标志、对手单位名称、对手银行名称、对手银行账号、币种、交易金额、摘要。

（2）请提供以上财务数据表的数据字典。

上述数据请以文本文件格式，于 5 月 18 日下班前提供。

联系人：钱林肯　王朗普
联系电话：025-88889966，13812345678
2017 年 5 月 16 日

例 2-2　要求被审计单位搭建系统分析环境

江展市审计局
审计需求

江发制造集团有限公司：

根据我局审计工作安排，请在审计组指定的计算机上搭建以下系统运行环境：

（1）安装数据库管理系统 Oracle 11g，Oracle 数据库的 SQL 查询工具 PL/SQL Developer 8.0 和财务共享管理系统 3.0，并将包含 2013—2017 年数据的备份数据库附加到系统中。

（2）在财务共享管理系统 3.0 中为审计组专设一个操作员账号，专设账号不得与公司在用的任何用户名和口令相同。

上述需求请于 5 月 16 日下班前完成。

联系人：钱林肯　王朗普
联系电话：025-88889966，13812345678
2017 年 5 月 12 日

三、完成审计数据采集

根据审计数据需求，从被审计单位获得所需要的审计数据。

四、审计数据验证

对获得的审计数据进行检查，以保证审计数据采集的真实性和完整性，从而降低审计风险。

需要指出的是，在审计数据采集过程中，由于电子资料比纸质资料更容易篡改，并且难以发现篡改的痕迹，因此为了降低开展电子数据审计的风险，必须建立电子数据承诺制，即被审计单位必须保证所提供电子数据的真实性和完整性。

2.3.4　审计数据采集的方法

在审计数据采集过程中，审计人员常用的审计数据采集方法主要有以下五种。

1. 直接复制

当被审计单位的数据库系统与审计人员使用的数据库系统相同时，只需直接将被审计单位的数据复制到审计人员的计算机中即可，即采用直接复制的方式。

2. 通过中间文件采集

通过中间文件采集是指被审计单位按照审计要求，将原本不符合审计软件要求的数据转换成审计软件能读取的格式（如 txt 格式、XML 格式等）提供给审计人员。

对于一些比较敏感的系统，审计人员可能不便于直接接触其系统和相关资料。可以在审计人员的监督下，由被审计单位技术人员将其数据转换为标准格式数据或审计人员指定格式的数据，交给审计人员。

在数据采集的实际应用中，很多情况下采用文本文件作为约定的格式。这主要是因为大多数数据库管理系统都能导出导入文本文件，文本文件应用范围广泛。审计人员在电子数据审计的实践中，经常会通过文本文件导入数据，所以掌握文本文件的导入是十分必要的。

3. 通过 ODBC 接口采集

通过 ODBC 接口采集数据是指审计人员通过 ODBC 数据访问接口直接访问被审计单位信息系统中的数据，并把数据转换成审计所需的格式。

4. 通过备份/恢复的方式采集

通过备份/恢复的方式采集是指审计人员首先把被审计单位数据库系统中的数据备份出来（或者让被审计单位把该单位数据库系统中的数据备份出来），然后把该备份数据在自己的数据库系统中恢复成数据库格式的数据，在自己的数据库系统中对采集到的被审计单位的数据进行审计分析。

5. 通过专用模板采集

一些审计软件针对不同的被审计信息系统设计了相应的“专用采集模板”，审计人员在进行审计数据采集时，通过选择相应的模板，可以自动实现数据的采集，这种方式称为通过专用模板采集。

这种方式的优点是使用简单，自动化程度高，对审计人员的技术水平要求不高；缺点是审计软件必须为被审计单位的每一类应用软件（包括该软件的不同版本）设计一个专用采集模板，这使得专用模板采集法的成本相对较高。由于目前被审计单位所使用的应用软件各种各样，很难为每一类应用软件及其各种版本设计相应的模板。审计人员在实际工作中，应根据被审计单位的实际情况，有采集模板时用模板采集法，没有采集模板时再用其他数据采集方法。

国内的审计软件 AO 就采用了这种模板采集方法，以 AO 2011 为例，其模板采集方法的界面如图 2-5 所示。

上述五种数据采集方法的优缺点分析如表 2-1 所示。

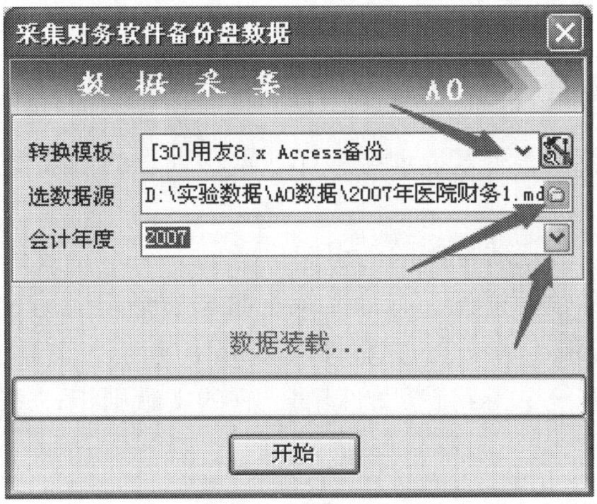

图 2－5　AO 2011 的模板采集方法界面

表 2－1　五种常用数据采集方法的优缺点分析

数据采集方法	影响使用的因素				
	动态还是静态	对被审计信息系统的影响	专业知识需求	对被审计单位的依赖性	灵活程度
直接复制	静态	影响小	不需要	不依赖	一般
通过中间文件采集	静态	影响小	不需要	依赖	一般
通过 ODBC 接口采集（从被审计单位信息系统中采集）	动态	影响大	需要	不依赖	高
通过备份/恢复的方式采集	静态	影响小	需要	如果请被审计单位备份，则依赖	一般
通过专用模板采集（从备份数据中采集）	静态	影响小	不需要	不依赖	低

2.4　审计数据预处理

审计数据预处理是电子数据审计中的重要一环。一方面，由于采集到的被审计数据往往会有许多数据质量问题，比如，有些数据属性的值不确定，在采集数据时，无法得到该数据属性的值，从而造成数据不完整，不能满足后面审计数据分析的需要；另一方面，这些问题的存在将直接影响后续审计工作所得出的审计结论的准确性。因此，完成审计数据采集后，审计人员必须对从被审计单位获得的原始电子数据进行预处理，使其满足后面审计数据分析的需要。

2.4.1 数据质量

一、数据质量的概念

为了使读者更好地理解审计数据预处理的必要性，本节首先介绍数据质量的相关概念。

目前，数据质量问题已引起广泛的关注。什么是数据质量呢？数据质量问题并不仅仅指数据错误。有的文献把数据质量定义为数据的一致性（consistency）、正确性（correctness）、完整性（completeness）和最小性（minimality）这四个指标在信息系统中得到满足的程度，有的文献则把“适合使用”作为衡量数据质量的初步标准。

二、数据质量评价指标

一般来说，评价数据质量最主要的几个指标是：

1. 准确性

准确性（accuracy）是指数据源中实际数据值与假定正确数据值的一致程度。

2. 完整性

完整性（completeness）是指数据源中需要数值的字段中无值缺失的程度。

3. 一致性

一致性（consistency）是指数据源中数据对一组约束的满足程度。

4. 唯一性

唯一性（uniqueness）是指数据源中数据记录以及编码是否唯一。

5. 适时性

适时性（timeliness）是指在所要求的或指定的时间提供一个或多个数据项的程度。

6. 有效性

有效性（validity）是指维护的数据足够严格以满足分类准则的接受要求。

三、可能存在的数据质量问题

当建立一个信息系统的时候，即使进行了良好的设计和规划，也不能保证在所有情况下信息系统中数据的质量都能满足用户的要求。用户录入错误、单位合并以及单位环境随着时间的推移而改变，这些都会影响所存放数据的质量。信息系统中可能存在的数据质量问题有很多，总结起来主要有以下几种。

1. 重复的数据

重复的数据是指在一个数据源中存在表示现实世界同一个实体的重复信息，或在多个数据源中存在表示现实世界同一个实体的重复信息。

2. 不完整的数据

由于录入错误等原因，字段值或记录未被记入数据库，造成信息系统数据源中应该有的字段或记录缺失。

3. 不正确的数据

由于录入错误、数据源中的数据未及时更新，或不正确的计算等，数据源中数据过时，或者一些数据与现实实体中字段的值不相符。

4. 无法理解的数据值

无法理解的数据值是指由于某些原因，数据源中的一些数据难以解释或无法解释，如伪值、多用途域、古怪的格式、密码数据等。

5. 不一致的数据

数据不一致包括多种问题，例如，从不同数据源获得的数据很容易不一致；同一数据源的数据也会因位置、单位以及时间不同产生不一致。

在以上这些问题中，前三种问题在数据源中出现得最多。

2.4.2 审计数据质量问题实例

为了便于读者理解审计数据的质量问题，以采集到的某税收征收电子数据（文件名为“税收征收.mdb”，数据表名为“征收表”，表结构见本书附录 A 中图 A－1）为例，其可能存在的部分数据质量问题分析如下。

1. 重复的数据

如图 2－6 所示，税务登记号为 0517070 的数据存在多条，这些数据可能为重复的数据。为了保证审计数据分析结果的准确性，需要审计人员对这些重复的数据进行确认，找出造成数据重复的原因，并对重复的数据进行处理。

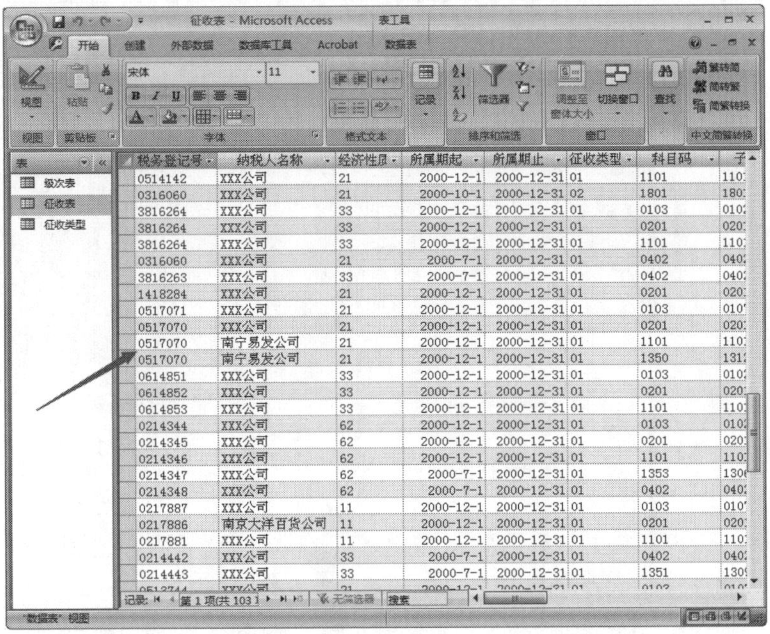

图 2－6　存在重复数据质量问题的税收征收数据

2. 不完整数据

如图 2－7 所示，“实纳税额”字段中存在部分空值；如图 2－8 所示，最后几条记录为空记录。空值并不等同于“0”，因而在进行数据分析时，不能参加查询、筛选、汇总等数据分析，在审计数据分析过程中会被遗漏，所以必须对征收表中的空值进行处理。

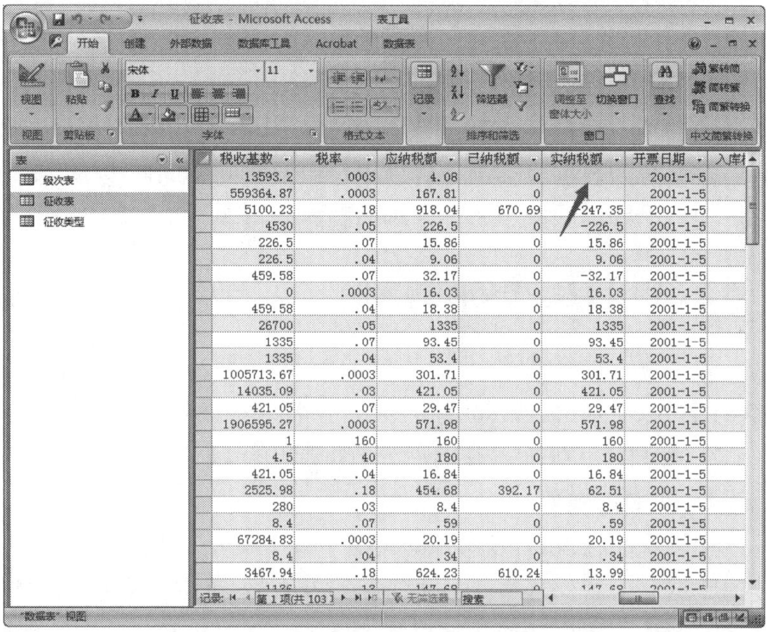

图 2－7 字段中存在空值数据质量问题的税收征收数据

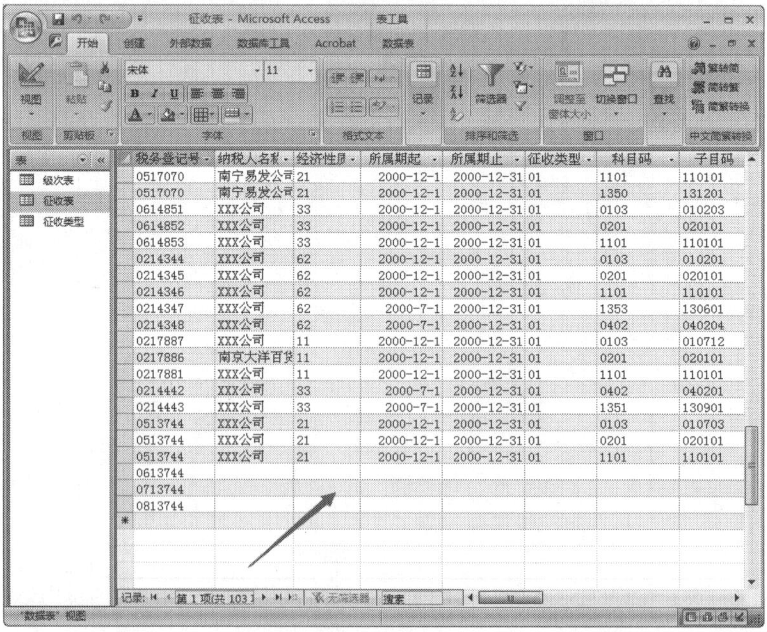

图 2－8 记录中存在空值数据质量问题的税收征收数据

3. 不正确的数据

如图2-9所示，“实纳税额”字段中有的数据值为负值，这些数据可能为错误的数值。为方便后面的审计数据分析，需要审计人员对这些值进行确认，并对错误的数据值进行处理。

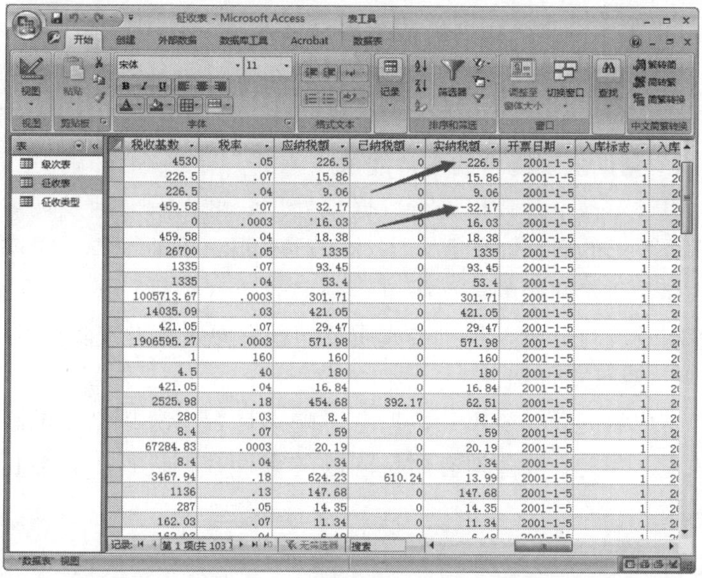

图2-9　存在不正确数据质量问题的税收征收数据

4. 不一致的数据

如图2-10所示，“级次”字段中存在不一致的数据，即该字段中有的数据值为代码，有的数据值为实际的值。为方便后面的审计数据分析，需要转化成统一的格式。

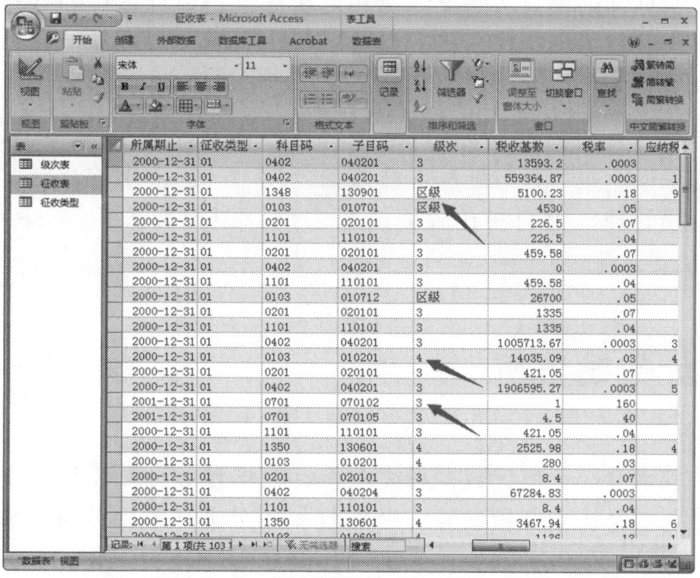

图2-10　存在不一致数据质量问题的税收征收数据

2.4.3 审计数据预处理的意义

由以上分析可知，正是由于采集到的被审计数据中存在上述数据质量问题，因此需要对采集到的电子数据进行预处理，为后续的审计数据分析打下基础。概括起来，进行审计数据预处理的意义如下。

1. 为下一步的审计数据分析做准备

采集到的被审计数据不一定能完全满足审计数据分析的需要，因此，应对有质量问题的被审计数据进行预处理，从而为后续的审计数据分析做好准备。

2. 帮助发现隐含的审计线索

通过对被审计数据进行数据预处理，可以有效地发现被审计数据中不符合数据质量要求的数据。但是，审计人员不能简单地把有质量问题的数据删掉，因为这些存在质量问题的数据中可能隐藏着审计线索。需要做的是对发现的审计数据质量问题进行分析，找出造成质量问题的原因，发现隐藏的审计线索。

3. 降低审计风险

有质量问题的被审计数据会影响审计数据分析结果的正确性，造成一定的审计风险。因此，通过对有质量问题的审计数据进行审计数据预处理，可以降低审计风险。

4. 通过更改命名方式，便于数据分析

通过名称转换这一审计数据预处理操作，可以把采集到的数据表以及字段名称转换成直观的名称，便于审计人员的审计数据分析。

2.4.4 常用审计数据预处理方法

目前，根据一般审计人员的技术能力和审计工作中的具体要求，并且考虑到审计数据预处理方法的经济性和可操作性，审计数据预处理内容一般包括：名称转换、数据类型转换、代码转换、横向合并、纵向合并、空值处理等。例如，通过名称转换这一审计数据预处理操作，可以把采集到的数据表以及字段名称转换成直观的名称，便于审计人员进行审计数据分析；同样，其他审计数据预处理也是为了便于审计人员进行审计数据分析。一些常用的数据库产品也可以完成审计数据预处理，我们将在后面通过实例介绍如何采用 Access 2007 和 SQL Server 2008 来完成。

2.5 审计数据分析

前面介绍了审计数据采集和审计数据预处理，审计数据采集和审计数据预处理的目的是为审计数据分析做准备。通过审计数据分析，发现审计线索，获得审计证据，形成审计结论，才是审计的最终目的。因此，审计的过程实质上就是不断收集、鉴定和综合运用审计证据的过程。要实现审计目标，必须收集和评价审计证据。选择审计证据对做好审计工作有举足轻重的作用。

综上所述，审计数据分析是通过对采集到的电子数据进行分析，获取审计证据。因此，如何对采集到的数据进行分析是审计人员面临的重要问题。

在信息化环境下，审计的对象是电子数据，因此，审计证据的获取多是通过采用信息技术对被审计数据的分析来完成的。一般来说，常用的审计数据分析方法主要包括数据查询、审计抽样、统计分析、数值分析等，其中，数据查询的应用最为普遍。通过采用这些方法对被审计数据进行分析，可以发现审计线索，获得审计证据。本节介绍这些信息化环境下常用的审计数据分析方法。

2.5.1　数据查询

数据查询是目前电子数据审计中最常用的审计数据分析方法。数据查询是指审计人员针对实际的被审计单位，根据自己的经验，按照一定的审计分析模型，在通用软件（如 Microsoft Access，SQL Server，Oracle 等）和审计软件中采用 SQL 语句来分析采集到的电子数据，或采用一些审计软件通过运行各种各样的查询命令以某些预定义的格式来检测被审计单位的电子数据。这种方法既提高了审计的正确性与准确性，又将审计人员从冗长乏味的计算工作中解放出来，告别以前手工翻账的作业模式。另外，运用 SQL 语句的强大查询功能，通过构建一些复杂的 SQL 语句，可以完成模糊查询以及多表之间的交叉查询等功能，从而完成复杂的审计数据分析。

目前，除了借助通用软件应用数据查询这种方法之外，多数审计软件都提供这种审计数据分析方法，如国内的审计软件现场审计实施系统（AO）和电子数据审计模拟实验室软件等，国外的审计软件 IDEA 和 ACL 等。

2.5.2　审计抽样

审计抽样是指审计人员在实施审计程序时，从审计对象总体中选取一定数量的样本进行测试，并根据样本测试结果推断总体特征的一种方法。它是随着经济的发展、被审计单位规模的扩大以及内部控制的不断健全与完善而逐渐广泛应用的审计方法。

根据决策依据方法的不同，审计抽样可以分为两大类：统计抽样和非统计抽样。统计抽样是在审计抽样过程中，应用概率论和数理统计的模型与方法来确定样本量、选择抽样方法、对样本结果进行评估并推断总体特征的一种审计抽样方法。非统计抽样也称判断抽样，由审计人员根据专业判断来确定样本量、选取样本和对样本结果进行评估。因此，审计人员可能不知不觉地将个人的“偏见”体现在样本的选取中，从而使样本不能客观地反映总体的真实情况。但另一方面，也可以有效地利用审计人员的经验和直觉，更有效地发现和揭露问题或异常。因此，非统计抽样只要设计得当，也可以达到与统计抽样一样的效果。

在审计中应用统计抽样和非统计抽样一般包括如下四个步骤：

（1）根据具体审计目标确定审计对象总体；

（2）确定样本量；

（3）选取样本并审查；

（4）评价抽样结果。

目前，很多审计软件中都开发了审计抽样模块，如现场审计实施系统、电子数据审计模拟实验室软件、IDEA等，这使得以前烦琐的数学计算、随机数生成等工作可以轻松实现，并且可以保证抽样工作的准确性和合法性。审计人员只要按照抽样向导的提示输入相应的参数即可，从而为审计人员规避审计风险、提高审计工作质量起到了很大的作用。后面将以电子数据审计模拟实验室软件和IDEA为例，来介绍审计抽样方法。

2.5.3 统计分析

在电子数据审计中，统计分析的目的是探索被审计数据内在的数量规律性，以发现异常现象，快速寻找审计突破口。一般来说，常用的统计分析方法包括一般统计、分层分析和分类分析等。在不同的审计软件中，统计分析方法的叫法略有不同。常用的统计分析方法如下：

（1）一般统计常用于具体分析之前，以对数据有一个大致的了解，它能够快速地发现异常现象，为后续的分析工作确定目标。一般统计对数值字段提供下列统计信息：全部字段以及正值字段、负值字段和零值字段的个数，某类数据的平均值、绝对值以及最大或最小的若干个值等。

（2）分层分析是通过数据分布来发现异常的一种常用方法。其原理一般为：首先，选取一个数值类型的字段作为分层字段；然后，根据其值域将这一字段划分为若干个相等或不等的区间，通过观察对应的其他字段在分层字段的各个区间上的分布情况来确定需要重点考察的范围。

（3）分类分析是通过数据分布来发现异常的另一种常用方法。其原理一般为：首先，选择某一字段作为分类字段；然后，通过观察其他对应字段在分类字段各个取值点上的分布情况来确定需要重点考察的对象。分类分析的思路类似于“分类汇总”，它是一种简单而常用的数据分析手段。与分层分析不同的是，分类分析中用作分类的某一字段不一定是数值型的，可以是其他类型的数据，而分层分析中用作分层的某一字段则一定是数值型数据。

对于统计分析，很多审计软件都具有这一功能，如现场审计实施系统、电子数据审计模拟实验室软件、IDEA等审计软件。统计分析一般和其他审计数据分析方法配合使用。后面将以电子数据审计模拟实验室软件和IDEA为例，来介绍统计分析方法。

2.5.4 数值分析

数值分析是根据被审计数据记录中某一字段具体的数据值的分布情况、出现频率等指标，对该字段进行分析，从而发现审计线索的一种审计数据分析方法。

这种方法是从“微观”的角度对电子数据进行分析的，审计人员在使用时不用考虑具体的审计对象和具体的业务。在完成数值分析之后，针对分析出的可疑数据，再结合具体的业务进行审计判断，从而发现审计线索，获得审计证据。相对于其他方法，这种审计数据分析方法易于发现被审计数据中的隐藏信息。常用的数值分析方法主要有重号分析、断号分析和基于 Benford 定律的数值分析方法，一些方法目前已应用于 IDEA、电子数据审计模拟实验室软件等审计软件中。

一、重号分析

重号分析用来查找被审计数据某个（或某些）字段中重复的数据。例如，检查一个数据表中是否存在相同的发票被重复多次记账。

二、断号分析

断号分析主要是分析被审计数据中的某字段在数据记录中是否连续。

三、基于 Benford 定律的数值分析方法

1. Benford 定律原理

1881 年，美国天文学家西蒙·纽康（Simon Newcomb）在其发表的一篇论文中描述了一种奇异的数字分布规律：在图书馆的对数表手册中，包含较小数字的页码明显比那些包含较大数字的页码磨损严重，而且磨损的程度随数字增大递减。透过这个现象，他推断研究人员在查阅对数表时，查阅以数字“1”开头的数字的机会比以“2”开头的数字多，以“2”开头的比以“3”开头的多，并以此类推。在这个推断的基础上，他得出以下结论：以“1”开头的数字比以其他数字开头的多。1938 年，通用电气公司的一位科学家弗兰克·本福德（Frank Benford）同样注意到他的对数表手册的特殊磨损现象，通过进一步研究，他得出了和纽康同样的结论：人们处理以较小数字开头的数值的频率较大。为了证明他的假设，本福德收集了 20 229 类不同的数据集合，这些数据来源千差万别，例如河流的面积、不同元素的原子质量、杂志和报纸中出现的数字。通过分析，这些数字呈现同样的特点：首位出现较小数字的可能性比出现较大数字的可能性要大。后来，人们以他的名字命名了这条定律，这就是 Benford 定律（Benford's Law）。概括来说，Benford 定律是指数字及数字序列在一个数据集中遵循一个可预测的规律。美国国家标准和技术学院（National Institute of Standards and Technology，NIST）给出了 Benford 定律的定义。

定义 2.1　Benford 定律

在不同种类的统计数据中，首位数字是数字 d 的概率为 $\lg(1+1/d)$。其中，数据的首位数字是指左边的第一位非零数字。例如数据 5 678，5.678，0.567 8 的首位数字均为 5。

根据 Benford 定律，首位数字出现的标准概率分布曲线如图 2-11 所示。同理，根据 Benford 定律，也可以计算出数据各位上数字出现的概率。

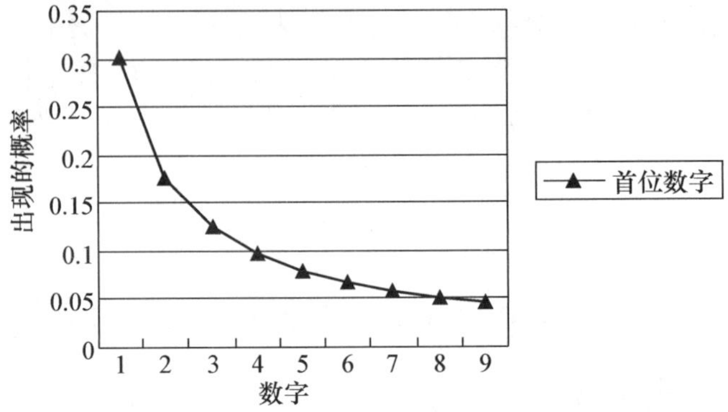

图 2-11　首位数字出现的标准概率分布曲线图

根据以上分析可以看出，如果被分析的审计数据不符合 Benford 定律的标准概率分布曲线，则表明在被分析的审计数据中可能含有异常数据。

2. Benford 定律适用的条件

由以上分析可以看出，Benford 定律提供了一种审计数据分析方法，通过采用 Benford 定律对被审计数据进行分析，可以识别出其中可能的错误、潜在的欺诈或其他不规则事物，从而发现审计线索。然而，Benford 定律并不是适用于所有被审计数据。Nigrini（1997）对 Benford 定律的适用条件进行了研究，他认为 Benford 定律适用的三个经验条件如下：

（1）被审计数据具备一定规模，能够代表所有样本。一般而言，应用 Benford 定律进行分析的数据集规模越大，分析结果越精确。这特别适用于我国大数据环境下的电子数据审计。

（2）被审计数据没有人工设定的最大值和最小值范围。例如，一般单位的固定资产台账数据就可能不符合 Benford 分布规律，因为按照财务制度，只有在一定金额之上的固定资产才被登录台账。

（3）目标数据受人为因素的影响较小。例如，用 Benford 定律对会计数据中的价格数据进行分析就可能不合适，因为价格受人为因素的影响较大。

2.6 审计数据验证

2.6.1 审计数据验证的重要性

在开展电子数据审计的过程中，审计人员必须不断进行审计数据验证，以保证审计数据采集的真实性和完整性，以及审计数据预处理和审计数据分析的正确性。审计数据验证不仅是确保电子数据真实、正确的重要手段，也是提高审计数据采集、审计数据预处理和审计数据分析质量，降低审计风险的重要保证。其重要性主要体现在以下几个方面。

一、确认所采集数据的真实性、正确性和完整性

通过审计数据验证，可以确认被审计单位提供的以及审计人员采集的原始电子数据的真实性、正确性和完整性，验证电子数据对被审计单位实际经济业务活动的真实反映程度，保证审计数据采集工作准确、有效地进行，同时对采集到的被审计数据进行确认，排除遗漏和失误。

二、确认审计数据采集过程中数据的完整性

在电子数据从一台计算机迁移到另一台计算机，或从一个信息系统迁移到另一个信息系统的过程中，由于种种原因，可能导致采集的数据发生遗漏。所以，审计人员完成审计数据采集后，都必须对被审计数据进行充分的验证，确认数据的完整性。

三、减少审计数据采集、审计数据预处理和审计数据分析过程中的人为失误

审计人员在进行审计数据采集、预处理和分析时，如果编写的程序存在逻辑错误，或对数据的操作不规范，或选择的方法不正确等，都可能产生部分数据遗漏或丢失等问题，导致审计结果错误。因此，审计人员每完成一步数据操作，都必须对被操作的电子数据进行审计数据验证，确保数据的正确性。

比如，对审计数据预处理过程进行验证可以考虑以下两个方面：

1. 确认审计数据预处理的目标实现

为了确认审计数据预处理的目标得以实现，必须针对转换前存在的数据质量问题和转换要求逐一进行核对。

2. 确认审计数据预处理工作没有损害数据的完整性和正确性

要确认审计数据预处理工作没有损害数据的完整性和正确性，就必须确认审计数据预处理过程中没有带来新的错误。

2.6.2　审计数据验证的方法

一般来说，审计数据验证的方法主要有以下几种。

一、利用数据库的完整性约束来进行验证

数据的完整性是指数据库中的数据在逻辑上的一致性和准确性。利用数据库的完整性约束可以实现部分数据验证功能。一般来说，数据完整性包括：

1. 域完整性

域完整性又称列完整性，指定一个数据集对某一个列是否有效并确定是否允许为空值。

2. 实体完整性

实体完整性又称行完整性，要求表中的每一个行有唯一的标识符（关键字）。

3. 参照完整性

参照完整性又称引用完整性，它可以保证主表中的数据与从表（被参照表）中数据的一致性。

二、利用数据总量和主要变量的统计指标进行验证

利用数据总量和主要变量的统计指标进行验证是一种常用的方法，内容如下。

1. 核对总记录数

审计人员在完成审计数据采集之后，首先要将采集到的电子数据的记录数与被审计单位信息系统中反映的记录数核对（有打印纸质凭证的，还要与纸质凭证数进行核对），以验证其完整性。在完成审计数据预处理和审计数据分析之后，也可以根据需要应用这一方法。

2. 核对主要变量的统计指标

审计人员在完成审计数据采集、审计数据预处理和审计数据分析之后，可以通过核对主要变量的统计指标，例如核对总金额等方法来验证数据的完整性。

三、利用业务规则进行验证

业务规则是一个系统正常处理业务活动所必须满足的一系列约束的集合。这些约束有来自系统外部的，例如国家政策和法律法规；有来自系统内部的，例如借贷记账法要求的借贷平衡，账务处理系统中各种账户之间的钩稽关系；有些约束还作为系统的控制手段，例如凭证号的连续性约束。利用这些约束可以对采集到的数据实施一定程度的验证。常用的方法如下。

1. 检查借贷是否平衡

检查借贷是否平衡是审计人员常用的一种简单有效的审计数据验证方法，它与核对总金额法相辅相成。

2. 凭证号断号和重号验证

在会计信息系统中，凭证号是典型的顺序码，凭证号每月按凭证类型连续编制，不同的凭证使用不同的凭证号，凭证号中间不能有断号、空号或重号出现。因此，分析凭证表中凭证号是否连续是验证审计人员所用数据与被审计单位会计数据的一致性的一种重要核对方法。审计人员可以根据实际情况，通过编写 SQL 语句来进行凭证号断号、重号的验证工作，也可以借助一些审计软件的断号、重号分析功能来完成凭证号断号、重号的验证工作。

3. 钩稽关系

在业务和会计数据中，存在许多钩稽关系。这些钩稽关系是进行审计数据验证的重要依据。例如，在审计人员采集到的被审计单位固定资产数据表中，关于固定资产价值方面的数据一般都包括资产原值、累计折旧、资产净值字段内容，而且这三个字段之间存在的钩稽关系如下：

资产原值－累计折旧＝资产净值

因此，审计人员在使用被审计单位的固定资产数据表之前，有必要对上述钩稽关系进行验证。例如，可以采用以下 SQL 语句进行验证：

```
SELECT  *
FROM 固定资产表
WHERE（资产原值－累计折旧）<>资产净值;
```

四、利用抽样方法进行验证

审计数据验证的另一类方法就是抽样。当数据量巨大或者前面所述的审计数据验证方法无法使用时，可以考虑利用抽样的方法。利用抽样的方法进行验证一般分为以下两种：

（1）从被审计单位提供的纸质资料中按照抽样的规则抽取一些样本，在采集到的数据中进行匹配和验证。

（2）从被审计单位的系统中按照抽样的规则抽取一些样本，在采集到的数据中进行匹配和验证。

2.7　电子数据审计国内现状分析

综上所述，电子数据审计在我国审计工作中越来越重要，审计人员掌握电子数据审计技术成为必然。经过十余年的审计信息化建设，审计人员的电子数据审计能力大大增强。为了使读者全面了解目前电子数据审计的应用情况，本节基于问卷调查和实地调研，首先通过审计人员的视角分析被审计单位的信息化现状；然后从审计数据分析和审计数据采集两个方面出发，调查审计人员对电子数据审计技术的熟悉情况和使用情况，并分析相应的原因；最后分析电子数据审计过程中存在的主要问题及解决对策。

2.7.1　被审计单位的信息化环境现状

本部分内容从审计人员的视角出发，根据审计人员在实际审计过程中遇到的被审计单位情况，通过对审计人员的调查问卷分析，发现被审计单位主要使用的应用软件和数据库软件情况分别如下。

1. 被审计单位主要使用的应用软件情况

通过对调查问卷分析发现，被审计单位主要使用的应用软件情况如图 2－12 所示。可以看出，从审计人员的视角出发，审计人员在开展电子数据审计时，所遇到的被审计单位主要使用用友等软件公司开发的相关软件。

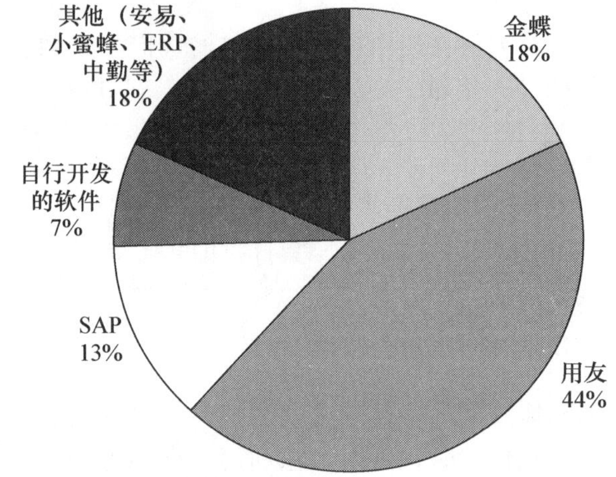

图2-12 被审计单位主要使用的应用软件情况

2. 被审计单位主要使用的数据库软件情况

通过对调查问卷分析发现，被审计单位主要使用的数据库软件情况如图2-13所示。可以看出，从审计人员的视角出发，审计人员在开展电子数据审计时所遇到的被审计单位主要使用Oracle，SQL Server，Access等数据库软件，部分单位还使用DB2，Sybase，Informix，Foxbase等数据库软件。其中，Oracle，SQL Server使用最多。另外，通过现场调查和座谈发现，详细情况如下：

（1）部分被审计单位的财务软件、办公或小型管理系统，如用友、金蝶等财务软件等，常采用SQL Server数据库软件，目前使用的主要版本有SQL Server 2000，SQL Server 2005，SQL Server 2008等。

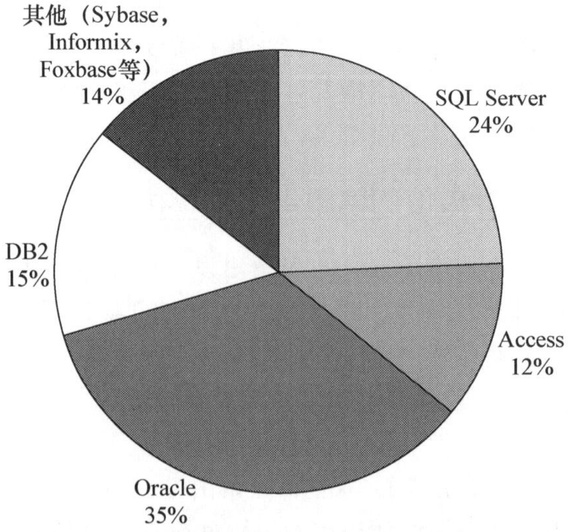

图2-13 被审计单位主要使用的数据库软件情况

（2）Oracle 环境也是目前审计中经常遇到的数据环境，银行、大型企业、海关、国税等被审计单位中尤其常见。

（3）DB2，Sybase 等数据环境相对较少，但偶尔也会遇到。

（4）在一些中小型被审计单位，Access，Excel 等数据环境也较为常见。

2.7.2　审计数据分析工具应用现状调查及结果分析

1. 审计人员熟悉的数据库软件情况

通过对调查问卷分析发现，审计人员熟悉的数据库软件情况如图 2－14 所示。可以看出，审计人员目前最熟悉的数据库软件主要是 Access 和 SQL Server，尽管被审计单位 Oracle 使用得最多，但熟悉 Oracle 的审计人员仍然较少。

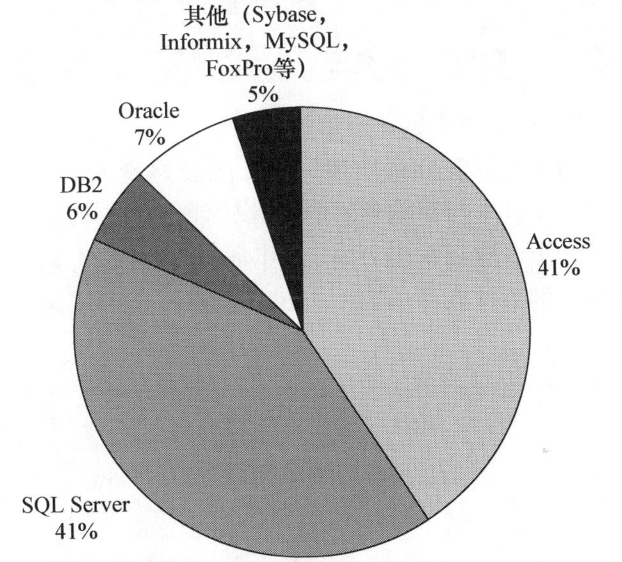

图 2－14　审计人员熟悉的数据库软件情况

2. 审计人员在开展审计工作中主要使用的数据库软件情况

通过对调查问卷分析发现，审计人员在审计工作中主要使用的数据库软件情况如图 2－15 所示。可以看出，审计人员目前在审计工作中主要使用的数据库软件是 SQL Server（主要版本有 2000，2005，2008 等），其次就是 Access，这表明审计人员目前在工作中主要使用自己熟悉的数据库软件。由图 2－14 和图 2－15 可知，尽管审计人员目前最熟悉的数据库软件是 Access 和 SQL Server，但在审计工作中主要使用的数据库软件仍然是 SQL Server，这说明考虑到被审计单位数据量大、SQL Server 数据库功能较强大等因素，SQL Server 更能满足目前审计人员开展电子数据审计工作的需要。值得指出的是，部分审计人员目前在工作中也多使用 Excel，表明尽管 Excel 在数据分析上存在一定的不足，但仍然是一种比较方便使用的工具。另外，通过现场调查和座谈发现，只有小部分审计人员使用 Oracle 数据库（主要版本有 9g，10g 等），这说明对于审计人员来说，尽管 Oracle 数据库非常有用，但使用起来仍然存在一定的难度。

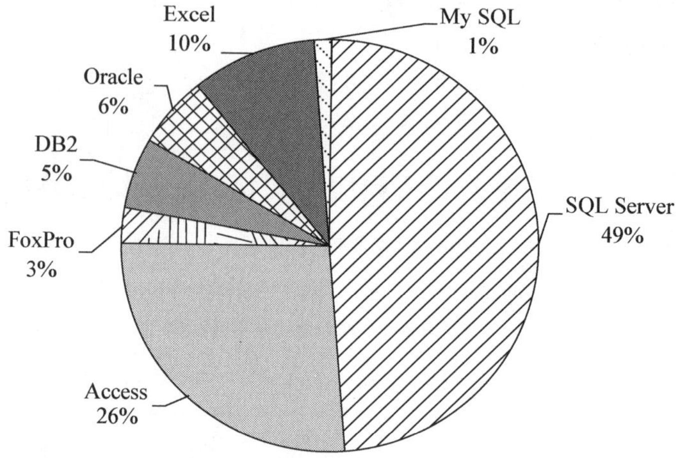

图2－15 审计人员在审计工作中主要使用的数据库软件情况

3. 审计人员熟悉的审计软件情况

通过对调查问卷分析发现，审计人员熟悉的审计软件情况如图2－16所示。可以看出，审计人员目前熟悉的审计软件主要是AO（现场审计实施系统），部分人员还了解审计数据采集分析、联网审计软件等。值得指出的是，部分审计人员对国际著名的审计软件IDEA，ACL也有一定的了解，尽管这些软件并不在政府审计中应用。

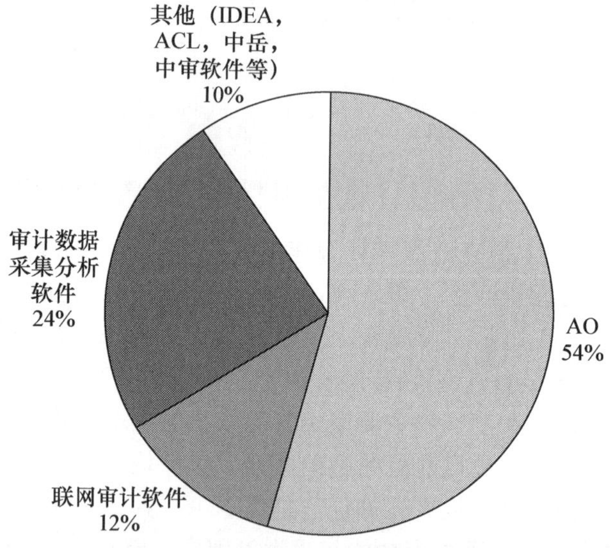

图2－16 审计人员熟悉的审计软件情况

4. 审计人员在审计工作中主要使用的审计软件情况

通过对调查问卷分析发现，审计人员在审计工作中主要使用的审计软件情况如图2－17所示。可以看出，审计人员目前在审计工作中使用的审计软件主要是AO（现场审计实施系统，主要版本是AO 2008和AO 2011），这说明作为“金审工程”的一项重要成果，AO 在审计人员中得到广泛应用，这也充分说明了“金审工程”的实施对审计人员开展电子数据审计起到了很大的促进作用。另外，通过现场调查和座谈发现，一些审计部门也尝试使用联网审计系统软件。

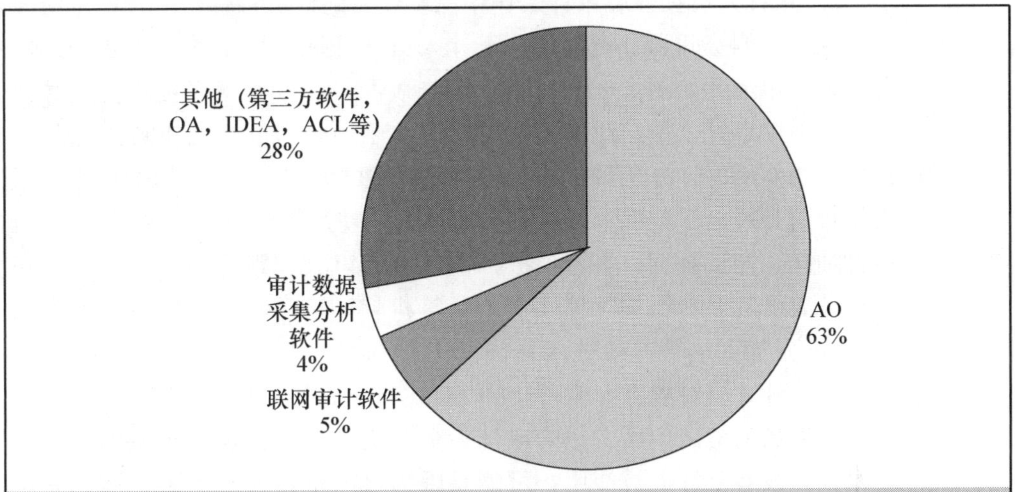

图 2 - 17　审计人员在审计工作中主要使用的审计软件情况

2.7.3　审计数据分析技术应用现状调查及结果分析

1. 审计人员熟悉的计算机辅助审计技术情况

通过对调查问卷分析发现，审计人员熟悉的计算机辅助审计技术情况如图 2 - 18 所示。可以看出，审计人员目前最熟悉的计算机辅助审计技术主要包括 SQL 查询、统计分析、重号分析、断号分析、审计抽样、测试数据，部分审计人员熟悉平行

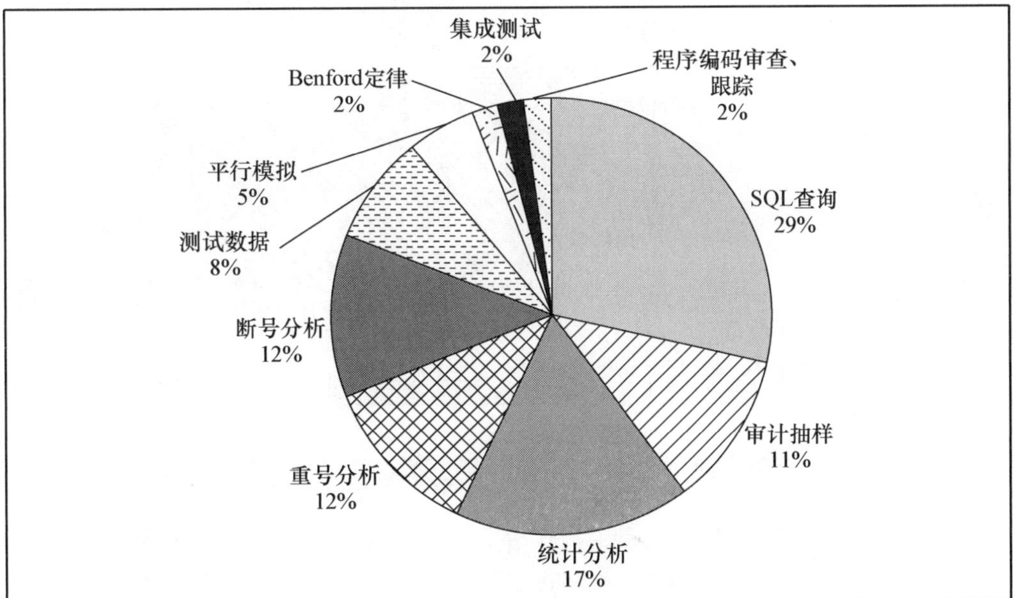

图 2 - 18　审计人员熟悉的计算机辅助审计技术情况

模拟，少数审计人员熟悉 Benford 定律，集成测试，程序编码审查、跟踪，但没有审计人员熟悉嵌入审计模块技术，尽管这种技术是很经典的计算机辅助审计技术。

2. 审计人员在开展审计工作中主要使用的计算机辅助审计技术情况

通过对调查问卷分析发现，审计人员在开展审计工作中主要使用的计算机辅助审计技术情况如图 2－19 所示。调查表明，尽管有很多可用的计算机辅助审计技术，但被审计人员广泛使用的却只是少数。可以看出，审计人员目前在审计工作中主要使用的计算机辅助审计技术是 SQL 查询，这表明 SQL 查询最适合审计人员目前开展电子数据审计；部分审计人员使用统计分析；重号分析，断号分析，审计抽样，测试数据，平行模拟，程序编码审查、跟踪等也有审计人员使用；一些审计人员甚至自行编写程序实现计算机辅助审计技术；但没有审计人员使用过 Benford 定律，尽管这种技术在国际上很知名，这可能是因为 AO 中没有这种方法，而审计人员在数据库软件，如 SQL Server 中又不易实现这种方法，从而限制了审计人员的尝试使用。尽管审计人员知道集成测试这种经典的计算机辅助审计技术，但没有审计人员使用，可能是因为目前审计人员主要关注的是电子数据审计，而对面向信息系统的审计技术不太关注。对于嵌入审计模块技术，尽管这种技术是很经典的计算机辅助审计技术，但没有审计人员熟悉，更没有审计人员使用，说明这种技术不太适用于政府审计。

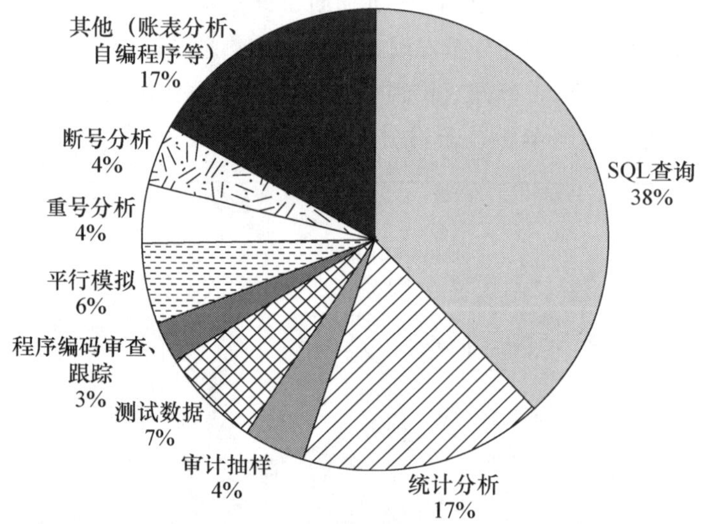

图 2－19 审计人员在开展审计工作中主要使用的计算机辅助审计技术情况

2.7.4 审计数据采集方法应用现状调查及结果分析

审计数据采集也是电子数据审计的一个关键步骤。通过现场调查和座谈，不同环境下对于审计数据采集的方法以及目前业务数据采集过程中遇到的主要困难情况总结如下。

1. SQL Server 数据库环境

通过调查发现，当被审计单位使用 SQL Server 数据库时，数据采集一般采用如下方法：

（1）利用 SQL Server 备份数据库，将备份文件复制后在审计人员的计算机中恢复。

（2）将需要的数据库文件（.mdf）和日志文件（.ldf）直接复制到审计人员的存储介质中，再在审计人员的计算机中利用 SQL Server 的“附加”方式对数据库文件进行附加。但是，当被审计单位的 SQL Server 版本高于审计人员安装的版本时，此方法不可行。

（3）通过 ODBC 和网络连接到被审计单位的数据库服务器上，利用 SQL Server 自带的“导入和导出数据”功能，将需要的数据库或部分表导出至审计人员的计算机中。

2. Oracle 数据库环境

当被审计单位使用 Oracle 数据库时，一般采用的分析方法是服务器/客户端模式，即将需要分析的数据库放在服务器上，审计人员通过若干客户端连接到数据库服务器上对数据进行查询分析。通过调查发现，对于 Oracle 数据库环境，审计数据采集与分析的方法一般如下：

（1）先把被审计单位 Oracle 数据库中的数据备份，然后再在审计人员的 Oracle 数据库系统中恢复。由于恢复时环境要求高，一般只在特殊情况下考虑。

（2）将 Oracle 数据库中的数据表导入至 SQL Server 中，即建立到 Oracle 数据库服务器的网络连接，利用 SQL Server 的导入和导出功能将 Oracle 数据库中的数据表导入 SQL Server，再进行审计数据分析。

（3）将 Oracle 数据库中的数据导入到 Access 数据库中，然后再将 Access 数据库中的数据导入到审计人员的分析工具中进行审计数据分析。

（4）使用 PL-SQL 等客户端查询分析工具连接到被审计单位的 Oracle 数据库服务器，通过查询方式将查询结果导出保存，然后把导出的数据导入到审计人员的分析工具中进行审计数据分析。

其中，后三种方法都需要在审计人员的计算机上安装 Oracle 客户端软件。

3. Access，Excel 等数据环境

通过调查，对于 Access 和 Excel 数据库环境，数据采集使用的方法一般如下：

（1）Access 数据库一般较小，可以直接复制数据库文件，然后在 Access 数据库中进行操作，也可以将其导入 SQL Server 中，或直接采集到 AO 2008/AO 2011 中。

（2）一般在没有管理系统的情况下或当数据量较小时，将审计需要数据导出为 Excel 格式的数据，方便审计人员进行分析。

4. 其他相关数据的采集

对于财务数据，审计人员的一般经验为：可以在 AO 中通过专用模板采集，在没有合适的采集模板的情况下，为方便把财务数据采集到 AO 中，最好用财务软件的“导出”功能将数据导出为国标数据，然后在 AO 中采集。

对于DB2，Sybase等大型数据库，采集、分析过程与Oracle类似，可采取类似方式操作。

5. 目前业务数据采集过程中遇到的主要困难

通过调查发现，目前业务数据采集过程中遇到的主要困难如下：

（1）审计数据采集涉及业务面广，数据库软件千差万别，大型数据库软件越来越多。

（2）现阶段还不是所有审计人员都可以完成审计数据采集工作，经常需要专业计算机技术人员配合完成。

（3）当审计对象涉及外部单位时，沟通与协调方面尚存在一定的难度，特别是涉及民营、个体、外资等企业时，存在不配合或不积极配合的可能。

2.7.5 电子数据审计过程中存在的主要问题及解决对策分析

通过现场调查和座谈，将主要调查分析结果总结如下。

1. 审计软件在使用过程中存在的主要问题

尽管AO是审计人员目前应用较多的审计软件，但AO在应用过程中主要存在以下问题：

（1）AO的强项是对财务数据的采集和分析，但AO在对业务数据分析时不够灵活，处理复杂数据时需要借助数据库软件（如SQL Server等），在业务数据处理和分析上不如直接采用数据库软件操作简单、方便。

（2）AO中编写计算机审计方法的ASL语言（审计脚本语言）功能不够强大，许多功能无法在AO中实现，在许多数据库软件中可以使用的功能在AO中都没有，限制了审计数据分析的应用。

（3）联网审计软件的使用需要投入大量的人力和时间进行前期的准备工作，影响项目的及时开展和工作效率。

2. 通用软件在使用过程中存在的主要问题

SQL Server，Oracle，Access等数据库软件也是审计人员目前应用较多的审计工具，但其在应用过程中主要存在以下问题：

（1）SQL Server分析语句没有统一的格式，且需要SQL Server数据运行环境等，SQL Server的适用范围、推广受到一定的限制。

（2）Oracle数据库除了存在和SQL Server类似的问题外，还存在审计人员对其不够熟悉、使用困难的问题。因此，尽管Oracle数据库是目前常见的数据库环境，但应用受到一定的限制。

（3）Access数据库处理的数据量小，适用范围受到限制。

3. 解决办法

（1）一般是多种方法并用，同时开展，如AO与SQL Server，Access等数据库软件同时使用，充分发挥AO处理财务数据和SQL Server等数据库软件数据分析灵活、功能强大的优势。

（2）若希望将AO的应用进一步推广，应增加、增强AO功能以适应审计业务不断发展的需要。

（3）针对经常性项目，可以形成长效机制，逐步建立联网审计环境，实施联网审计。

（4）多组织专业性培训，如对 SQL Server，Oracle 等数据库工具的应用开展有针对性的培训，使更多的审计人员熟悉数据库软件常用知识，增强审计数据采集与分析的能力。

2.8 本章小结

电子数据审计是计算机审计的一项重要内容。本章根据目前开展电子数据审计的需要，首先分析了电子数据审计的原理，在此基础上，分析了电子数据审计的关键步骤，包括审计数据采集、审计数据预处理、审计数据分析、审计数据验证等。另外，本章还基于问卷调查和实地调研，从审计数据采集和审计数据分析两个方面出发，调查分析了审计人员对电子数据审计技术的熟悉情况和使用情况，以及开展电子数据审计过程中存在的主要问题及解决对策。通过本章的学习，读者可以掌握电子数据审计的原理、开展电子数据审计的关键步骤，以及目前电子数据审计的国内应用现状，从而为后面深入学习电子数据审计打下基础。

小技巧

了解常用的电子表格软件及数据库产品对于审计人员开展电子数据审计是非常必要的。例如，各种数据库产品和电子表格软件都有其固定的后缀名，通过后缀名，审计人员可以初步判断出被审计单位使用的是哪一种数据库产品或电子表格软件，这对于完成审计数据采集来说是非常重要的。常见数据文件的类型及后缀名如表 2-2 所示。

表 2-2　常见数据文件的类型及后缀名

数据文件类型	后缀名
文本文件	.txt
Excel	.xls　.xlsx（2007）
Access	.mdb　.accdb（2007）
Sybase	.db
dBASE 系列	.dbf
Paradox	.db
SQL Server	.mdf（主文件）　.ldf（日志文件）
Oracle	.dmp（备份文件的后缀名）

思考题

1. 什么是电子数据审计？为什么要开展电子数据审计？

2. 什么是审计数据采集？为什么要进行审计数据采集？

3. 为什么要对被审计数据进行审计数据预处理？如何对被审计数据进行数据预处理？

4. 常用的审计数据分析方法有哪些？如何应用这些方法开展审计数据分析？

5. 谈谈本章所介绍的审计数据分析方法的优缺点。

6. 除了本章所述的审计数据分析方法，你认为还有哪些技术可用于审计数据分析？

7. 审计数据分析方法未来的发展趋势是什么？

8. 为什么要进行审计数据验证？

第3章

基于电子表格软件的电子数据审计

学习目标

- 了解电子表格软件与电子数据审计的关系
- 掌握基于 Microsoft Excel 的审计数据采集方法
- 掌握基于 Microsoft Excel 的审计数据分析方法

3.1 概　述

电子表格（Spreadsheet）又称电子数据表，简单地讲，电子表格软件就是一种模拟纸上计算表格的计算机软件，这种软件会显示由一系列行与列构成的电子单元格，单元格内可以存放数值、计算式或文本。由于电子表格能够方便地重新计算整个表格，因此对电子数据审计具有较高的应用价值。常用的电子表格软件有 Microsoft Excel、金山 WPS Office 等。考虑到目前 Microsoft Excel 在审计中应用较为广泛，本章以 Microsoft Excel 为例，介绍基于电子表格软件的电子数据审计。

3.2 电子表格软件 Microsoft Excel 简介

一、Excel 概述

Excel 是微软办公套装软件的一个重要组成部分，它可以进行各种数据的处理、统计分析和辅助决策操作，广泛地应用于管理、统计、财经、财务、金融等众多领域。

二、Excel 的主要版本发展历程

为了便于审计人员了解 Excel，将 Microsoft Excel 的主要版本发展历程总结为表 3－1。

表 3－1　Excel 的主要版本

年份	版本
1987	Excel 2 for Windows
1990	Excel 3
1992	Excel 4
1993	Excel 5
1995	Excel 95，亦称 7
1997	Excel 97，亦称 8
1999	Excel 2000，亦称 9
2001	Excel XP，亦称 10
2003	Excel 2003，亦称 11
2006	Excel 2007，亦称 12
2010	Excel 2010，亦称 14
2013	Excel 2013，亦称 15
2015	Excel 2016

三、Excel 2007 与电子数据审计相关的功能

以 Excel 2007 为例，其与电子数据审计相关的功能如下。

1. 获取外部数据

Excel 2007 的获取外部数据功能如图 3－1 所示，该功能可用于完成审计数据采集。

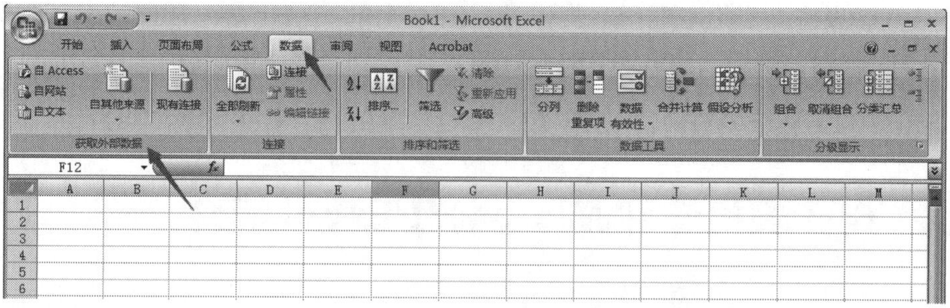

图 3－1　Excel 2007 的获取外部数据功能

2. 数据分析

Excel 2007 的排序和筛选、数据工具（如数据有效性等）、分析等功能可以对数据进行分析，如图 3－2 所示，这些功能可用于完成审计数据分析。

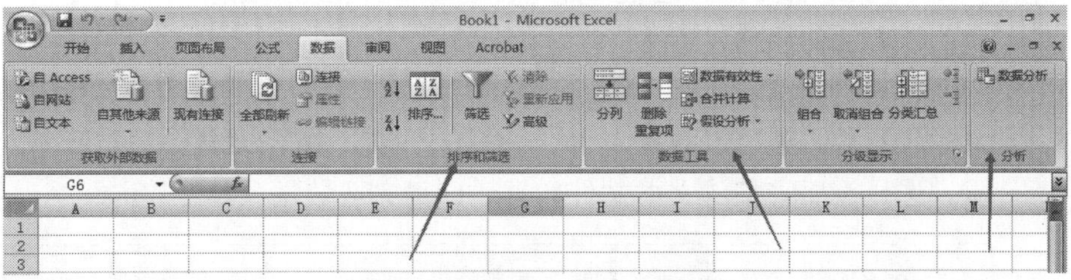

图 3-2　Excel 2007 的数据分析功能

3.3　基于 Microsoft Excel 的审计数据采集

为了采用 Excel 开展电子数据审计，需要把待审计的电子数据采集到 Excel 中。本节以 Excel 2007 为例，通过实例介绍如何把常用类型的电子数据采集到 Excel 中。

一、采集文本文件数据

如果被审计单位提供给审计人员的是文本文件格式的数据，把该类型的数据采集到 Excel 中可采用以下方法。

1. 第一种方法：直接打开文本文件

该方法的操作过程为：

(1) 打开 Excel。

(2) 单击“Office 按钮”，选择“打开”选项，如图 3-3 所示，按照提示步骤，选择需要采集的文本文件数据，即可完成数据采集工作。

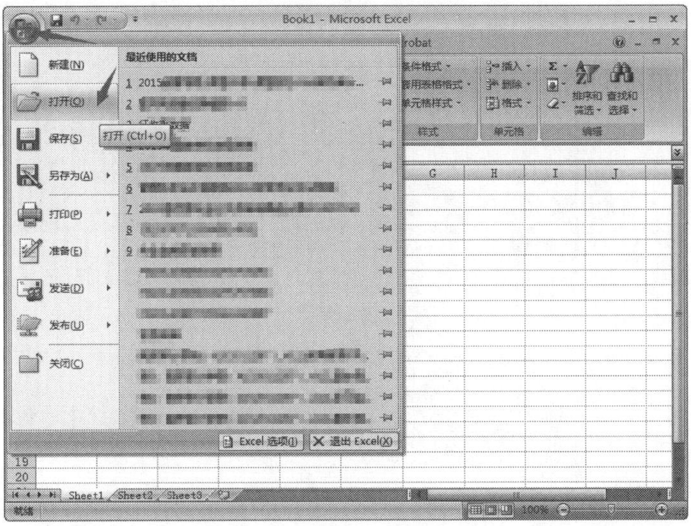

图 3-3　直接打开文本文件

2. 第二种方法：通过 Excel 的数据导入功能来完成

该方法的操作过程为：

（1）打开 Excel。

（2）单击菜单“数据”，然后单击“自文本”，如图 3－4 所示，按照提示步骤，选择需要采集的文本文件数据，即可完成数据采集工作。

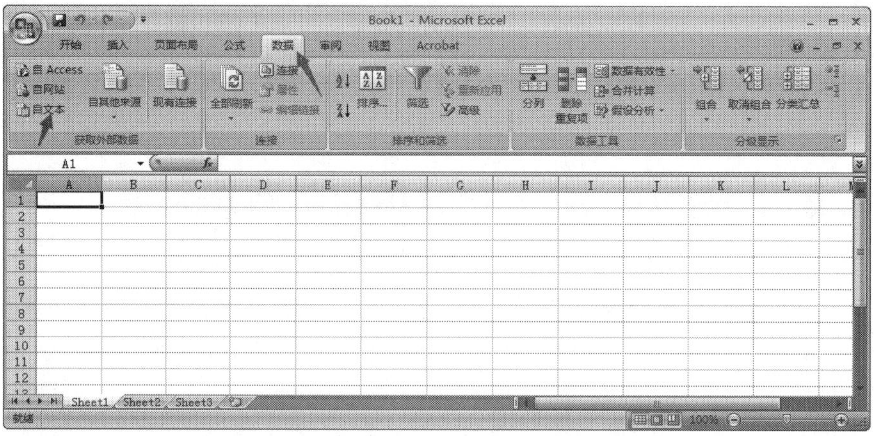

图 3－4　Excel 的数据导入功能

例 3－1　把文本文件数据采集到 Excel 中

现有某零售企业商品数据“商品 . txt”，如本书附录 A 中图 A－7 所示。请将该数据采集到名为“商品”的 Excel 文件中，要求不导入订购量和再订购量。

把商品数据采集到 Excel 文件中的操作过程如下。

（1）单击“Office 按钮”，选择“打开”，如图 3－5 所示，则出现如图 3－6 所示的界面。

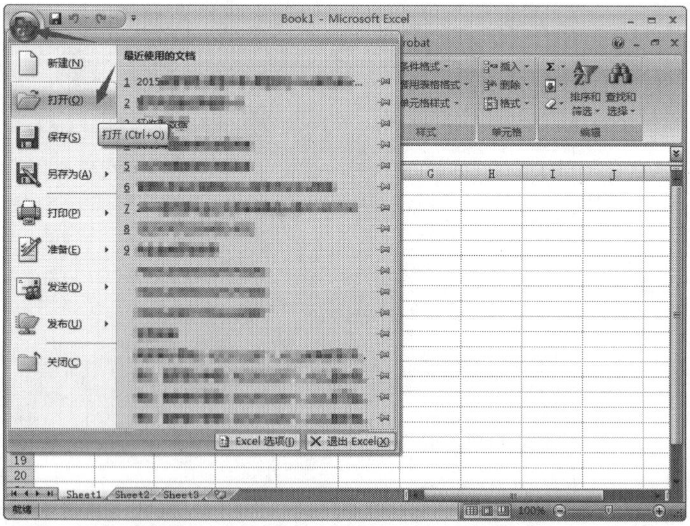

图 3－5　选择第一种数据采集方法

（2）在图 3－6 中选择需要采集的商品数据，单击“打开”按钮，进入文本导入向导界面，如图 3－7 所示。

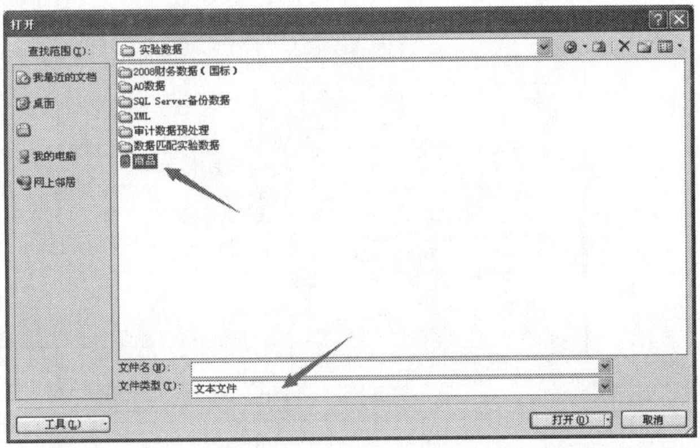

图 3－6　选择需要导入的“商品”数据

（3）在图 3－7 至图 3－11 中，按照系统提示，进行相应的设置。

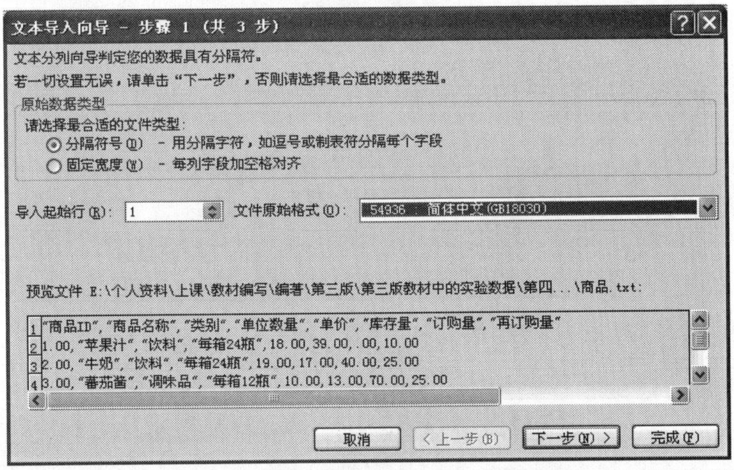

图 3－7　进入文本文件导入向导界面

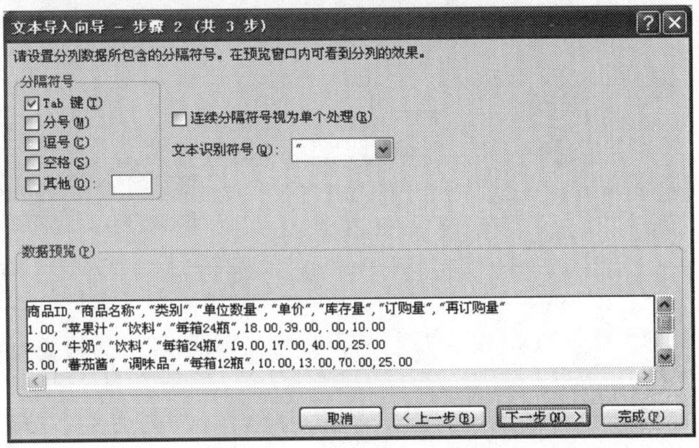

图 3－8　进入“分隔符设置”选项卡

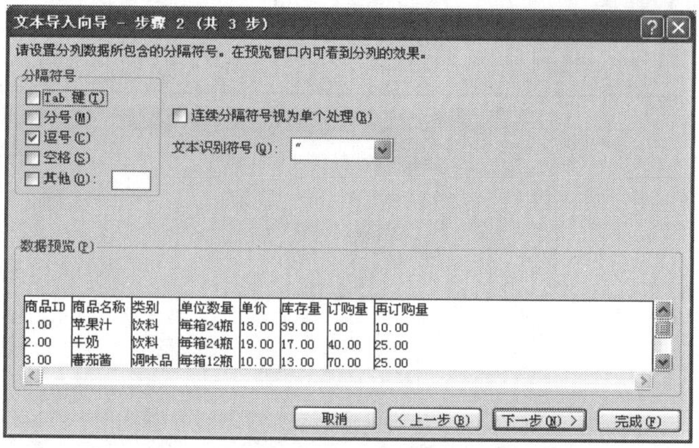

图 3-9　选择文本数据的分隔符

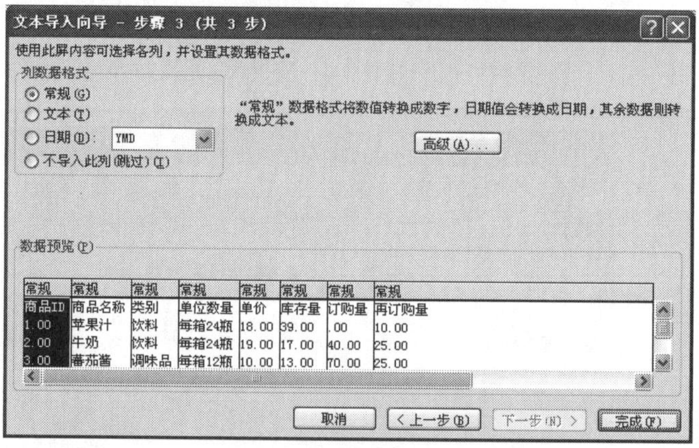

图 3-10　进入列数据格式设置界面

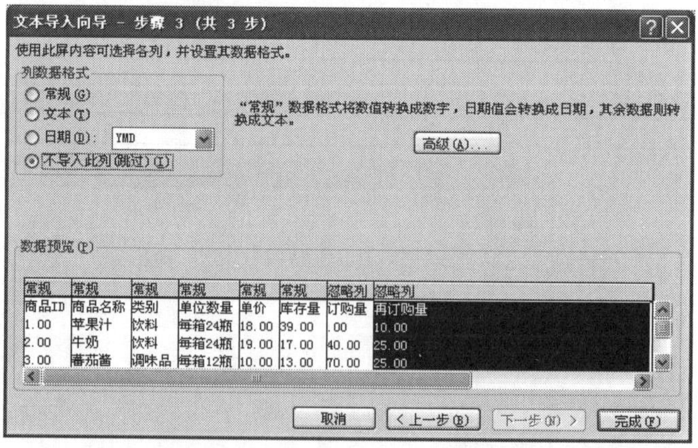

图 3-11　设置不需要导入的数据列

(4) 设置完毕后，在图 3-11 中单击“完成”按钮，便可完成数据的采集，如图 3-12 所示。

图 3－12　完成文本文件数据的采集

通过以上过程，便可按照要求完成数据的采集。

以上的演示是基于 Excel 2007 环境，在其他环境下方法类似。

二、采集 Access 数据库中的数据

在实际的审计工作中，被审计单位多采用数据库来管理本单位的数据，下面以 Excel 2007 为例，介绍如何把 Access 数据库中的数据采集到 Excel 2007 中。

1. 第一种方法：采用获取外部数据功能

该方法的操作过程为：

（1）打开 Excel。

（2）单击菜单“数据”→“自 Access”按钮，如图 3－13 所示，按照提示步骤选择需要采集的 Access 格式的数据，即可完成数据采集工作。

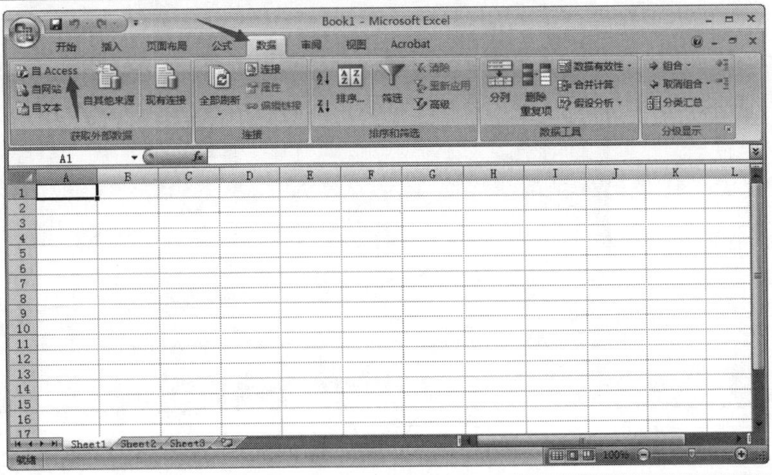

图 3－13　Excel 的 Access 数据库数据采集功能

例3-2　把某Access数据库中的数据采集到Excel中

现有某税收征收电子数据（文件名为“税收征收.mdb”，数据表名为“征收表”，表结构见本书附录A中图A-1）。现把该Access数据库中的数据采集到Excel文件中。

把Access数据库中的数据采集到Excel中的操作过程为：

(1) 如图3-13所示，在Excel中，单击菜单“数据”→“自Access”按钮，则弹出“打开”对话框，如图3-14所示。

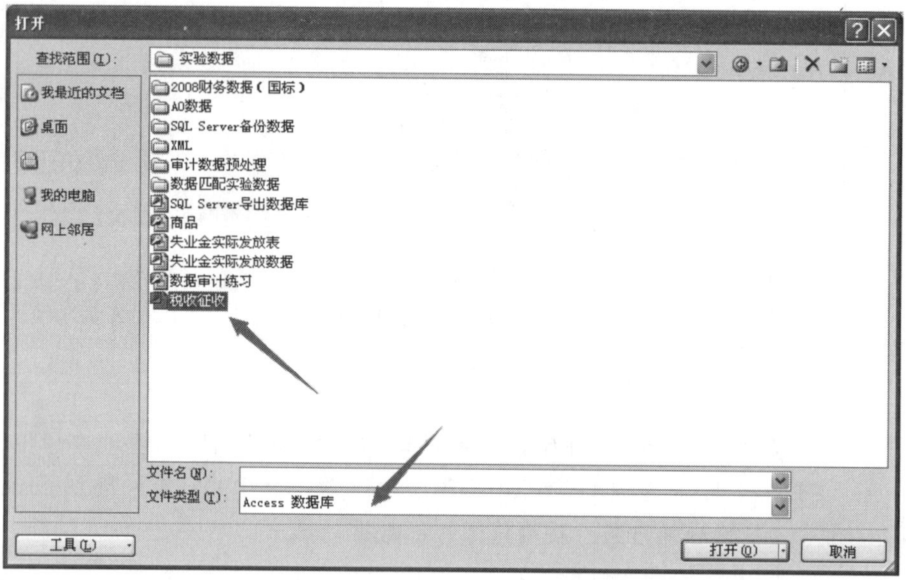

图3-14　“选取数据源”界面

(2) 在图3-14中选取要采集的Access数据，然后单击“打开”按钮，会弹出“选择表格”对话框，如图3-15所示。

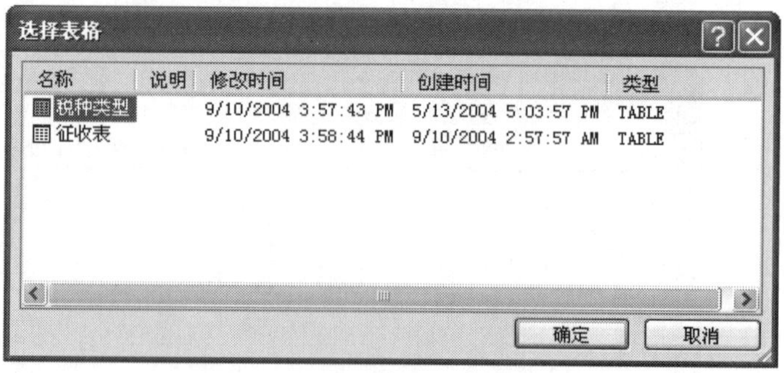

图3-15　“选择表格”对话框

(3) 在图3-15中选择要采集的数据库中的数据表，结果如图3-16所示，然后单击“确定”按钮，出现如图3-17所示的界面。

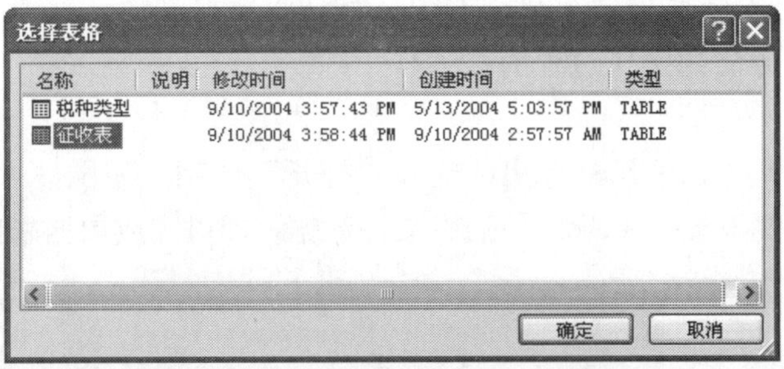

图 3 - 16　完成数据表选择后的界面

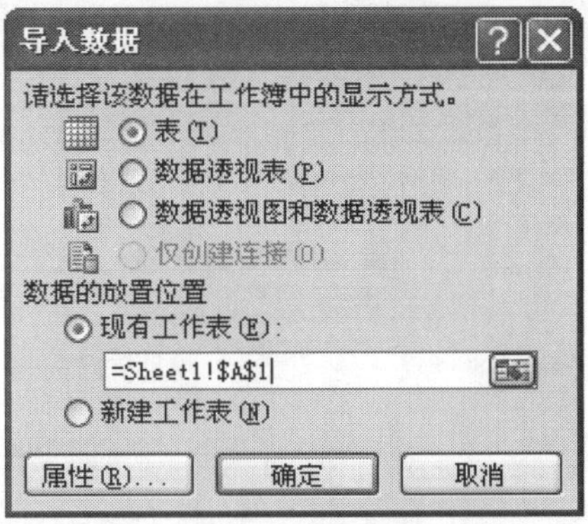

图 3 - 17　“导入数据”对话框

(4) 在图 3 - 17 中单击“确定”按钮，完成数据采集，结果如图 3 - 18 所示。

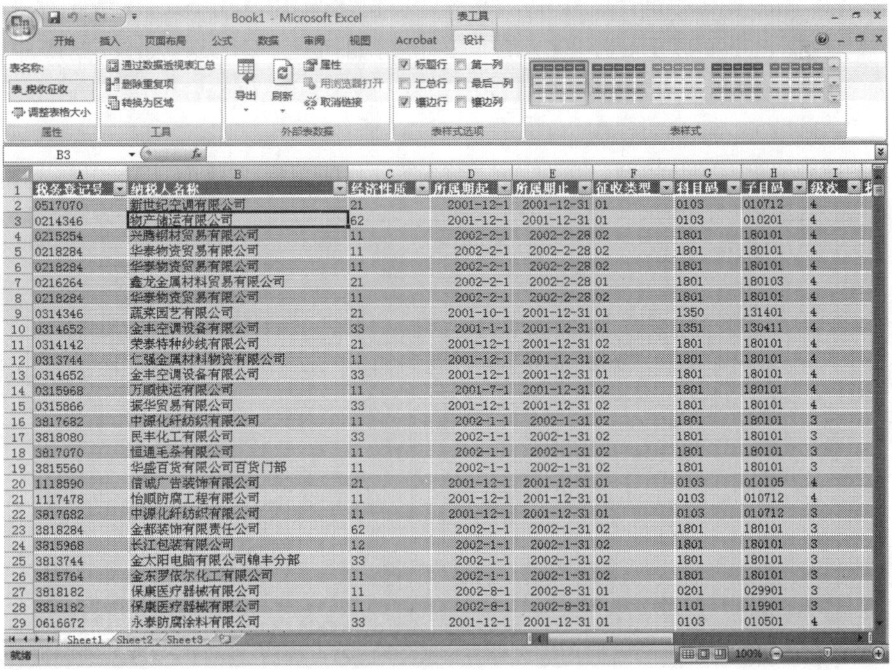

图 3 - 18　完成数据采集后的 Excel 界面

2. 第二种方法：采用 Office 按钮直接打开

该方法的操作过程为：

（1）打开 Excel。

（2）单击 Office 按钮，选择“打开”选项，如图 3-19 所示。按照提示步骤，选择需要采集的 Access 数据库文件数据，即可完成数据采集工作，其操作过程同上。

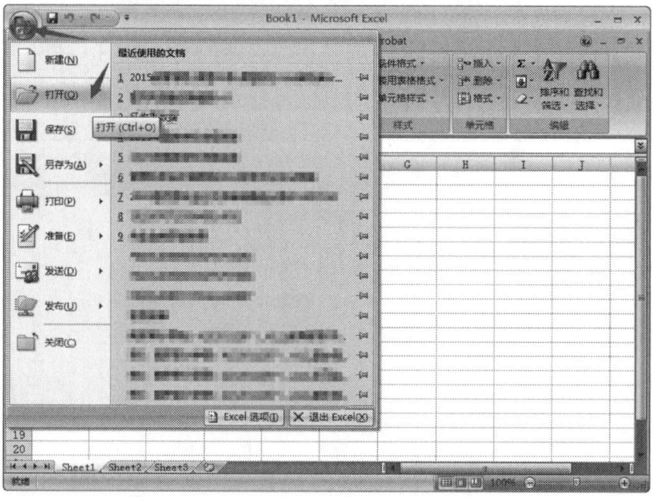

图 3-19　直接打开 Access 数据库数据

三、采集 SQL Server 数据库中的数据

在实际的审计工作中，被审计单位多采用 SQL Server 数据库来管理本单位的数据，下面以 Excel 2007 为例，介绍如何把 SQL Server 数据库中的数据采集到 Excel 中。该方法的操作过程为：

（1）打开 Excel。

（2）单击菜单“数据”，选择“自其他来源”选项，如图 3-20 所示。

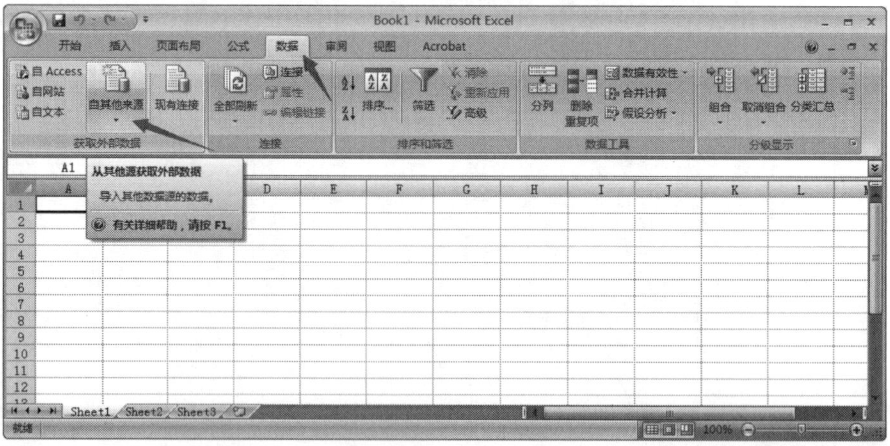

图 3-20　Excel 的其他来源数据采集功能

（3）选择“来自 SQL Server”，如图 3－21 所示，进入“数据连接向导”对话框，如图 3－22 所示。

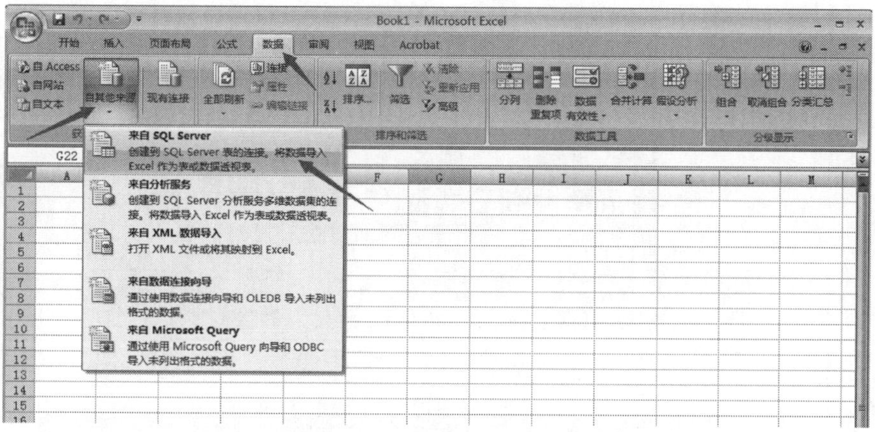

图 3－21　Excel 的 SQL Server 数据采集选择界面

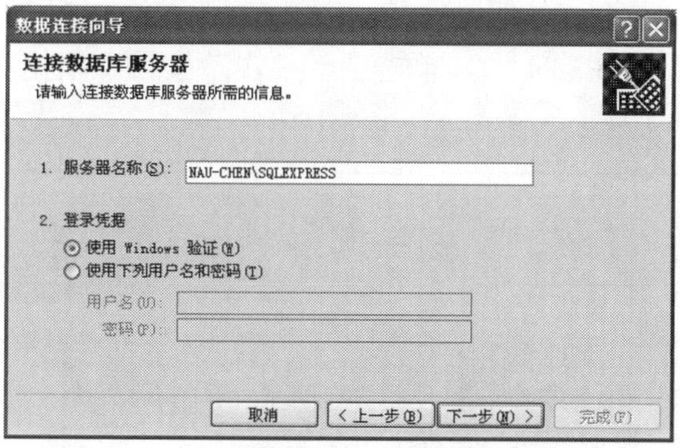

图 3－22　“连接数据库服务器”名称设置界面

（4）在图 3－22 中输入所要连接的 SQL Server 数据库服务器名称。注：本实例中创建的数据库服务器名称为“NAU-CHEN \ SQLEXPRESS”，如图 3－23 所示。其中，“NAU-CHEN”为 SQL Server 数据库所安装的电脑的名称。

图 3－23　“数据库服务器”名称信息界面

（5）在图3-22中，单击“下一步”按钮，进入“选择数据库和表”界面，选择需要采集的数据库中的数据表，如图3-24所示。

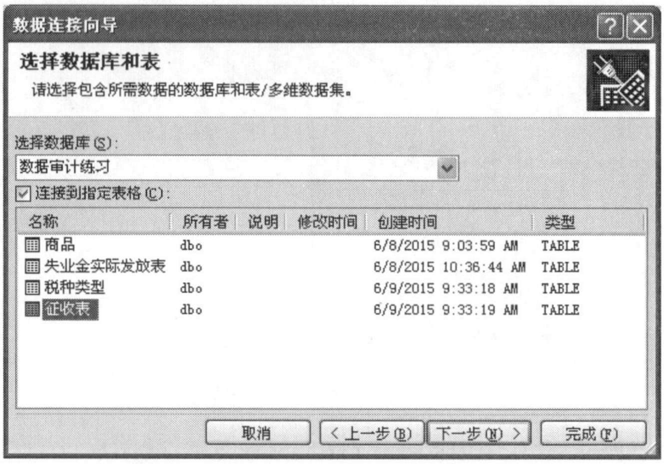

图3-24 设置好的需要采集的数据表界面

（6）在图3-24中，单击“下一步”按钮，根据向导提示即可完成数据采集，如图3-25所示。

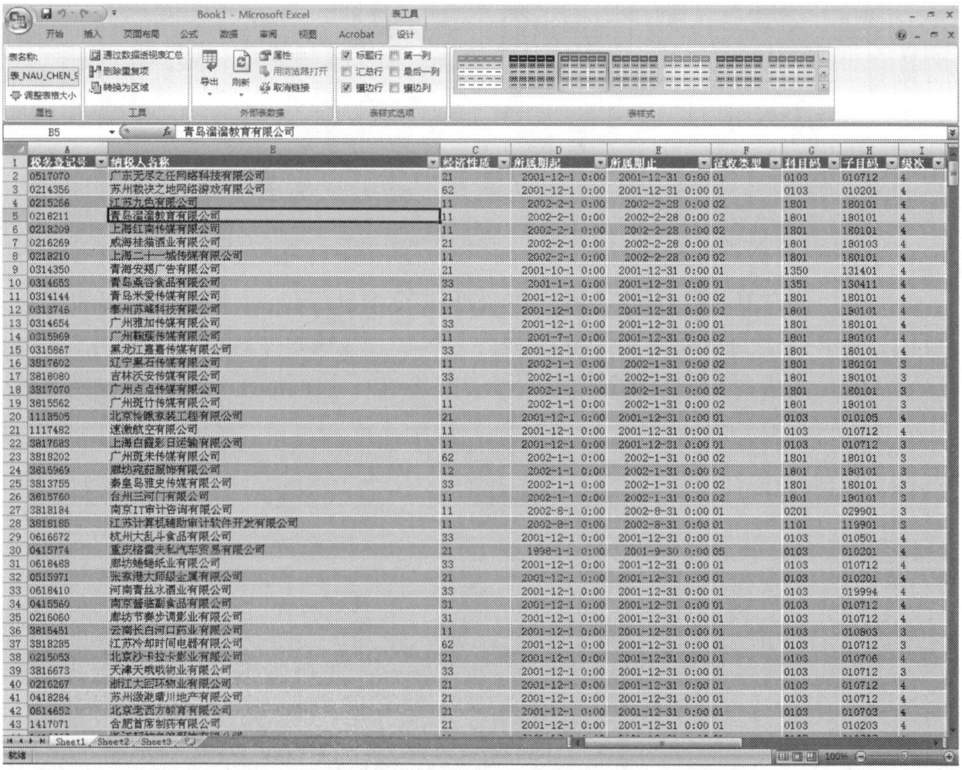

图3-25 完成数据采集后的Excel界面

四、采集 XML 格式的数据

在实际的审计工作中，不管被审计单位采用什么数据库来管理本单位的数据，一般都可以导出为 XML 数据交给审计单位，审计单位可以把这些数据采集到 Excel 中进行分析。仍以 Excel 2007 为例，介绍如何把 XML 格式的数据采集到 Excel 中。该方法的操作过程为如下：

（1）打开 Excel。

（2）单击菜单“数据”，选择“自其他来源”选项，如图 3－26 所示，然后单击“来自 XML 数据导入”按钮，如图 3－27 所示。

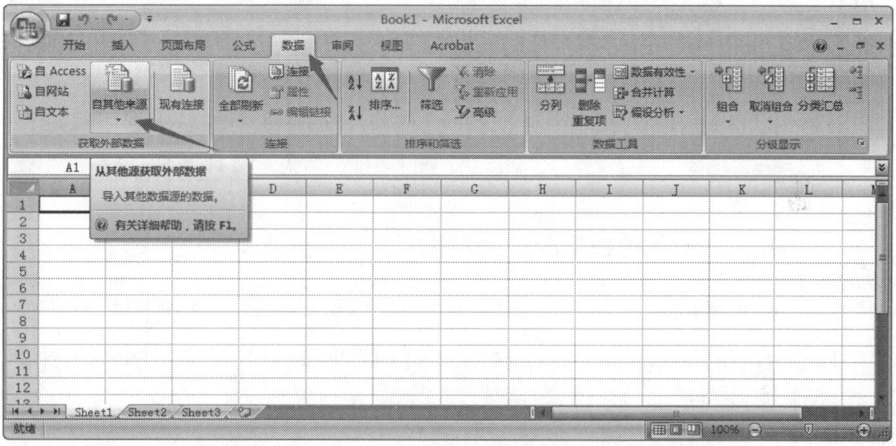

图 3－26　Excel 的其他来源数据采集功能

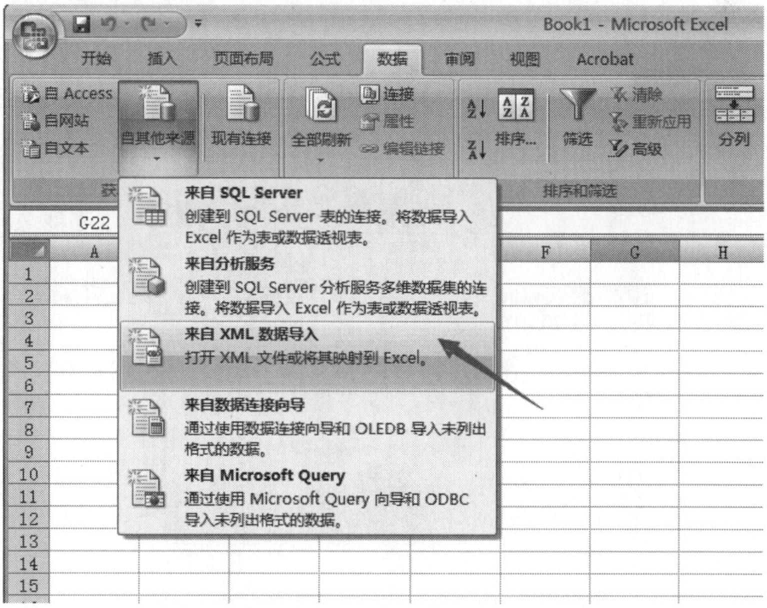

图 3－27　Excel 的 XML 数据源采集选择界面

（3）选取数据源，如图 3－28 所示，按照提示步骤，即可完成数据采集工作。

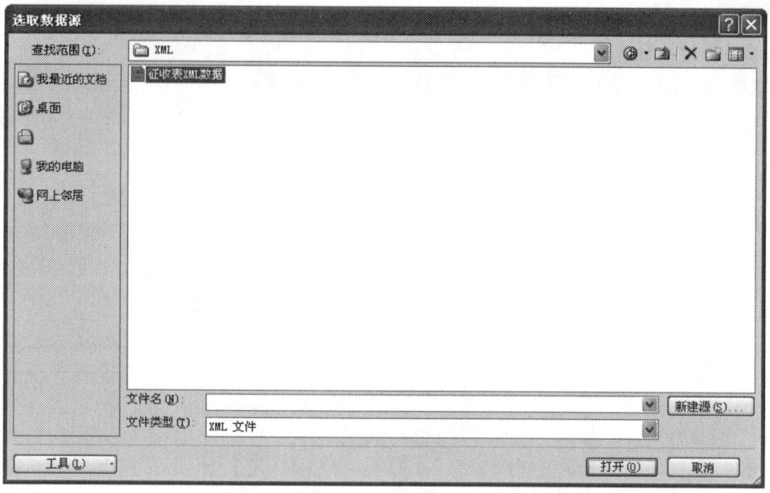

图 3－28　Excel 的数据源选择界面

五、采集其他数据源中的数据

在实际的审计工作中，除了文本文件、Access 数据库数据等之外，被审计单位提供的数据可能会多种多样，这些数据也可能通过 ODBC 采集到 Excel 中，其操作过程为：

（1）打开 Excel。

（2）单击菜单“数据”，选择“自其他来源”选项，然后单击“来自 Microsoft Query”选项，如图 3－29 所示，按照提示步骤，即可通过 ODBC 完成数据采集工作。

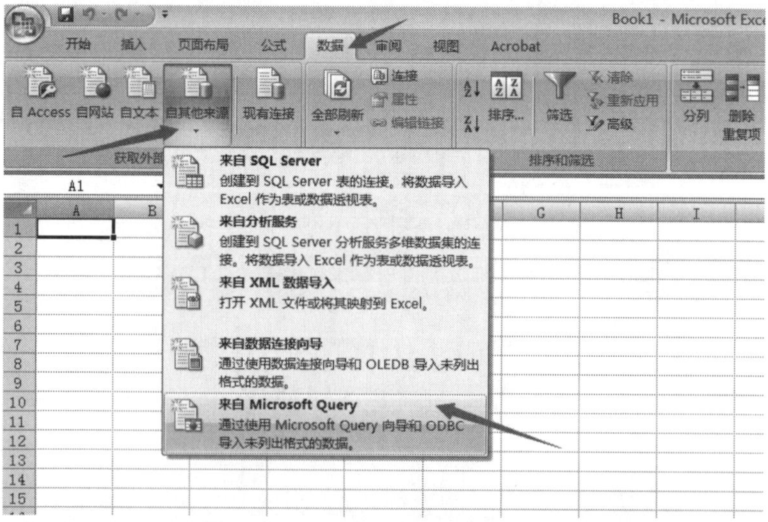

图 3－29　Excel 的 ODBC 数据源采集选择界面

3.4 基于 Microsoft Excel 的审计数据分析

为了采用 Excel 开展电子数据审计，在完成数据采集之后，需要在 Excel 中对采集到的电子数据进行分析。本节以 Excel 2007 为例，通过实例介绍常用的电子数据分析方法。

例 3-3　数据查询方法在税收征收数据分析中的应用

现有某税收征收电子数据（文件名为“税收征收 .mdb”，数据表名为“征收表”，表结构见本书附录 A 中图 A-1）。假定所有纳税人税款滞纳天数超过 10 天均属超期滞纳，请对提供的税收征收电子数据进行分析处理，检查征收表中有无“负纳税”数据和“超期滞纳”数据。

假设税收征收数据已被采集到 Excel 中，可靠地查找税收征收数据中“负纳税”数据的方法如下：

1. 采用 Excel 的筛选功能

(1) 在 Excel 的“数据”菜单中单击“筛选”按钮，然后再点击“实纳税额”字段的下拉选项，在弹出的“数字筛选”菜单中可以选择筛选条件，如图 3-30 所示。

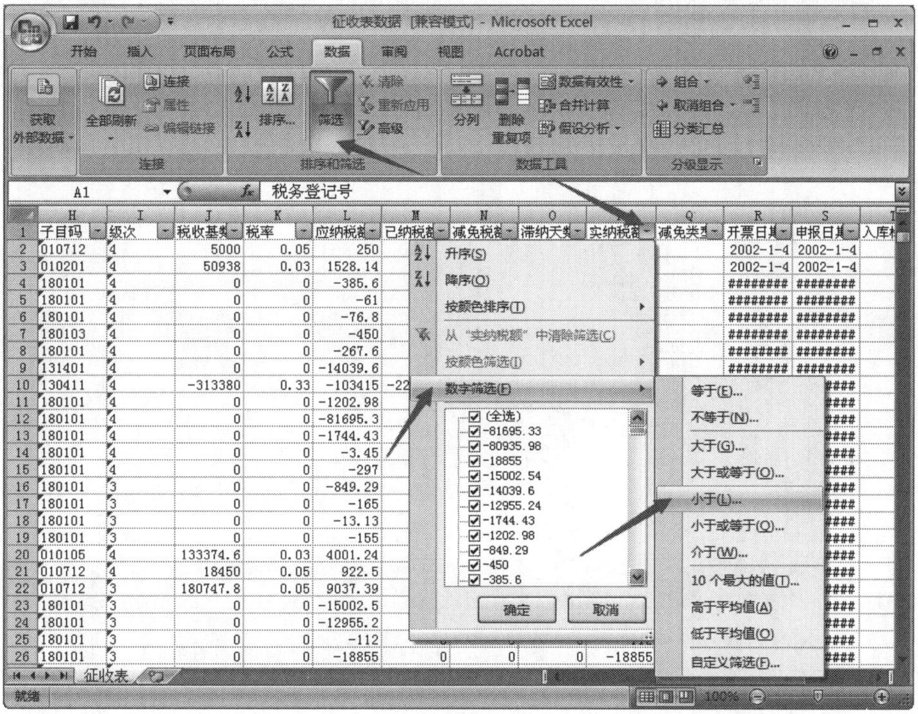

图 3-30　“数字筛选”菜单视图

（2）在图 3－30 中选择好筛选条件后，进入筛选条件设置界面，如图 3－31 所示。

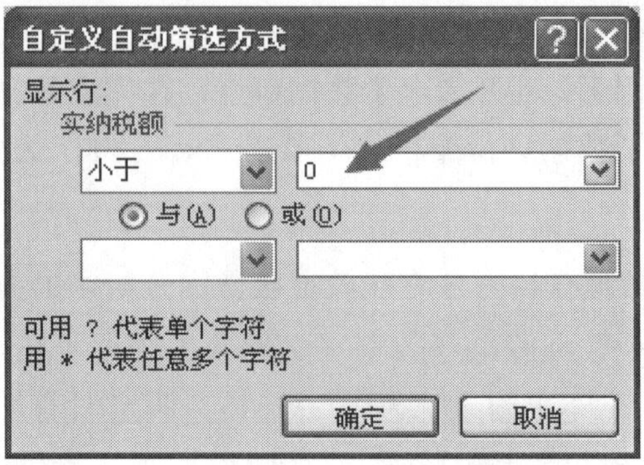

图 3－31 “数字筛选”菜单中的筛选条件设置界面

（3）设置好筛选条件后，在图 3－31 中单击“确定”按钮，便可得到审计人员所要查找的“负纳税”数据，其查询结果如图 3－32 所示。

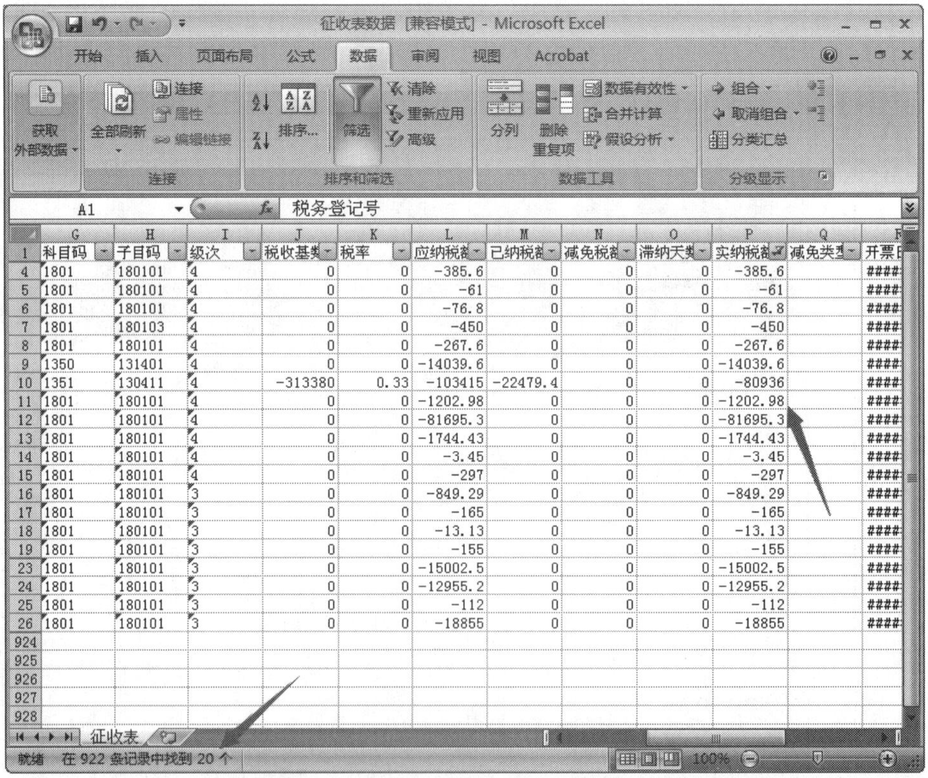

图 3－32 Excel 的负纳税查询结果界面

同理，在图 3－30 所示的界面中输入相应的超期滞纳条件，即可查找出税收征收数据中的“超期滞纳”数据。

2. 采用 Excel 的高级筛选功能

（1）在 Excel 中设置查询条件，如图 3－33 所示。

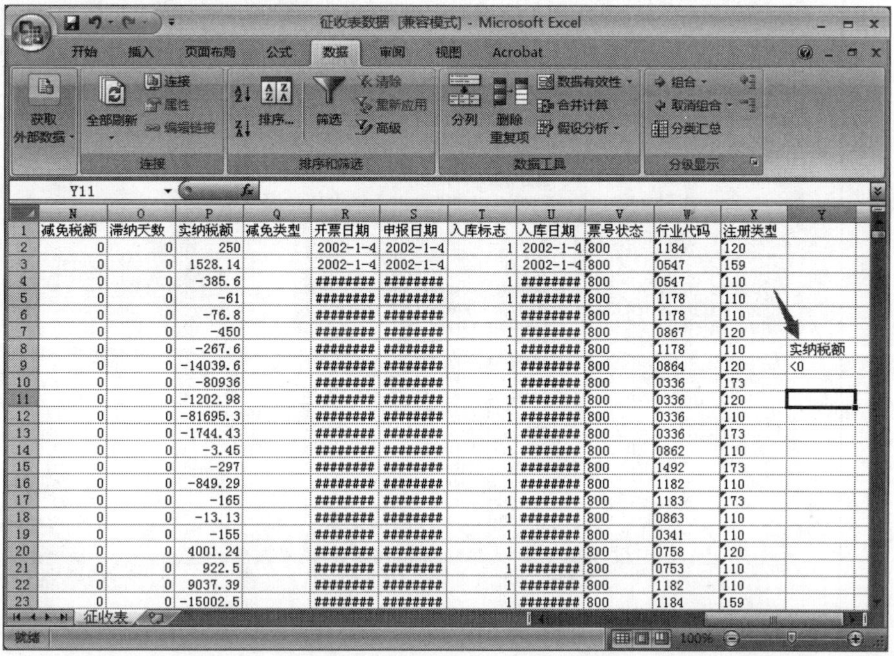

图 3－33　设置查询条件之后的 Excel 表单视图

（2）在图 3－34 中单击“高级”按钮，其查询结果如图 3－35 所示。

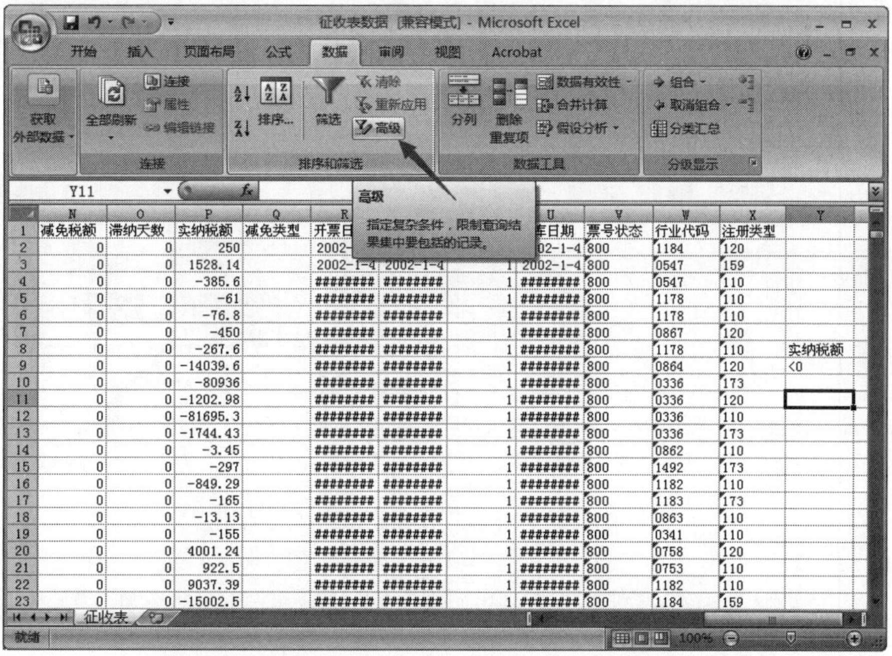

图 3－34　Excel 的高级筛选功能菜单

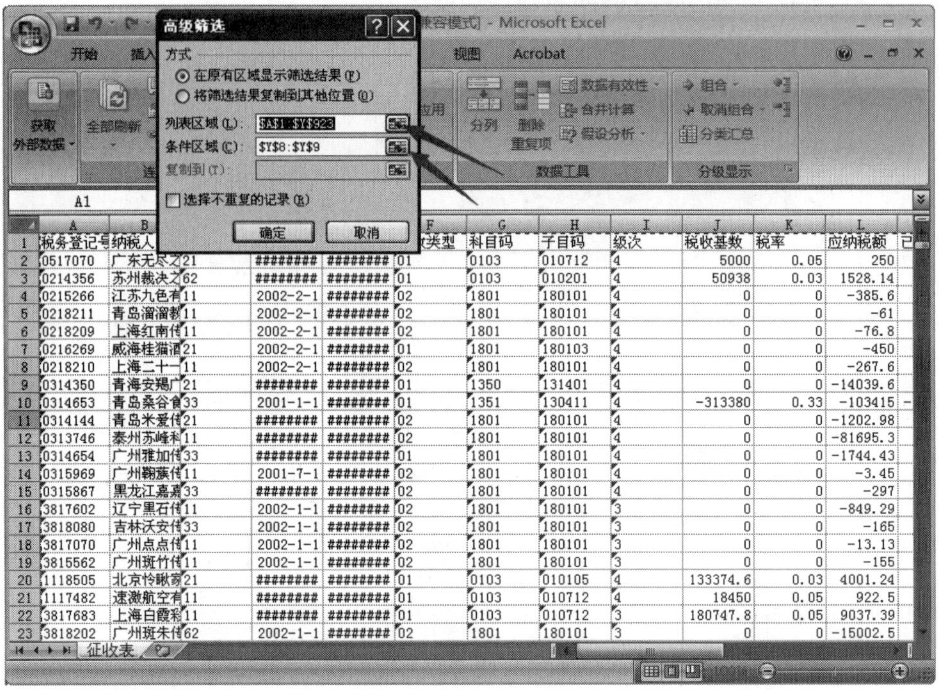

图 3-35 Excel 的高级筛选功能设置界面

（3）在图 3-35 中设置高级筛选的条件区域，如图 3-36 所示。

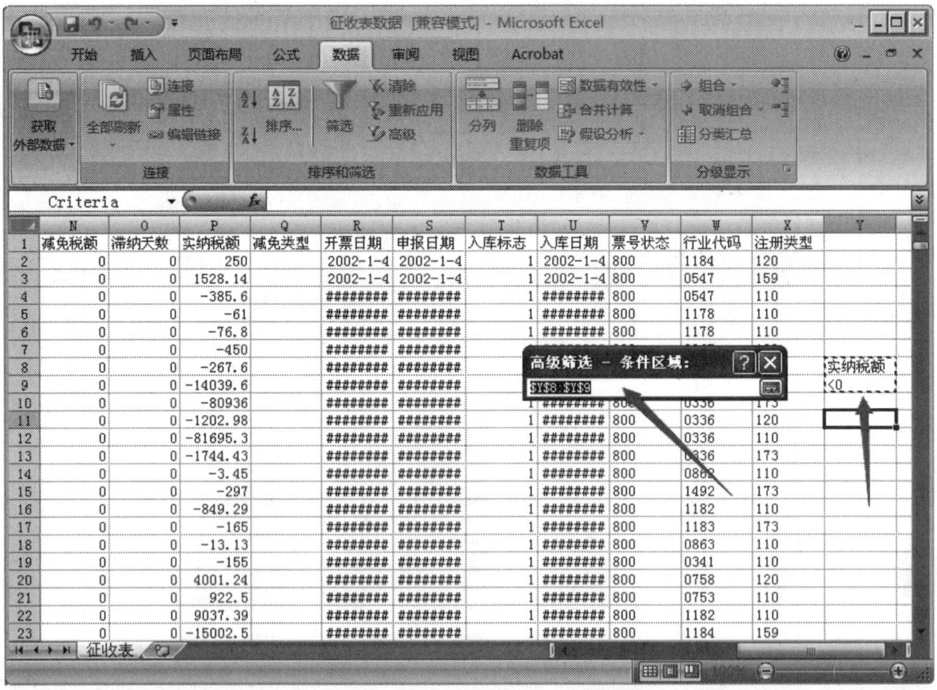

图 3-36 高级筛选条件区域设置界面

（4）设置好高级筛选条件区域后，返回图 3－35 所示的界面，在图 3－35 中单击“确定”按钮，便可得到审计人员所要查找的“负纳税”数据，其查询结果如图 3－37 所示。

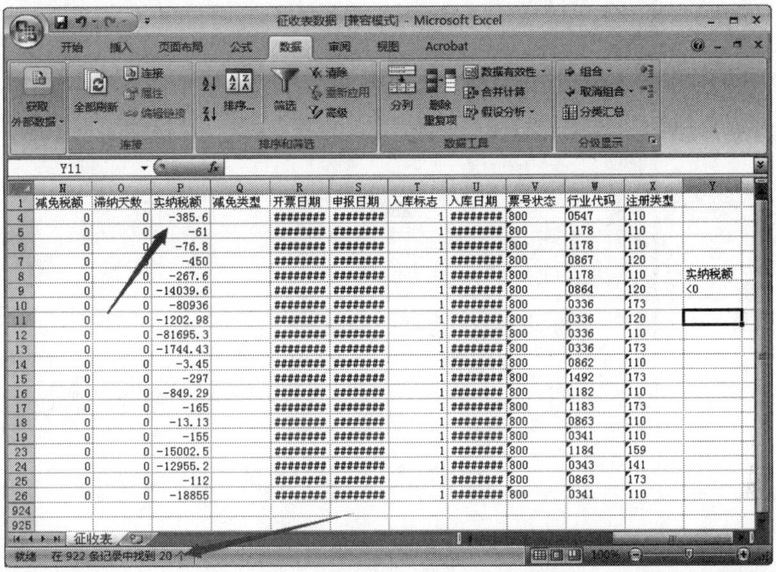

图 3－37 Excel 的负纳税查询结果界面

同理，可查找出税收征收数据中的“超期滞纳”数据。

3. 采用 Excel 的圈释功能

（1）在图 3－38 中单击“数据有效性”→“数据有效性”按钮，进入如图 3－39 所示的界面。

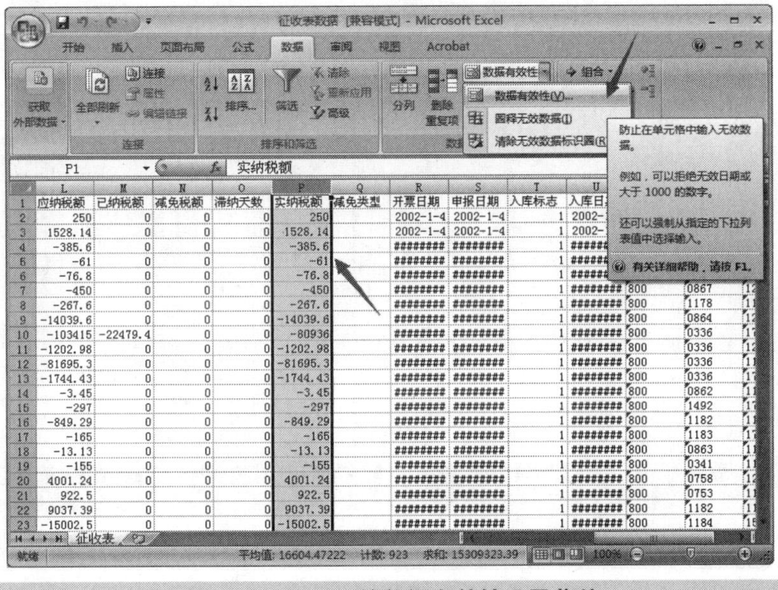

图 3－38 Excel 的数据有效性设置菜单

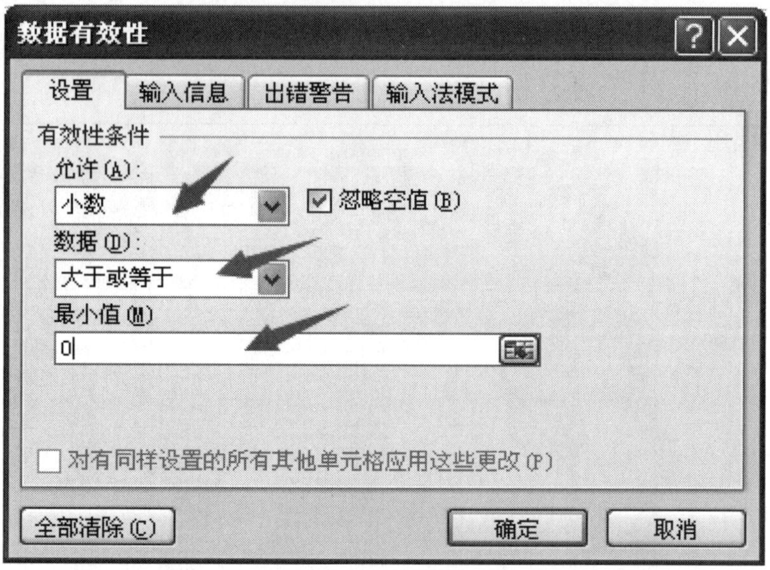

图 3－39　Excel 的数据有效性设置界面

（2）完成 Excel 的数据有效性设置后，在图 3－40 中单击“数据有效性”→“圈释无效数据”按钮，其结果如图 3－41 所示。

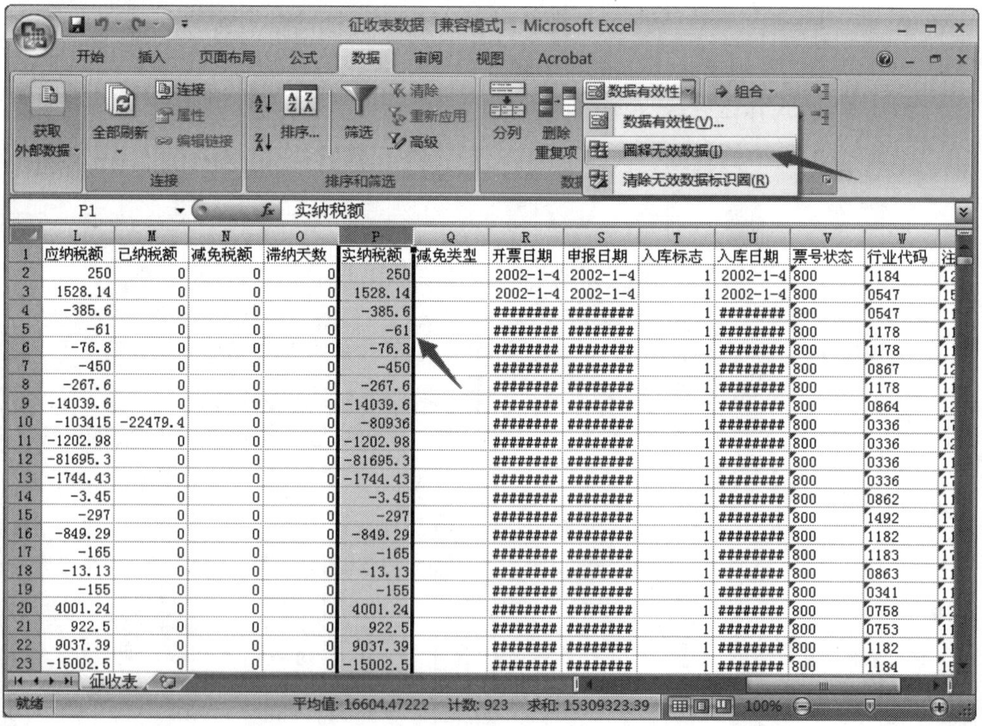

图 3－40　Excel 的圈释无效数据功能菜单

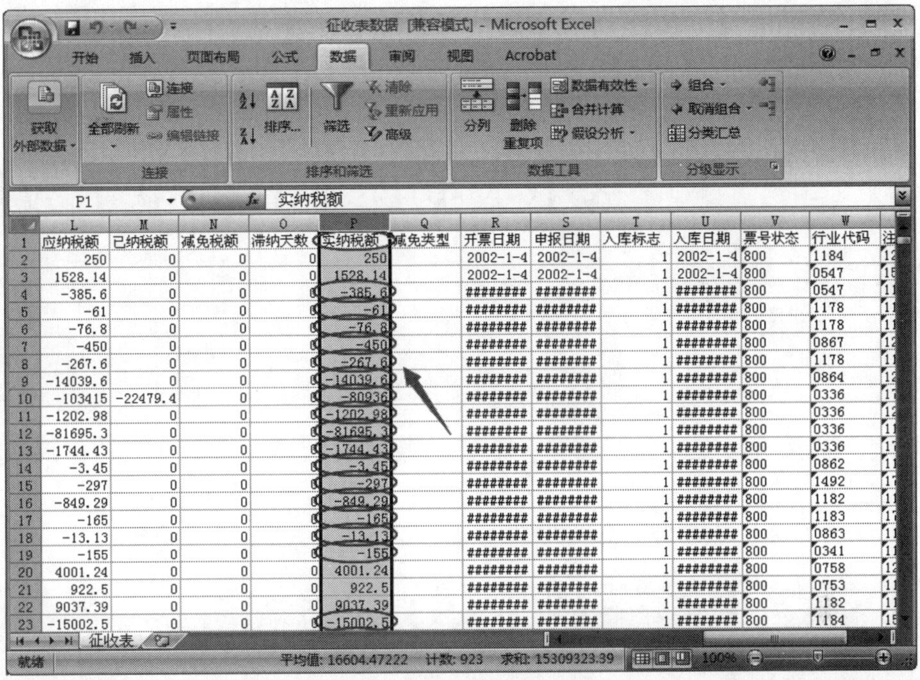

图 3－41　Excel 的无效数据圈释结果界面

3.5　本章小结

本章根据目前开展电子数据审计的需要，首先分析电子表格软件在电子数据审计中的作用，在此基础上，借助 Microsoft Excel 这种审计人员常用的电子表格软件，分析如何采用电子表格软件开展电子数据审计。通过本章的学习，读者可以掌握如何采用 Microsoft Excel 开展电子数据审计，从而为今后研究与应用电子表格软件开展电子数据审计打下基础。

思考题

1. 电子表格软件对开展电子数据审计有何作用？
2. 如何采用 Excel 采集审计数据？
3. 如何采用 Excel 分析审计数据？
4. 采用 Excel 开展电子数据审计有什么优缺点？
5. 如何利用其他电子表格软件开展电子数据审计？

第4章

基于数据库工具的电子数据审计

学习目标

- 掌握数据库相关概念以及SQL语言在计算机审计中的应用
- 掌握ODBC及其在计算机审计中的应用
- 掌握基于Microsoft Access的电子数据审计方法
- 掌握基于SQL Server的电子数据审计方法

4.1 概　述

数据库工具是目前审计人员开展电子数据审计时常用的工具。本章主要介绍如何借助数据库工具开展电子数据审计，并以Microsoft Access，SQL Server这些数据库管理方面的主流产品为例，详细分析电子数据审计的应用。

4.2 基于数据库工具的电子数据审计基础知识

4.2.1 SQL语言与电子数据审计

按照美国国家标准协会（ANSI）的规定，结构化查询语言（structured query language，SQL）被作为关系型数据库管理系统的标准语言。SQL语言可以用来执行各种各样的操作，例如，更新数据库中的数据、从数据库中提取数据等。目前，绝大多数流行的关系型数据库管理系统，如Oracle，Sybase，Microsoft SQL

Server，Microsoft Access 等都采用了 SQL 语言标准。

由于在实施电子数据审计过程中常常会用到 SQL 语言，因此，本节简要介绍 SQL 的应用。对于如何应用 SQL 语言开展电子数据审计，将在后面介绍。

4.2.1.1　数据定义

1. 定义基本表

采用 SQL 语言定义基本表的语法如下：

```
CREATE TABLE 表名 [表约束]
列名 1 数据类型 [默认值 1,列约束 1]
列名 2 数据类型 [默认值 2,列约束 2]
…
列名 n 数据类型 [默认值 n,列约束 n]
```

2. 删除基本表

采用 SQL 语言删除基本表的语法如下：

```
DROP TABLE 表名
```

3. 修改表

采用 SQL 语言修改表的语法如下：

```
ALTER TABLE 表名
[ADD〈新列名〉〈数据类型〉[列级完整性约束条件]]
[DROP〈完整性约束条件〉]
[ALTER COLUMN〈列名〉〈数据类型〉]
```

其中，“表名”是要修改的基本表；ADD 子句用于增加新列和新的完整性约束条件；DROP 子句用于删除指定的完整性约束条件；ALTER COLUMN 子句用于修改原有的列定义，包括修改列名和数据类型。

4.2.1.2　数据操纵

1. 插入数据

插入数据的语句语法如下：

```
INSERT INTO 表名 [(列名 1,…)]
VALUES (值 1,值 2,…,值 n)
```

2. 修改数据

对表中已有数据进行修改，语句语法如下：

```
UPDATE 表名
SET 列名 1=表达式 1,列名 2=表达式 2,…
WHERE 条件
```

3. 删除数据

删除数据的语句语法如下：

```
DELETE FROM 表名
WHERE 条件
```

4. 表结构的修改

在已存在的表中增加新列，语句语法如下：

```
ALTER TABLE 表名
ADD（新列名 数据类型（长度））
```

5. 表的删除

将已经存在的表删除，语句语法如下：

```
DROP TABLE 表名
```

4.2.1.3 数据查询

SELECT 语句在审计中应用较为广泛，这里介绍其基本语法及使用。SELECT 语句的基本语法如下：

```
SELECT [ALL | DISTINCT]〈目标列表达式〉[,〈目标列表达式〉]…
FROM〈表名或视图名〉[,〈表名或视图名〉]…
[WHERE〈条件表达式〉]
[GROUP BY〈列名 1〉[HAVING〈条件表达式〉]]
[ORDER BY〈列名 2〉[ASC | DESC]]
```

下面以“税收数据”为例来介绍 SQL 语句的使用，“税收数据”的“征收表”结构见本书附录 A 中图 A-1。

一、单表查询

1. 选择表中的若干列

(1) 查询指定列。要注意 SQL 语句中的“,”“;”等符号必须在英文状态下输入，否则不能正确执行。

● 查询征收表中所有的税务登记号与纳税人名称。

```
SELECT 税务登记号,纳税人名称
FROM 征收表;
```

● 查询征收表中所有的纳税人名称、税务登记号、行业代码、注册类型、隶属关系。

```
SELECT 纳税人名称,税务登记号,行业代码,注册类型,隶属关系
FROM 征收表;
```

(2) 查询全部列。将表中的所有属性列都选出来，有以下两种方法：

1）在 SELECT 关键字后面列出所有列名。

2）如果列的显示顺序与其在被查询表中的顺序相同，可将〈目标列表达式〉指定为“＊”。

- 查询征收表中所有的记录。

```
SELECT *
FROM 征收表;
```

（3）查询经过计算的值。

- 查询征收表中税务登记号以及应纳税差额。

```
SELECT 税务登记号,应纳税额－实纳税额
FROM 征收表;
```

（4）指定别名改变查询结果的列标题。

- 查询征收表中税务登记号以及应纳税差额。

```
SELECT 税务登记号,应纳税额－实纳税额 AS 应纳税差额
FROM 征收表;
```

- 查询征收表中税务登记号以及应纳税差额，并把税务登记号显示为“swdjh”。

```
SELECT 税务登记号 AS swdjh,应纳税额－实纳税额 AS 应纳税差额
FROM 征收表;
```

注：在对采集到的数据进行分析时，为了便于审计人员理解，需要对字段名称进行更改，如把用字母表示的字段变成汉字等。

2. 选择表中的若干元组

（1）消除取值重复的行。

- 查询征收表中的征收类型。

比较以下两个 SQL 语句：

```
SELECT 征收类型
FROM 征收表;
```

和

```
SELECT DISTINCT 征收类型
FROM 征收表;
```

（2）查询满足条件的元组：WHERE 子句。

WHERE 子句的条件表达式中可使用的运算符有：

1）算术比较运算符：＝，＞，＜，＞＝，＜＝，＜＞,！＞,！＜。

- 查询征收表中“经济性质”为“33”的税务登记号。

```
SELECT 税务登记号
FROM 征收表
WHERE 经济性质＝"33";
```

● 查询征收表中“应纳税额”在100以下的税务登记号及纳税人名称。

```
SELECT 税务登记号,纳税人名称
FROM 征收表
WHERE 应纳税额<100;
```

2）确定范围运算符：BETWEEN…AND…和 NOT BETWEEN…AND…。

● 查询征收表中“应纳税额”在100～1 000（包括100和1 000）之间的税务登记号、纳税人名称及应纳税额。

```
SELECT 税务登记号,纳税人名称,应纳税额
FROM 征收表
WHERE 应纳税额 BETWEEN 100 AND 1000;
```

● 查询征收表中“应纳税额”不在100～1 000（包括100和1 000）之间的税务登记号、纳税人名称及应纳税额。

```
SELECT 税务登记号,纳税人名称,应纳税额
FROM 征收表
WHERE 应纳税额 NOT BETWEEN 100 AND 1000;
```

3）确定集合（集合成员资格确认）运算符：IN表示查找属性值属于指定集合的元组，NOT IN表示查找属性值不属于指定集合的元组。

● 查询征收表中“经济性质”为33，31，62的税务登记号、纳税人名称及经济性质。

```
SELECT 税务登记号,纳税人名称,经济性质
FROM 征收表
WHERE 经济性质 IN ("33","31","62");
```

● 查询征收表中“经济性质”既不是“33”“31”，也不是“62”的税务登记号、纳税人名称及经济性质。

```
SELECT 税务登记号, 纳税人名称, 经济性质
FROM 征收表
WHERE 经济性质 NOT IN ("33","31","62");
```

4）字符匹配运算符：LIKE表示字符串的匹配，其一般语法格式如下：

```
[NOT] LIKE "〈匹配串〉"
```

其含义是查找指定的属性列值与〈匹配串〉相匹配的元组。〈匹配串〉可以是一个完整的字符串，也可以含有通配符“＊”和“?”。其中，“＊”代表任意长度（长度可以为0）的字符串，例如a＊b表示以a开头，以b结尾的任意长度字符串，如acb，addgb，ab。“?”代表任意单个字符，例如，a?b表示以a开头、以b结尾、长度为3的任意字符串，如acb，afb。

● 查询征收表中“税务登记号”为“3816774”的所有纳税信息。

```
SELECT *
FROM 征收表
WHERE 税务登记号 LIKE "3816774";
```

等价于：

```
SELECT *
FROM 征收表
WHERE 税务登记号 ="3816774";
```

如果 LIKE 后面的匹配串中不含通配符，则可以用运算符“=”取代谓词 LIKE，用! = 或<>运算符取代谓词 NOT LIKE。

● 查询征收表中“纳税人名称”里含有“南京”的税务登记号及纳税人名称。

```
SELECT 税务登记号,纳税人名称
FROM 征收表
WHERE 纳税人名称 LIKE "南京 *";
```

● 查询征收表中“纳税人名称”里含有“南京”且全名为 6 个汉字的税务登记号及纳税人名称。

```
SELECT 税务登记号,纳税人名称
FROM 征收表
WHERE 纳税人名称 LIKE "南京????";
```

● 查询征收表中“纳税人名称”中第 2 个字为“通”的税务登记号及纳税人名称。

```
SELECT 税务登记号,纳税人名称
FROM 征收表
WHERE 纳税人名称 LIKE "?通 *";
```

● 查询征收表中“纳税人名称”里不含有“南京”的税务登记号及纳税人名称。

```
SELECT 税务登记号,纳税人名称
FROM 征收表
WHERE 纳税人名称 NOT LIKE "南京 *";
```

5）空值运算符。

```
IS Null
```

6）多重条件运算符（逻辑运算符）。

AND，OR，NOT（可与其他类别运算符联合使用）。

● 查询征收表中“经济性质”为“33”，“应纳税额”在 100 以下的税务登记号及纳税人名称。

```
SELECT 税务登记号,纳税人名称
FROM 征收表
WHERE 经济性质="33" and 应纳税额<100;
```

3. 对查询结果排序

使用ORDER BY子句可对查询结果按照一个或多个属性列的升序（ASC）或降序（DESC）排列，默认为升序。

- 查询征收表中“经济性质”为“33”的税务登记号、纳税人名称及实纳税额，查询结果按“实纳税额”降序排列。

```
SELECT 税务登记号,纳税人名称,实纳税额
FROM 征收表
WHERE 经济性质="33"
ORDER BY 实纳税额 DESC;
```

注意：若按升序排列，含空值的元组显示在最后；若按降序排列，含空值的元组则最先显示。

4. 使用集函数

（1）统计元组个数：

```
COUNT ([DISTINCT | ALL] *)
```

- 查询征收表中纳税人总数。

```
SELECT COUNT (*)
FROM 征收表;
```

（2）统计列中值的个数：

```
COUNT ([DISTINCT | ALL]〈列名〉)
```

- 查询征收表中“经济性质”的个数。

```
SELECT COUNT (DISTINCT 经济性质)
FROM 征收表;
```

（3）计算列值的总和（此列必须是数值型）：

```
SUM ([DISTINCT | ALL]〈列名〉)
```

- 查询征收表中“经济性质”为“33”的实纳税额总和。

```
SELECT SUM (实纳税额)
FROM 征收表
WHERE 经济性质="33";
```

（4）计算列值的平均值（此列必须是数值型）：

```
AVG ([DISTINCT | ALL]〈列名〉)
```

- 查询征收表中“经济性质”为“33”的实纳税额的平均值。

```
SELECT AVG（实纳税额）
FROM 征收表
WHERE 经济性质="33";
```

（5）求一列值中的最大值：

```
MAX（[DISTINCT | ALL]〈列名〉）
```

- 查询征收表中“经济性质”为“33”的实纳税额的最大值。

```
SELECT MAX（实纳税额）
FROM 征收表
WHERE 经济性质="33";
```

（6）求一列值中的最小值：

```
MIN（[DISTINCT | ALL]〈列名〉）
```

- 查询征收表中“经济性质”为“33”的实纳税额的最小值。

```
SELECT MIN（实纳税额）
FROM 征收表
WHERE 经济性质="33";
```

5. 对查询结果分组

GROUP BY 子句将查询结果表按某一列或多列值分组，值相等的为一组。

- 查询征收表中“经济性质”及相应的纳税人数量。

```
SELECT 经济性质，COUNT（经济性质）
FROM 征收表
GROUP BY 经济性质;
```

- 查询征收表中每一“经济性质”的“实纳税额”的总和。

```
SELECT 经济性质，SUM（实纳税额）
FROM 征收表
GROUP BY 经济性质;
```

二、多表查询

- 查询征收表中的税务登记号、纳税人名称及级次。

```
SELECT 税务登记号,纳税人名称,级次
FROM 征收表;
```

- 查询税务登记号、纳税人名称及级次名称。

```
SELECT 征收表.税务登记号,征收表.纳税人名称，级次表.级次名称
FROM 征收表,级次表
WHERE 征收表.级次=级次表．级次代码;
```

4.2.2 ODBC与电子数据审计

数据库产品和技术发展很快，数据访问技术必须始终紧跟数据库产品和技术的快速变化。早期的数据库连接是非常困难的，每个数据库的格式都不一样，开发者必须对他们所开发的每种数据库的底层应用程序编程接口（application programming interface，API）有深刻的了解。因此，能处理各种各样数据库的通用API应运而生，即现在的开放数据库互连（open database connectivity，ODBC）。ODBC是人们创建通用API的早期产物，许多数据库遵从了这种标准。借助ODBC，审计人员可以很灵活方便地采集被审计单位数据库中的电子数据。为了使审计人员更好地理解数据采集的原理，灵活地掌握数据采集的方法，本节对ODBC做一个简单的介绍。

1. ODBC简介

ODBC是微软公司开放服务结构（Windows open services architecture，WOSA）中有关数据库的一个组成部分，它建立了一组规范，并提供了一组对数据库进行访问的标准API。ODBC使用SQL作为访问数据的标准，一个应用程序可以通过一组共同的代码访问不同的SQL数据库管理系统。因此，ODBC技术为访问异类的SQL数据库提供了一个共同的接口。

2. ODBC的使用

在使用ODBC接口访问数据库时，首先需要创建一个ODBC数据源，该数据源直接连接到所要访问的数据库上。创建过程如下：

（1）在操作系统中，单击“控制面板”按钮，如图4-1所示。

图4-1 “控制面板”窗口

（2）在图 4－1 中找到“管理工具”，单击“管理工具”按钮，如图 4－2 所示，找到“数据源（ODBC）”，单击“数据源（ODBC）”按钮，结果如图 4－3 所示。

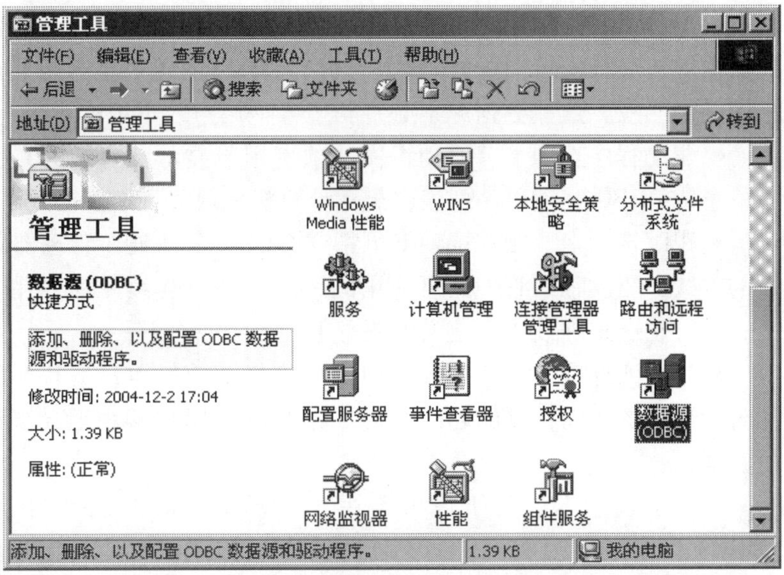

图 4－2　“管理工具”窗口

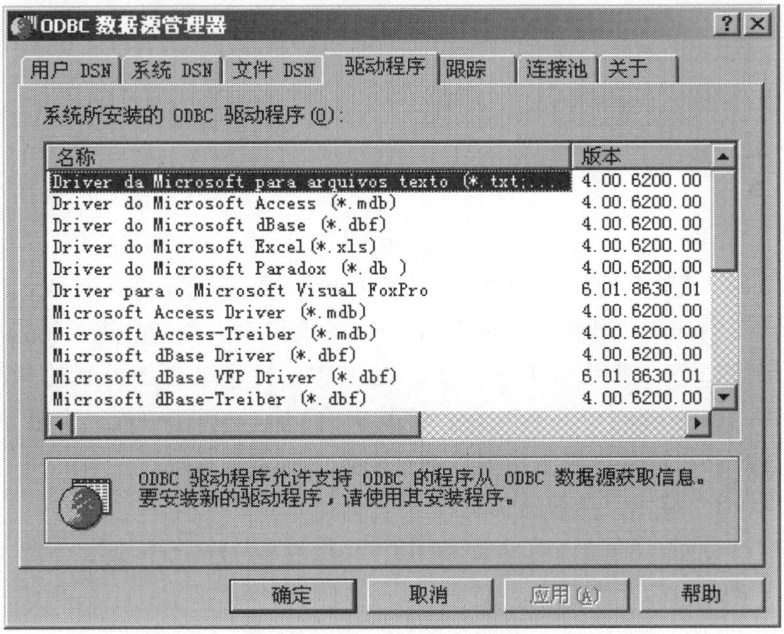

图 4－3　“ODBC 数据源管理器”窗口

图 4－3 中所示的 ODBC 数据源管理器的各个选项卡的作用分别说明如下：

● 用户 DSN 选项卡。用户 DSN 选项卡用于创建用户数据源，通过该选项卡创建的数据源对于计算机来说是本地的，并且只能被创建它的用户使用。

● 系统DSN选项卡。系统DSN选项卡用于创建系统数据源，通过该选项卡创建的数据源只在本地计算机中，但不专属于用户，此系统或其他具有权限的用户可通过系统DSN来使用该数据源的设置。

● 文件DSN选项卡。文件DSN选项卡用于创建文件数据源，这些基于文件的数据源可以在安装同样驱动程序的所有用户之间共享，因此，他们都具有对数据库的访问权。这些数据源不必专属于某一用户或本地计算机。

● 驱动程序选项卡。驱动程序选项卡用于显示已安装的ODBC驱动程序的相关信息。ODBC驱动程序列表会显示计算机中已经安装的驱动程序的列表。

● 跟踪选项卡。跟踪选项卡可指定ODBC驱动程序管理器跟踪调用ODBC函数的方式。驱动程序管理器可使用的跟踪方式有连续跟踪调用、只跟踪唯一的连接、执行动态跟踪或由自定义的跟踪DLL来执行跟踪。

● 连接池选项卡。连接池选项卡可以修改连接重试等待时间，以及使用连接池时所选择的驱动程序的超时时间，也可以启用和禁用记录统计信息数量的“性能监视”。

● 关于选项卡。关于选项卡用于显示ODBC核心组件的有关信息，包括“Driver Manager”、光标库、安装程序DLL以及任何其他组成核心组件的文件。

4.3 基于Microsoft Access的电子数据审计

4.3.1 Microsoft Access简介

一、Access概述

Microsoft Access是Microsoft Office中的一个重要组成部分，它能够和Office产品的其他部分如Word，Exchange等实现无缝的集成，构成办公自动化系统。刚开始时微软公司是将Access单独作为一个产品进行销售的，后来它发现如果将Access捆绑在Office中一起发售，将带来更加可观的利润，于是第一次将Access捆绑到Office 97中，使其成为Office套件中的一个重要成员。目前，Access已经成为世界上最流行的桌面数据库管理系统。

1. 技术上具有的优点

目前，Microsoft Access在电子数据审计中应用较为广泛。从技术角度考虑，Access有以下优点：

（1）功能较强。支持查询、报表、窗体、Internet。

（2）界面友好、操作人性化。数据库的查询、设计等都有方便的图形界面可供使用。

（3）数据集成管理。不同于FoxPro，dBASE等桌面数据库，Access将所有的数据文件、程序文件都集成在一个数据库文件中，方便管理。

（4）扩展性好。Access 内置 VBA（visual basic for application）语言，支持宏，用户可以方便地进行扩展。

2. 应用上具有的优点

从应用角度考虑，具有以下优点：

（1）Access 和 Excel 的应用比较普及。目前一般审计人员的计算机上都具备这些软件，而且经过近年的普及培训，很多审计人员都掌握了这些软件的基本应用操作技能。

（2）实践应用比较成熟，适合审计人员使用。Access 配合 SQL 语言的查询，能够提供较强大的数据分析功能。

（3）方便性和灵活性的有机结合。一方面，Access 具备较好的图形化界面，初级用户很容易入门；另一方面，高级用户能够通过 SQL 语言和 VBA 对 Access 功能进行开发、扩展。

（4）方便审计人员采集各种类型的数据源数据。以 Access 2007 为例，审计人员可以将其他 Office Access 数据库的数据库、Microsoft Excel 电子表格、Office SharePoint Server 站点、开放数据库连接（ODBC）数据源、Microsoft SQL Server 数据库和其他数据源中的数据采集到 Access 数据库中。

当然，Access 也有自身的局限性。首先，Access 能够处理的数据量有限制，在大型项目中可能满足不了要求。另外，Access 的数据分析是基于关系型数据库原理，而不是基于审计需求设计的。因此，对于很多结构化不是很强的分析需求，需要审计人员先对审计问题进行分析，转化为结构化的查询方法。这就要求审计人员具有较强的审计业务能力和软件操作技能。

二、Access 的主要版本发展历程

为了便于审计人员了解 Access，将 Access 的主要版本发展历程总结为表 4-1。

表 4-1　Access 的主要版本

年份	版本	支持的操作系统	Office 包版本
1992	Access 1.1	Windows 3.0	
1993	Access 2.0	Windows 3.1x	Office 4.3 Pro
1995	Access for Windows 95	Windows 95	Office 95 Professional
1997	Access 97	Windows 9x，NT 3.51/4.0	Office 97 Professional 及 Developer
1999	Access 2000	Windows 9x/NT 4.0/2000	Office 2000 Professional，Premium 及 Developer
2001	Access 2002	Windows 98/Me/2000/XP	Office XP Professional 及 Developer
2003	Access 2003	Windows 2000/XP/Vista	Office 2003 Professional 及 Professional Enterprise

续表

年份	版本	支持的操作系统	Office 包版本
2007	Access 2007	Windows XP SP2/Vista，Windows 7/8	Office 2007 Professional，Professional Plus，Ultimate 及 Enterprise
2010	Access 2010	Windows XP SP3/Vista SP1，Windows 7/8	Office 2010 Professional，Professional Academic 及 Professional Plus
2012	Access 2013	Windows 7/8，Windows Server 2012/Windows Server 2008 R2	Office 2013 Professional 及 Professional Plus
2015	Access 2016	Windows 7/8/10	Office 2016 Professional 及 Professional Plus

三、Access 的主要对象

考虑到目前 Access 2007 在审计人员中应用较为普遍，下面以 Access 2007 为例，介绍 Access 的主要对象。在 Access 2007 中选择需要显示的对象，如图 4－4 所示，比如，选择显示“所有 Access 对象”，其结果如图 4－5 所示。Access 的主要对象包括“表”“查询”“窗体”“报表”“宏”和“模块”等，其中，“表”用来存储数据，“查询”用来查找数据，用户通过“窗体”“报表”等获取数据，而“宏”和“模块”则用来实现更多自动和复杂功能。这些对象在数据库中各自负责一定的功能，并且相互协作，构成一个完整的数据库系统。

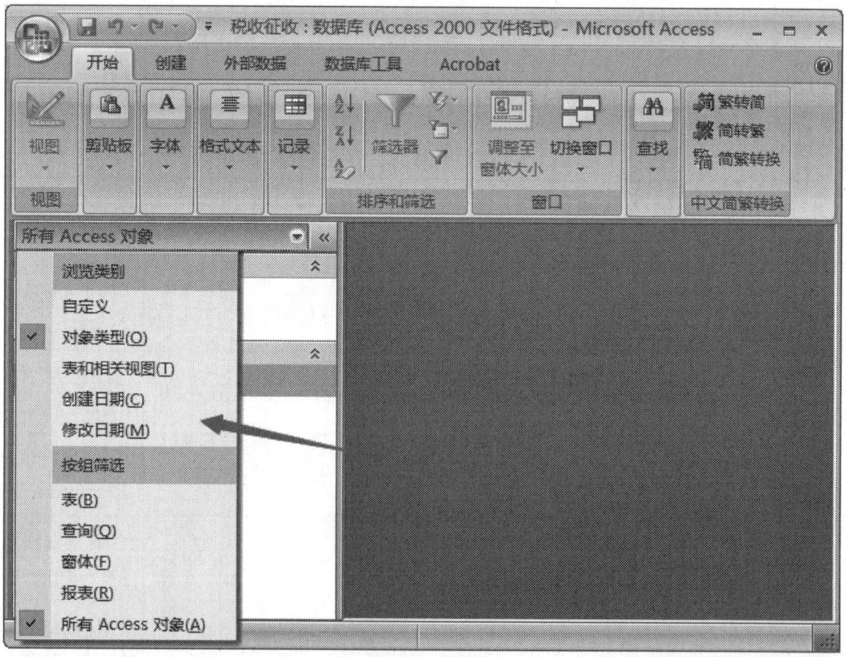

图 4－4 在 Access 中选择需要显示的对象

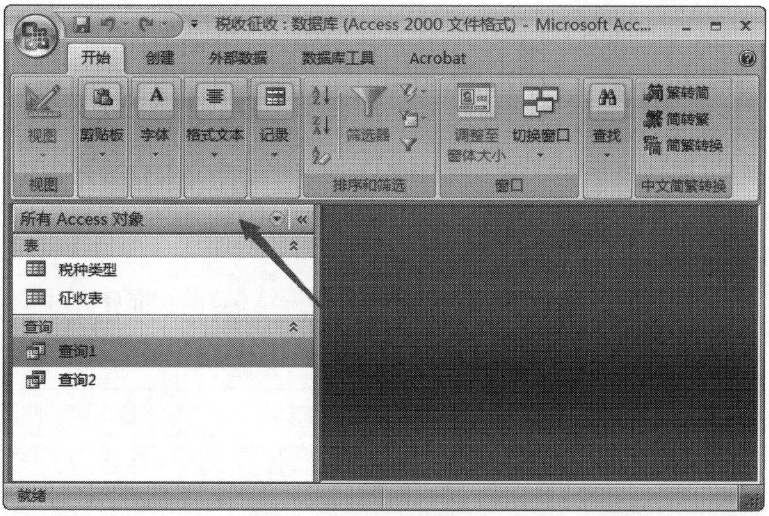

图 4-5　Access 的主要对象

四、Access 与电子数据审计相关的主要功能

Access 2007 与电子数据审计相关的主要功能简要分析如下。

1. 数据导入

Access 2007 的数据导入如图 4-6 所示，该功能可用于完成审计数据采集。

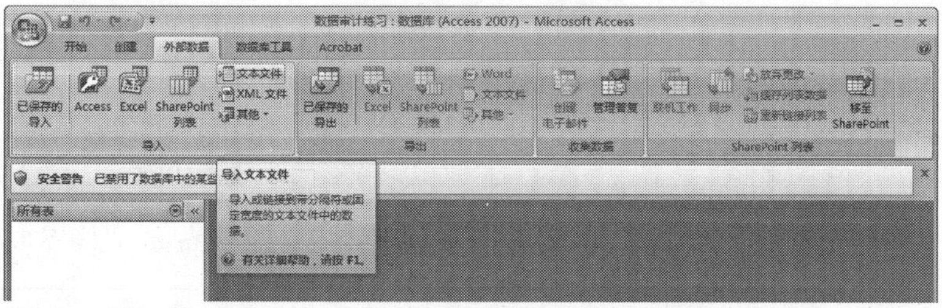

图 4-6　Access 的数据导入功能

2. 数据查询分析

在完成电子数据审计的过程中，审计人员有时会采用 Access 的查询功能来完成审计数据分析，下面简要介绍 Access 的查询功能。

(1) Access 中的查询类型。Access 中常见的查询包括：

1) 选择查询。选择查询是最常见的查询类型，它从一个或多个表中检索数据，并在可以更新记录（带有一些限制条件）的数据表中显示结果。也可以使用选择查询来对记录进行分组，并对记录做总计、计数、平均以及其他类型的总和的计算。

2) 交叉表查询。交叉表查询显示来源于表中某个字段的总结值（合计、计算以及平均），并将它们分组，一组列在数据表的左侧，一组列在数据表的上部。

3）操作查询。操作查询是仅在一个操作中更改许多记录的查询，共有四种类型：

- 删除查询：从一个或多个表中删除一组记录。
- 更新查询：对一个或多个表中的一组记录做全局的更改。
- 追加查询：从一个或多个表将一组记录追加到一个或多个表的尾部。
- 生成表查询：从一个或多个表中的全部或部分数据新建表。

4）参数查询。参数查询是这样一种查询，它在执行时显示自己的对话框以提示用户输入信息。

（2）Access 查询分析器的三种视图。Access 的查询分析器提供三种视图，分别是：

1）设计视图。设计视图用来提供图形化界面，其界面如图 4－7 所示。

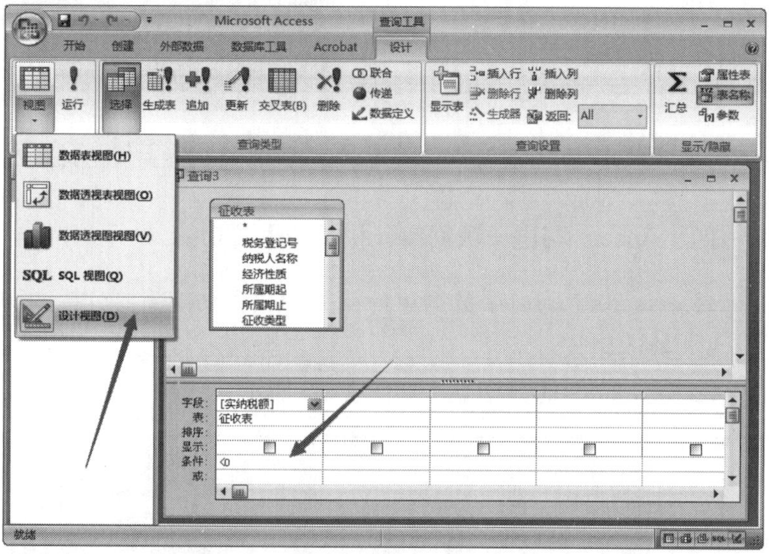

图 4－7 Access 查询分析器的设计视图界面

2）SQL 视图。SQL 视图用来提供 SQL 编程界面，其界面如图 4－8 所示。

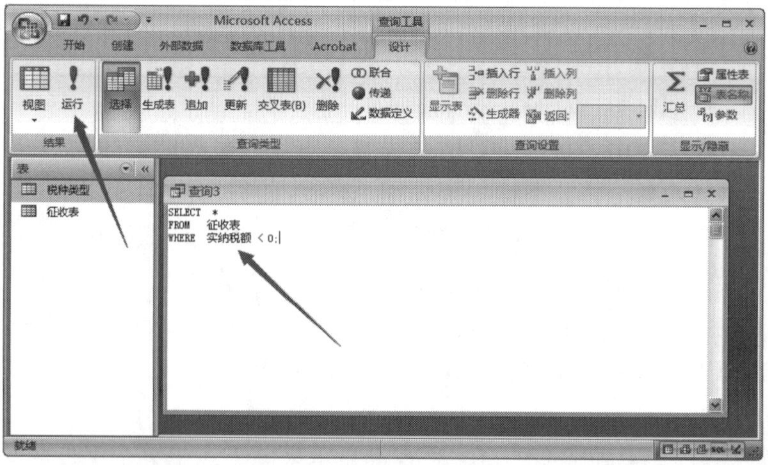

图 4－8 Access 查询分析器的 SQL 视图界面

3）数据表视图。数据表视图用来显示查询分析的结果数据，其界面如图 4－9 所示。数据表视图中不能插入或删除列，不能修改查询字段的字段名，但可以移动列，而且在查询的数据表中也可以改变列宽和行高，还可以隐藏和冻结列。

图 4－9　Access 查询分析器的数据表视图界面

（3）Access 查询分析器三种视图之间的切换方法。在查询状态下，单击工具栏左上角的第一个工具按钮，如图 4－10 所示，就可以完成三种视图之间的切换。

图 4－10　Access 查询分析器三种视图之间的切换方法

4.3.2 基于 Microsoft Access 的审计数据采集

在采用 Access 开展电子数据审计的过程中，审计人员需要把被审计单位的电子数据采集到 Access 数据库中。本节以 Access 2007 为例，介绍如何把常用类型的电子数据采集到 Access 中。

一、采集文本文件数据

有时，被审计单位提供给审计人员的是文本文件格式的数据，把该类型的数据采集到 Access 中可采用以下方法。

1. 第一种方法：直接打开文本文件

该方法的操作过程为：

（1）假设新建一个名为“数据审计练习”的 Access 数据库，并打开该数据库。

（2）在“数据审计练习” Access 数据库中，单击 Office 按钮，选择“打开”，如图 4－11 所示，按照提示步骤，选择需要采集的文本文件数据，即可完成审计数据采集工作。

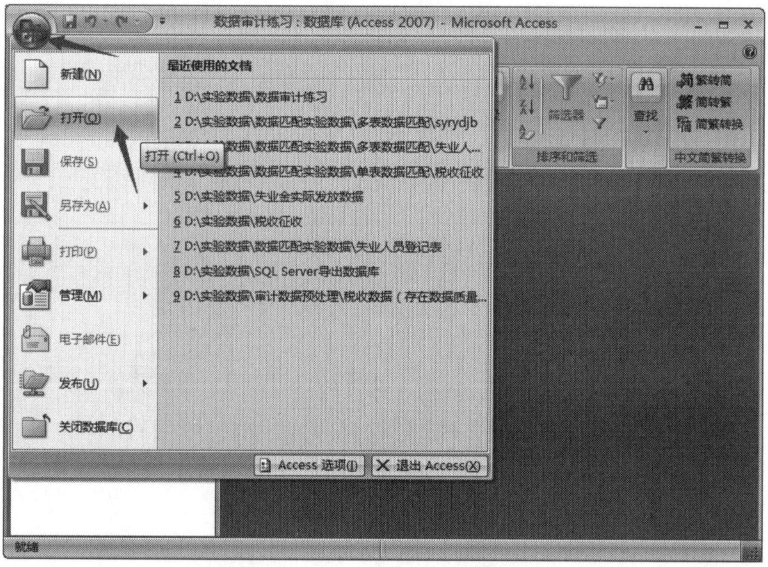

图 4－11 Access 的文件打开功能

2. 第二种方法：导入文本文件

该方法的操作过程为：

（1）假设新建一个名为“数据审计练习”的 Access 数据库，并打开该数据库。

（2）单击菜单“外部数据”→“文本文件”，如图 4－12 所示，按照提示步骤，选择需要采集的文本文件数据，即可完成审计数据采集工作。

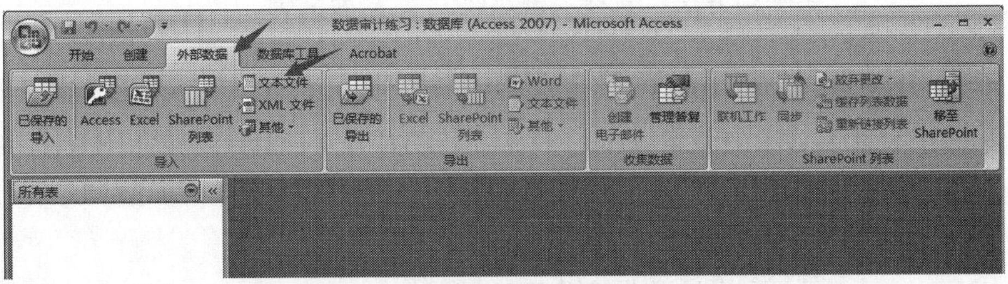

图 4－12　Access 的文本文件数据导入功能

二、采集 Excel 中的数据

如果被审计单位提供给审计人员的是 Excel 格式的数据，把该类型的数据采集到 Access 中可采用以下方法。

1. 第一种方法：直接打开 Excel 文件

该方法的操作过程为：

（1）假设新建一个名为“数据审计练习”的 Access 数据库，并打开该数据库。

（2）在“数据审计练习”Access 数据库中，单击 Office 按钮，选择“打开”，如图 4－11 所示，按照提示步骤，选择需要采集的 Excel 文件，即可完成审计数据采集工作。

2. 第二种方法：导入 Excel 文件

该方法的操作过程为：

（1）假设新建一个名为“数据审计练习”的 Access 数据库，并打开该数据库。

（2）单击菜单“外部数据”→“Excel”，如图 4－13 所示，按照提示步骤，选择需要采集的 Excel 文件数据，即可完成审计数据采集工作。

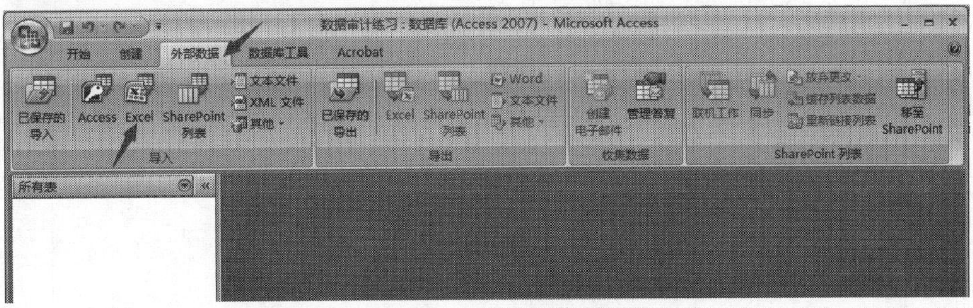

图 4－13　Access 的 Excel 文件数据导入功能

三、采集 Access 中的数据

如果被审计单位提供给审计人员的是 Access 格式的数据，把该类型的数据采集到 Access 中可采用以下方法。

1. 第一种方法：直接打开 Access 数据库文件

该方法的操作过程为：

（1）假设新建一个名为“数据审计练习”的 Access 数据库，并打开该数据库。

（2）在“数据审计练习”Access 数据库中，单击 Office 按钮，选择“打开”，如图 4－11 所示，按照提示步骤，选择需要采集的 Access 数据库文件，即可完成审计数据采集工作。

2. 第二种方法：导入 Access 数据库文件

该方法的操作过程为：

（1）假设新建一个名为“数据审计练习”的 Access 数据库，并打开该数据库。

（2）单击菜单“外部数据”→“Access”，如图 4－14 所示，按照提示步骤，选择需要采集的 Access 数据库文件，即可完成审计数据采集工作。

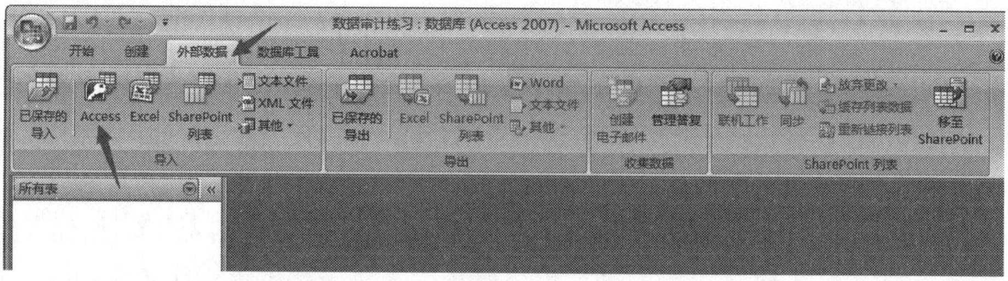

图 4－14　Access 的 Access 数据导入功能

3. 第三种方法：通过 ODBC 采集 Access 数据库文件

通过 ODBC 采集 Access 数据库文件有两种方法：

（1）假设新建一个名为“数据审计练习”的 Access 数据库，并打开该数据库。在“数据审计练习”Access 数据库中，单击 Office 按钮，选择“打开”，如图 4－11 所示，进入“打开”界面，如图 4－15 所示。在“文件类型”中选择“ODBC 数据库”，按照提示步骤，通过设置相应的 ODBC，即可完成审计数据采集工作。本部分内容将在后面章节做详细介绍。

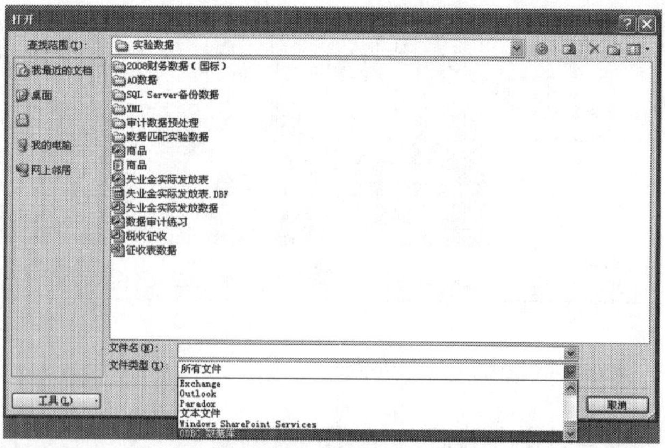

图 4－15　文件类型选择

（2）假设新建一个名为“数据审计练习”的 Access 数据库，并打开该数据库。单击菜单“外部数据”→“其他”→“ODBC 数据库”，如图 4－16 所示，按照提示步骤，即可完成审计数据采集工作。

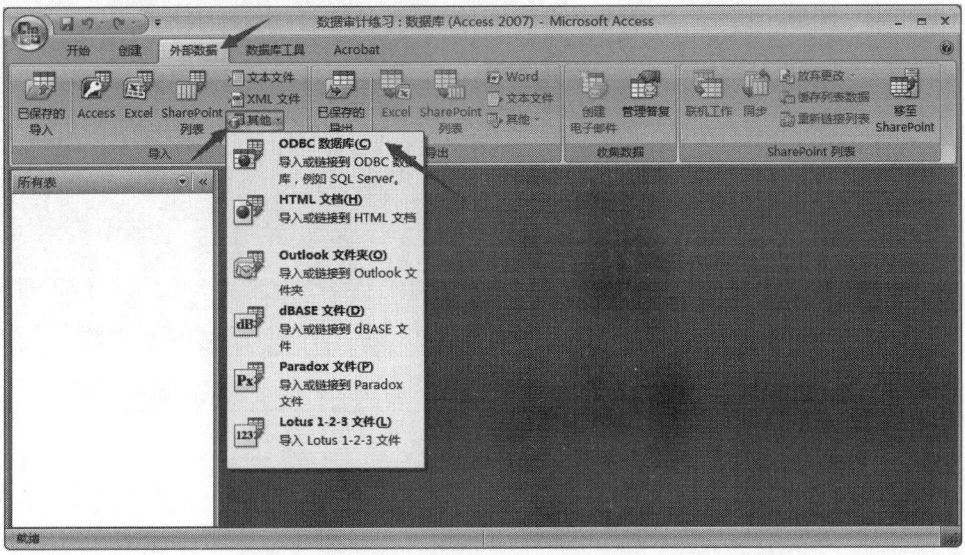

图 4－16　Access 的 ODBC 数据导入功能

四、采集 dBASE 格式的数据

如果被审计单位提供给审计人员的是 dBASE 格式的数据，把该类型的数据采集到 Access 中可采用以下方法。

1. 第一种方法：直接打开 dBASE 格式数据文件

该方法的操作过程为：

（1）假设新建一个名为“数据审计练习”的 Access 数据库，并打开该数据库。

（2）在“数据审计练习”Access 数据库中，单击 Office 按钮，选择“打开”，如图 4－11 所示，按照提示步骤，选择需要采集的 dBASE 文件，即可完成审计数据采集工作。

2. 第二种方法：导入 dBASE 格式数据文件

该方法的操作过程为：

（1）假设新建一个名为“数据审计练习”的 Access 数据库，并打开该数据库。

（2）单击菜单“外部数据”→“其他”→“dBASE 文件”，如图 4－17 所示，选择需要采集的 dBASE 文件，按照提示步骤，即可完成审计数据采集工作。

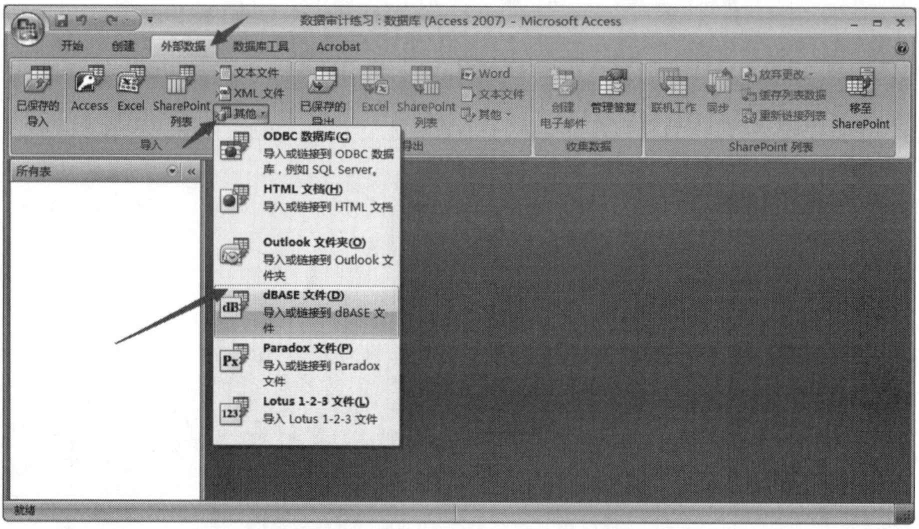

图 4－17 Access 的 dBASE 数据导入功能

五、采集 XML 格式的数据

在实际的审计工作中，不管被审计单位采用什么数据库来管理本单位的数据，一般都可以导出为 XML 格式的数据交给审计单位。仍以 Access 2007 为例，介绍如何把 XML 格式的数据采集到 Access 中。该方法的操作过程为：

（1）假设新建一个名为“数据审计练习”的 Access 数据库，并打开该数据库。

（2）单击菜单“外部数据”→“XML 文件”，如图 4－18 所示，选择需要采集的 XML 文件数据，按照提示步骤，即可完成审计数据采集工作。

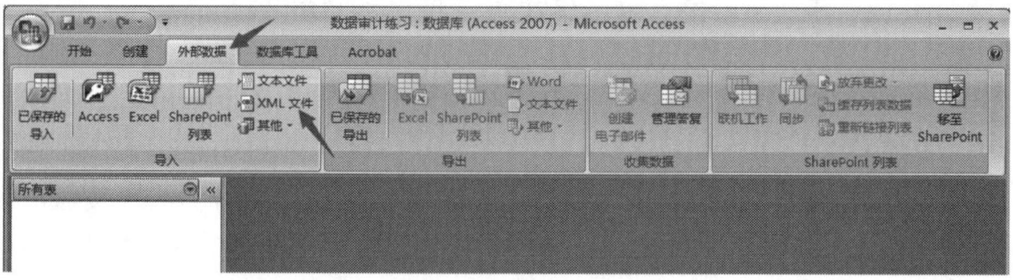

图 4－18 Access 的 XML 文件数据导入功能

六、通过 ODBC 采集数据

如果被审计单位使用的是 SQL Server，Oracle 等数据库系统，在完成电子数据审计的过程中，审计人员有时需要把这类数据库中的数据采集到 Access 中，借助 ODBC 可以完成这些操作，方法如下。

1. 第一种方法：直接打开

该方法的操作过程为：

（1）假设新建一个名为“数据审计练习”的 Access 数据库，并打开该数据库。

（2）在“数据审计练习”Access 数据库中，单击 Office 按钮，选择“打开”，如图 4－11 所示。进入“打开”界面，如图 4－15 所示，在“文件类型”中选择“ODBC 数据库”，按照提示步骤，通过设置相应的 ODBC，即可完成审计数据采集工作。

2. 第二种方法：通过“外部数据”菜单

该方法的操作过程为：

（1）假设新建一个名为“数据审计练习”的 Access 数据库，并打开该数据库。

（2）在“数据审计练习”Access 数据库中，单击菜单“外部数据”→“其他”→“ODBC 数据库”，如图 4－16 所示，按照提示步骤，选择需要采集的 ODBC 数据库，即可完成审计数据采集工作。

例 4－1　采集 SQL Server 数据库中的数据

假设图 4－19 为某 SQL Server 数据库的界面，现把其中的“征收表”和“税种类型”数据表中的数据采集到 Access 中，其操作方法如下。

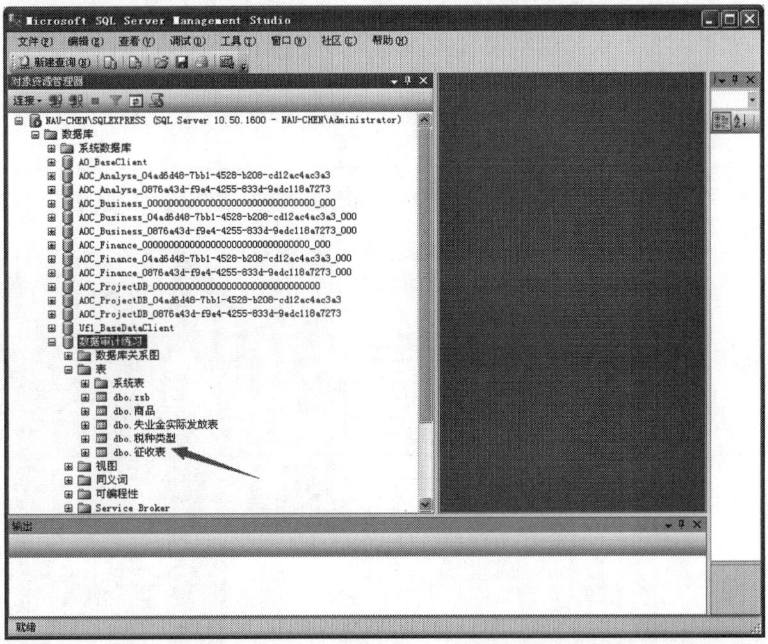

图 4－19　某 SQL Server 数据库的界面

1. 第一种方法：直接采集 SQL Server 数据库中的数据

该方法的操作过程为：

（1）假设新建一个名为“数据审计练习”的 Access 数据库，并打开该数据库。

（2）单击菜单“外部数据”→“ODBC 数据库”，如图 4－20 所示，按向导提示完成数据采集。

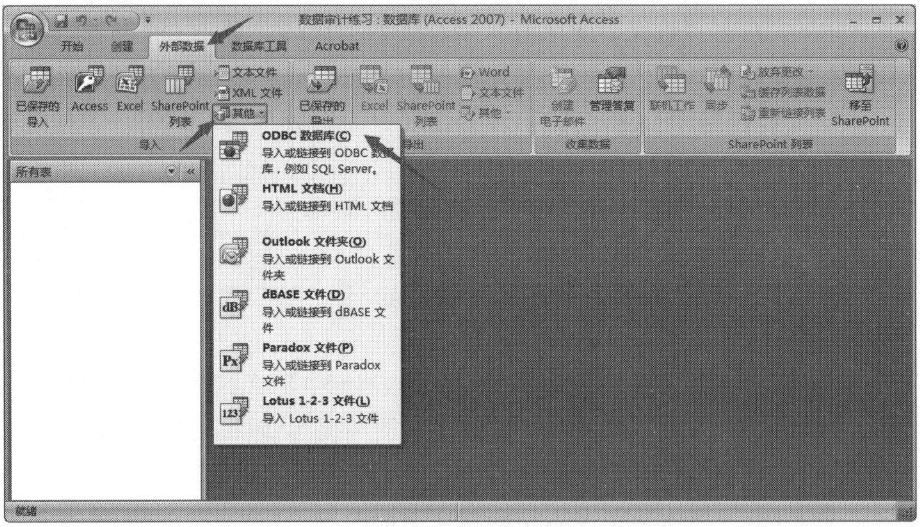

图 4－20　Access 的数据导入功能

2. 第二种方法：间接采集 SQL Server 数据库中的数据

间接采集 SQL Server 数据库中的数据是指采用 SQL Server 的数据导出功能，把 SQL Server 中的数据导出为所需格式的数据。该方法的操作过程为：

（1）调用 SQL Server 的数据导出功能，如图 4－21 所示，则出现如图 4－22 所示的界面。

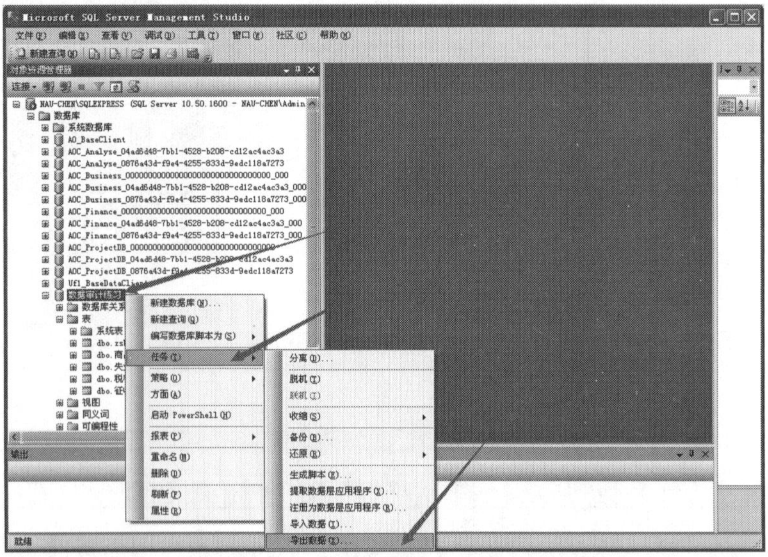

图 4－21　SQL Server 的数据导出功能

图 4－22　导入和导出向导说明界面

（2）在图 4－22 中单击“下一步”按钮，进入导入和导出向导，如图 4－23 所示。

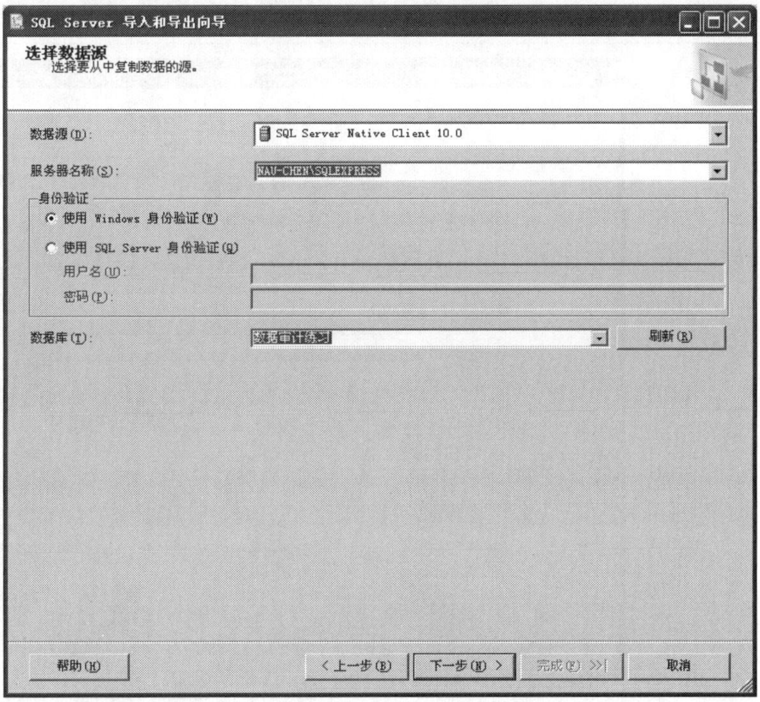

图 4－23　选择需要导出的数据源

（3）在图4-23中，选择需要导出的数据源。

（4）在图4-24至图4-27中，根据向导的提示设置目标数据库（假设目标数据库名称为“SQL Server导出数据库”），即需要将此数据导出到何处。

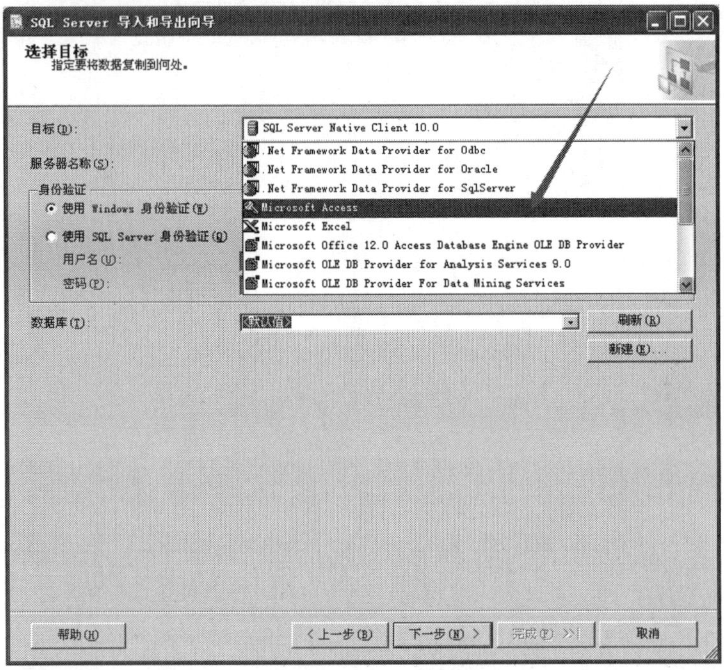

图4-24　选择目标数据库的类型

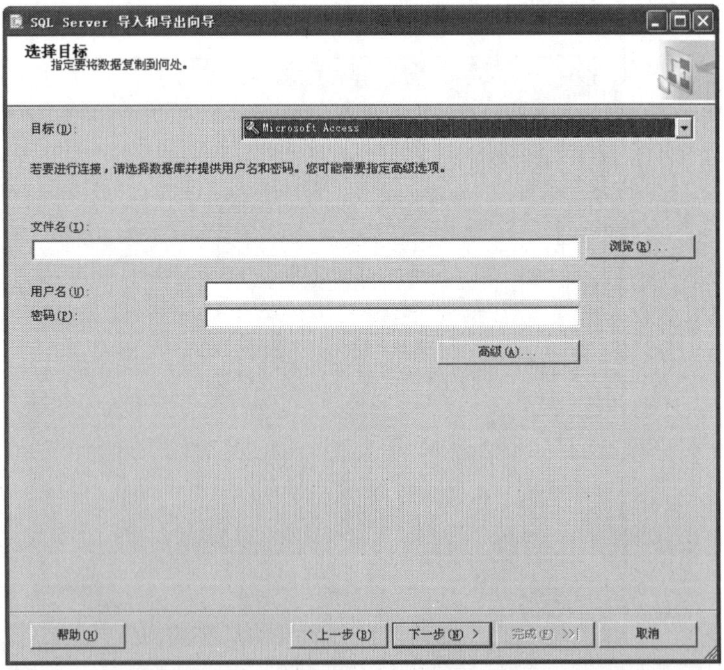

图4-25　目标数据库类型的设置

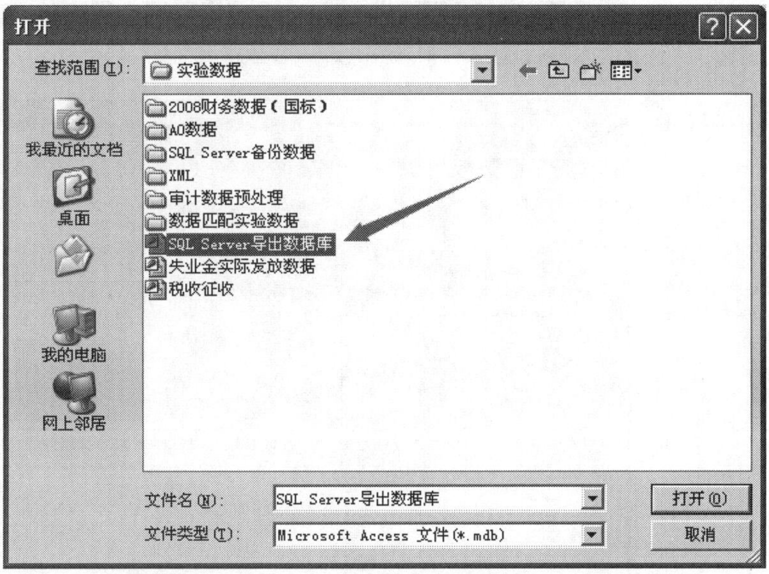

图 4－26　选择目标数据库文件

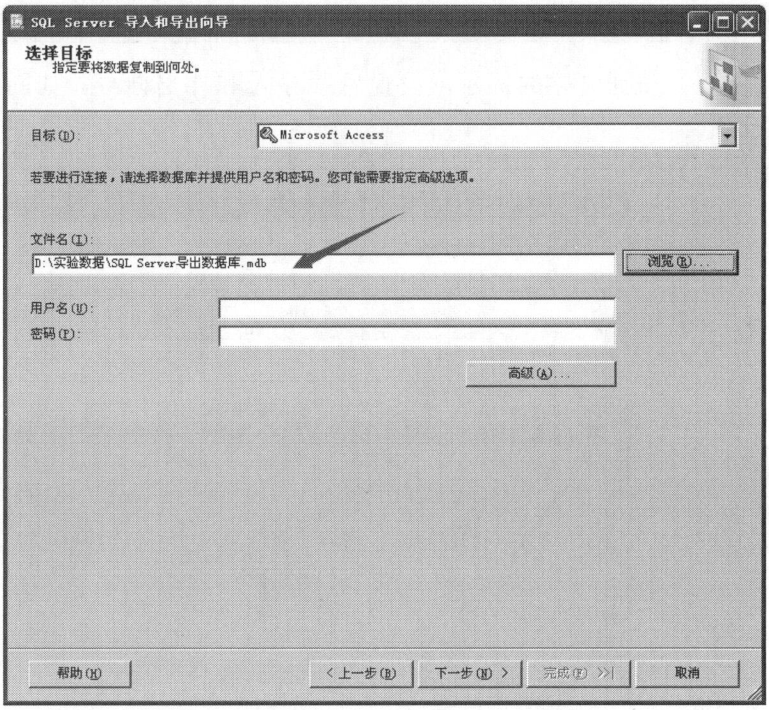

图 4－27　完成目标数据库文件的选择

(5) 设置“指定表复制或查询”，即设置要导出的数据的形式是整表复制还是查询选择，如图 4－28 所示。数据采集过程中一般选择整表复制。如果需要指定导出范围，可以选择利用查询指定要采集的数据。

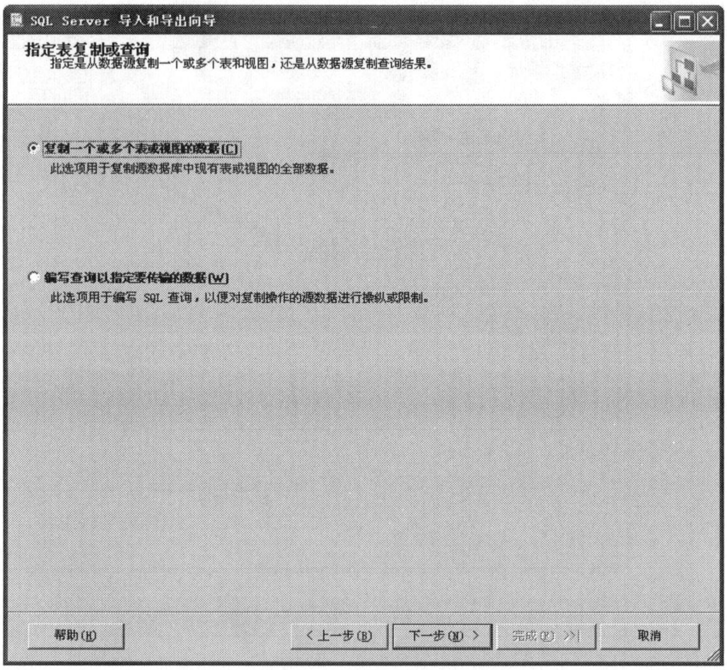

图 4-28　设定数据选择方式

（6）根据向导的提示，设置后续导入和导出向导，如图 4-29 至图 4-32 所示。

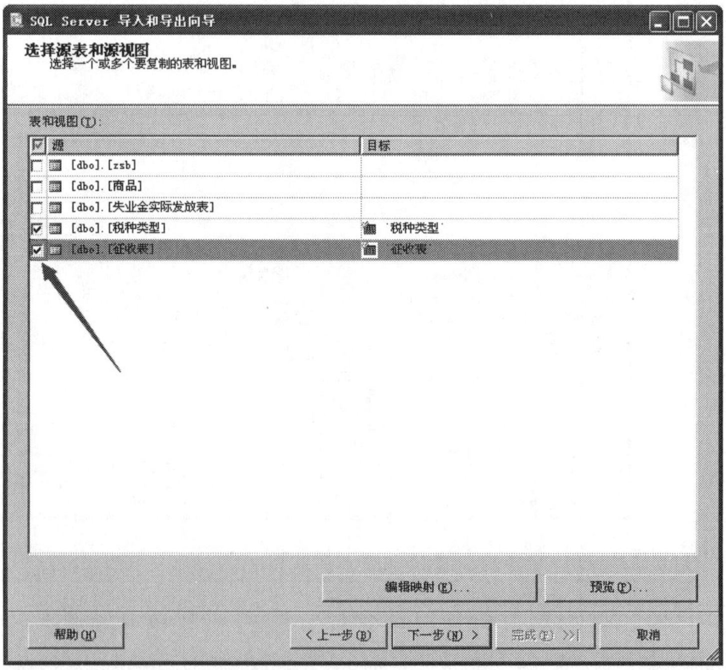

图 4-29　选择源表和源视图

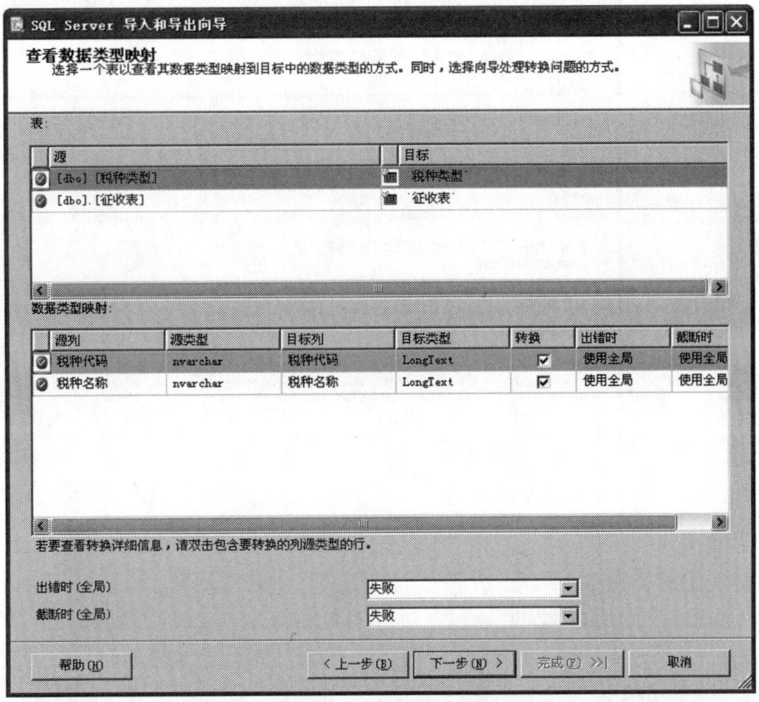

图 4-30　查看数据类型映射

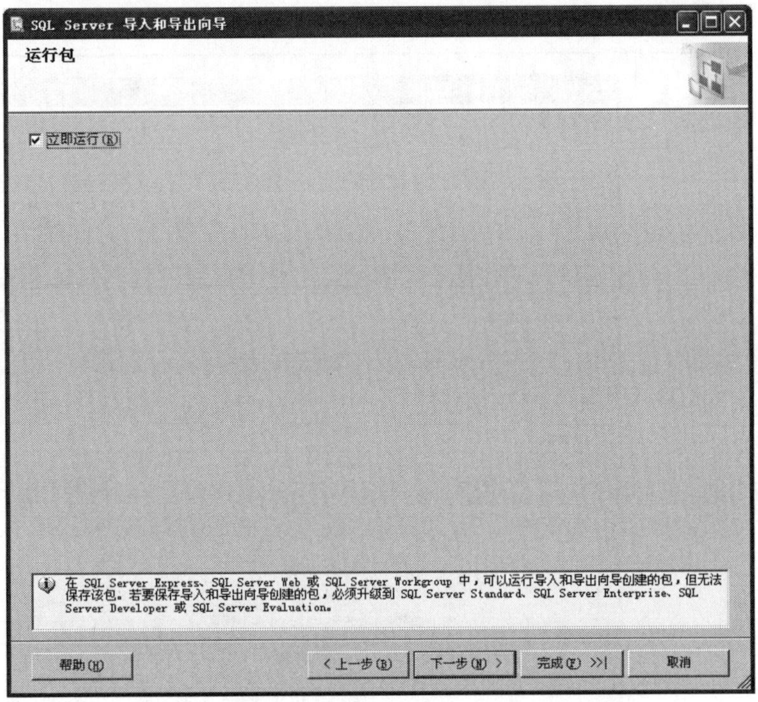

图 4-31　数据导出操作执行前的运行包确认界面

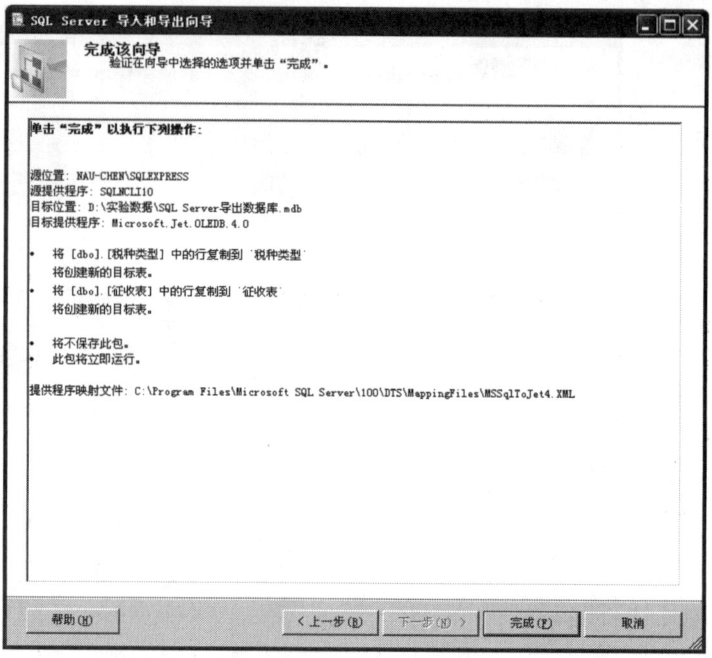

图 4－32　数据导出操作执行前的确认界面

（7）完成数据的导出操作，如图 4－33 所示。数据导出成功与否，可以根据“状态”栏的信息进行判断。完成数据导出后的 Access 数据库界面如图 4－34 所示。

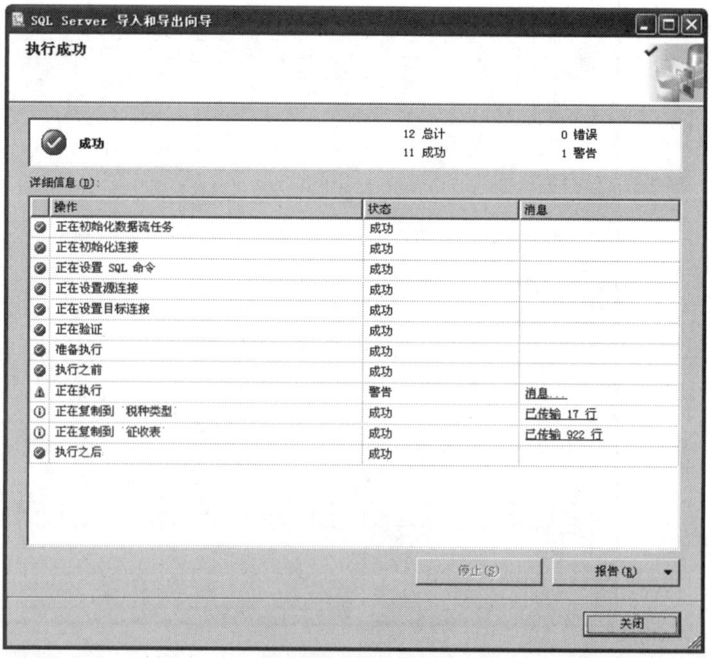

图 4－33　完成数据的导出操作

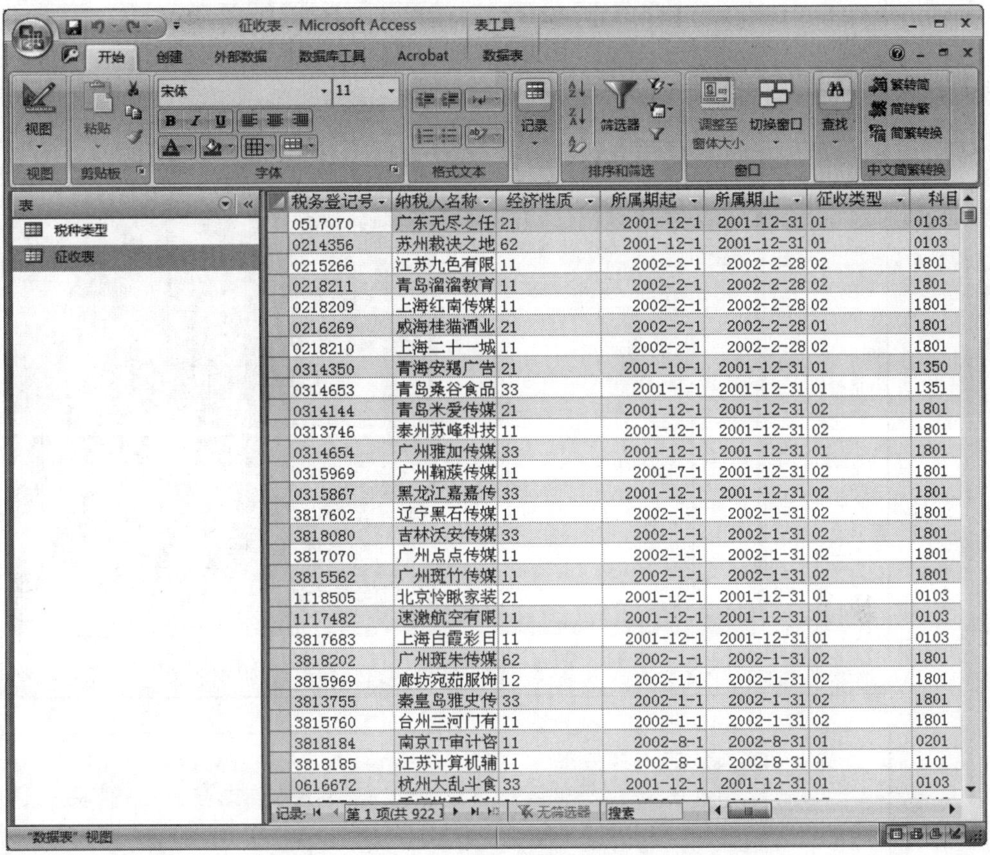

税务登记号	纳税人名称	经济性质	所属期起	所属期止	征收类型	科目
0517070	广东无尽之任	21	2001-12-1	2001-12-31	01	0103
0214356	苏州裁决之地	62	2001-12-1	2001-12-31	01	0103
0215266	江苏九色有限	11	2002-2-1	2002-2-28	02	1801
0218211	青岛溜溜教育	11	2002-2-1	2002-2-28	02	1801
0218209	上海红南传媒	11	2002-2-1	2002-2-28	02	1801
0216269	威海桂猫酒业	21	2002-2-1	2002-2-28	01	1801
0218210	上海二十一城	11	2002-2-1	2002-2-28	02	1801
0314350	青海安羯广告	21	2001-10-1	2001-12-31	01	1350
0314653	青岛桑谷食品	33	2001-1-1	2001-12-31	01	1351
0314144	青岛米爱传媒	21	2001-12-1	2001-12-31	02	1801
0313746	泰州苏峰科技	11	2001-12-1	2001-12-31	02	1801
0314654	广州雅加传媒	33	2001-12-1	2001-12-31	01	1801
0315969	广州鞠蔟传媒	11	2001-7-1	2001-12-31	02	1801
0315867	黑龙江嘉嘉传	33	2001-12-1	2001-12-31	02	1801
3817602	辽宁黑石传媒	11	2002-1-1	2002-1-31	02	1801
3818080	吉林沃安传媒	33	2002-1-1	2002-1-31	02	1801
3817070	广州点点传媒	11	2002-1-1	2002-1-31	02	1801
3815562	广州斑竹传媒	11	2002-1-1	2002-1-31	02	1801
1118505	北京怜瞅家装	21	2001-12-1	2001-12-31	01	0103
1117482	速激航空有限	11	2001-12-1	2001-12-31	01	0103
3817683	上海白霞彩日	11	2001-12-1	2001-12-31	01	0103
3818202	广州斑朱传媒	62	2002-1-1	2002-1-31	02	1801
3815969	廊坊宛茹服饰	12	2002-1-1	2002-1-31	02	1801
3813755	秦皇岛雅史传	33	2002-1-1	2002-1-31	02	1801
3815760	台州三河门有	11	2002-1-1	2002-1-31	02	1801
3818184	南京IT审计咨	11	2002-8-1	2002-8-31	01	0201
3818185	江苏计算机辅	11	2002-8-1	2002-8-31	01	1101
0616672	杭州大乱斗食	33	2001-12-1	2001-12-31	01	0103

图 4-34　完成数据导出后的 Access 数据库界面

3. 第三种方法：通过其他软件间接采集 SQL Server 数据库中的数据

该方法是指先通过其他软件如 Excel 2007，把 SQL Server 数据库中的数据采集到 Excel 中，然后再把 Excel 中的数据采集到 Access 中。

4.3.3　基于 Microsoft Access 的审计数据预处理

在采用 Access 开展电子数据审计的过程中，把被审计单位的电子数据采集到 Access 数据库中之后，需要在 Access 数据库中对采集到的电子数据进行预处理。本节以名称转换和空值处理为例，介绍如何采用 Access 来完成审计数据预处理。

1. 名称转换

在多数情况下，采集到的被审计数据的命名并不直观，为了便于审计人员进行数据分析，需要对数据表和字段的名称进行调整。例如，采集到的数据表名称和字段名称有时采用拼音缩写表示，如果将其转换成汉字，则便于审计人员进行审计数据分析。采用 Access 完成数据表和字段名称转换的操作如图 4-35 和图 4-36 所示。

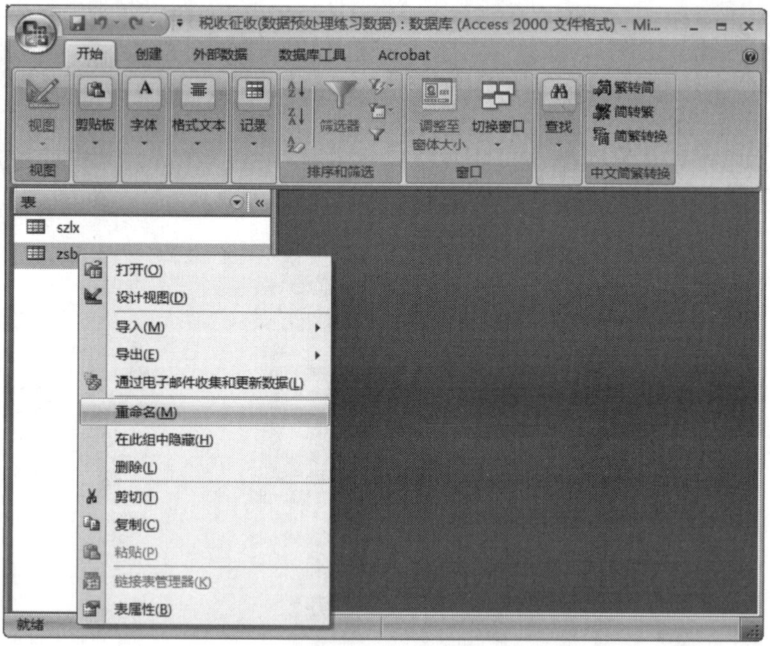

图 4－35　数据表名称转换操作实例

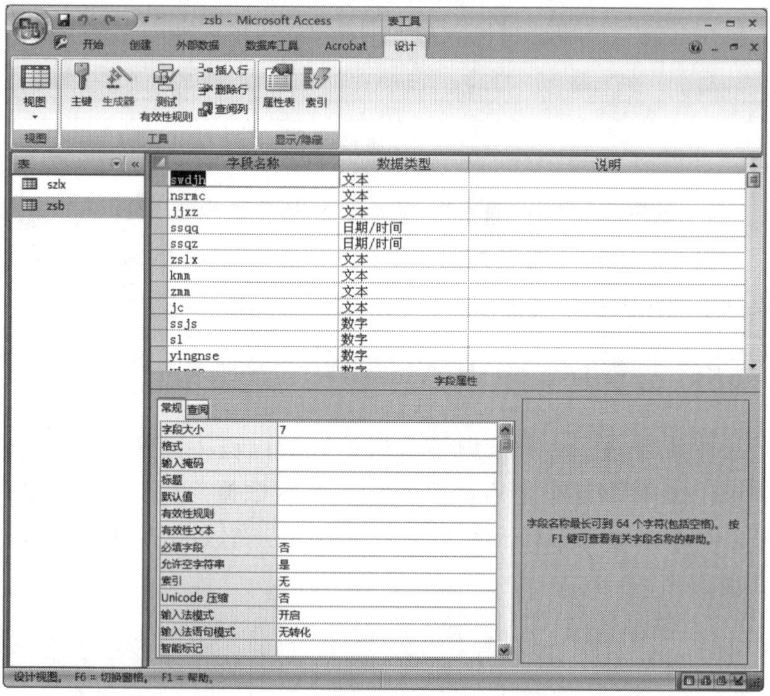

图 4－36　字段名称转换操作实例

2. 空值处理

如前面所述，采集到的被审计数据中经常会出现一些空值。空值是字段的一种特殊状态，在数据库中用一个特殊的值 Null 来表示，意味着该字段不包含任何数据，它不同于零值（0）和空格。由于空值参与任何运算的结果都是空值，会给审计数据分析带来不便，因此，在审计数据预处理阶段，审计人员需要根据实际情况对空值数据进行处理。在实际操作中，审计人员可以采用 Access 来完成空值处理。

例 4-2　某税收征收数据的空值处理

现有某税收征收电子数据（文件名为“税收征收.mdb”，数据表名为“征收表”，表结构如附录 A 中图 A-1 所示）。假设已完成数据表名称转换和字段名称转换，要求对其进行预处理，把“征收表”中“实纳税额”字段中的空值变成“0”。

通过对税收征收电子数据的分析，对“实纳税额”字段进行空值处理的 SQL 语句如下：

```
UPDATE 征收表
SET 实纳税额 = 0
WHERE 实纳税额 Is Null;
```

通过运行以上 SQL 语句，可以很容易地把“征收表”中“实纳税额”字段中的空值变成“0”。

假设税收征收数据已被采集到 Access 中，如图 4-37 所示。

图 4-37　含有税收征收数据的 Access 数据库

完成税收征收数据中“实纳税额”字段空值处理的操作过程为：

(1) 在 Access 中单击“创建”菜单，如图 4－38 所示。

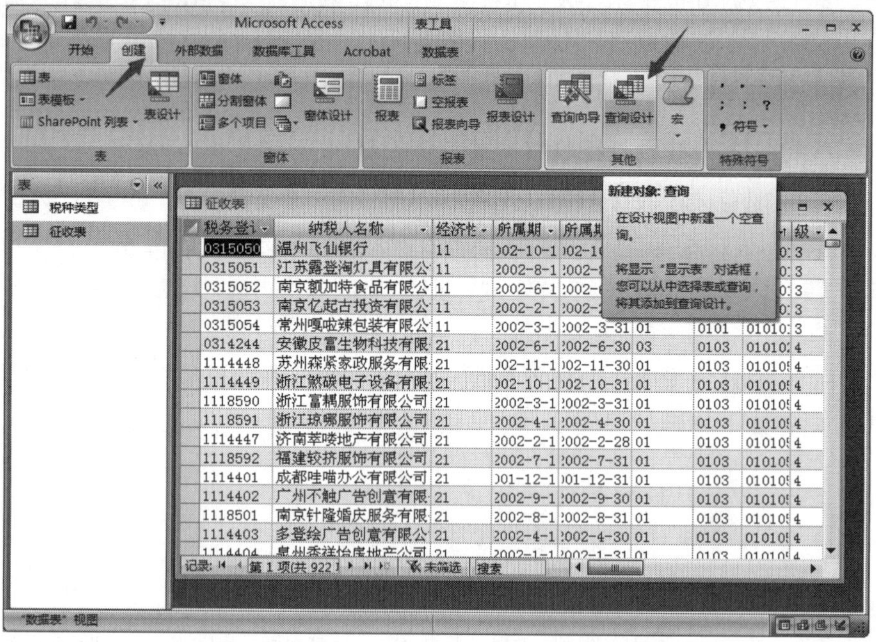

图 4－38 选择新建查询的类型

(2) 在图 4－38 中选择“查询设计”，然后单击“确定”按钮，出现如图 4－39 所示的界面。

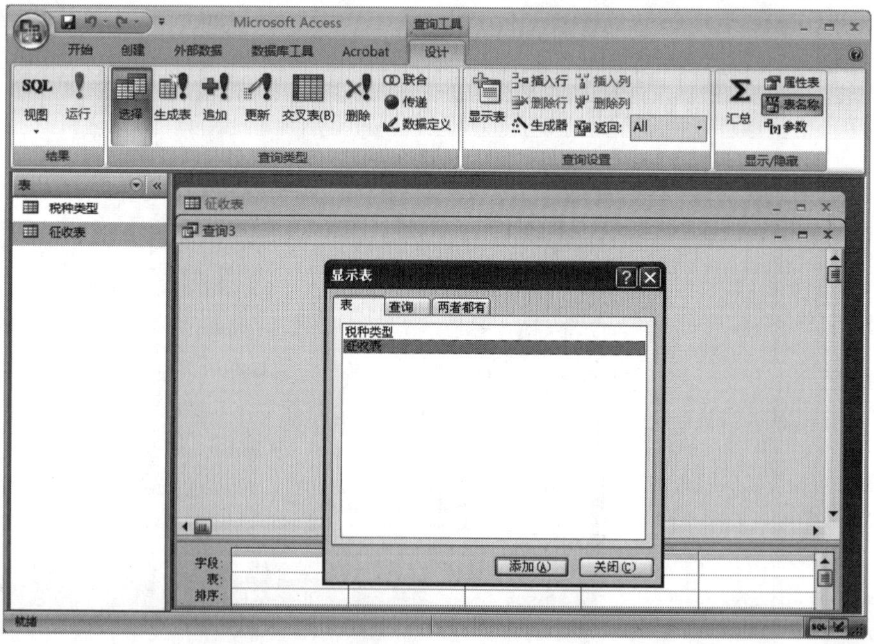

图 4－39 选择查询的对象

(3) 在图 4-39 中单击“关闭”，出现如图 4-40 所示的界面。

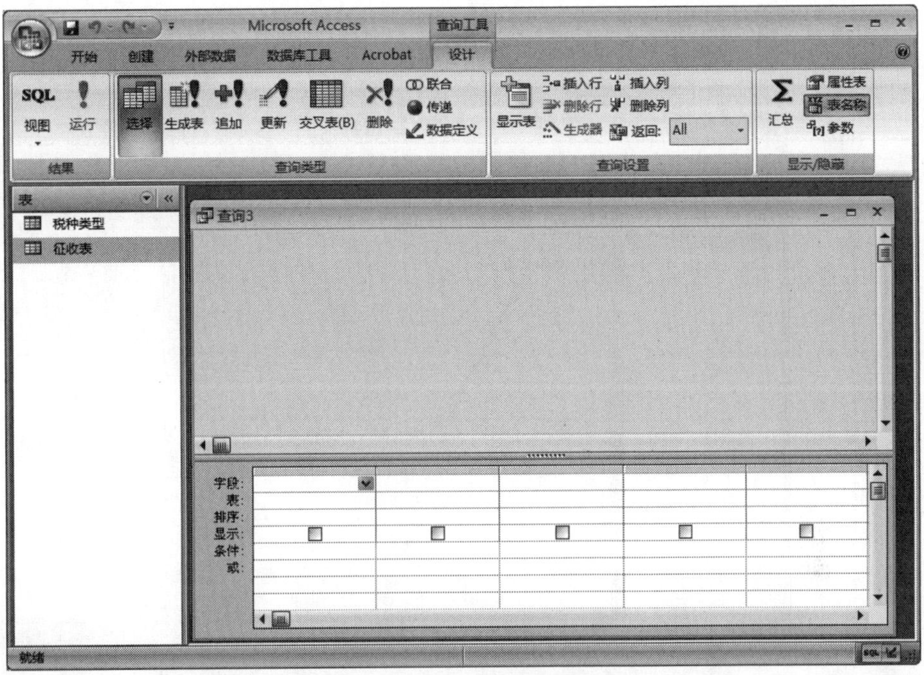

图 4-40　Access 的设计视图

(4) 切换到 SQL 视图，其操作如图 4-41 所示。

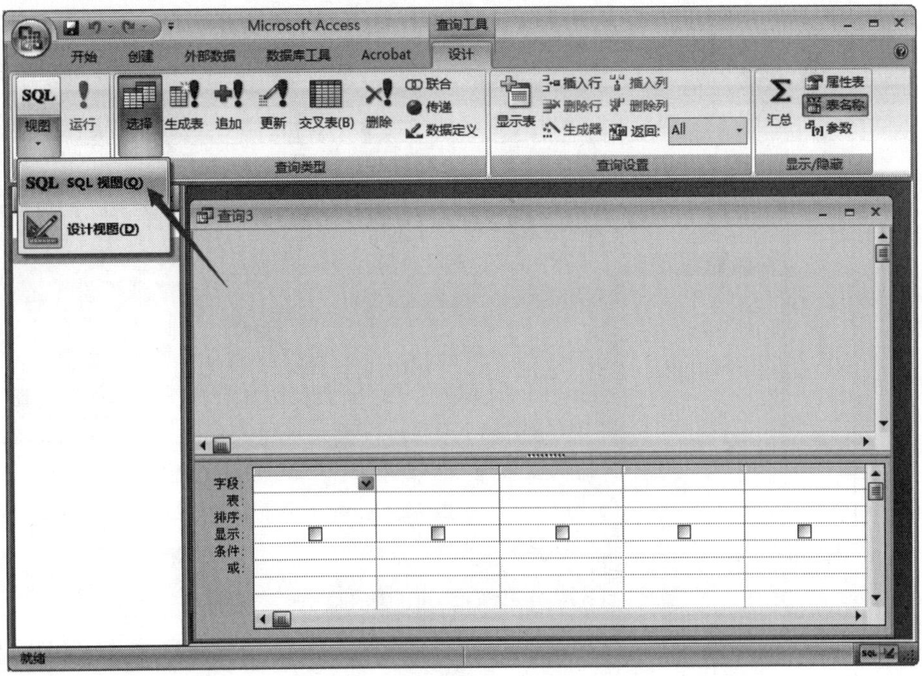

图 4-41　SQL 视图切换菜单

（5）在图4-41中输入相应的SQL语句，如图4-42所示。

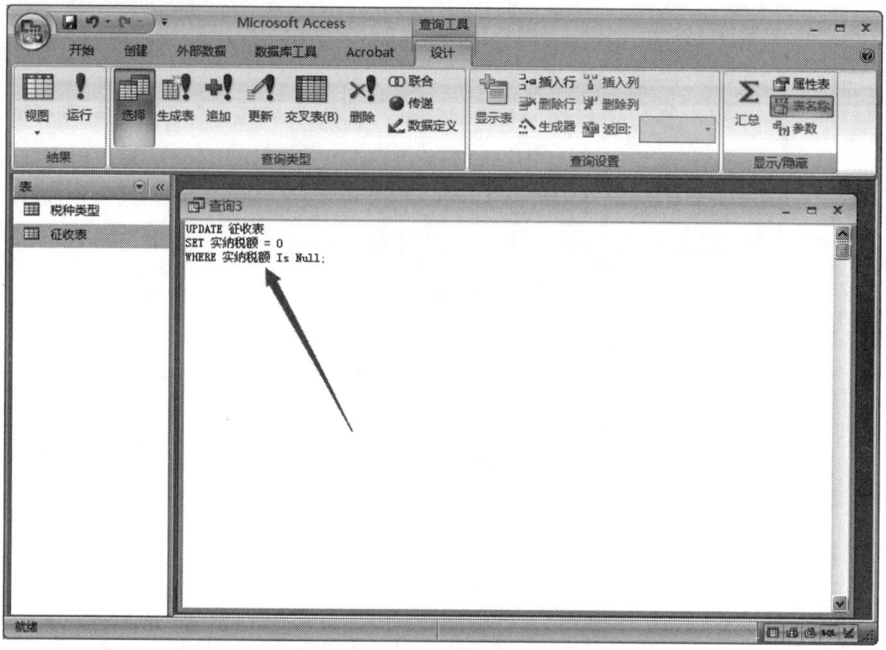

图4-42 输入SQL语句之后的SQL视图

（6）在图4-42中单击“运行”按钮，则“实纳税额”字段中空值处理的结果如图4-43所示。

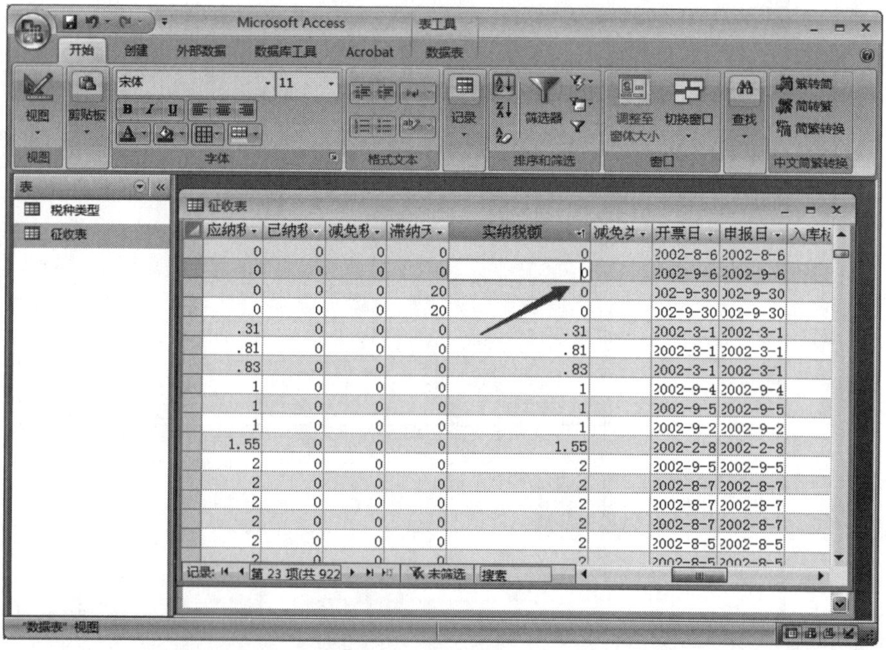

图4-43 空值处理结果界面

如果审计人员对 SQL 语句使用不熟练，也可以选择“设计视图”选项卡来选择、输入相关参数，完成空值处理，如图 4－44 所示。

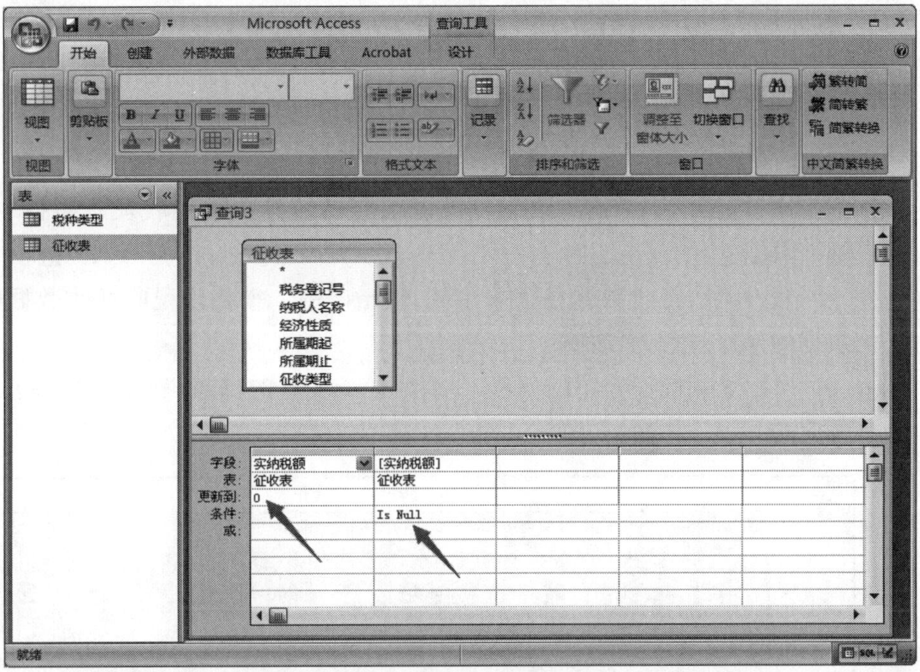

图 4－44　在设计视图中设置处理条件

4.3.4　基于 Microsoft Access 的审计数据分析

本节以实例介绍如何在 Access 数据库中对采集到的电子数据进行分析。

例 4－3　数据查询方法在税收征收数据分析中的应用

现有某税收征收电子数据（文件名为“税收征收 .mdb”，数据表名为“征收表”，表结构见本书附录 A 中图 A－1）。假定所有纳税人税款滞纳天数超过 10 天均属超期滞纳，请对提供的税收征收电子数据进行分析处理，检查征收表中有无“负纳税”数据和“超期滞纳”数据。

分析：要检查税收征收数据中有无“负纳税”数据和“超期滞纳”数据，只需在某一分析工具中执行相应的查询语句即可。通过对税收征收电子数据的分析，相应的 SQL 语句分别如下：

- 检查税收征收数据中有无“负纳税”数据，其 SQL 语句如下：

```
SELECT *
FROM 征收表
WHERE 实纳税额<0;
```

通过运行以上 SQL 语句，可以很容易地查找出税收征收数据中的“负纳税”数据。

- 检查税收征收数据中有无“超期滞纳”数据，其 SQL 语句如下：

```
SELECT *
FROM 征收表
WHERE 滞纳天数>10;
```

通过运行以上 SQL 语句，可以很容易地查找出税收征收数据中的“超期滞纳”数据。

假设税收征收数据已被采集到 Access 中，查找出税收征收数据中“负纳税”数据的操作过程为：

(1) 采用前面介绍的方法，切换到 Access 的 SQL 视图，在 SQL 视图中输入相应的 SQL 语句，如图 4-45 所示。

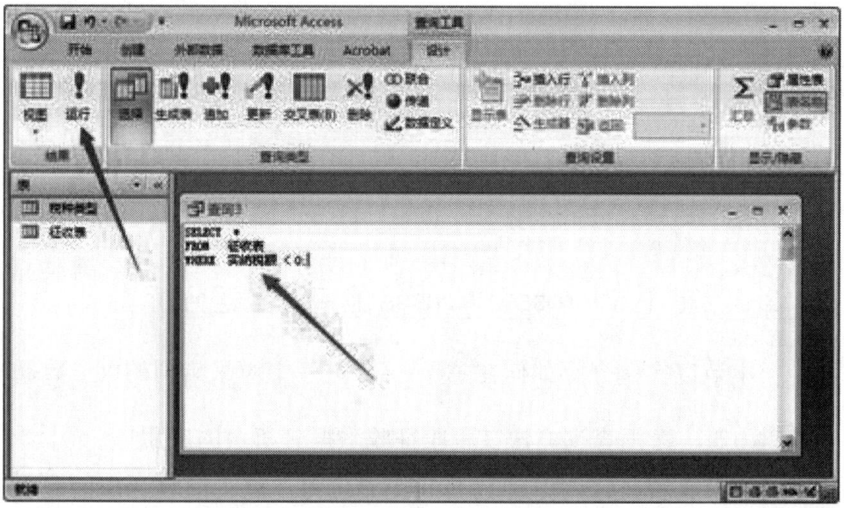

图 4-45　输入 SQL 语句之后的 Access 的 SQL 视图

(2) 在图 4-45 中单击“运行”按钮便可得到审计人员所要查找的“负纳税”数据，其查询结果如图 4-46 所示。

如果审计人员对 SQL 语句的使用不熟练，也可以选择“设计视图”选项卡选择、输入相关参数，完成“负纳税”数据查询，如图 4-47 所示。

同理，在图 4-45 所示的界面中输入相应的 SQL 语句，即可查找出税收征收数据中的“超期滞纳”数据。

前面以一个简单的例子介绍了数据查询功能的使用。通过构建一些复杂的 SQL 语句，可以完成一些复杂的查询。下面再给出一个实例来介绍数据查询方法的应用。

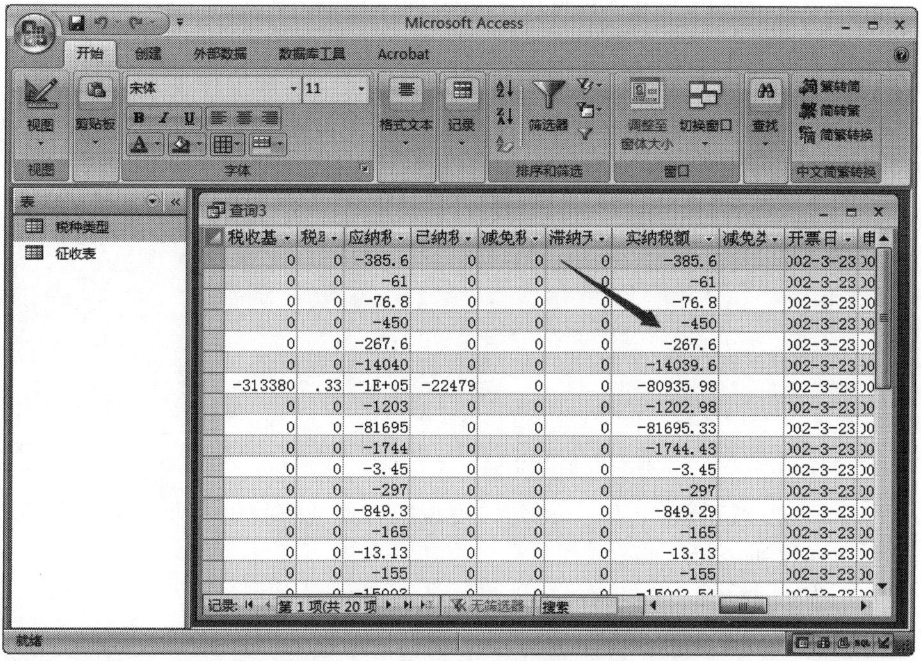

图 4－46　负纳税数据查询结果界面

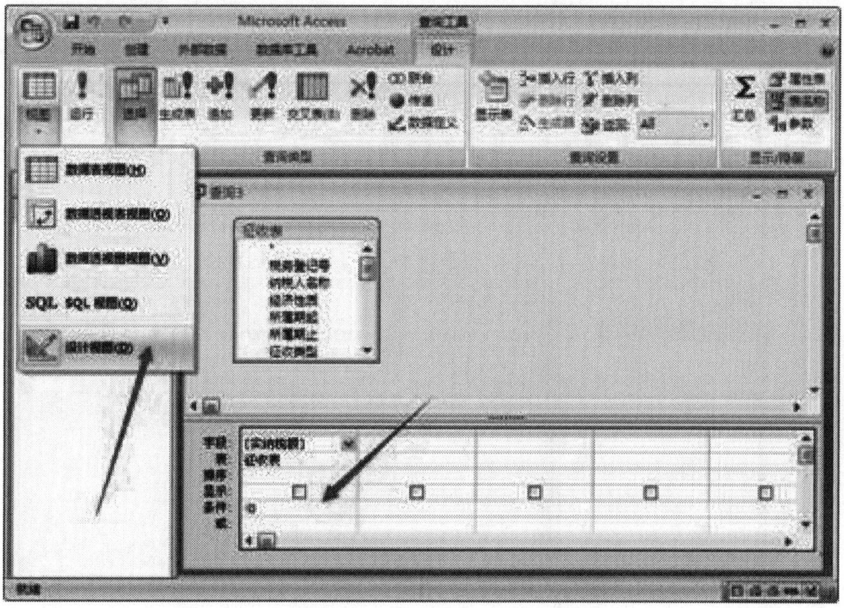

图 4－47　在设计视图中输入查询条件

例 4－4　数据查询方法在失业金发放数据分析中的应用

现有某劳动局失业保险数据，文件名为“失业金实际发放表.dbf”，数据类型为 FoxPro 自由表，其数据表结构见本书附录 A 中图 A－5。现需要查找同月重复发放失业金的人员，查找结果包括如下内容：身份证号、姓名、发放月份、同月发放次数、发放金额合计，按同月发放次数降序排列。

分析：要检查失业金实际发放表中同月重复发放失业金的人员，只需在某一分析工具中执行相应的查询语句即可。通过对失业金实际发放表的分析，需要构建的SQL语句如下：

```
SELECT 身份证号，姓名，发放月份，count(*) AS 同月发放次数，sum(合计) AS 发放合计
FROM 失业金实际发放表
GROUP BY 身份证号，姓名，发放月份
HAVING count(*)>=2
ORDER BY count(*) DESC;
```

通过运行以上SQL语句，可以很容易地查找出失业金实际发放表中同月重复发放失业金的人员。

采用Access进行分析的操作过程如下：

(1) 采用前面介绍的方法（例如，通过ODBC接口或其他方法）把该数据导入到Access数据库中。

(2) 打开Access，按前面介绍的方法切换到SQL视图，在SQL视图中输入相应的SQL语句，如图4-48所示。

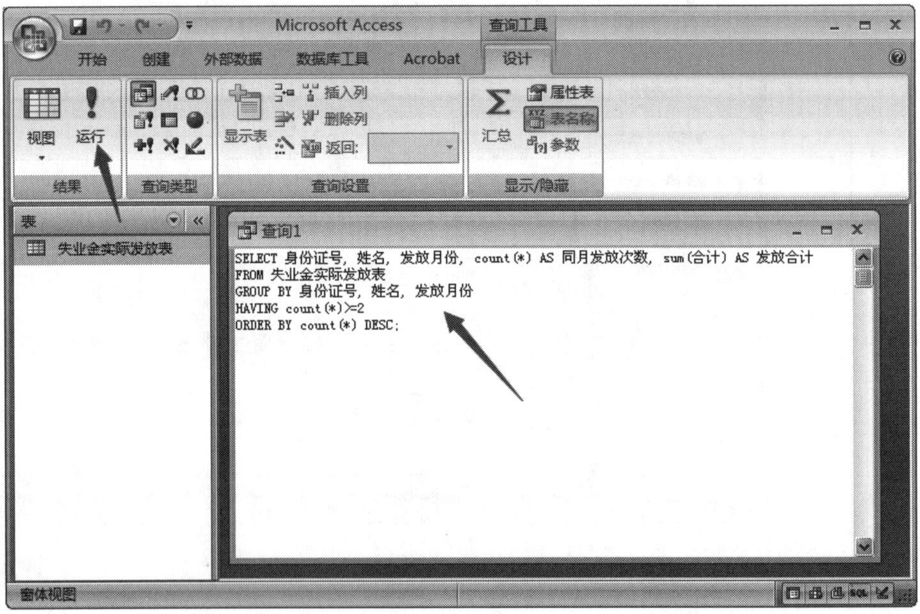

图4-48 SQL语句输入界面

(3) 在图4-48中单击“运行”按钮，其查询结果如图4-49所示。

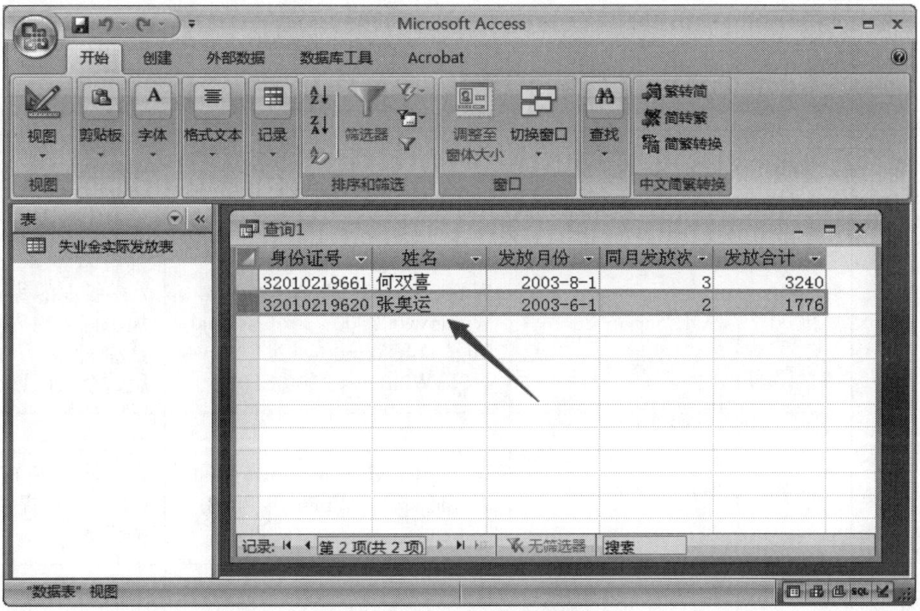

图 4-49　查询结果显示界面

4.4　基于 SQL Server 的电子数据审计

4.4.1　SQL Server 简介

一、SQL Server 概述

SQL Server 是微软公司推出的关系型数据库管理系统，它最初是由 Microsoft，Sysbase 和 Ashton-Tate 三家公司共同开发的，于 1988 年推出第一个 OS/2 版本，后来微软公司开始为 Windows NT 平台开发新的 SQL Server 版本。SQL Server 可跨越从个人电脑到大型多处理器的服务器等多种平台使用，具有使用方便、可伸缩性好，以及与相关软件集成程度高等优点。

二、SQL Server 的主要版本发展历程

为了便于审计人员了解 SQL Server，将 SQL Server 的主要版本发展历程总结为表 4-2。

表 4-2　SQL Server 的主要版本

年份	版本	支持的操作系统	特点
1988	第一个 OS/2 版本	OS/2	
1992	Windows NT 版本	Windows NT	

续表

年份	版本	支持的操作系统	特点
1996	SQL Server 6.5	Windows NT	
1998	SQL Server 7.0	Windows NT，Windows 95/98/2000 Professional	该版本在数据存储和数据库引擎方面发生了根本性的变化
2000	SQL Server 2000	Windows ME，Windows 98，Windows NT Workstation 4.0，Windows 2000 Professional，Microsoft Windows NT Server 4.0，Windows 2000 Server	该版本继承了 SQL Server 7.0 版本的优点，同时又增加了许多更先进的功能，包括企业版、标准版、开发版、个人版四个版本
2005	SQL Server 2005	Windows XP，Windows Vista，Windows 7，Windows 2003	是一个全面的数据库平台，使用集成的商业智能（BI）工具提供企业级的数据管理
2008	SQL Server 2008	Windows XP，Windows Vista，Windows 7，Windows 2003，Windows 2008	为当时最优秀、最完善的 SQL Server 数据库。该版本可以存储和管理许多数据类型，包括 XML，E-mail，时间/日历，文件，文档，地理，等等，同时提供一个丰富的服务集合来与数据交互作用
2012	SQL Server 2012	Windows 7，Windows 8，Windows Server 2008 R2，Windows Server 2008 SP2，Windows Vista SP2	此版本的定位是帮助企业处理每年大量的数据增长，为大数据环境提供支持
2014	SQL Server 2014	Windows 7，Windows 8，Windows Server 2008，Windows Server 2012	微软公司将 SQL Server 2014 定位为混合云平台，它更容易整合 Windows Azure
2016	SQL Server 2016	Windows 8，Windows 10，Windows Server 2008，Windows Server 2012，Windows Server 2016	从本地到云均提供一致的数据平台

三、SQL Server 2008 简介

目前，SQL Server 已成为数据库管理方面的主流产品之一。考虑到目前 SQL Server 2008 在审计人员中应用较为普遍，下面以 SQL Server 2008 为例，结合审计应用来介绍其主要功能。

在 SQL Server 2008 中，SQL Server Management Studio 是一个集成环境，它将早期版本的 SQL Server 中包含的企业管理器、查询分析器和 Analysis Manager 功能整合到单一环境中，用于访问、配置、管理和开发 SQL Server 的所有组件。SQL Server Management Studio 的界面如图 4-50 所示。

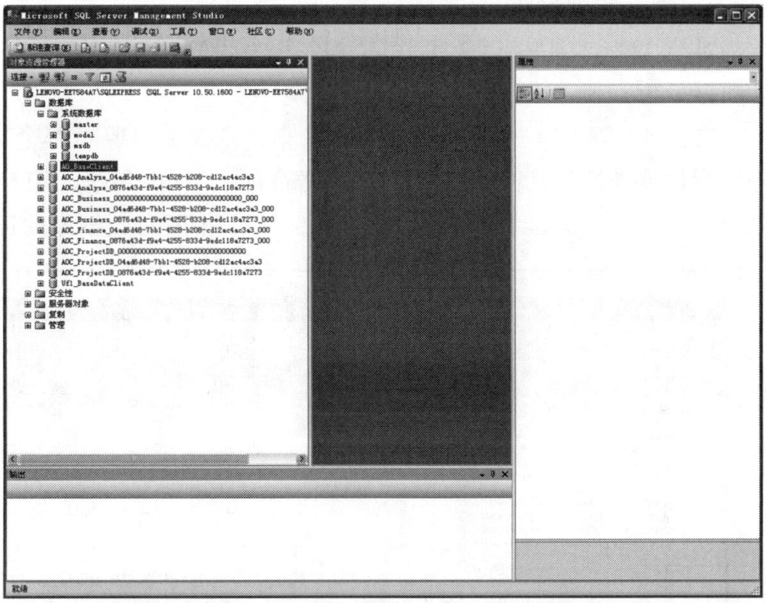

图 4-50　SQL Server 2008 数据库初始管理界面

四、SQL Server 2008 与电子数据审计相关的主要功能

SQL Server 2008 与电子数据审计相关的主要功能如下。

1. 数据导入和导出

SQL Server 2008 的数据导入和导出如图 4-51 所示，该功能可用于完成审计数据采集以及分析结果的导出。

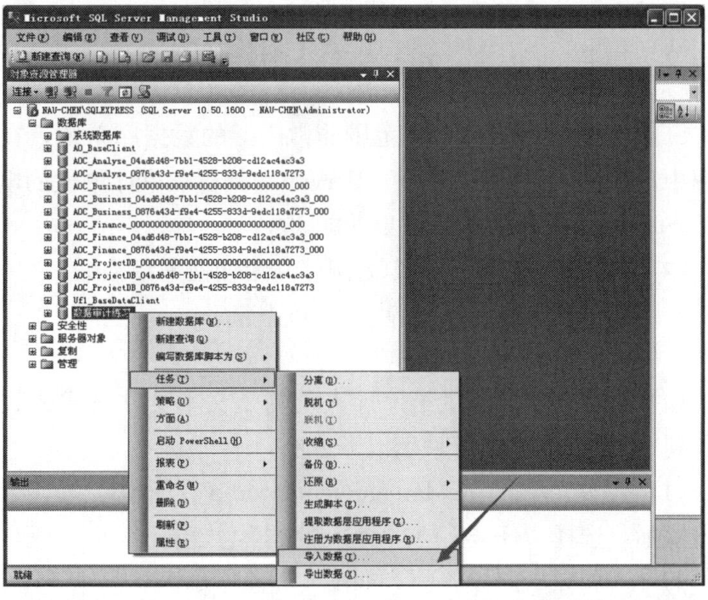

图 4-51　SQL Server 2008 的数据导入和导出功能界面

2. 数据查询分析

SQL Server 2008 的数据查询分析功能如图 4－52 所示，该功能可用于完成审计数据分析。

在图 4－52 中，A 用来新建查询窗口，B 表示将要对哪个数据库进行分析，C 是执行数据查询的命令按钮，D 是数据查询 SQL 语句输入窗口，E 是数据查询结果显示窗口，F 是显示当前 SQL Server 2008 中所有数据库的窗口。

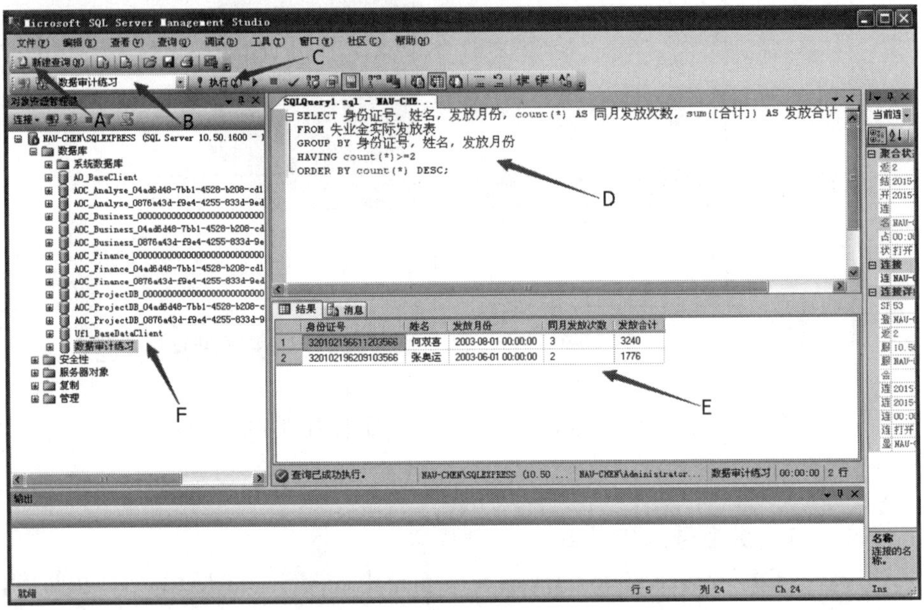

图 4－52　SQL Server 2008 数据库数据查询分析功能主界面

4.4.2　基于 SQL Server 的审计数据采集

SQL Server 是目前应用范围非常广泛的数据库系统，在开展电子数据审计的过程中，审计人员有时用 SQL Server 来分析被审计单位的电子数据，就需要掌握 SQL Server 数据库的数据采集功能。

本节以 SQL Server 2008 为例，介绍如何采集数据。

一、采集文本文件数据

如果被审计单位提供给审计人员的是文本文件格式的数据，把该类型的数据采集到 SQL Server 中可采用以下方法：

（1）在 SQL Server Management Studio 界面中，选中要导入到的目标数据库，右击鼠标，选择“任务”→“导入数据”，如图 4－53 所示，进入 SQL Server 数据库的导入和导出向导界面，如图 4－54 所示。

（2）在图 4－54 中单击“下一步”按钮，进入导入和导出向导。

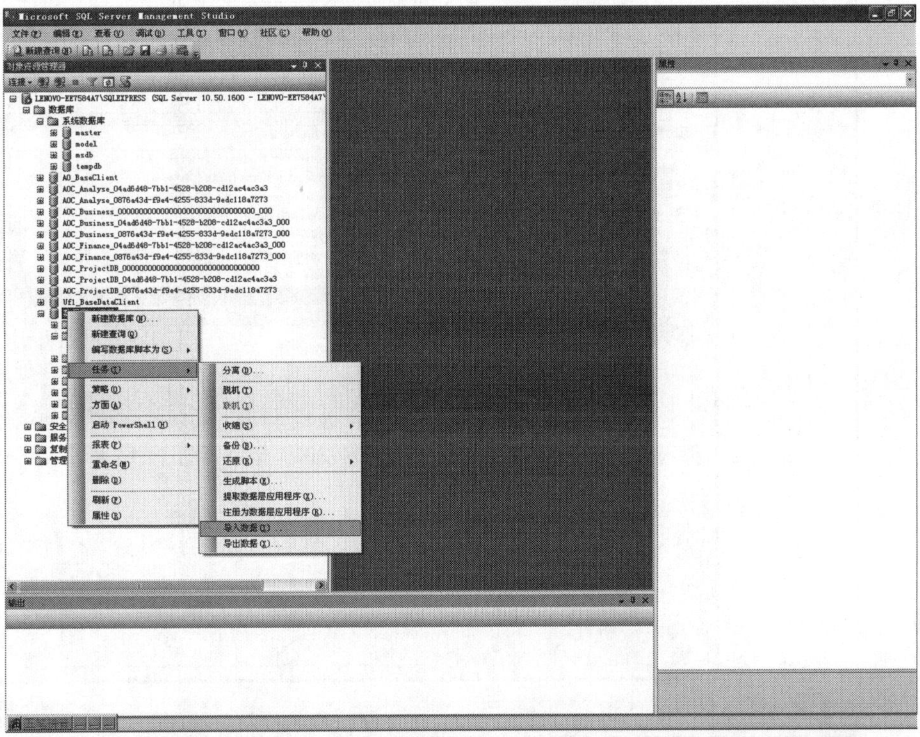

图 4-53　SQL Server 数据采集功能

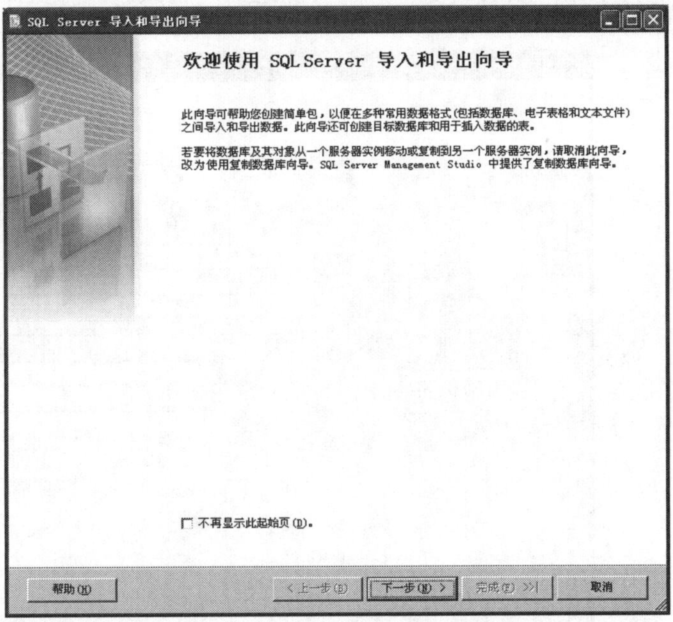

图 4-54　SQL Server 数据库的导入和导出向导说明界面

（3）在图 4-55 中，根据向导的提示，在“选择数据源”界面中选择“平面文件源”。根据后续提示，即可完成文本文件格式数据的采集。

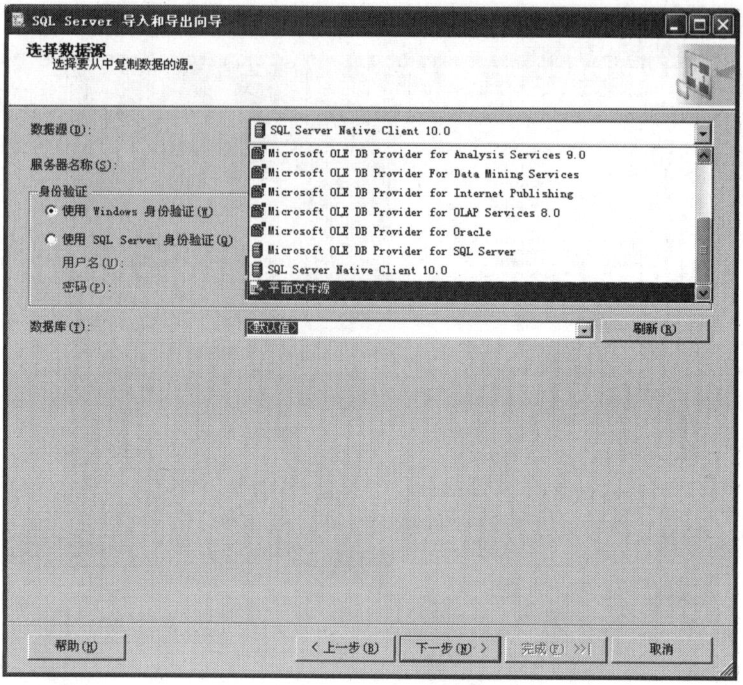

图4-55 选择所采集数据源的类型

(4) 在图4-56中可以对所要采集的文本数据进行设置，比如，去掉文本数据中字符数据两边的引号“"”，可以选择“格式”→“文本限定符”选项卡设置。

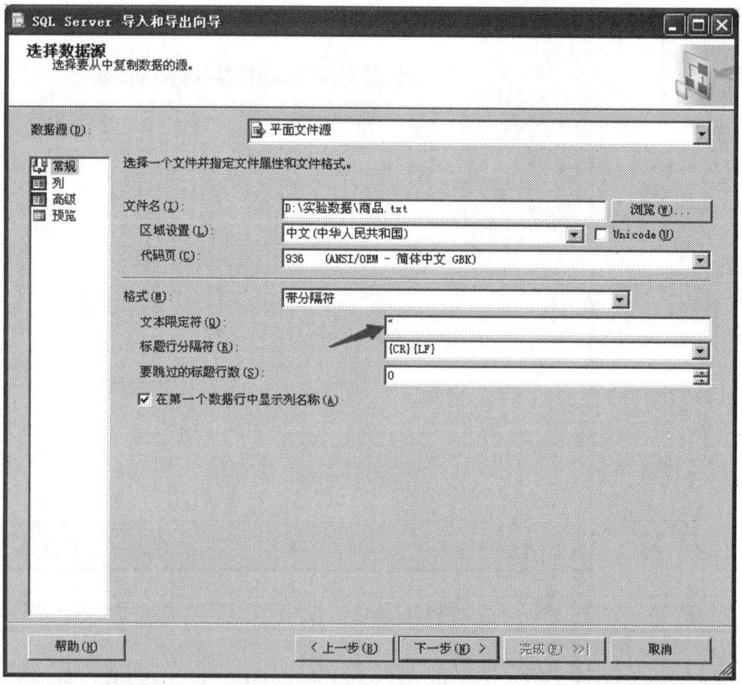

图4-56 去掉文本数据中字符数据两边的引号的设置

需要指出的是，对于导入后的文本文件数据，可以根据需要在 SQL Server 2008 数据库中进行修改，比如更改字段类型等，然后对更改后的结果进行保存。当系统不允许保存更改结果时，解决方法如下：在 SQL Server 2008 数据库的 Management Studio 中选择“工具”→“选项”，如图 4-57 所示，在“选项”界面中选择“设计器”→“表设计器和数据库设计器”选项，取消选中“阻止保存要求重新创建表的更改”复选框即可。

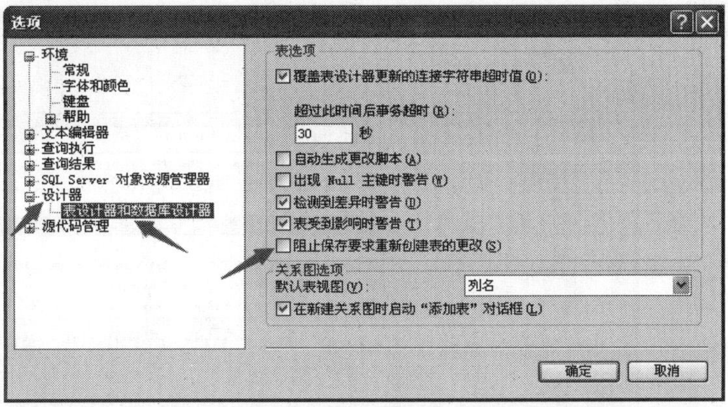

图 4-57　阻止保存要求重新创建表的更改的设置

二、采集 Excel 格式的数据

如果被审计单位提供给审计人员的是 Excel 格式的数据，把该类型的数据采集到 SQL Server 中可采用以下方法：在如图 4-58 所示的 SQL Server 导入和导出向导的“选择数据源”界面中选择“Microsoft Excel”。根据后续提示，即可完成 Excel 格式数据的采集。

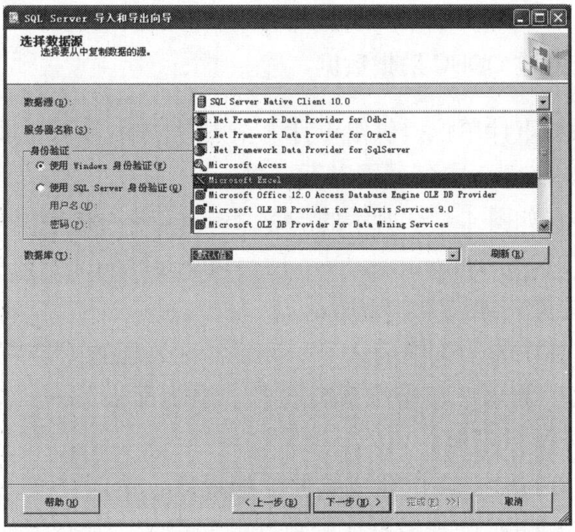

图 4-58　选择所需采集的数据源的类型（Excel）

三、采集 Access 数据库中的数据

如果被审计单位提供给审计人员的是 Access 格式的数据，把该类型的数据采集到 SQL Server 中可采用以下方法：在如图 4-59 所示的 SQL Server 导入和导出向导的“选择数据源”界面中选择“Microsoft Access”选项。根据后续提示，即可完成 Access 格式数据的采集。

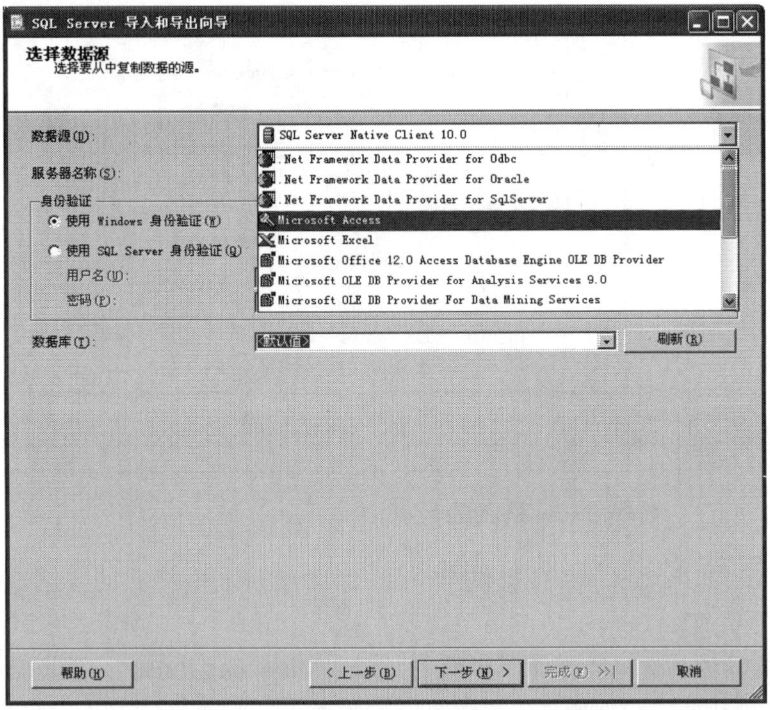

图 4-59 选择所采集数据源的类型（Access）

四、通过 ODBC 采集数据

如果被审计单位提供给审计人员的是 Access 格式的数据，把该类型的数据采集到 SQL Server 中可采用以下方法：

（1）在如图 4-60 所示的 SQL Server 导入和导出向导的“选择数据源”界面中选择“.Net Framework Data Provider for Odbc”选项。进入 ODBC 数据源选择（配置）界面，如图 4-61 所示。

（2）在图 4-61 中输入“Dsn”名称，配置 ODBC 数据源，其中，要输入的“Dsn”名称为用户在操作系统选择“控制面板”→“数据源（ODBC）”选项中所创建的 DSN 数据源。

（3）在图 4-61 中完成数据源配置后，单击“下一步”按钮，根据后续提示，即可通过 ODBC 完成数据库中数据的采集。

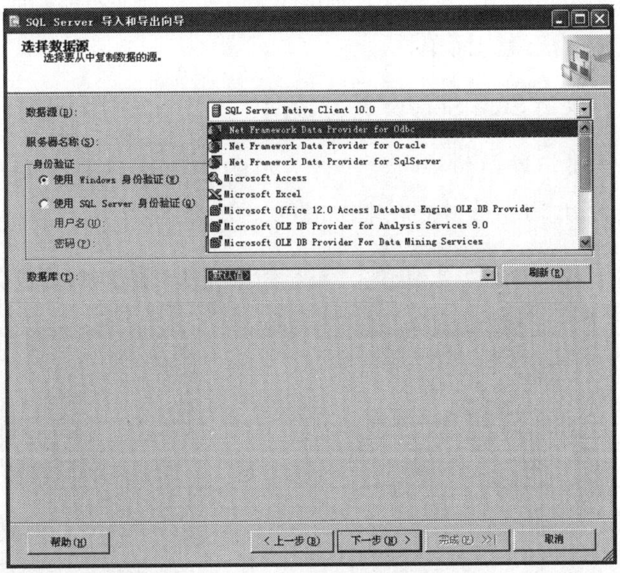

图 4－60　选择所采集数据源的类型

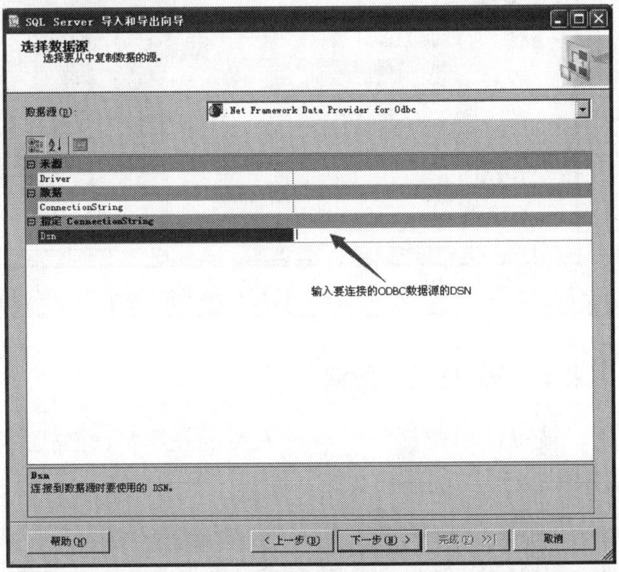

图 4－61　ODBC 数据源选择（配置）界面

五、采集 dBASE 格式的数据库中的数据

如果被审计单位提供给审计人员的是 dBASE 格式的数据库中的数据，把该类型的数据采集到 SQL Server 中可采用以下方法。

1. 通过 ODBC

该方法参照前面“通过 ODBC 采集数据”相关内容。

2. 借助其他工具

借助 Excel，Access 等工具。也就是说，先把 dBASE 格式的数据库中的数据采集到 Excel 或 Access 中，然后再把 Excel 或 Access 中的数据采集到 SQL Server 中，这种方法最为简单。

六、采集 SQL Server 备份数据

如果被审计单位提供给审计人员的是 SQL Server 备份数据，把该类型的数据采集到 SQL Server 中的方法如图 4-62 所示。

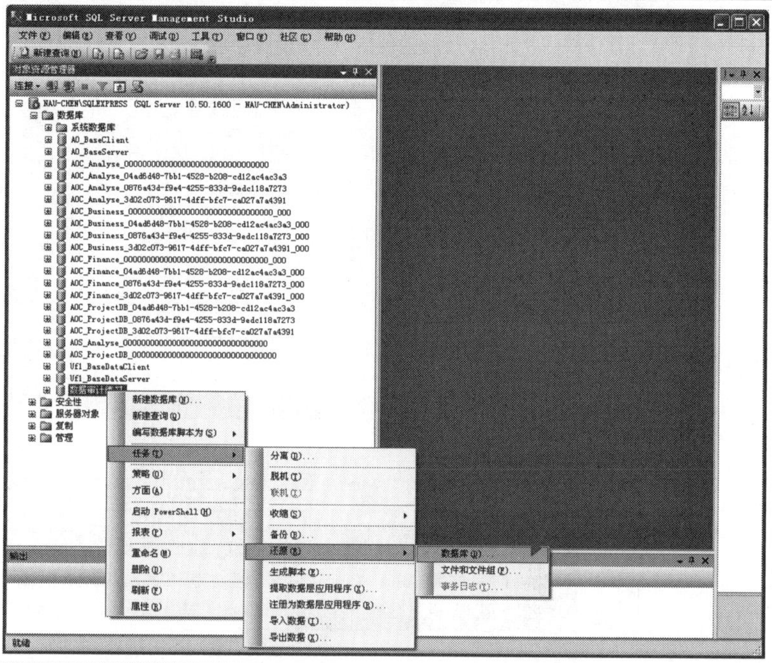

图 4-62　SQL Server 备份数据采集界面

七、采集 XML 格式的数据

有时，被审计单位提供给审计人员的是 XML 格式的数据，把该类型的数据采集到 SQL Server 中可采用以下方法。

1. 采用 SQL Server 的专用工具

比如，可以采用 SQL Server BIDS（SQL Server Business Intelligence Development Studio）完成 XML 格式数据的采集。

2. 借助其他工具

借助 Excel（2007 以上版本）、Access（2007 以上版本）等工具。也就是说，先把 XML 格式的数据采集到 Excel 或 Access 中，再把 Excel 或 Access 中的数据采集到 SQL Server 中，这种方法最为简单。

例 4-5　采用 SQL Server 采集 Access 数据库中的数据

现有某税收征收电子数据（文件名为“税收征收.mdb”），表结构见本书附录 A 中图 A-1。要求在 SQL Server 数据库中新建一个名为“数据审计练习”的数

据库，然后把“税收征收”数据库中的“征收表”和“税种类型”数据采集到“数据审计练习”数据库中。

其操作过程为：

(1) 打开 SQL Server 数据库，如图 4-63 所示。

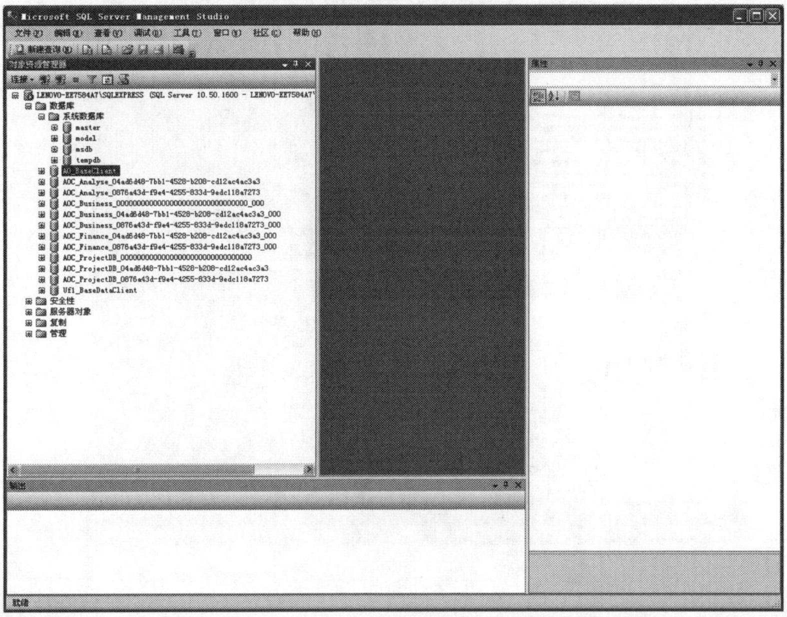

图 4-63　SQL Server 数据库管理界面

(2) 在图 4-63 中新建一个名为“数据审计练习”的数据库，如图 4-64 所示。

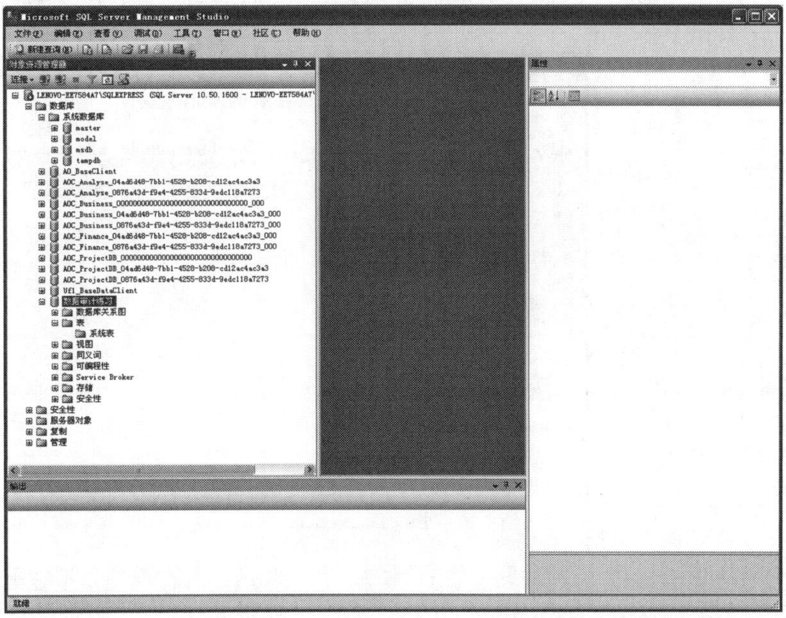

图 4-64　创建数据审计练习后的 SQL Server 数据库管理界面

（3）在图4-64中右击鼠标，选择“导入数据”，如图4-65所示，进入SQL Server数据库的导入和导出向导使用说明界面，如图4-66所示。

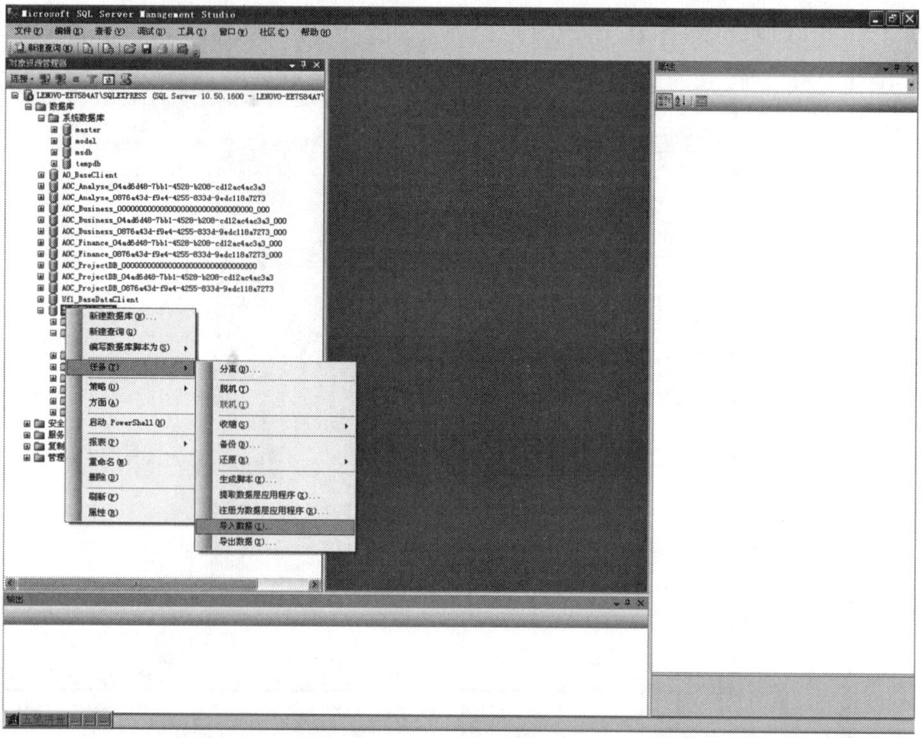

图4-65 SQL Server数据采集功能

（4）在图4-66中单击“下一步”按钮，进入导入和导出向导说明界面。

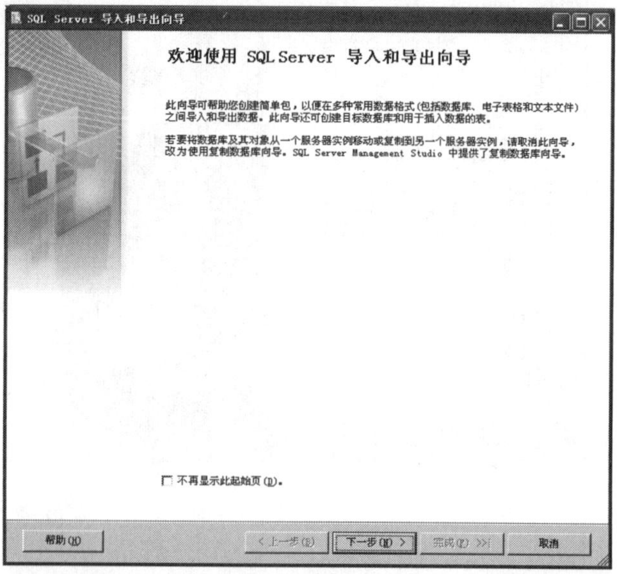

图4-66 SQL Server数据库的导入和导出向导说明界面

(5) 在图 4-67 至图 4-70 中，根据向导的提示，选择需要采集的 Access 数据库。

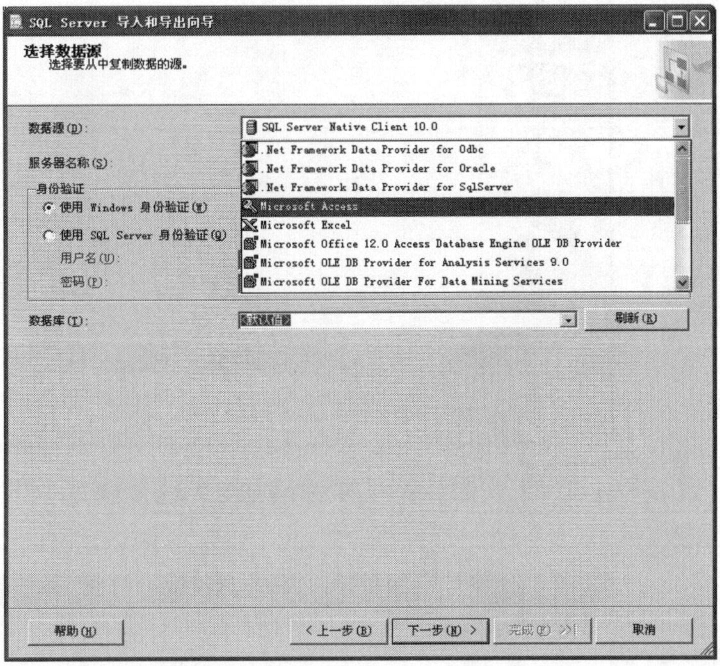

图 4-67　选择所采集数据源的类型

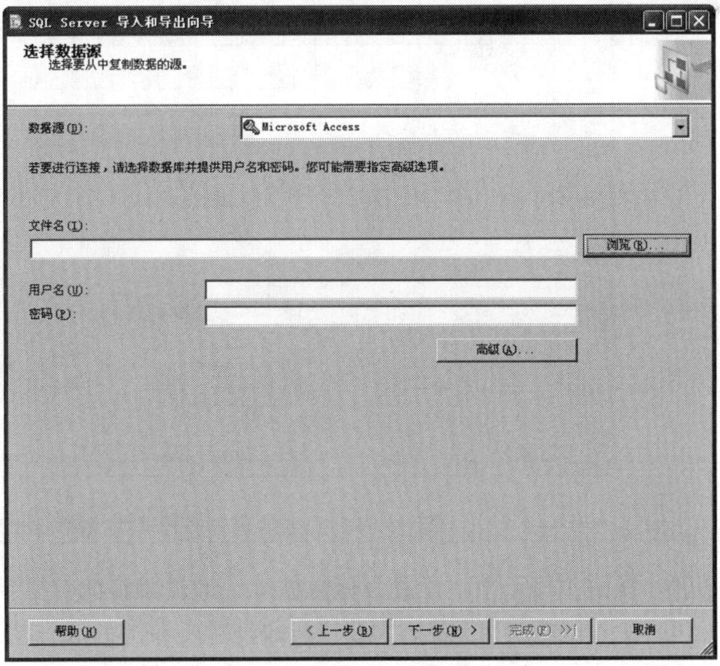

图 4-68　所采集数据源的选择界面

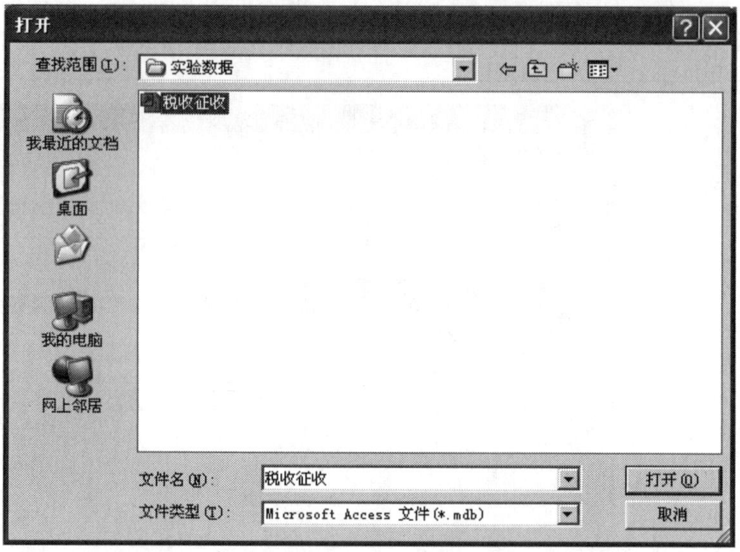

图4-69 选择所需采集的数据源

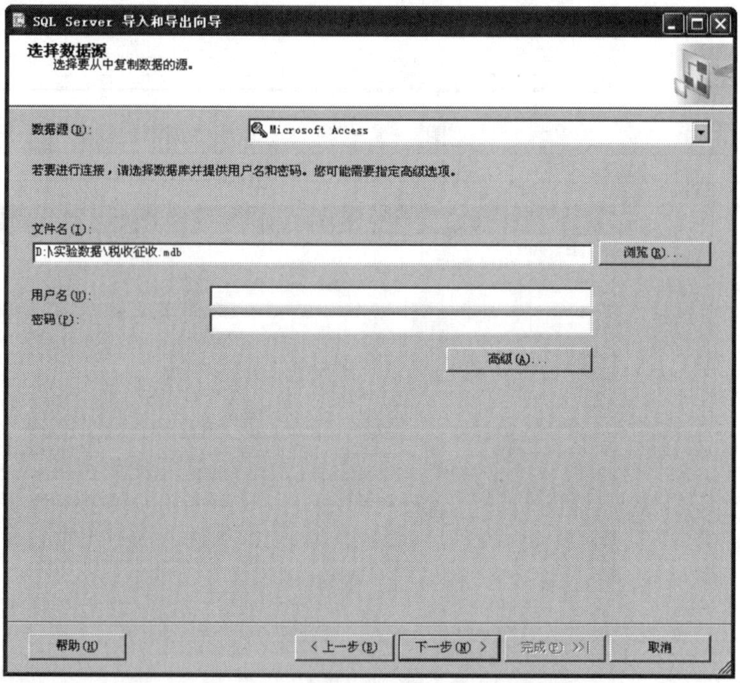

图4-70 完成所采集数据源的选择

（6）在图4-71中，设置目标数据库，即设置将此数据导出为何种格式。

（7）设置“指定表复制或查询”，即设置要导出的数据的形式是整表复制还是查询选择，如图4-72所示。数据采集过程中一般选择整表复制。如果需要指定导出范围，可以选择利用查询指定要采集的数据。

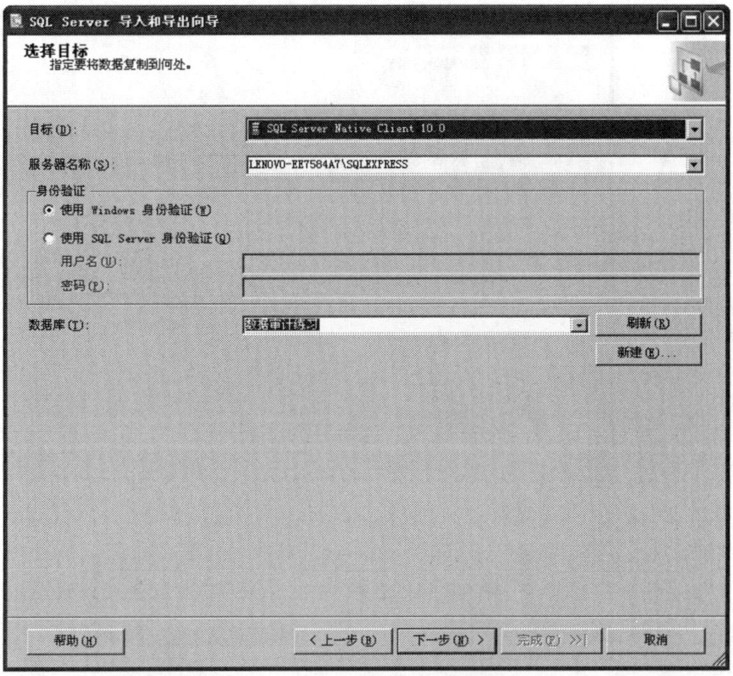

图 4-71　目标数据库的设置界面

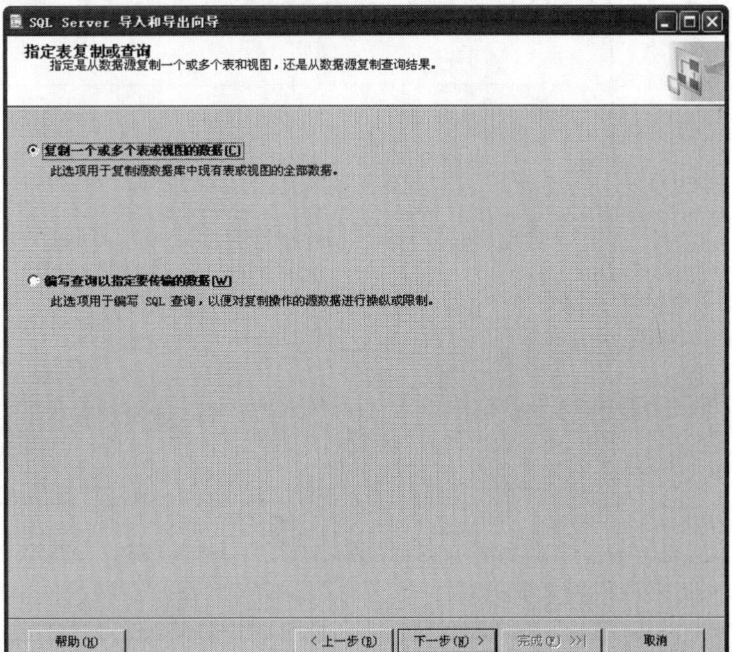

图 4-72　设置数据选择方式

(8) 根据向导的提示，设置后续 SQL Server 数据库的导入和导出向导，如图 4-73 至图 4-74 所示。

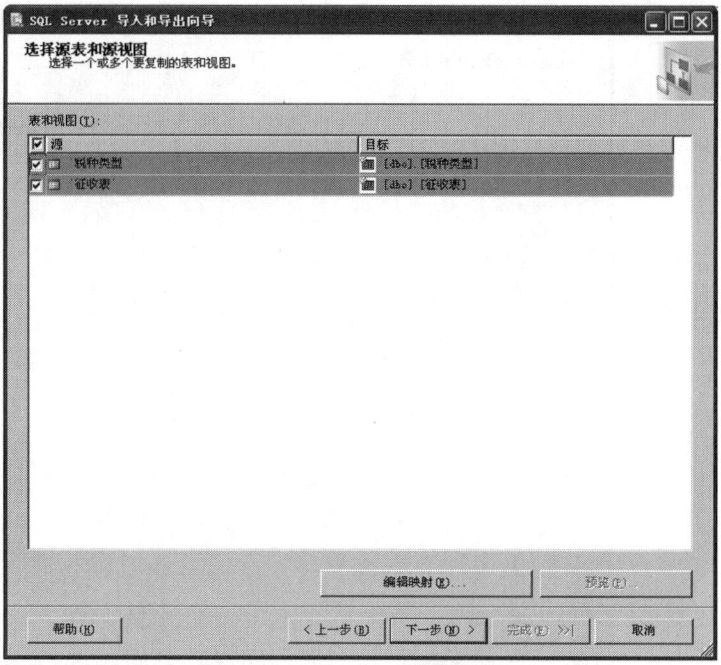

图 4-73　选择源表和源视图

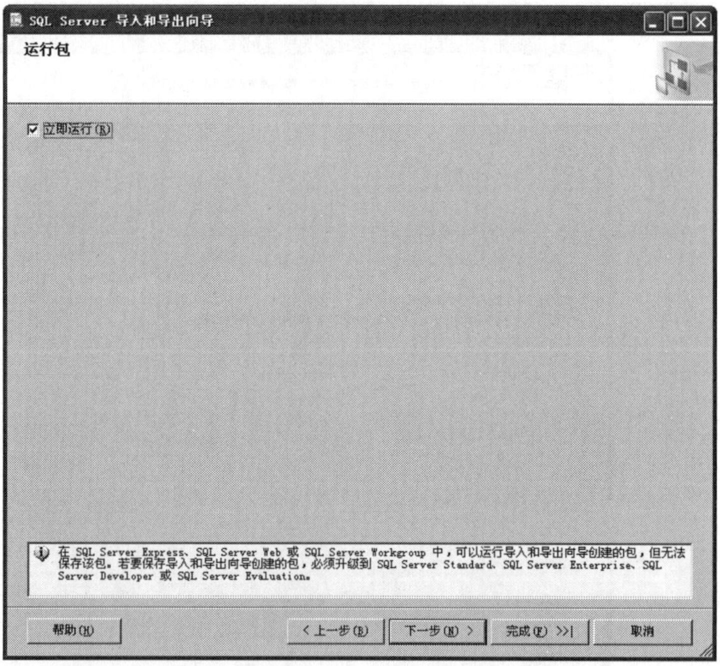

图 4-74　包的设置界面

（9）完成数据的采集操作，如图 4-75 所示。数据采集成功与否，可以根据“状态”栏的信息进行判断。完成数据采集后的 SQL Server 数据库如图 4-76 所示。

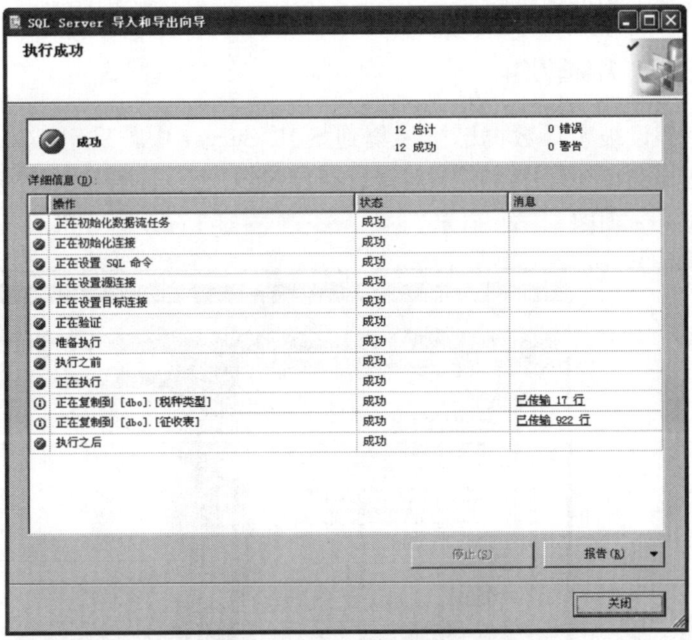

图 4-75　完成数据的采集操作

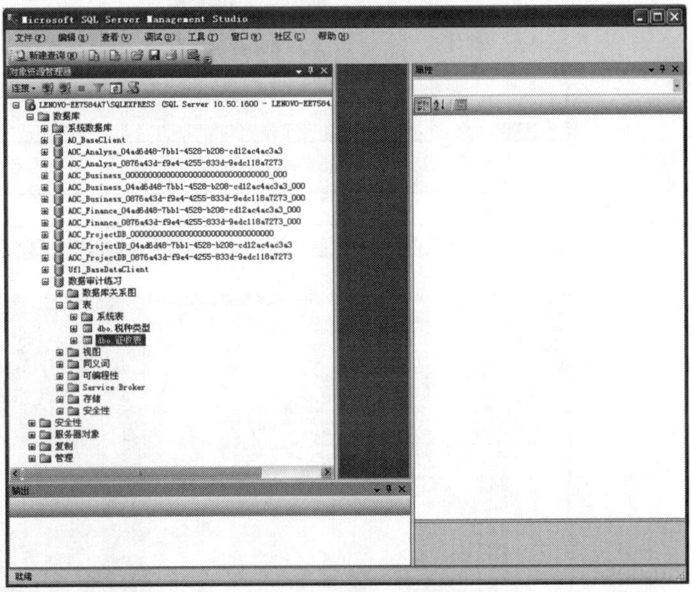

图 4-76　完成数据采集后的 SQL Server 数据库

4.4.3　基于 SQL Server 的审计数据预处理

在采用 SQL Server 开展电子数据审计的过程中，把被审计单位的电子数据采集到 SQL Server 数据库中之后，需要在 SQL Server 数据库中对采集到的电子数据进行预处理。本节以名称转换和空值处理为例，介绍如何采用 SQL Server 完成审计数据预处理。

一、名称转换

假设被审计数据已被采集到 SQL Server 中，采用 SQL Server 完成数据表名称转换的操作如图 4－77 所示，采用 SQL Server 完成字段名称转换的操作分别如图 4－78 和图 4－79 所示。

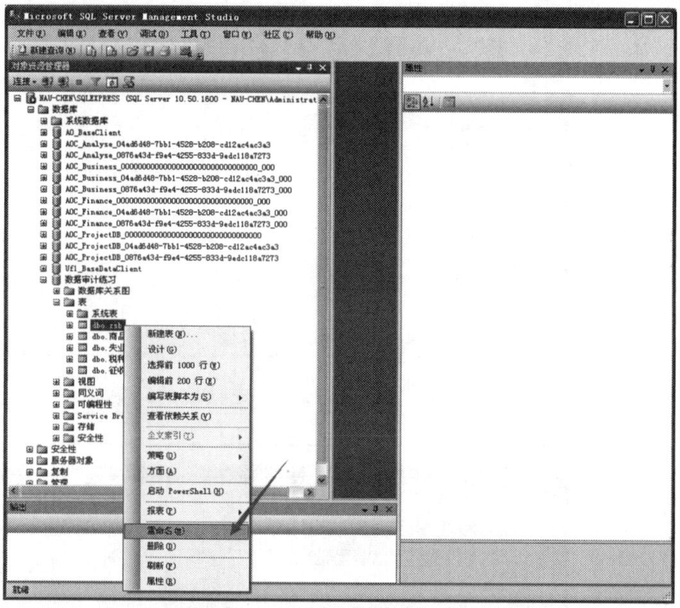

图 4－77　数据表名称转换操作实例

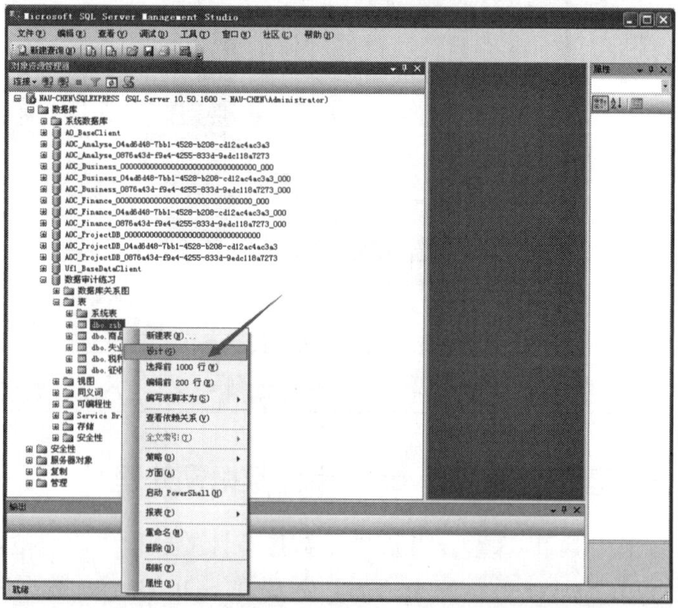

图 4－78　进入字段设计界面

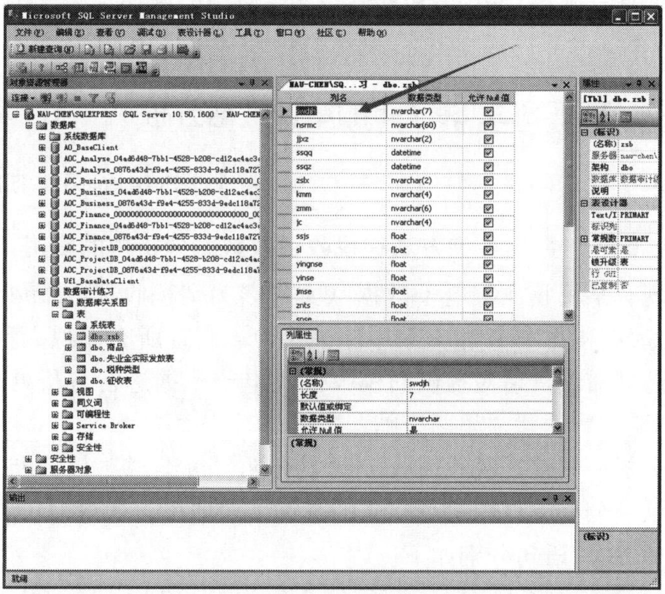

图 4-79　字段名称转换操作实例

二、空值处理

在实际操作中，审计人员可以采用 SQL Server 来完成空值处理。假设某税收征收数据已被采集到 SQL Server 中，在完成数据表和字段名称转换的基础上，单击“新建查询”，在查询界面中输入相应的空值处理 SQL 语句，如图 4-80 所示，即可完成税收征收数据中“实纳税额”字段的空值处理。

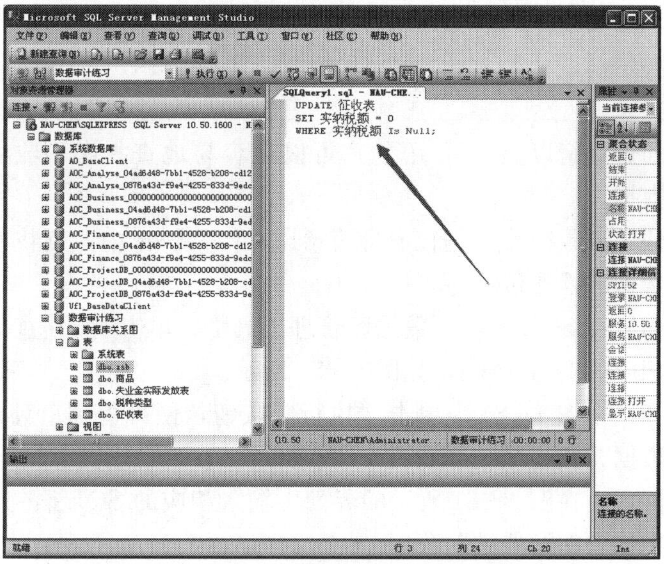

图 4-80　空值处理操作实例

同理，采用 SQL 语句或数据库工具中的其他工具也可以完成其他审计数据预处理工作。

4.4.4 基于 SQL Server 的审计数据分析

本节以实例介绍如何在 SQL Server 数据库中对采集到的电子数据进行分析。

例 4-6　数据查询方法在税收征收数据分析中的应用

现有某税收征收电子数据（文件名为“税收征收.mdb”，数据表名为“征收表”，表结构见本书附录 A 中图 A-1）。假定所有纳税人税款滞纳天数超过 10 天均属超期滞纳，请对提供的税收征收电子数据进行分析处理，检查征收表中有无“负纳税”数据和“超期滞纳”数据。

分析：要检查税收征收数据中有无“负纳税”数据和“超期滞纳”数据，只需在某一分析工具中执行相应的查询语句即可。通过对税收征收电子数据的分析，相应的 SQL 语句分别如下。

- 检查税收征收数据中有无“负纳税”数据，其 SQL 语句如下：

```
SELECT *
FROM 征收表
WHERE 实纳税额 < 0;
```

通过运行以上 SQL 语句，可以很容易地查找出税收征收数据中的“负纳税”数据。

- 检查税收征收数据中有无“超期滞纳”数据，其 SQL 语句如下：

```
SELECT *
FROM 征收表
WHERE 滞纳天数 > 10;
```

通过运行以上 SQL 语句，可以很容易地查找出税收征收数据中的“超期滞纳”数据。

假设税收征收数据已被采集到 SQL Server 中，查找税收征收数据中“负纳税”数据的操作过程为：

（1）在 SQL Server 数据库管理工具中，单击“新建查询”，在“查询窗口”中输入相应的 SQL 语句，如图 4-81 所示。

（2）在图 4-81 中单击“执行”按钮，便可得到审计人员所要查找的“负纳税”数据，其查询结果如图 4-82 所示。

同理，在图 4-81 所示的界面中输入相应的 SQL 语句，即可查找出税收征收数据中的“超期滞纳”数据。

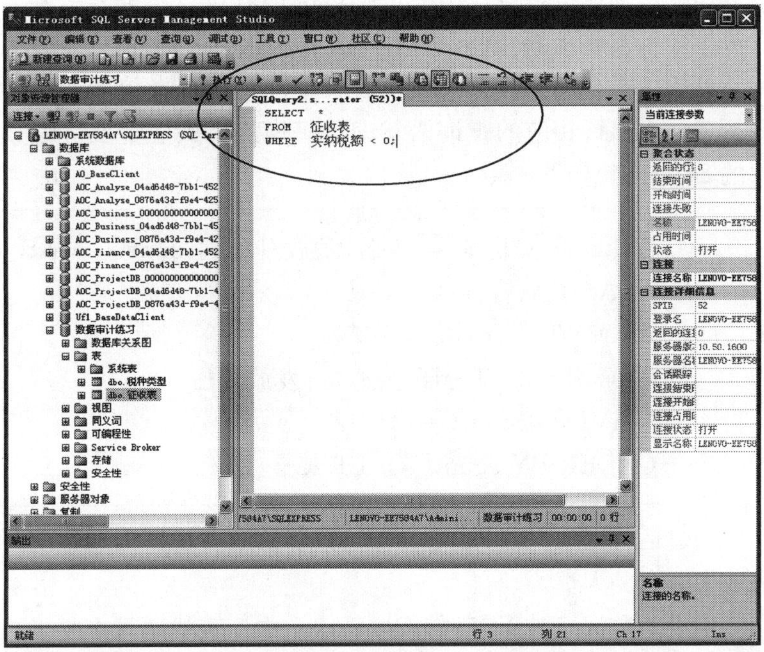

图 4-81　输入 SQL 语句之后的 SQL Server 查询视图

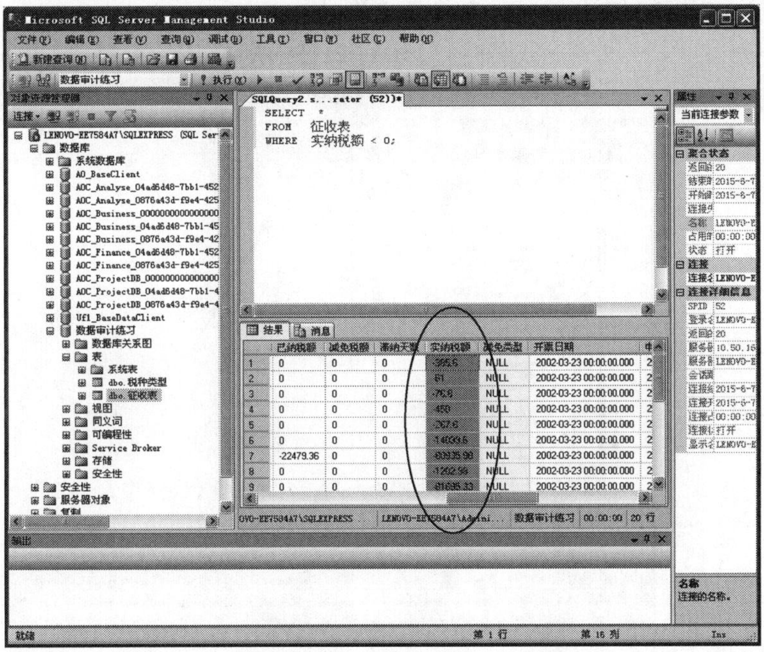

图 4-82　负纳税数据查询结果界面

例 4-7　数据查询方法在失业金发放数据分析中的应用

现有某劳动局失业保险数据，文件名为“失业金实际发放表. dbf”，数据类型为 FoxPro 自由表，其数据表结构见本书附录 A 中图 A-5。现需要查找同月重复发放失业金的人员，查找结果包括以下内容：身份证号、姓名、发放月份、同月发放次数、发放金额合计，按同月发放次数降序排列。

分析：要查询失业金实际发放表中同月重复发放失业金的人员，只需在某一分析工具中执行相应的查询语句即可。通过对失业金实际发放表的分析，需要构建的SQL语句如下：

```
SELECT 身份证号,姓名,发放月份, count(*) AS 同月发放次数,sum(合计) AS 发放合计
FROM 失业金实际发放表
GROUP BY 身份证号,姓名,发放月份
HAVING count(*)>=2
ORDER BY count(*) DESC;
```

通过运行以上SQL语句，可以很容易地查找出失业金实际发放表中同月重复发放失业金的人员。

假设该数据已被采集到SQL Server中，查找同月重复发放失业金人员数据的操作过程为：

（1）在SQL Server数据库管理工具中，单击“新建查询”，在“查询窗口”中输入相应的SQL语句，如图4-83所示。

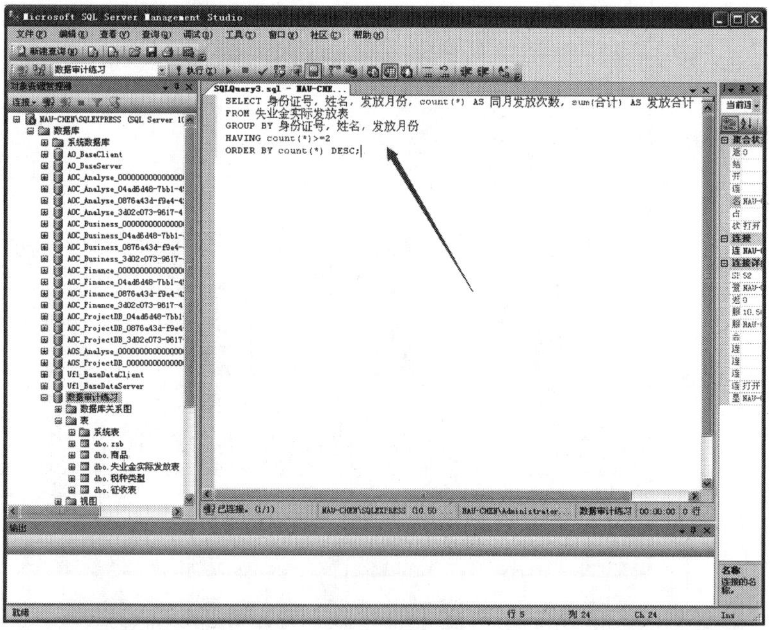

图4-83 输入SQL语句之后的SQL Server查询视图

（2）在图4-83中单击“执行”按钮，便可得到审计人员所要查找的同月重复发放失业金人员数据，其查询结果如图4-84所示。

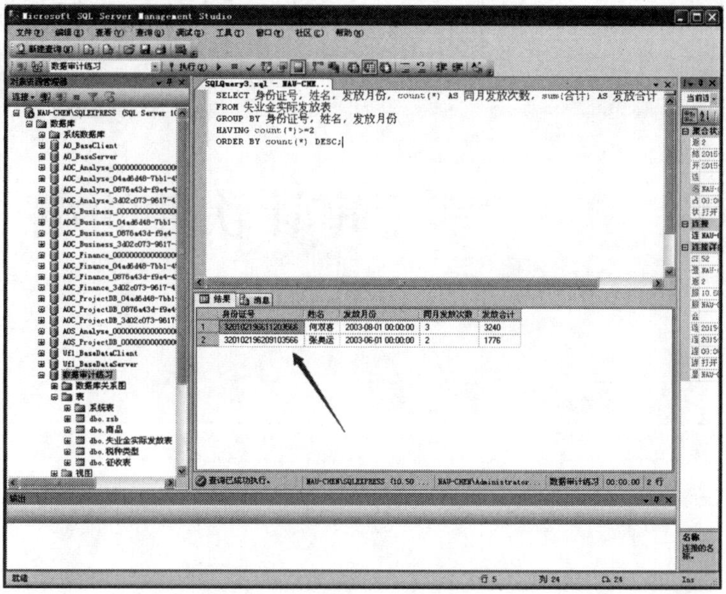

图 4－84　同月重复发放失业金人员数据查询结果界面

4.5　本章小结

本章根据目前开展电子数据审计的需要，首先分析了数据库工具和 SQL 语言在电子数据审计中的作用，然后介绍了 SQL 语言的基础知识，在此基础上，借助 Microsoft Access 和 SQL Server 这两种审计人员常用的数据库工具分析了如何采用数据库工具开展电子数据审计。通过本章的学习，读者可以掌握如何采用数据库工具开展电子数据审计，从而为今后开展电子数据审计打下基础。

思考题

1. 掌握 SQL 语言对开展电子数据审计有何作用？
2. 开展电子数据审计为什么要掌握数据访问技术？
3. 数据库软件对开展电子数据审计有何作用？
4. 如何利用本章介绍的数据库软件开展电子数据审计？
5. 如何利用其他数据库软件开展电子数据审计？

第 5 章

基于审计软件的电子数据审计

学习目标

- 熟悉什么是审计软件
- 掌握国内外审计软件的现状及分类，熟悉常用的国内外审计软件，掌握国内外审计软件功能上的异同
- 以 IDEA 软件为例，掌握如何开展电子数据审计
- 以电子数据审计模拟实验室软件为例，掌握如何开展电子数据审计

5.1 概 述

为了提高工作效率，审计人员在开展审计的过程中会用到各种各样的辅助工具，审计软件就是一类常用的计算机辅助审计工具。从广义上讲，审计软件是指能帮助完成审计工作的各种软件工具，包括各类数据库工具，如 SQL Server，Microsoft Access 等，以及 Microsoft Excel 等电子表格软件，这类软件工具虽然可以用于帮助完成审计工作，但不是专门为审计工作开发的，本书中，我们把这些软件称为通用软件。狭义上的审计软件指的是专门为审计工作开发的各类软件，如现场审计实施系统（AO），电子数据模拟实验室软件，IDEA，ACL 等。本书中审计软件指的是狭义上的审计软件。

本章首先介绍常见的国内外审计软件，在此基础上分析如何采用审计软件开展电子数据审计。

5.2　国内外审计软件概况

5.2.1　审计软件分类

一般审计软件可分为以下三种类型。

一、审计作业软件

审计作业软件是指审计人员在进行审计作业时应用的软件，如“金审工程”的成果——现场审计实施系统（AO）软件，本书作者自主研发的审计软件——电子数据审计模拟实验室软件，国际流行的审计软件如 IDEA，ACL 等。审计作业软件是开展审计工作时应用的主要工具，审计作业软件的发展代表审计软件的发展水平。

二、审计管理软件

审计管理软件是用来完成审计统计、审计计划等方面功能的审计软件，如“金审工程”的成果——现场审计管理系统（OA）软件。

三、其他审计软件

除了审计作业软件和审计管理软件之外，为了满足审计工作的需要，还有其他一些审计软件，这些软件包括：

1. 专用审计软件

为完成特定审计任务而专门设计的审计软件，例如海关审计软件、基建工程预决算审计软件、财政预算执行审计软件、银行审计软件、外资审计软件等。

2. 法规软件

主要用来帮助审计人员在海量的财经法规中快速找出所需要的法规条目及内容。

3. 联网审计软件

为了适应联网审计的需要，近年来审计署以及一些审计机关还开发了专门的联网审计软件，如社保联网审计软件、税收联网审计软件等。

5.2.2　国内外主要审计软件介绍

为了便于读者掌握审计软件的使用，对国内一些代表性审计软件做简要介绍。

一、现场审计实施系统

前面介绍了“金审工程”。“金审工程”一期应用系统的框架如图 5－1 所示，其中，现场审计实施系统是“金审工程”一期应用系统的建设成果之一。现场审计实施系统也称审计师办公室（auditor office，AO），是一个用于现场环境对电子数据进行审计的操作平台，它是整合审计行业原有审计软件，并进行有效提升、创新发展的结果，是审计人员对被审计单位开展审计的工具。现场审计实施系统的主要版本有2005版、2008版和2011版，其中，2008版和2011版最为常用。2011版可运行的操作系统为：简体中文 Windows XP SP2/SP3、Windows 7（32位）。

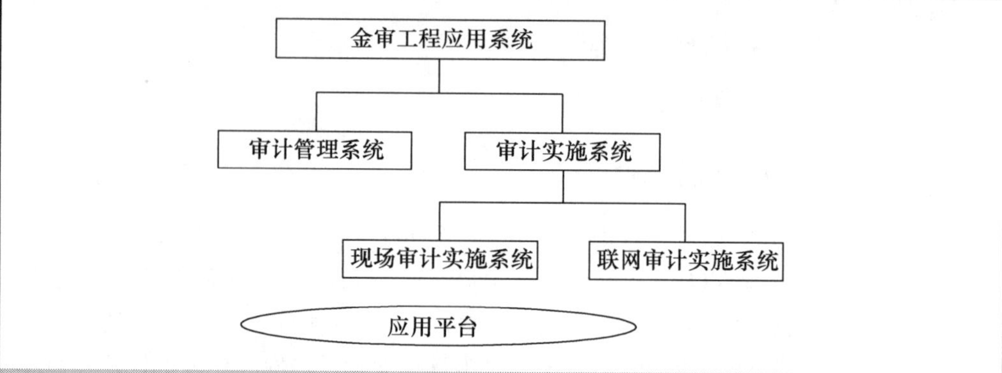

图 5-1 “金审工程”一期应用系统框架图

下面以现场审计实施系统（2011版）单机版软件为例，来介绍它的基本功能。现场审计实施系统（2011版）单机版软件是向审计人员提供的一款安装在便携式计算机上，对被审计单位开展现场和远程审计的审计软件，可以满足审计数据采集、分析、管理和交互的软件适应性要求。

现场审计实施系统的登录界面如图 5-2 所示。选择账号并输入密码后单击“确定”按钮，进入系统，其主界面如图 5-3 所示。由图 5-3 可以看出，现场审计实施系统的主界面包括五个区。

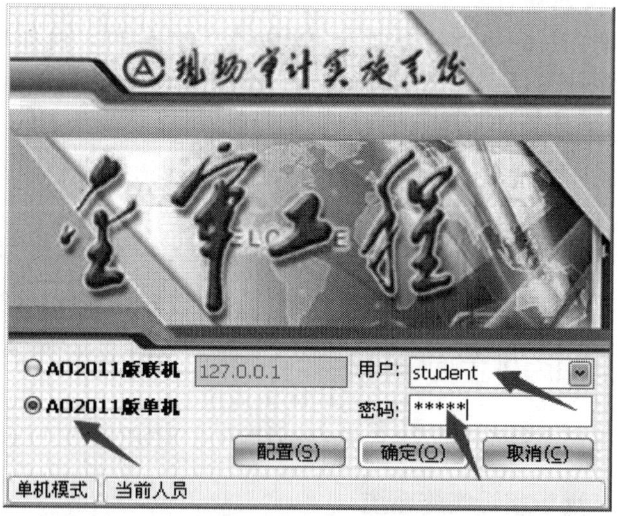

图 5-2 AO 2011 的系统登录界面

1. 系统功能区

系统功能区又可分成一级功能区、二级功能区以及三级功能区。

（1）一级功能区：包括项目管理、采集转换、审计分析、审计抽样、审计底

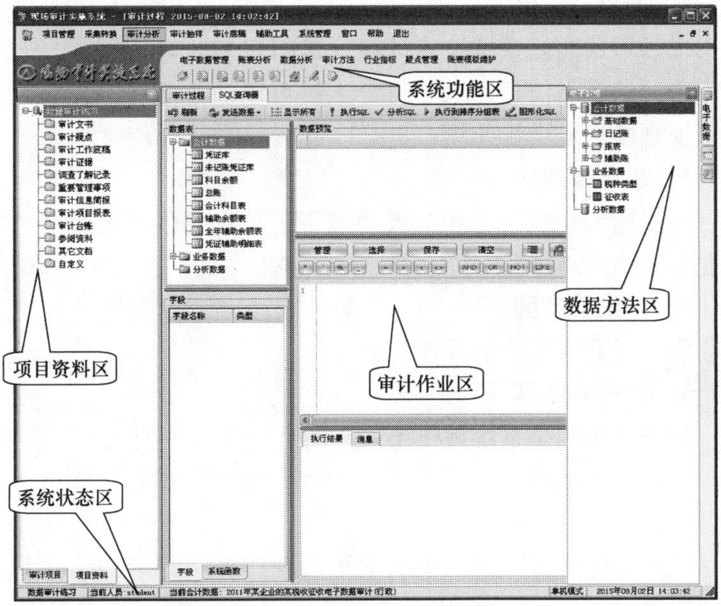

图 5-3　AO 2011 的主界面

稿等五个主要功能，以及辅助工具、系统管理等两个辅助功能。在七个一级功能下，还有二级功能和三级功能。

（2）二级功能区：在单击每个一级功能后，二级功能区中展示对应的二级功能。

（3）三级功能区：在每个二级功能区下还有对应的三级功能。图 5-4 所示的为三级功能“SQL 查询器”，它包含在一级功能“审计分析”下的二级功能“数据分析”之中。

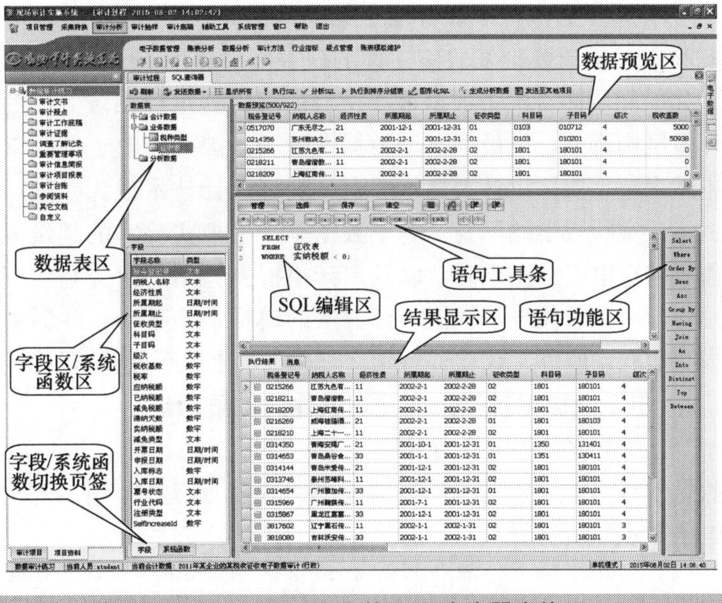

图 5-4　AO 2011 的 SQL 查询器窗体

2. 项目资料区

现场审计实施系统按审计项目进行资料管理和展示。项目资料区中展示当前审计项目的各类信息目录。审计人员可以通过选择或定义项目资料目录模板，按通用规则模板或个性化模板进行审计项目的资料管理。

3. 审计作业区

在不同的一级功能和二级功能下，系统提供不同的工作区界面，满足项目审计业务的不同需求。

4. 系统状态区

状态区显示当前的操作状态。

5. 数据方法区

数据方法区是系统提供给用户的审计工具快捷入口，分为：

（1）电子数据：显示当前电子数据中的数据表，审计人员可以快速打开这些数据表。

（2）会计科目：显示当前电子数据中的会计科目，审计人员可以快速打开科目余额表。

（3）审计方法：显示审计方法以及通用审计工具，供审计人员使用。

二、电子数据审计模拟实验室软件

1. 电子数据审计模拟实验室软件的研究背景

随着信息技术的发展，为了适应信息化环境下审计事业发展的需要，国内外政府、高校、培训机构高度重视计算机审计的教育与培训工作，众多政府、高校、培训机构开设了计算机审计的相关课程。如何开设好这一交叉、新兴课程成为困扰大家的难题。为了能更好地适应审计实践教学的需要，审计模拟实验室建设已成为一项重要工作，审计署刘家义审计长2009年首次倡导审计干部培训要建设模拟实验室，审计模拟实验室建设的研究同时也引起了审计界的广泛关注。

如前面所述，电子数据审计是目前国内外审计领域关注的重点，2014年12月，审计署机构调整，增设了电子数据审计司。因此，电子数据审计在目前我国审计工作中越来越重要，审计人员掌握电子数据审计技术成为必然。为了更好地适应电子数据审计实践教学的需要，电子数据审计模拟实验室的建设成为一项重要工作。本书作者结合电子数据审计，以及审计模拟实验室的研究与应用现状，设计了一个方便用户学习和掌握电子数据审计方法的模拟实验平台，并形象地称之为电子数据审计模拟实验室软件。该软件特别适合作为本书电子数据审计的实验教学软件。

2. 电子数据审计模拟实验室软件的主要功能

“电子数据审计模拟实验室”是一个形象的比喻，用户可用这款软件来练习电子数据审计方法，就好比一个虚拟实验室。通过本软件，用户可以练习并掌握以下电子数据审计方法：

（1）数据采集（数据准备）。包括采集文本文件、Excel文件、Access数据库文件。

（2）数据查询。包括快速条件查询、SQL查询模拟器。

（3）数值分析。包括重号分析、断号分析、Benford 定律分析。

（4）统计分析。包括一般统计和分层分析。

（5）审计抽样。包括间隔抽样和随机抽样。

（6）数据匹配。主要是针对两个数据表进行数据的匹配分析，包括一般匹配和长度过滤匹配。

（7）相似数据查询。主要是针对同一个数据表内的数据进行相似数据查询，包括一般相似查询和长度过滤相似查询。

概括地说，电子数据审计模拟实验室软件 V1.0 目前已有的主要功能如图 5－5 所示。

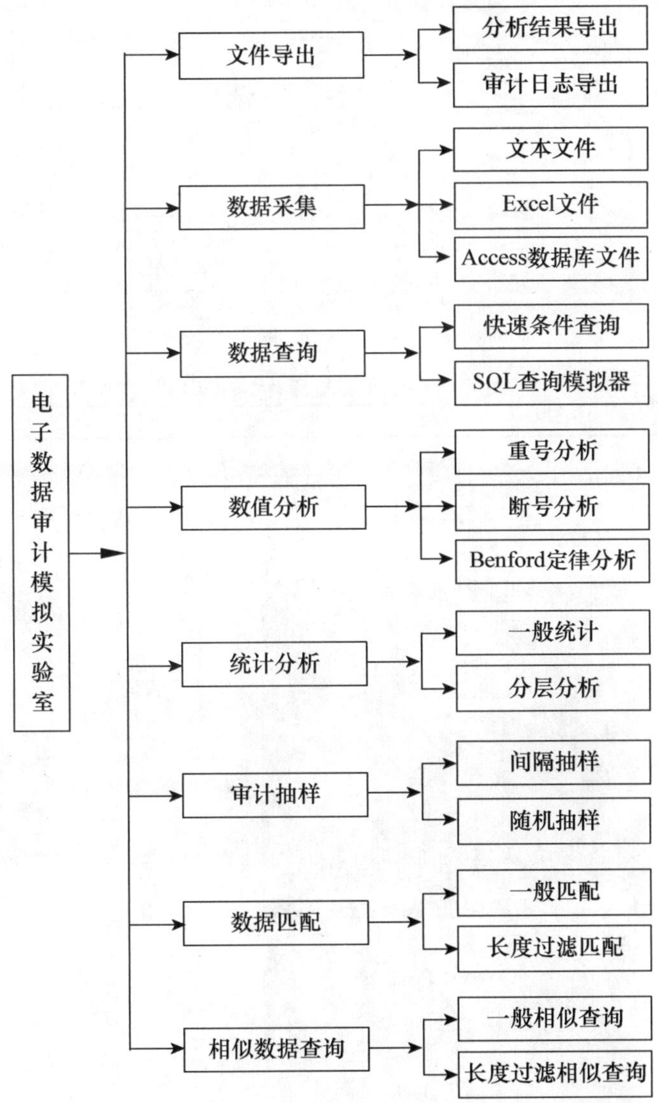

图 5－5　电子数据审计模拟实验室软件 V1.0 的主要功能

3. 电子数据审计模拟实验室软件的部分功能示例

电子数据审计模拟实验室软件 V1.0 的部分功能示例如图 5－6 和图 5－7 所示。

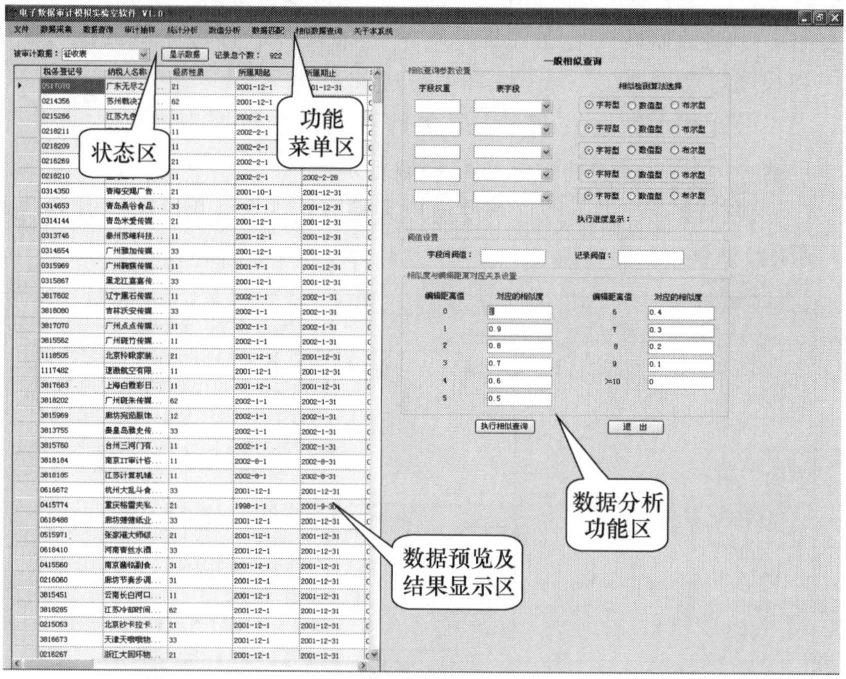

图 5－6　电子数据审计模拟实验室软件 V1.0 的主界面

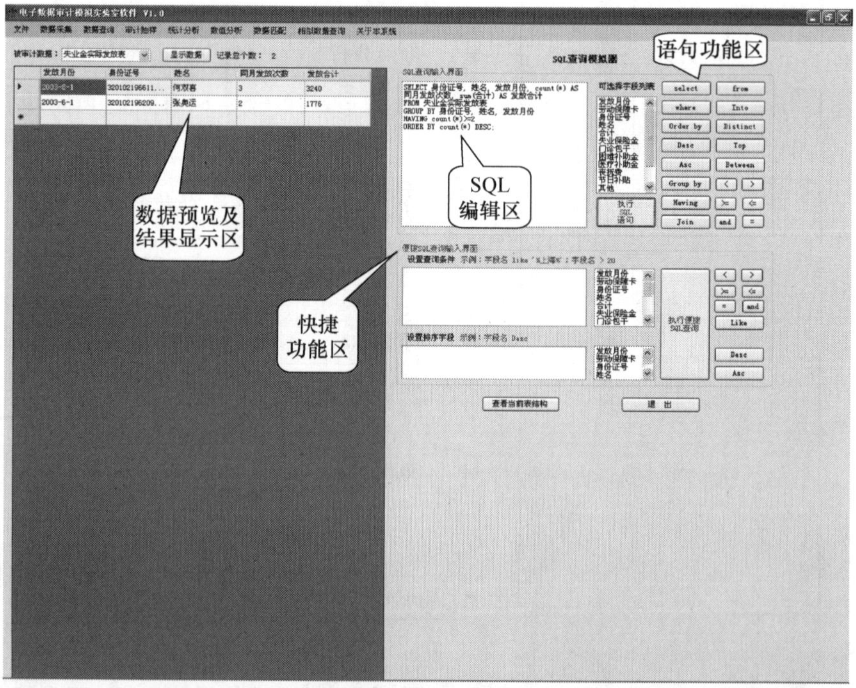

图 5－7　电子数据审计模拟实验室软件 V1.0 的 SQL 查询模拟器功能主界面

对于电子数据审计模拟实验室软件V1.0的具体应用，我们将会在后面做具体分析。

三、IDEA

1. IDEA简介

交互式数据抽取与分析（interactive data extraction and analysis，IDEA）体现了强大的分析功能与Windows操作系统下友好的用户界面的组合。IDEA是由加拿大的快思维（CaseWare）国际有限公司开发并推出的电子数据审计软件产品。快思维公司是老牌的审计软件提供商，主要提供数据分析软件、工作底稿软件、小型财务软件及其他服务，主要产品有IDEA，WORKPAPER等。IDEA主要提供海量数据分析功能，WORKPAPER主要提供工作底稿的编辑管理功能。该公司的网址为：http://www.caseware-idea.com。IDEA软件的主要特点有：

（1）简单易用、操作方便。IDEA给审计人员提供了一个方便的Windows操作系统界面，所有的功能操作起来都非常简便，使学习及使用变得轻而易举。IDEA能够支持多种数据库，且无须审计人员掌握程序编写知识，审计人员只需要使用按钮就可以运用分析功能。IDEA中帮助文件详细，方便审计人员使用。IDEA能够协助审计人员快捷地完成审计测试，把复杂的工作变得简单。

（2）功能强大。IDEA为审计人员提供了强大的数据采集功能和丰富的审计数据分析方法。

（3）具有很强的数据安全性。在实际应用中，IDEA的一个突出优点就是它不会更改原始数据，相对于传统工具软件Excel具有无可比拟的优势，因此，可以防止审计人员的舞弊行为，具有很强的数据安全性。

（4）能提供操作轨迹。对于每一项审计测试，IDEA都能提供操作轨迹，这为以后数据跟踪以及提供可靠的法律效力提供了依据。

2. IDEA基本功能介绍

总的来说，IDEA的主要功能如下：

（1）将分析计划和进程归档于计划列表中。

（2）采集各种类型数据文件中的数据。

（3）创建自定义的数据视图及报告。

（4）执行数据分析，包括数据查询、统计分析、断号分析、重号分析等。

（5）对异常或不连续的项目可以应用简单或复杂的标准来进行异常测试。

（6）使用系统、随机、属性或货币单位的抽样技术来选择抽样。

（7）匹配或比较不同的文件。

（8）为多维分析生成数据透视表。

（9）自动生成一个完整的历史文件，将分析结果归档。

（10）可以使用自定义的IDEA脚本创建宏。

3. IDEA 8基本功能简介

以IDEA 8（2010年8月发行）为例，其基本功能介绍如下。

启动 IDEA 后，系统中有被输入或打开的文件时操作界面如图 5－8 所示。各部分的功能说明如下：

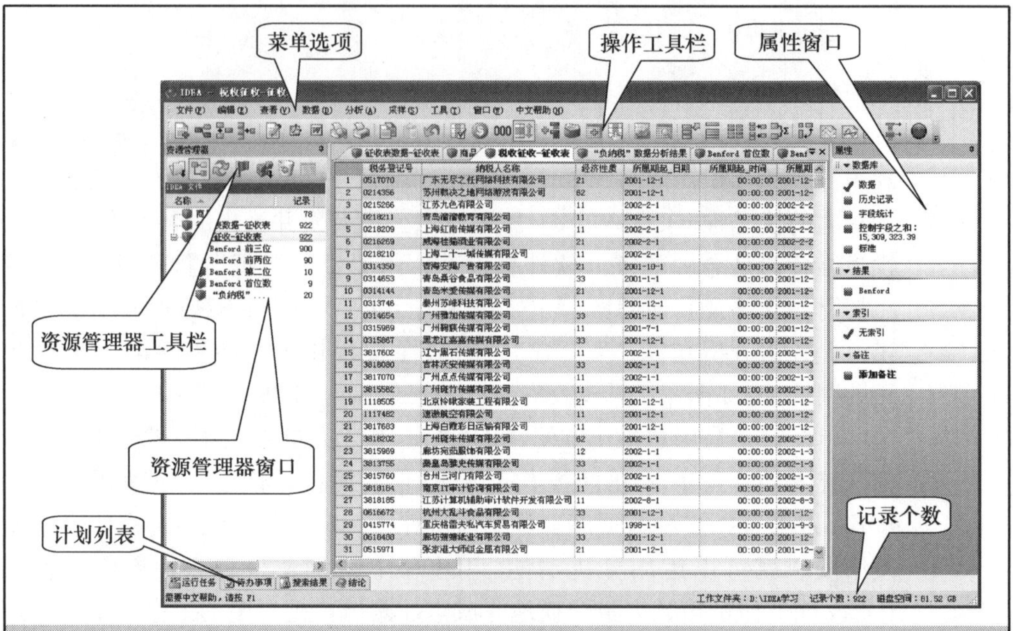

图 5－8　IDEA 8 的主界面

(1) 资源管理器。资源管理器以树状图或分类视图显示了在工作文件夹中的所有文件。数据库可以被打开、重命名、删除、合并或添加到另一个数据库中，也可以在该窗口中对现有选项进行标记。

(2) 资源管理器工具栏。资源管理器工具栏提供了文件管理功能，它包含的按钮提供了文件管理功能的快捷途径。

(3) 操作工具栏。操作工具栏为一些最常用的功能提供了快捷方式。

(4) 属性窗口。属性窗口中在任何项目旁的复选标记都指明了它在当前视图中处于活动状态。

从属性窗口中，可以访问以下部分。

1) 数据库，主要包括以下部分：

● 数据。IDEA 的数据视图如图 5－9 所示。数据视图是一个多文档界面(multiple document interface，MDI) 子窗口，它使审计人员可以在数据库中查看所包含的字段。打开数据库时，数据视图将显示在主窗口中，并将在属性窗口的数据库区域内的数据链接旁出现一个复选标记，以指明数据属性可用。数据视图显示为一个二维数据表，字段名称显示为列标题，而记录号码显示为行号。所有的列(字段) 都是可以调整尺寸的。例如，双击字段分隔符，将提供一个最佳或优化的字段宽度，也可以通过调整字段名之间的分隔符来调整字段宽度，单击并拖拉到希望的宽度。尽管一次可以打开多个数据库，但每个数据库都是在不同的数据窗口中打开的，而当前的数据库的名称显示在 IDEA 标题栏中。数据库中记录个数、路径，以及在工作文件夹中可利用的磁盘空间将显示在应用窗口底部的状态栏中。

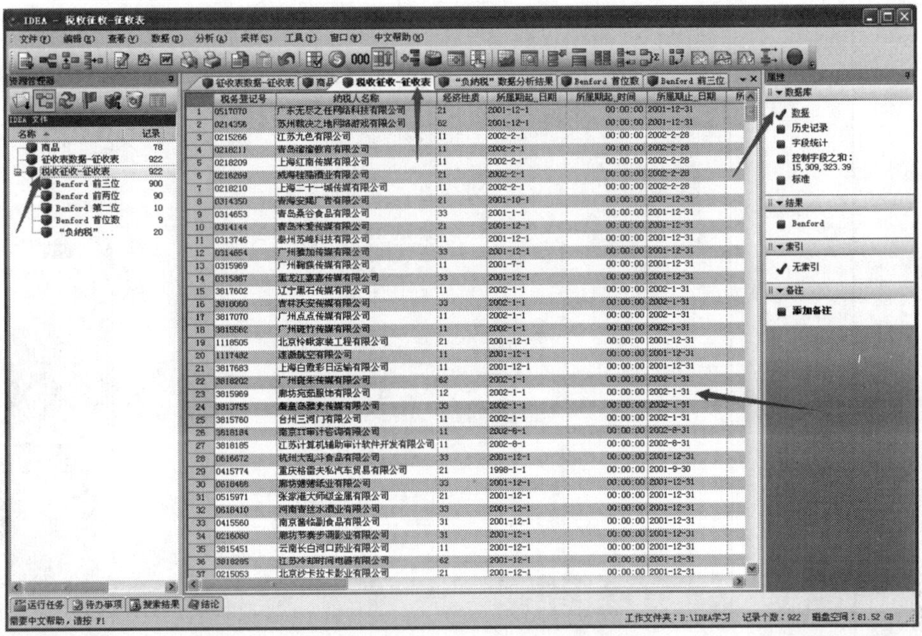

图 5-9　IDEA 8 的数据视图

数据视图中也显示 IDEA 的分析结果，例如，采用 IDEA 的数据查询功能对某一税收征收数据进行分析，其结果视图如图 5-10 所示。

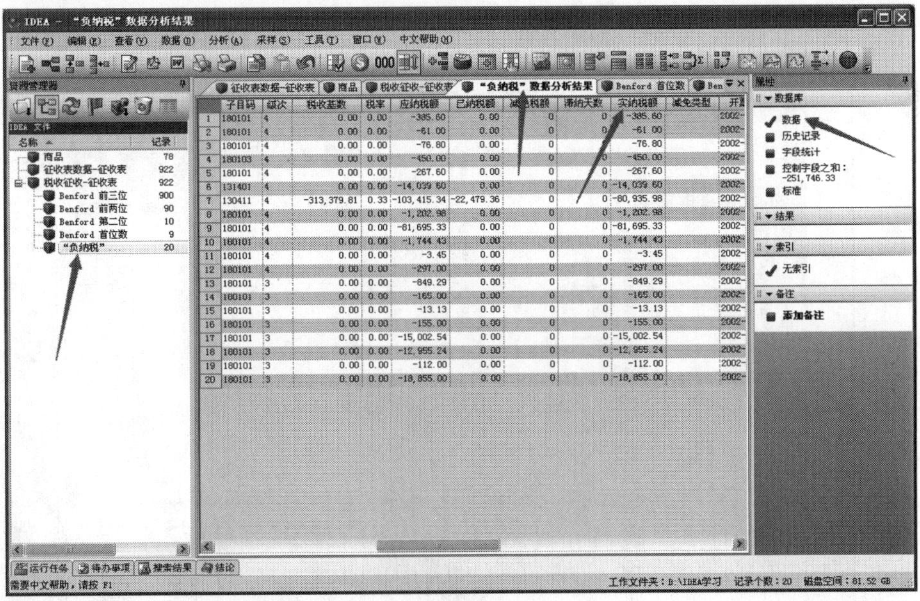

图 5-10　IDEA 8 的分析结果数据视图

● 历史记录。IDEA 的历史记录属性视图如图 5-11 所示。历史记录属性可生成一个线性日志，对在数据库上执行的所有任务进行审计追踪或记录，包括数据库的导入和每次审计测试。通过历史记录属性可以追溯数据的创建过程。

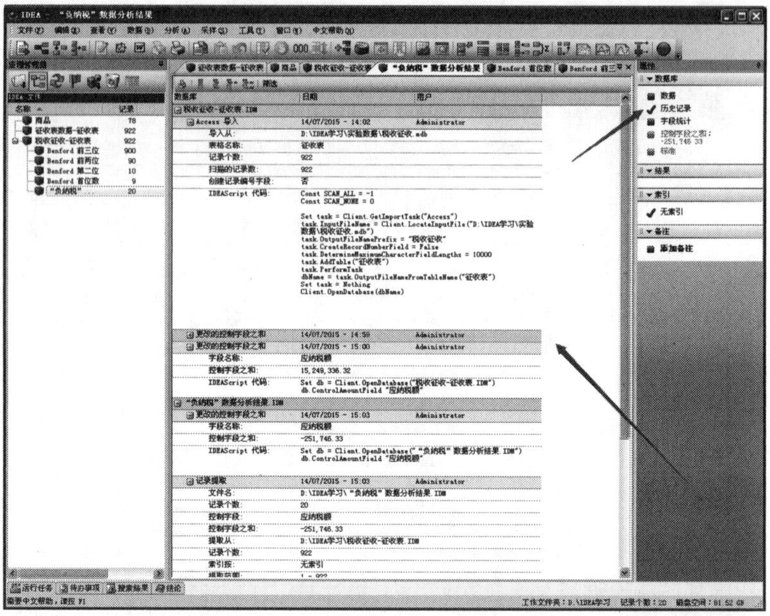

图 5－11　IDEA 8 的历史记录属性视图

● 字段统计。IDEA 的字段统计视图如图 5－12 所示。字段统计属性提供了关于活动数据库中所有数值、日期和时间字段的统计信息，包括总计、平均、最大、最小等信息。字段统计提供了有价值的数据库初步分析，帮助审计人员理解数据，甚至可能发现问题以便做进一步的调查。

图 5－12　IDEA 8 的字段统计视图

● 控制字段之和。IDEA 的控制字段之和视图如图 5－13 所示。使用控制字段之和属性，可将选定“数值”字段的总计显示在属性窗口数据库区域里控制字段之和的旁边。

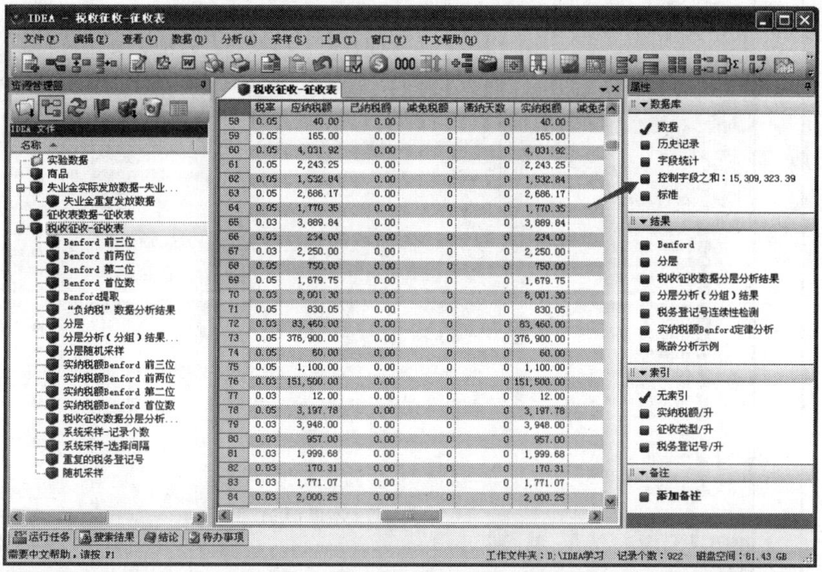

图 5－13　IDEA 8 的控制字段之和视图

● 标准。IDEA 的标准视图如图 5－14 所示。标准属性类似于 IDEA 数据分析功能中的直接提取任务，可以用来确定满足特定标准的项目。但是，标准并不生成输出数据库，它只是在数据库窗口中显示符合标准的那些记录，状态条记录了在数据库中满足给定标准的记录个数。

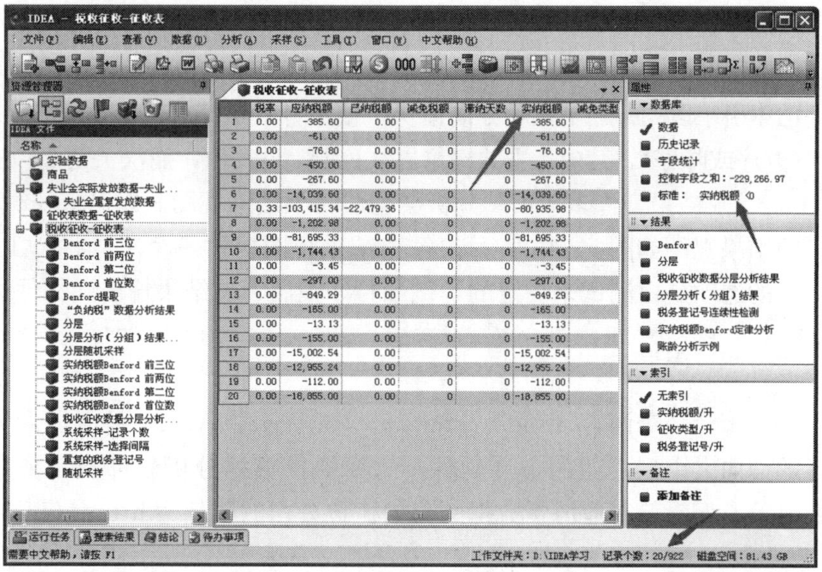

图 5－14　IDEA 8 的标准视图

● 索引。IDEA 的索引视图如图 5－15 所示。在 IDEA 中使用索引功能可以创建、删除和重新生成索引。

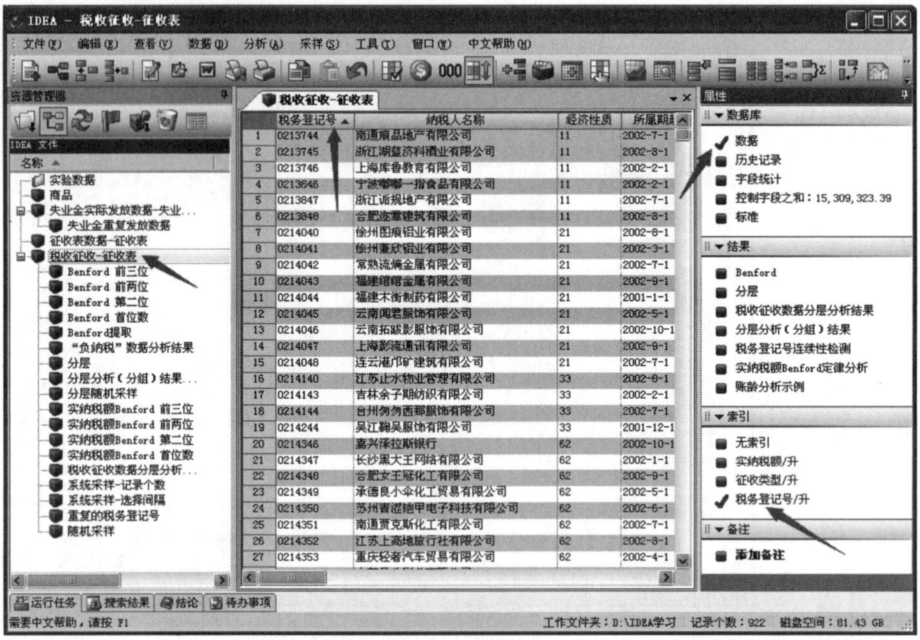

图 5－15 IDEA 8 的索引视图

IDEA 的索引功能具有以下特点：一旦创建了索引，IDEA 就会在数据库中按索引顺序显示记录。索引并不是将记录排列在单独的数据库中，而是以指定的顺序排列记录。审计人员选择的用于排列记录的字段称为关键量，一个索引最多可以包含 8 个关键量。如果创建了某个索引，最重要的字段（主关键量）将被首先选定，然后才是第二重要的字段，依此类推，直到最不重要的字段（次关键量）。属性窗口的索引区域中提供了所有生成的索引，当前索引以复选标记突出显示。IDEA 同时在已索引字段列标题上显示方向箭头，使审计人员能轻易识别已索引的字段及其顺序（升序或降序）。其中，主关键量以红色①箭头表示，而次关键量以蓝色箭头表示。

2）结果。许多 IDEA 分析会生成一个结果视图。以 Benford 定律为例，IDEA 的结果视图如图 5－16 所示。每个结果视图提供一个工具栏，工具栏中所含的相应的选项是由测试来决定的，例如打印视图、将结果输出到文件等。

四、ACL

审计命令语言（audit command language，ACL）是由加拿大 ACL 公司开发的面向大中型企业的审计软件，主要提供数据分析软件及服务，特别适合金融、电信、保险等行业海量数据的分析。该公司的网址为 http://www.acl.com。

① 本书黑白印刷，颜色不显示，全书同。

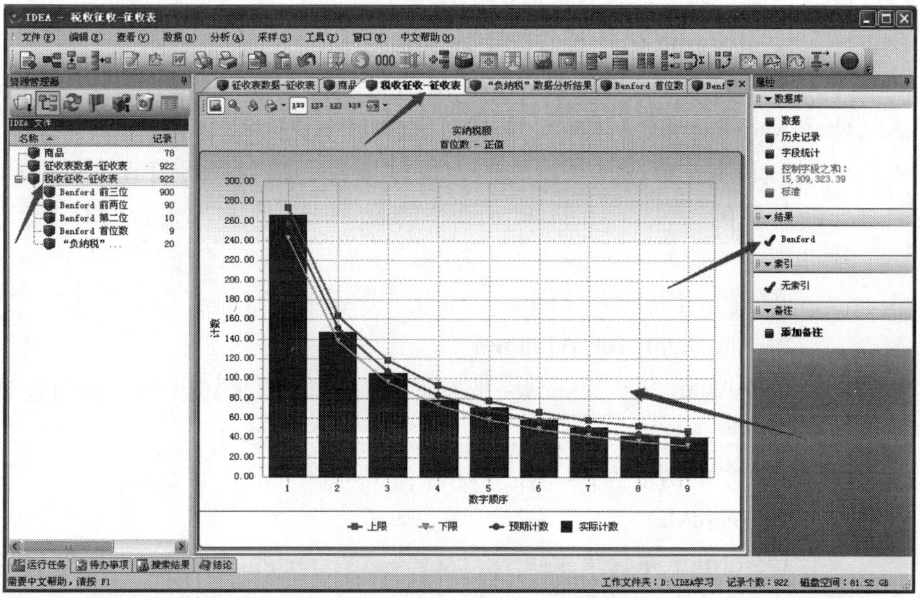

图 5－16　IDEA 8 的结果视图

总的来说，ACL 的主要特点如下。

1. 大数据量处理

ACL 可以处理几千万条数据。

2. 能采集各种类型数据文件中的数据

ACL 可以读取、转换任何类型的被审计数据。

3. 功能强大

除了常规功能外，在数据分析过程中，ACL 软件还可以不断增加并存储其灵活程序或命令，审计人员可以结合自己的工作经验或业务需要，充分运用 ACL 提供的多种分析解决方案、交互式数据分析、可再编辑的命令程序，直接进行全面数据分析。另外，ACL 可通过日志文件等方式归类各种分析，记录各类数据分析，进行信息的整合。

4. 具有持续监控功能

ACL 可以持续监控被审计单位数据，预防新的舞弊现象的发生，使审计人员从大量的重复性工作中解脱出来，更多关注风险的防范和预防。ACL 软件已经在微软公司及汇丰银行加以应用。在微软公司，采用 ACL 软件实时监管公司业务，为公司决策者提供有效决策信息支持。在汇丰银行，ACL 公司针对银行数据量大的特点，在银行数据库服务器旁放置服务器，利用每天夜里银行数据库服务器相对空闲的时间下载审计所需的数据，审计人员利用 ACL 软件对下载的数据进行分析，从而发现审计线索。

五、国外其他审计软件概述

上面列出了两款国际上比较流行的审计软件，除此之外，对国外部分其他审计软件简介如下，读者可以根据需要去查询。

1. Horwath 公司开发的审计软件

英国 Horwath Clark Whitehill 会计师事务所的主要产品有 Galileo 和 Magique Risk Management，其中，Galileo 是满足企业内审要求的审计软件，它包括审计计划、审计进度表、审计底稿、审计报告、项目人员管理、问题追踪等审计工作所需要的模块；Magique Risk Management 是进行企业整体风险评估的审计软件。

该公司的网址为：http://www.horwathsoftware.com。

2. AutoAudit for Windows

AutoAudit for Windows 是加拿大的 Paisley 公司开发的面向会计师事务所的审计项目管理软件。

该公司的网址为：http://www.paisleyconsulting.com。

3. TeamMate

TeamMate 是普华永道公司（Price Waterhouse Coopers）开发的审计项目管理软件，它包括风险评估、审计计划、底稿复核等功能模块。

普华永道公司由两家拥有 100 多年历史的公司 Price Waterhouse 和 Coopers & Lybrand 合并而成。合并之前的 Coopers & Lybrand 公司是英国最大的咨询公司，在财务咨询、业务流程重组和系统集成方面有很强的优势，而 Price Waterhouse 公司也在 IT 咨询方面有很强的实力。

该公司的网址为：http://www.pwcglobal.com。

4. Pentana 公司开发的审计软件

Pentana 公司主要提供内部审计软件，其主要产品有 PAWS Risk & Audit Management，Retain Resource Planning Software，Pentana Checker Questionnaire Software。Pentana 审计软件包括审计风险评估、审计计划、财务披露等模块，该软件开发公司总部在英国。

该公司的网址为：http://www.pentana.com。

5.2.3 国内外审计软件功能比较

AO 和 IDEA 分别是目前国内和国外著名的通用审计软件。为了便于读者了解国内外审计软件在功能上的异同，以 AO 2011 和 IDEA 8 为例，将二者功能的比较列在表 5-1 中。

表 5-1 AO 和 IDEA 的功能比较

功能	AO 2011	IDEA 8
账表分析	√	
统计分析	√	√
数据查询	√	√
数据比较		√

续表

功能		AO 2011	IDEA 8
从两个不同的文件创建一个新文件		√	√
重号分析		√	√
断号分析		√	√
抽样功能		√	√
Benford 定律检测			√
账龄分析（Aging）			√
批命令处理			√
操作日志			√
数据采集模板		√	
数据采集对象	Access	√	√
	ODBC	√	√
	dBASE	√	√
	Text	√	√
	Excel	√	√

5.3 基于 IDEA 的电子数据审计

5.3.1 基于 IDEA 的审计数据采集

前面简单介绍了 IDEA 软件。IDEA 审计软件提供了简单、易用的数据采集工具——数据导入助理，其界面如图 5－17 所示。通过数据导入助理，可以自动识别所要采集的数据源的数据类型。另外，数据导入助理还提供了通过 ODBC 以及使用“高级记录定义编辑器”工具采集数据的功能。

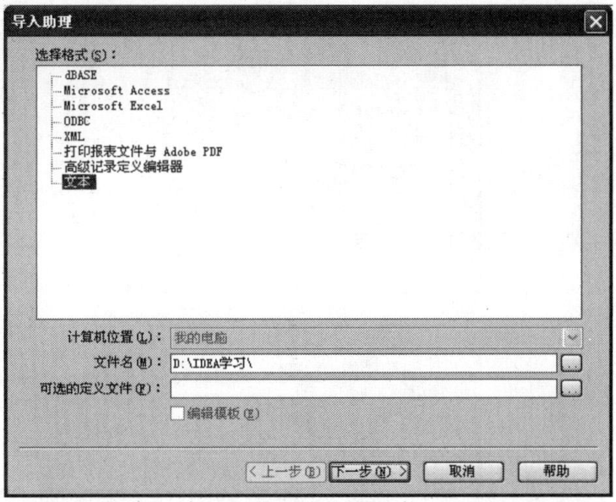

图 5－17　IDEA 的数据导入助理界面

打开 IDEA 导入助理的操作如下：

（1）进入 IDEA。

（2）单击菜单“文件”→“导入助理”→“导入至 IDEA”，如图 5－18 所示。

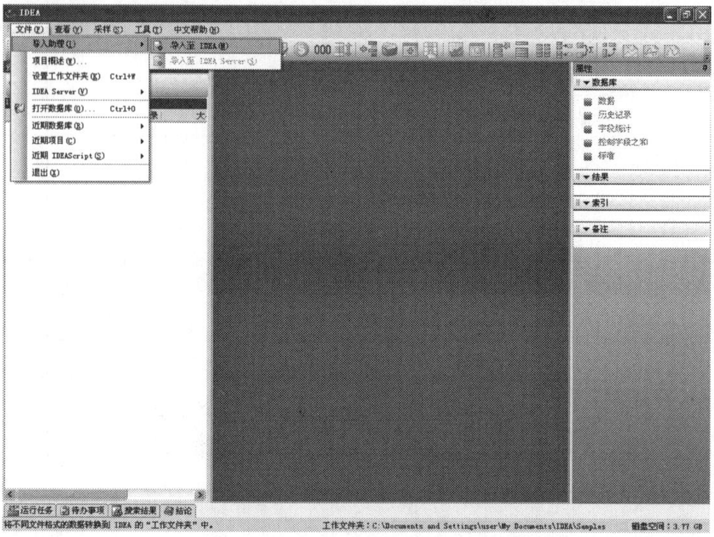

图 5－18　IDEA 的导入助理界面

本节通过实例介绍 IDEA 的基本数据采集功能，其他数据采集功能详见 IDEA 的相关帮助文件或用户指南。

例 5－1　采集文本文件数据

现有一某零售企业商品数据“商品.txt”，如本书附录 A 中图 A－7 所示。请将该数据采集到 IDEA 中。

把商品数据采集到 IDEA 中的操作过程如下：

（1）打开 IDEA 的导入助理，如图 5－19 所示。

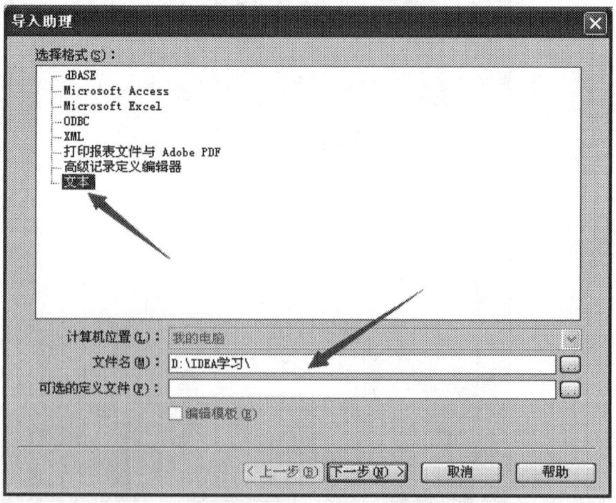

图 5－19　IDEA 的导入助理界面

(2) 在图5-19中“选择格式”为“文本”，然后单击“选择文件”按钮，打开“选择文件”界面，如图5-20所示。

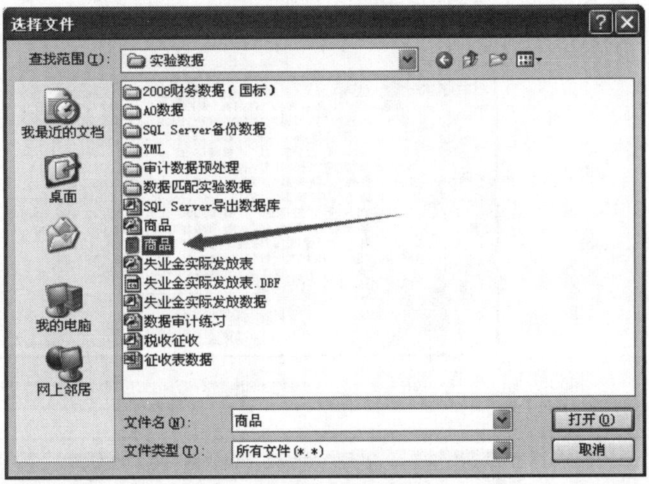

图5-20　选择文件界面

(3) 在图5-20中选择需要采集的文本文件数据，单击“打开”按钮，出现如图5-21所示的界面。

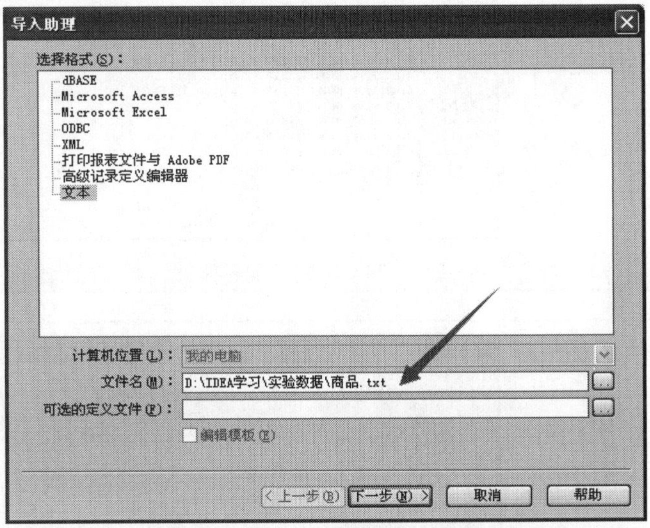

图5-21　设置好采集数据的导入助理界面

(4) 在图5-21中单击“下一步”按钮，出现如图5-22所示的界面。

(5) 在图5-22中，IDEA数据导入助理自动判断所采集的文本文件数据的类型是“分隔”还是“定长”，并在界面中显示出来。如果审计人员认为自动判断有误，可手工调整。然后，单击“下一步”按钮，出现如图5-23所示的界面。

(6) 在图5-24至图5-28中，审计人员可以根据提示对采集的数据进行调整和设置。

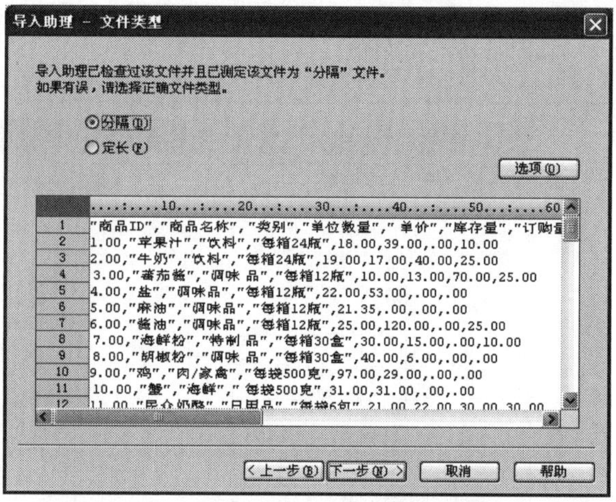

图 5－22　采集数据的文件类型确认界面

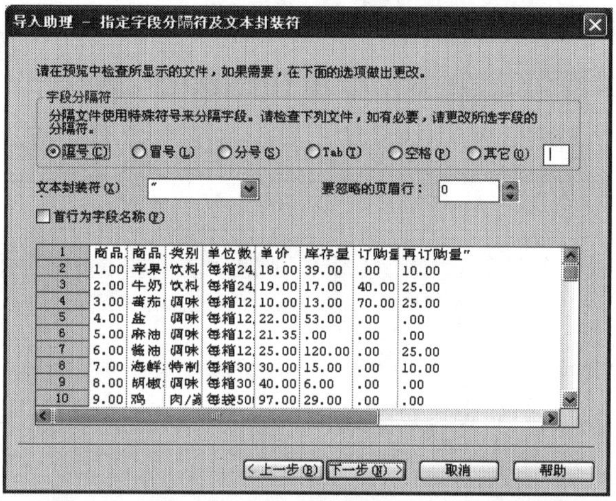

图 5－23　字段分隔符及文本封装符设置界面

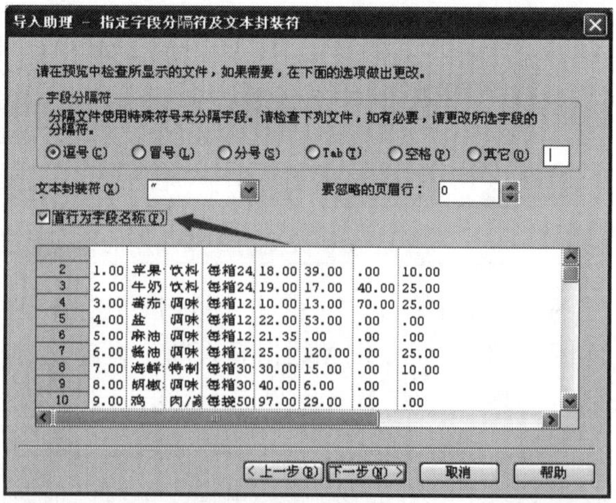

图 5－24　设置后的字段分隔符及文本封装符界面

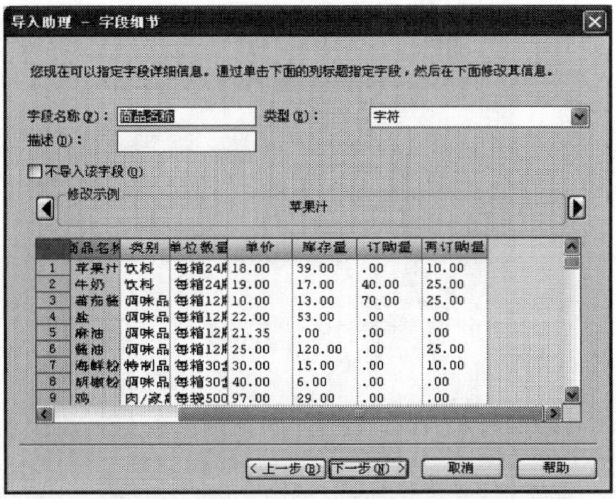

图 5-25　字段细节设置界面

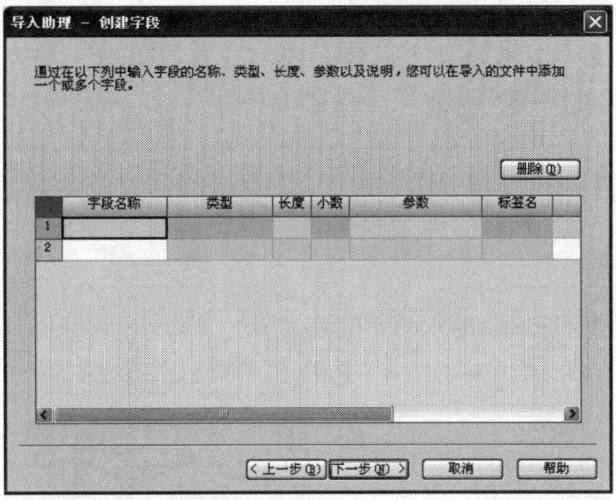

图 5-26　导入助理-创建字段设置界面

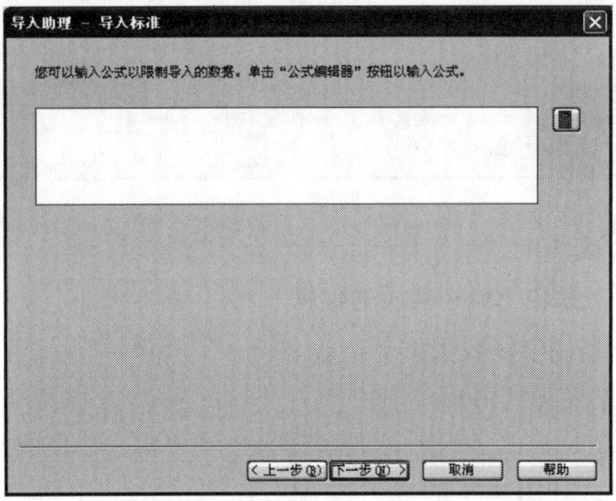

图 5-27　导入助理-导入标准设置界面

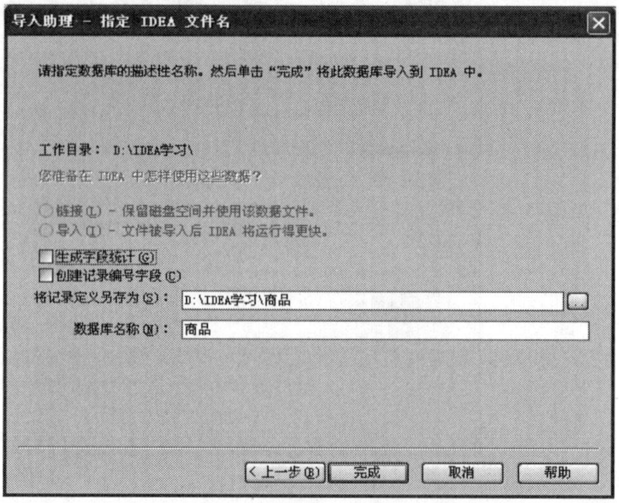

图 5 - 28　IDEA 文件名设置界面

（7）最后，在图 5 - 28 中单击“完成”按钮，便可完成商品文本文件数据的采集，如图 5 - 29 所示。

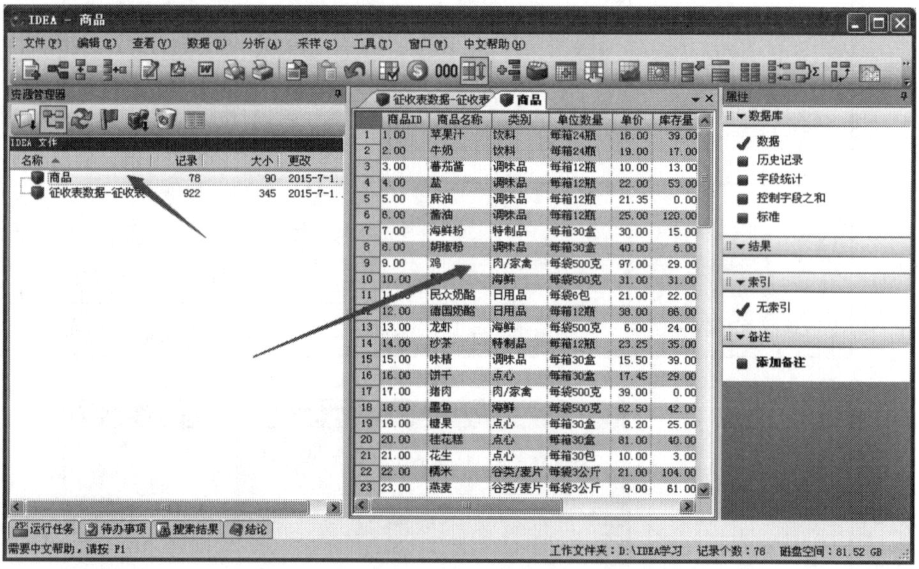

图 5 - 29　完成数据采集后的 IDEA 界面

例 5 - 2　采集 Excel 格式的数据

现有某税收征收数据“征收表. xls”，如本书附录 A 中图 A - 3 所示，请将该 Excel 数据采集到 IDEA 中。

把 Excel 格式的税收征收数据采集到 IDEA 中的操作过程如下：

（1）打开 IDEA 的导入助理，在图 5 - 30 中单击“选择文件”按钮，打开“选择文件”界面，如图 5 - 31 所示。

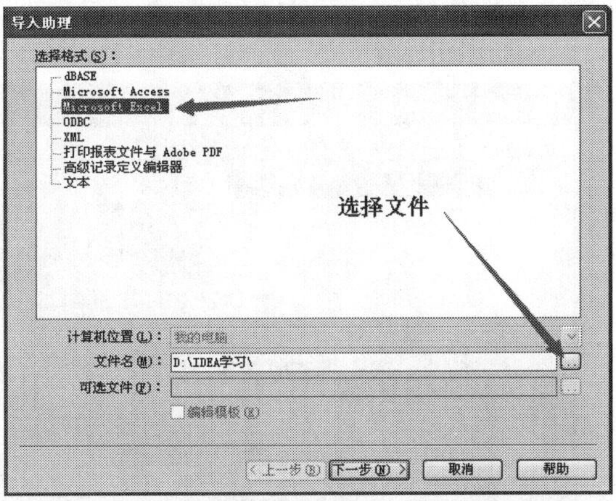

图 5-30 IDEA 的导入助理界面

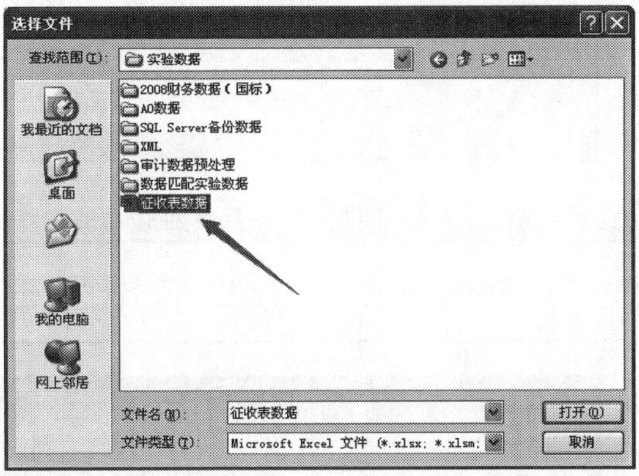

图 5-31 选择文件界面

(2) 在图 5-31 中选择需要采集的 Excel 格式数据，单击“打开”按钮，出现如图 5-32 所示的界面。

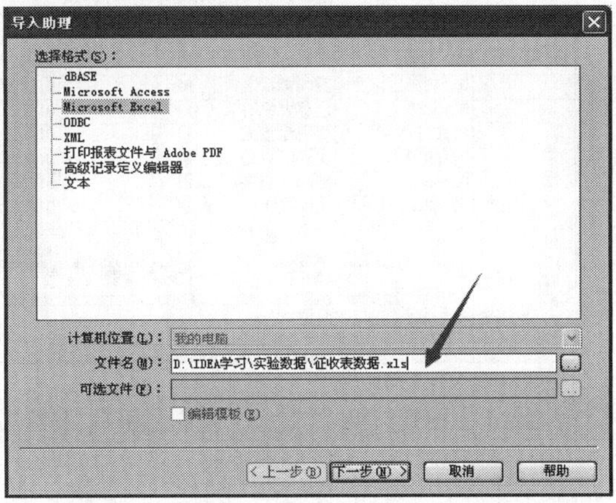

图 5-32 设置好采集数据的导入助理界面

（3）在图 5－32 中单击“下一步”按钮，出现如图 5－33 所示的界面。

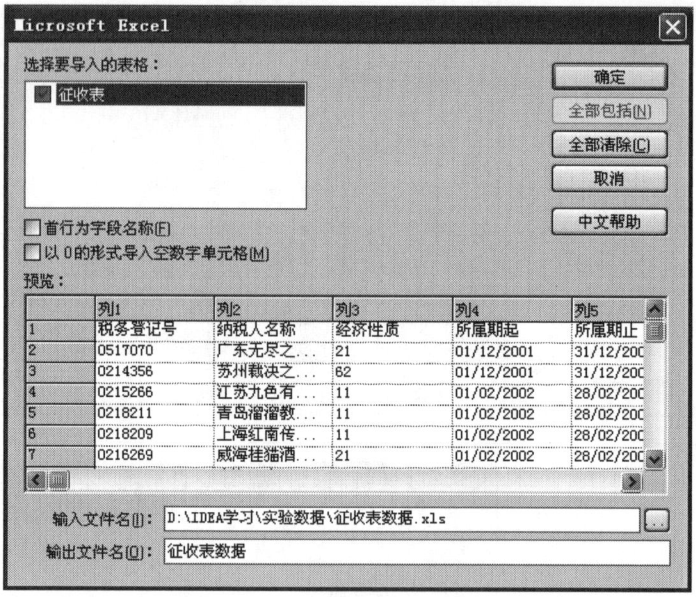

图 5－33　采集数据的预览界面

（4）在图 5－33 中，选择“首行为字段名称”选项，如图 5－34 所示。

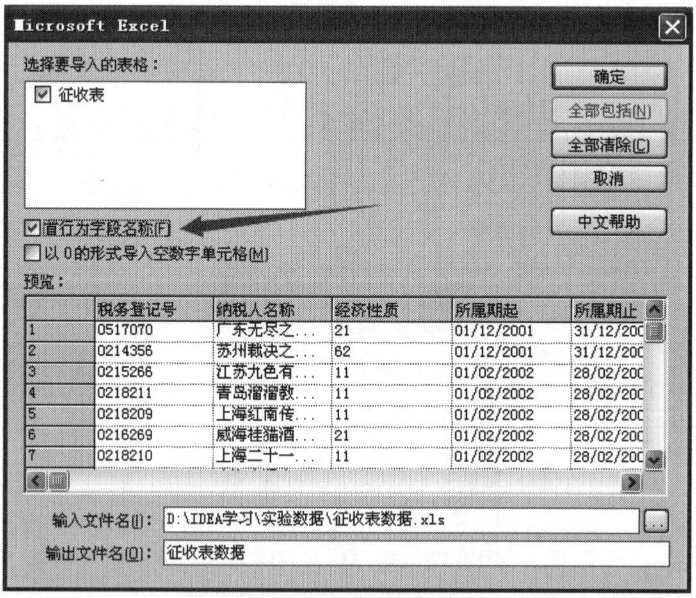

图 5－34　“首行为字段名称”设置后的界面

（5）最后，在图 5－34 中单击“确定”按钮，便可完成 Excel 格式数据的采集，如图 5－35 所示。

图 5-35　完成数据采集后的 IDEA 界面

例 5-3　采集 Access 数据库中的数据

现有某税收征收电子数据（文件名为“税收征收.mdb”，数据表名为“征收表”，表结构见本书附录 A 中图 A-1）。请将该 Access 数据库“征收表”中的数据采集到 IDEA 中。

把 Access 格式的税收征收数据采集到 IDEA 中的操作过程如下：

(1) 打开 IDEA 的导入助理，如图 5-36 所示。

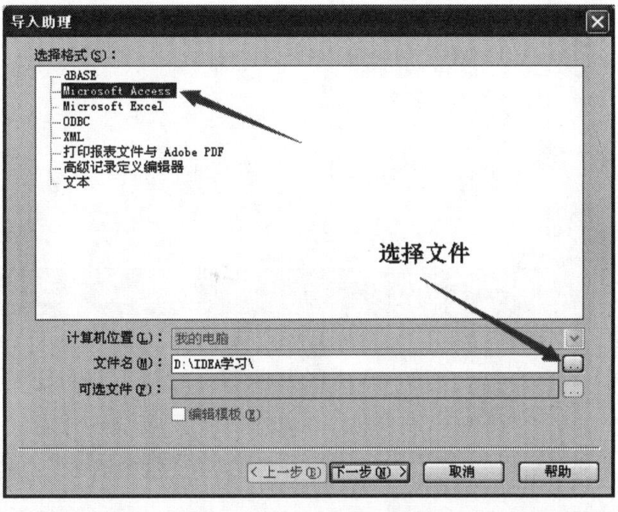

图 5-36　IDEA 的导入助理界面

(2) 在图 5-36 中单击“选择文件”按钮，打开“选择文件”界面，如图 5-37 所示。

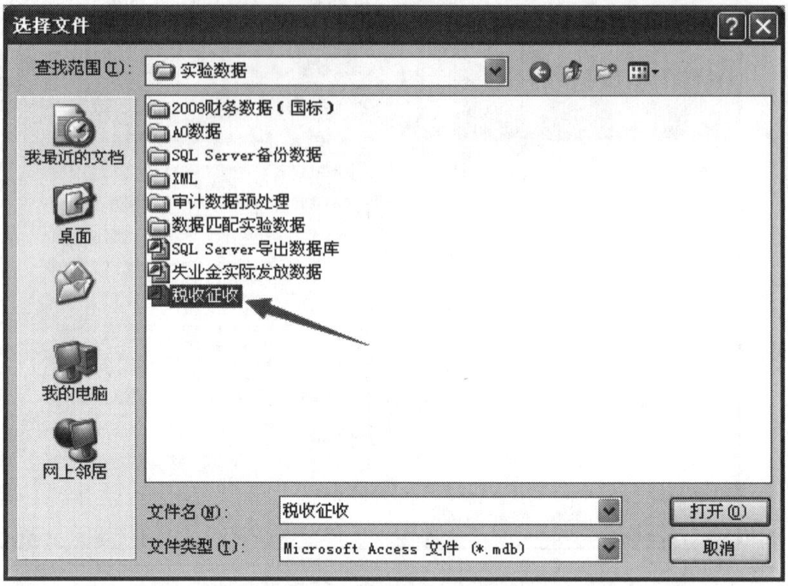

图5-37 选择文件界面

（3）在图5-37中选择需要采集的Access数据，单击“打开”按钮，出现如图5-38所示的界面。

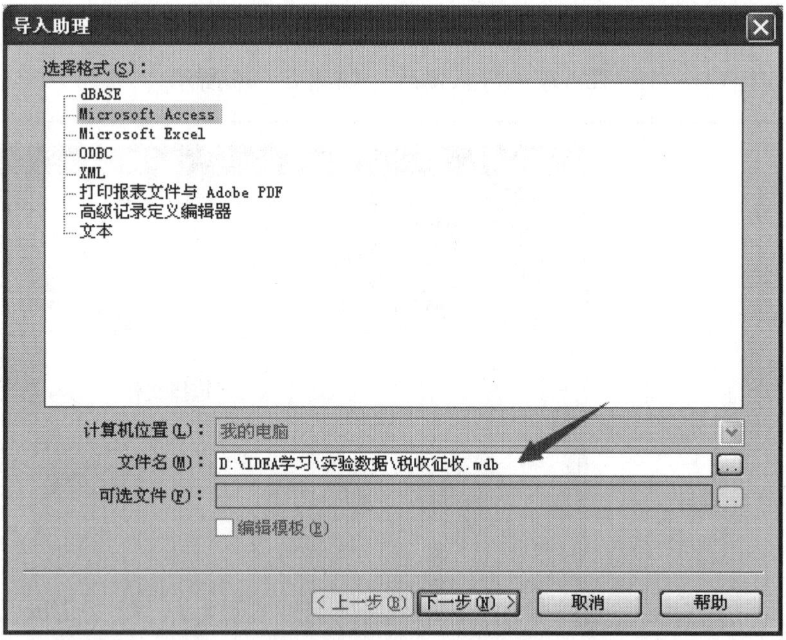

图5-38 设置好采集数据的导入助理界面

（4）在图5-38中单击“下一步”按钮，出现如图5-39所示的界面。在图5-39中，审计人员可以根据提示对采集的数据进行选择和设置。

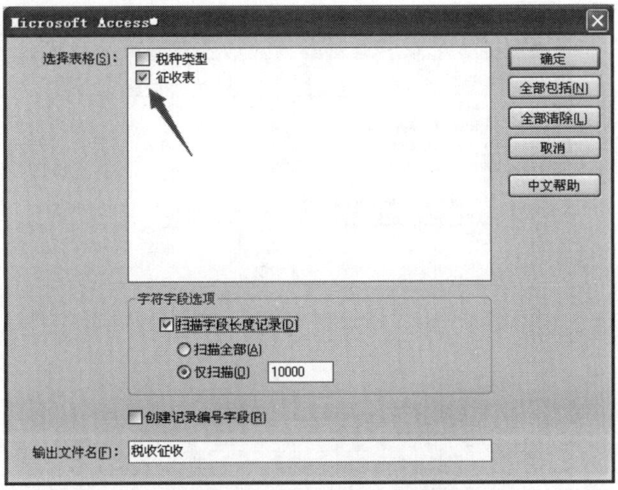

图 5-39 拟采集的数据表设置界面

（5）最后，在图 5-39 中单击“确定”按钮，便可完成 Access 格式的税收征收数据的采集，如图 5-40 所示。

图 5-40 完成数据采集后的 IDEA 界面

例 5-4 通过 ODBC 采集 FoxPro 数据库中的数据

现有某劳动局失业保险数据，文件名为“失业金实际发放表. dbf”，数据类型为 FoxPro 自由表，其数据表结构见本书附录 A 中图 A-5。请通过 ODBC 接口将该数据采集到 IDEA 中。

把失业金实际发放数据通过 ODBC 接口采集到 IDEA 中的操作过程如下：

（1）打开 IDEA 的导入助理，并选择“ODBC”选项，如图 5-41 所示。

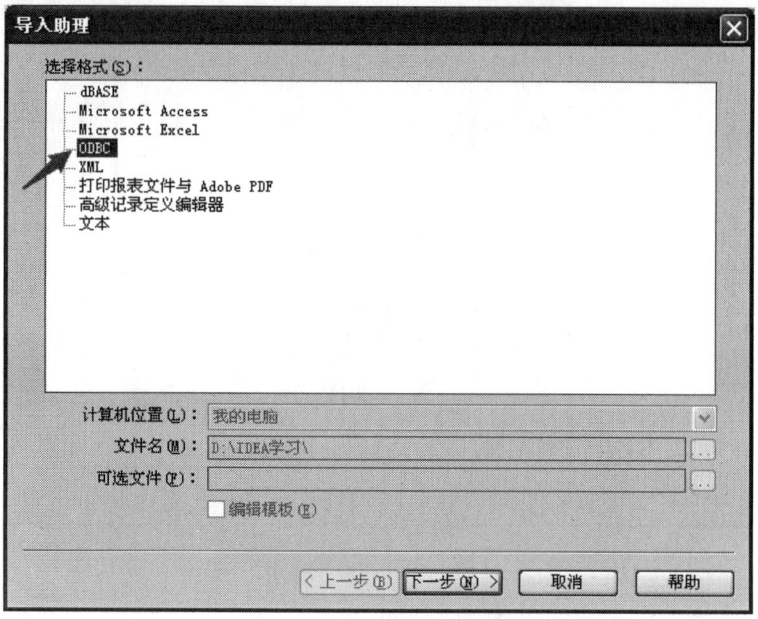

图 5-41　IDEA 的导入助理界面

（2）在图 5-41 中单击“下一步”按钮，打开“ODBC 导入”界面，如图 5-42 所示。

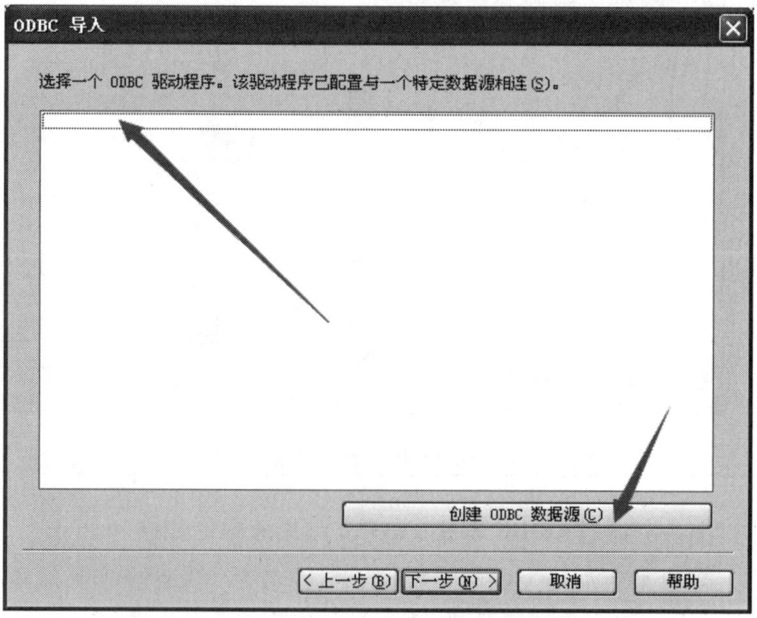

图 5-42　IDEA 的 ODBC 数据源选择界面

（3）在图 5-42 中，如果没有所需的 ODBC 数据源，则单击“创建 ODBC 数据源”按钮，出现如图 5-43 所示的界面。

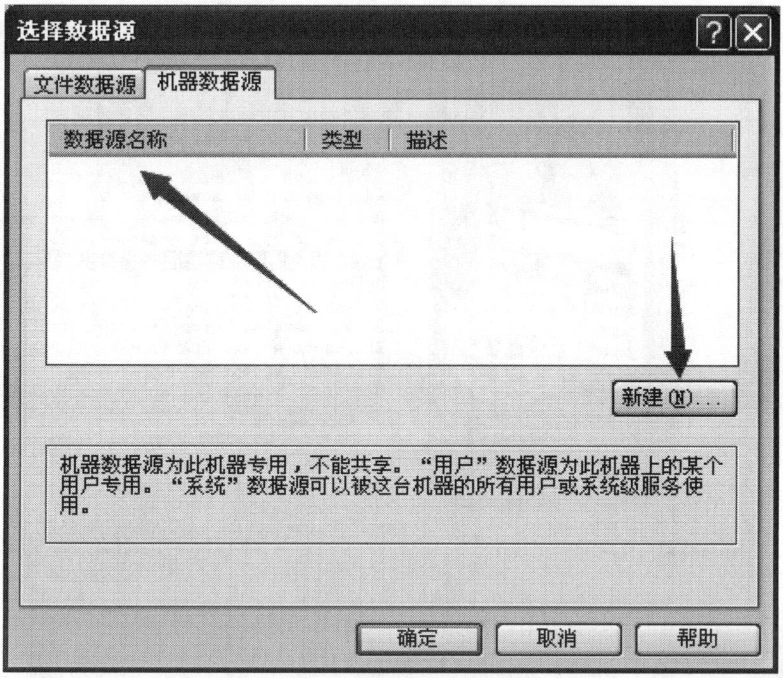

图 5 - 43　ODBC 数据源的选择界面

(4) 在图 5 - 43 中单击“新建”按钮，出现如图 5 - 44 所示的界面。

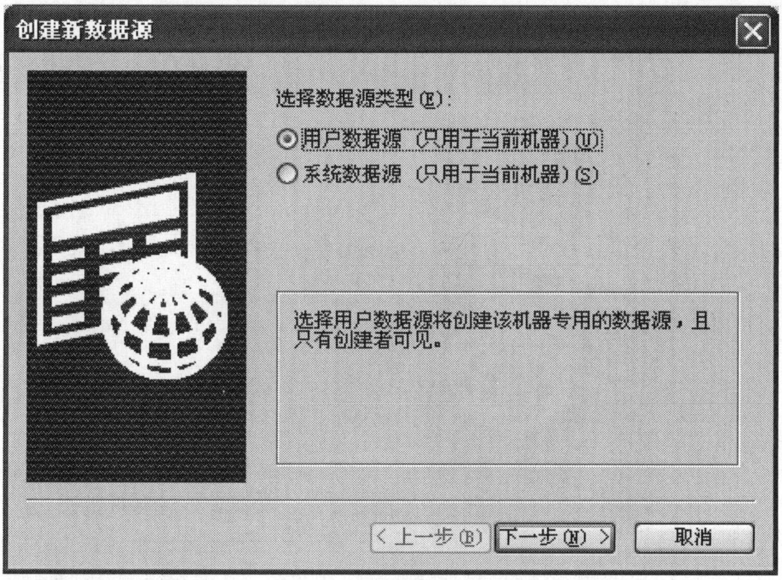

图 5 - 44　拟创建新数据源类型选择界面

(5) 在图 5 - 44 中选择“用户数据源”选项，然后单击“下一步”按钮，出现如图 5 - 45 所示的界面。

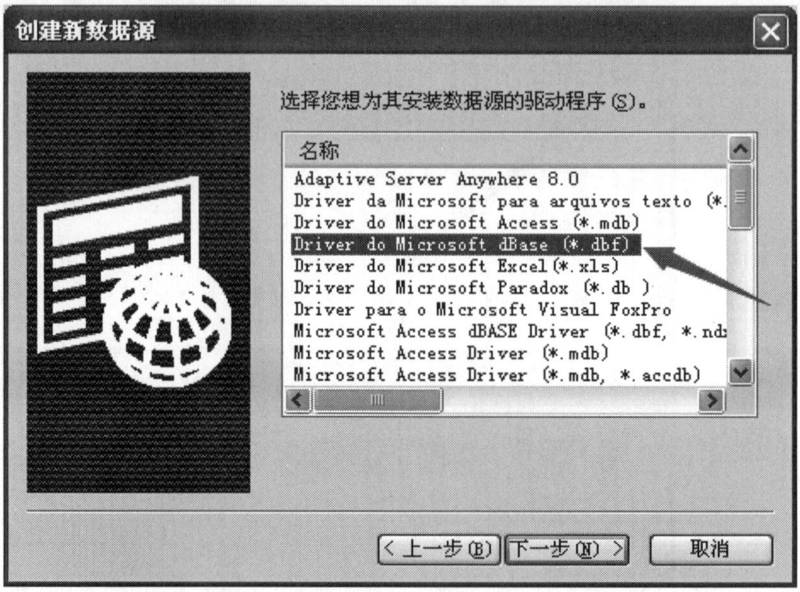

图 5-45　拟创建新数据源的驱动程序选择界面

（6）在图 5-45 中选择所需的合适的驱动程序，然后单击“下一步”按钮，出现如图 5-46 所示的界面。选择不同的驱动程序，图 5-46 所示的界面会有所不同。

图 5-46　创建新数据源的确认界面

（7）在图 5-46 中单击“完成”按钮，出现如图 5-47 所示的界面。

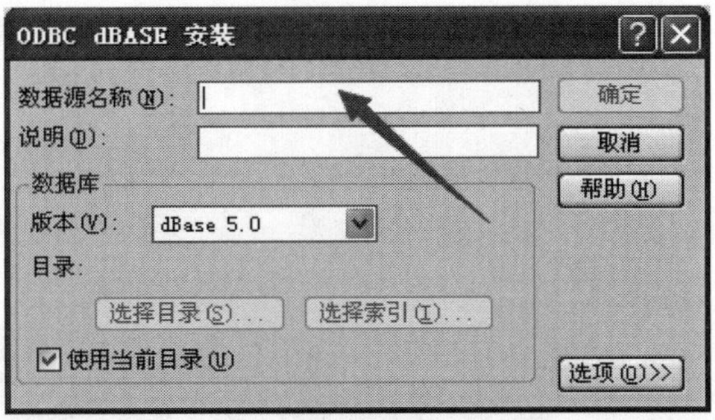

图 5-47　被采集数据源的设置界面

(8) 在图 5-47 中，审计人员根据提示完成对所新建数据源的设置，如图 5-48 所示。单击"确定"，进入图 5-49。然后根据提示，顺序完成后续操作，如图 5-50 至图 5-51 所示。

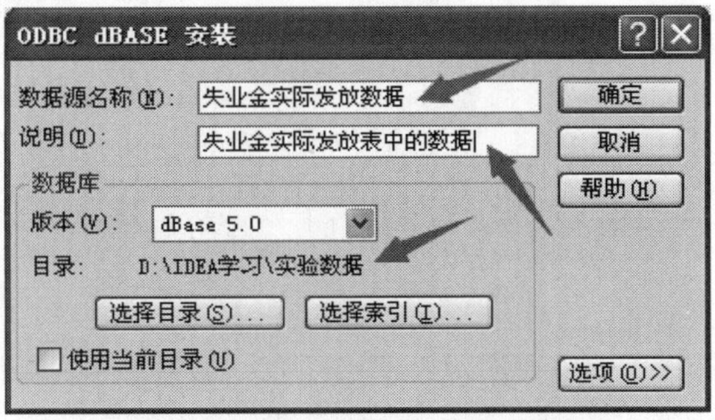

图 5-48　设置好的被采集数据源界面

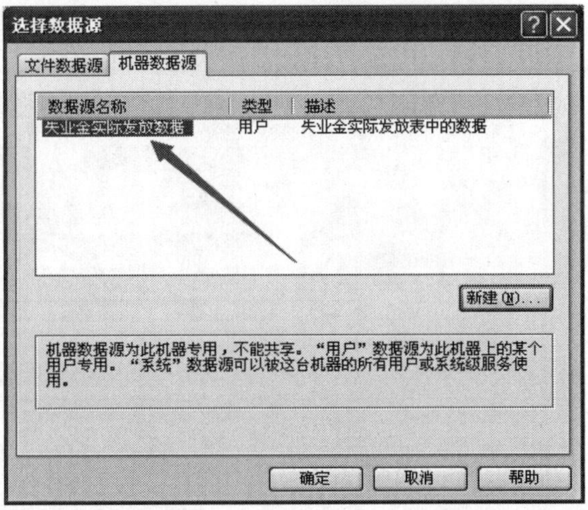

图 5-49　含有创建新数据源的"机器数据源"选项卡

(9) 最后，在图 5-51 中单击"完成"按钮，便可完成失业金实际发放数据的采集，如图 5-52 所示。

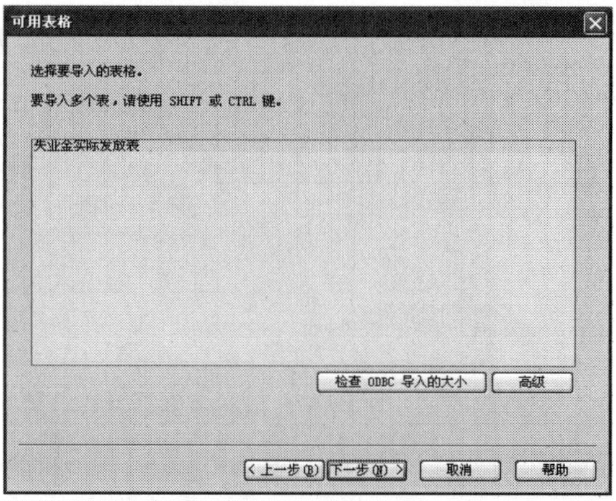

图 5－50　拟采集的数据表选择界面

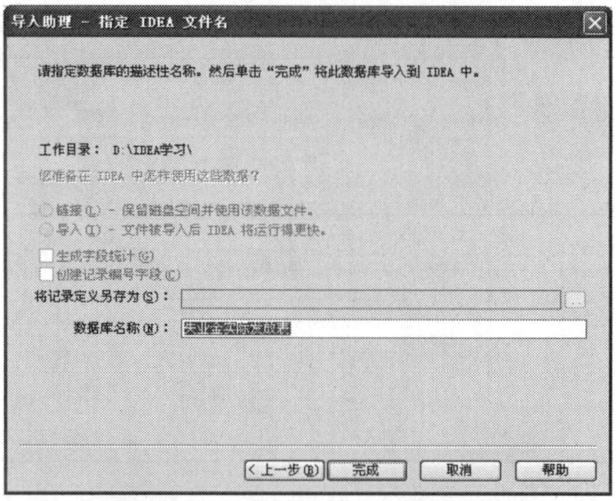

图 5－51　IDEA 文件名设置界面

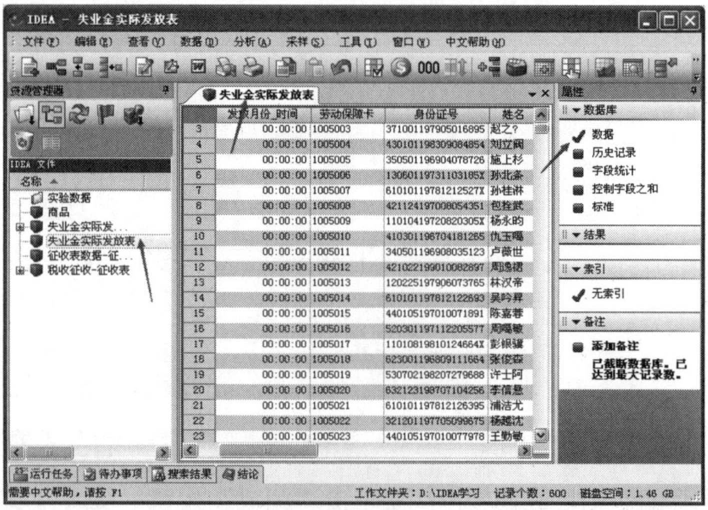

图 5－52　完成数据采集后的 IDEA 界面

5.3.2　基于 IDEA 的审计数据分析

本节以实例介绍如何在 IDEA 中对采集到的电子数据进行分析。

5.3.2.1　基于 IDEA 的数据查询

例 5-5　数据查询方法在税收征收数据分析中的应用

现有某税收征收电子数据（文件名为“税收征收.mdb”，数据表名为“征收表”，表结构见本书附录 A 中图 A-1）。假定所有纳税人税款滞纳天数超过 10 天均属超期滞纳，请对提供的税收征收电子数据进行分析处理，检查征收表中有无“负纳税”数据和“超期滞纳”数据。

假设税收征收数据已被采集到 IDEA 中，如图 5-53 所示。

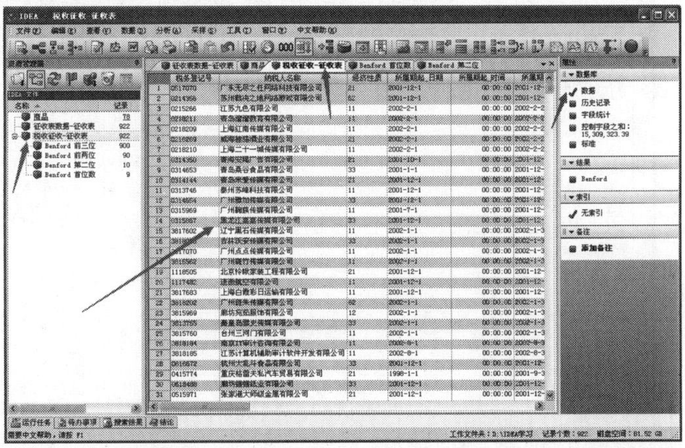

图 5-53　含有税收征收数据的 IDEA 主界面

查找出税收征收数据中“负纳税”数据的操作过程为：

(1) 单击菜单“数据”→“提取数据”→“直接提取”，如图 5-54 所示，则出现如图 5-55 所示的界面。

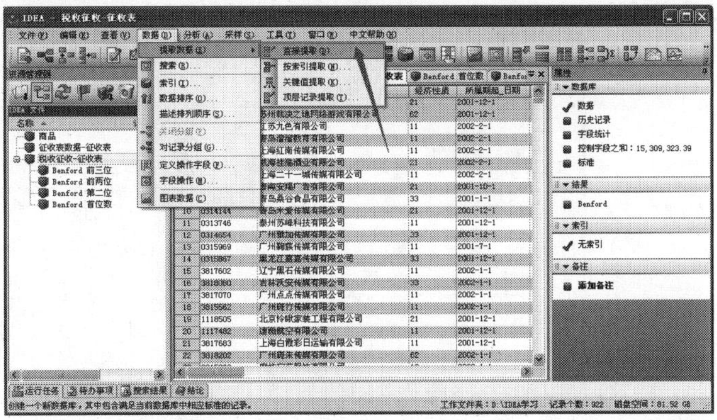

图 5-54　选择“直接提取”菜单

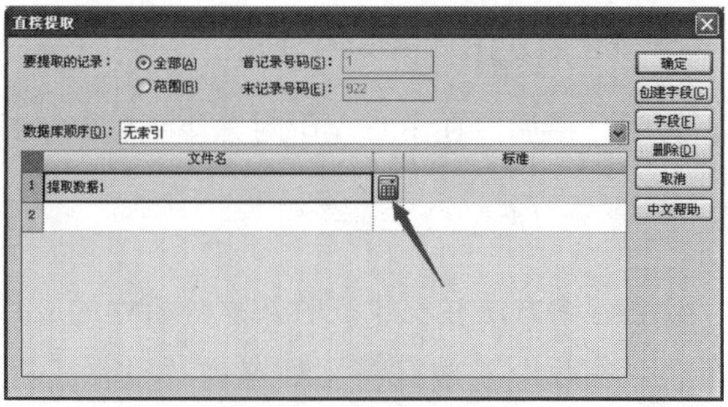

图 5-55　提取功能设置界面

（2）在图 5-55 中单击“公式编辑器”命令，则打开“公式编辑器”，如图 5-56 所示。

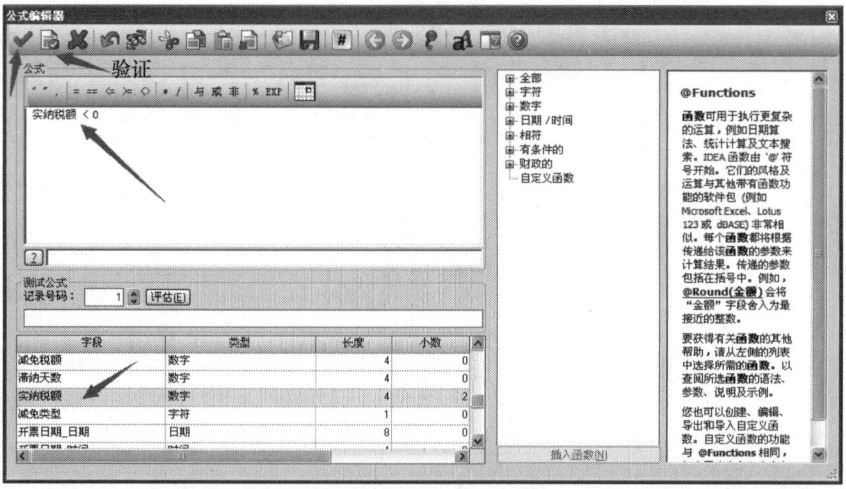

图 5-56　IDEA 的公式编辑器窗体

（3）在“公式编辑器”中直接输入或选择输入“实纳税额<0”，单击“验证”命令，测验输入内容的有效性，若提示“有效的公式!”，则单击“验证并退出”命令，并把文件名更改为“负纳税”数据分析结果，其结果如图 5-57 所示。

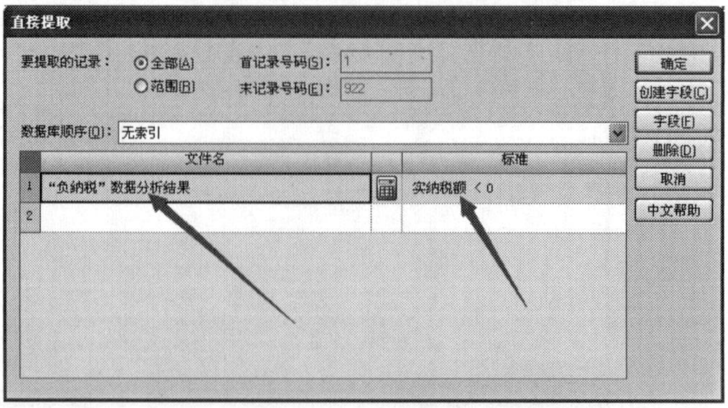

图 5-57　设置后的提取功能界面

（4）在图 5－57 中单击“确定”按钮，结果如图 5－58 所示。

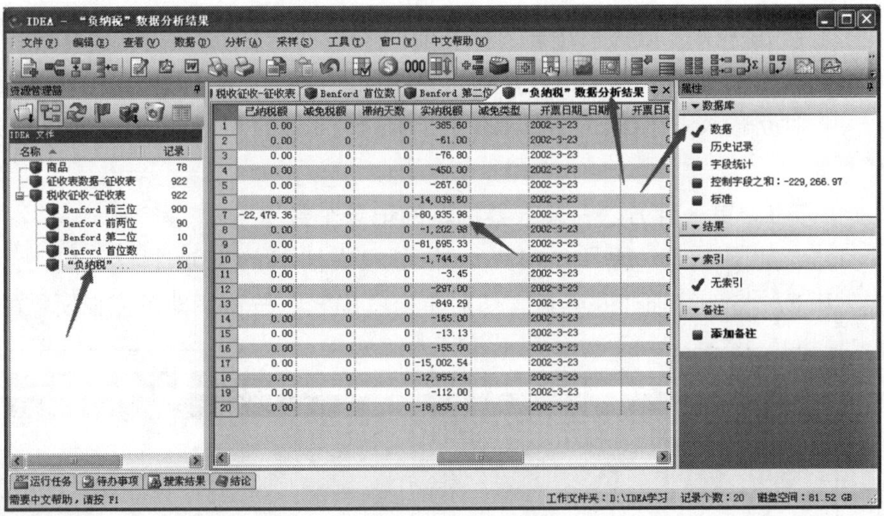

图 5－58　IDEA 中“负纳税”数据的查询结果

同理，在图 5－56 所示的“公式编辑器”中直接输入或选择输入“滞纳天数>10”，即可查找出税收征收数据中的“超期滞纳”数据。

需要指出的是，在 IDEA 中执行数据查询时，其查询结果只显示不重复的数据，即类似于在 SQL 查询语句中加入了关键词“DISTINCT”。

5.3.2.2　基于 IDEA 的审计抽样

审计抽样功能在 IDEA 中称为审计采样，包括系统采样、随机采样和分层随机采样，如图 5－59 所示。下面以税收征收数据为例，分析如何在 IDEA 中应用审计抽样功能。

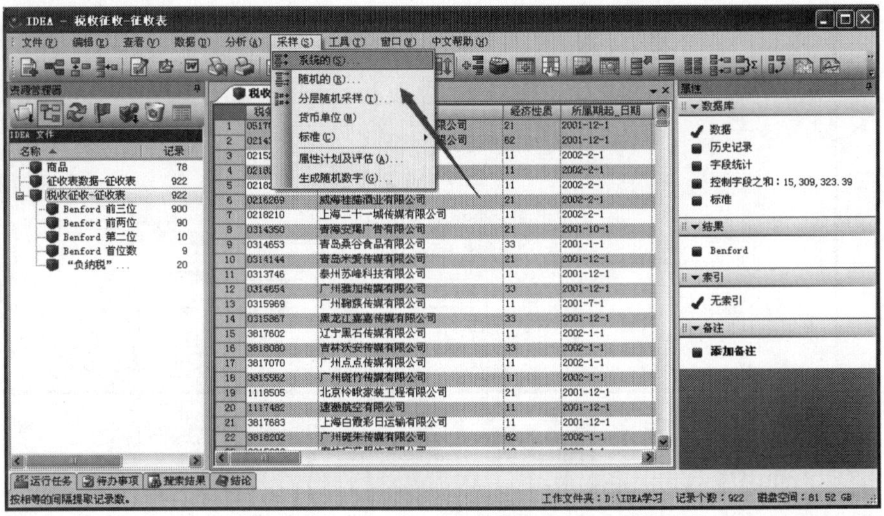

图 5－59　IDEA 的审计抽样功能

一、系统采样功能的应用

系统采样是从文件中按相等的间隔提取一些记录，通常也称作间隔采样。有两种方法确定采样：一种是输入要抽取的记录个数，IDEA 将计算抽样间隔量；另一种是输入抽样间隔，IDEA 将计算要抽取的记录个数。对两种方法分别介绍如下。

1. 第一种方法：输入要抽取的记录个数

如图 5－60 所示，在界面中输入要抽取的记录个数，单击“计算”按钮，IDEA 将计算抽样间隔量，然后单击“确定”按钮，即可完成所需的抽样。

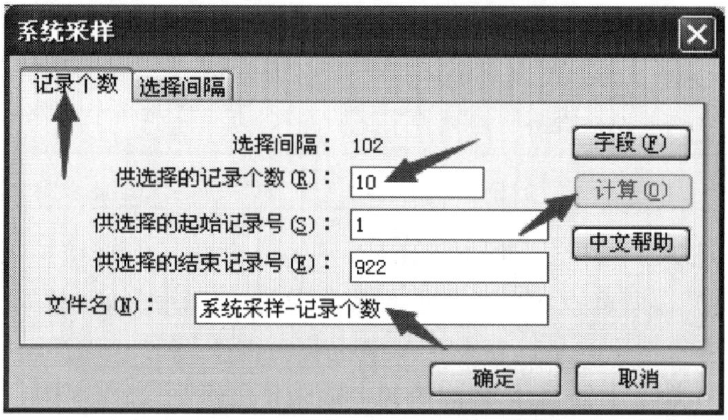

图 5－60 “记录个数”的参数设置界面

2. 第二种方法：输入抽样间隔

如图 5－61 所示，在界面中输入抽样间隔，单击“计算”按钮，IDEA 将计算抽样记录个数，然后单击“确定”按钮，即可完成所需的抽样。

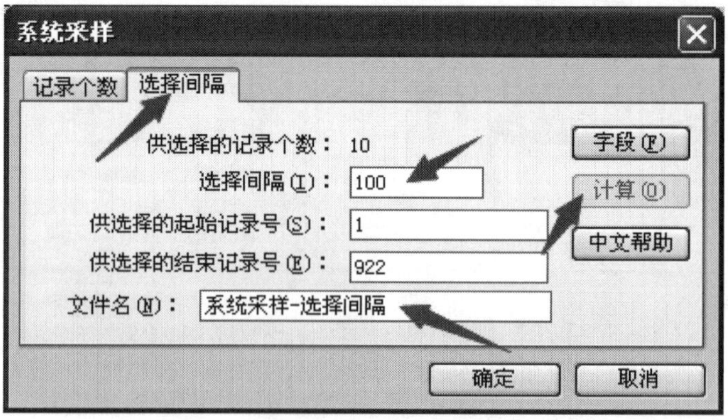

图 5－61 “选择间隔”的参数设置界面

在以上抽样操作中，抽样范围的默认值为从第一个到最后一个记录的个数，但是，如果需要，可以提取一个记录范围之内的采样。

二、随机采样功能的应用

随机采样是首先输入采样量以及要从采样中提取的记录范围，然后使用一个随机数种子，IDEA 将生成一系列随机数并选取与这些数相关的适当记录。采样方法如下：

如图 5－62 所示，在界面中输入要抽取的记录个数、随机数种子（可任意）、抽样的范围，然后单击“确定”按钮，即可完成所需的抽样。

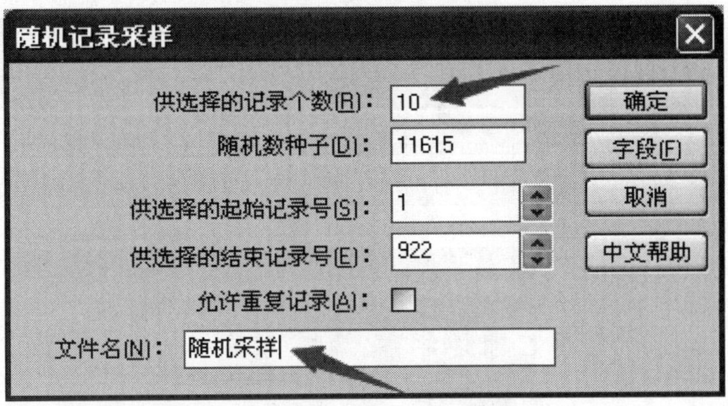

图 5－62　随机采样的参数设置界面

三、分层随机采样功能的应用

分层随机采样用于对分层后的每层数据进行随机采样，提取指定个数的记录。该选项要求先将被审计数据按数字、字符以及日期进行分层，显示每层记录个数的表格将呈现在用户面前，并要求输入每层中要随机提取的采样记录数。

例 5－6　审计抽样方法在税收征收数据分析中的应用

现有某税收征收电子数据（文件名为“税收征收．mdb”，数据表名为“征收表”，表结构见本书附录 A 中图 A－1）。请将该数据导入到 IDEA 中（若 IDEA 中已有该数据，则不执行该步骤），利用分层随机采样功能进行抽样。要求：

根据实纳税额进行分层，然后抽取 15 条记录，其中，“实纳税额＜0”的抽取 1 条，“0＜实纳税额＜1 000”的抽取 5 条，“1 000＜实纳税额＜2 000”的抽取 2 条，“2 000＜实纳税额＜3 000”的抽取 1 条，“3 000＜实纳税额＜4 000”的抽取 1 条，“4 000＜实纳税额＜5 000”的抽取 1 条，“5 000＜实纳税额＜6 000”的抽取 1 条，“6 000＜实纳税额”的抽取 3 条。

假设数据已被采集到 IDEA 中，进行分层随机采样操作的关键步骤如下：

（1）在图 5－63 中，单击菜单“采样”→“分层随机采样”，出现如图 5－64 所示的界面。

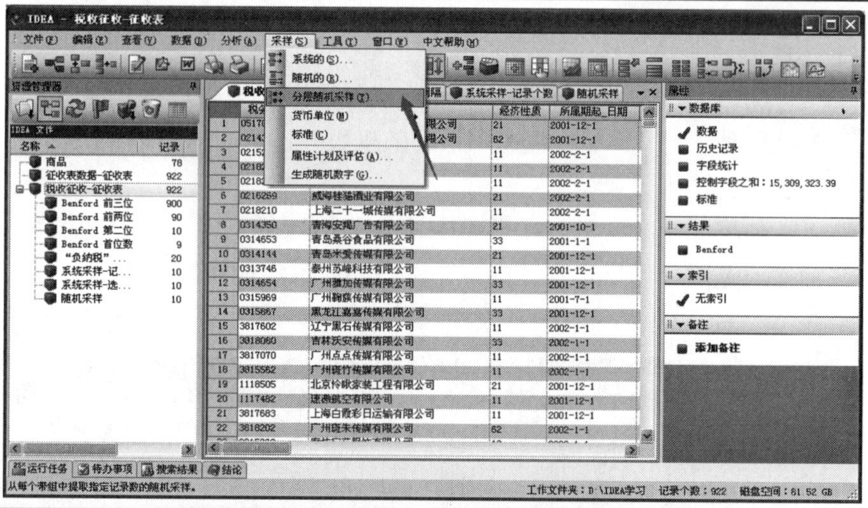

图 5-63　分层随机采样功能菜单界面

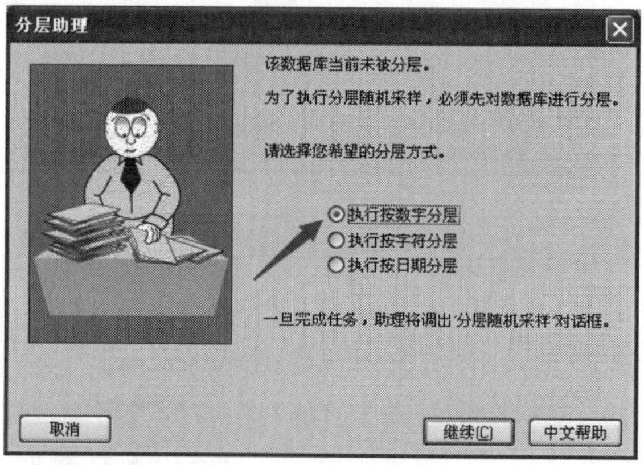

图 5-64　分层方式选择界面

(2) 在图 5-64 中单击“继续”按钮，出现如图 5-65 所示的界面。

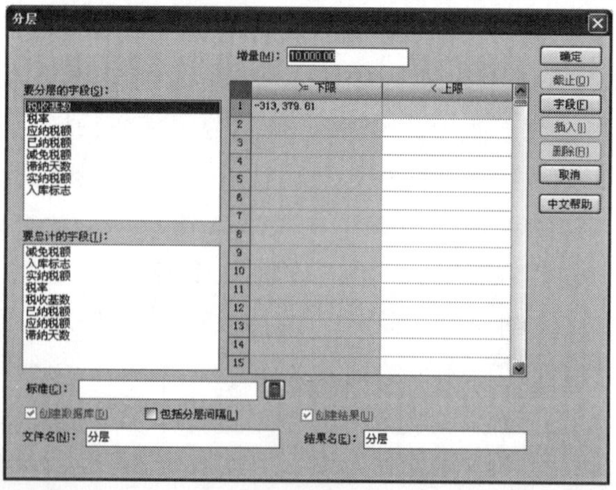

图 5-65　分层设置界面

（3）在图 5－65 中进行设置，如图 5－66 所示。

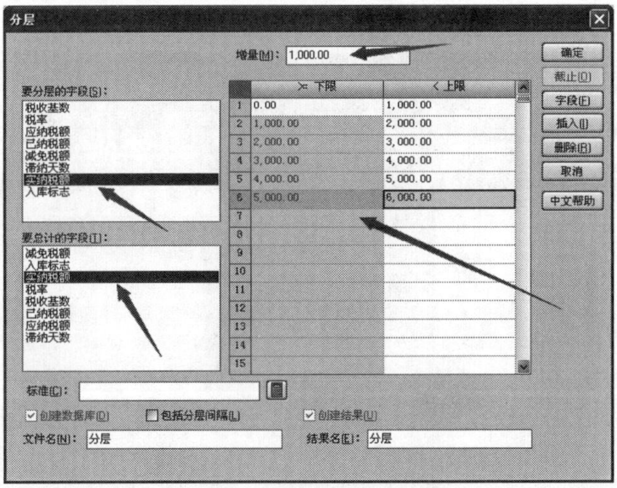

图 5－66　分层后的界面

（4）在图 5－66 中，单击“确定”按钮，出现如图 5－67 所示的界面。

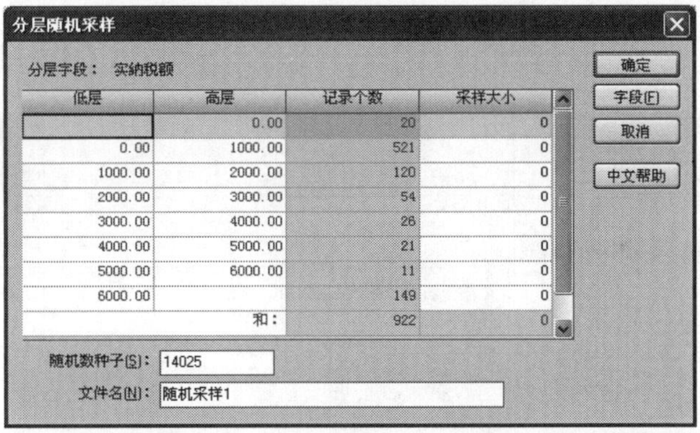

图 5－67　分层后的抽样参数设置界面

（5）在图 5－67 中进行设置，其设置结果如图 5－68 所示。

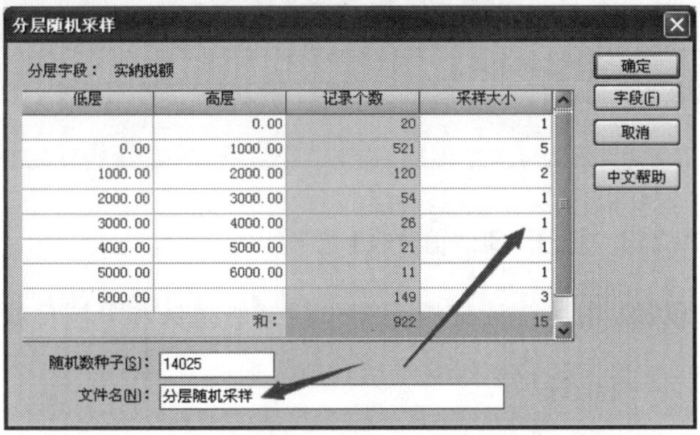

图 5－68　分层后设置好的抽样参数界面

（6）在图 5－68 中单击“确定”按钮，出现如图 5－69 所示的界面，完成所需的抽样。

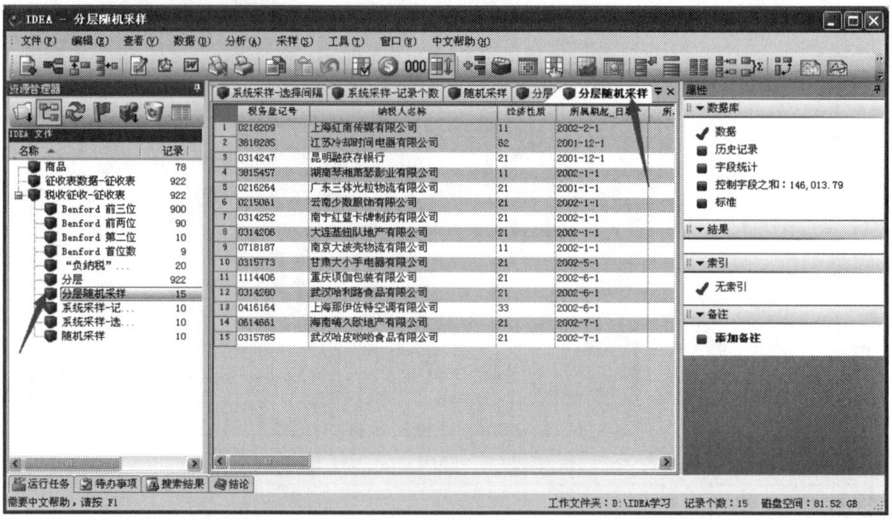

图 5－69　分层随机采样结果界面

（7）查看分层结果，如图 5－70 所示。

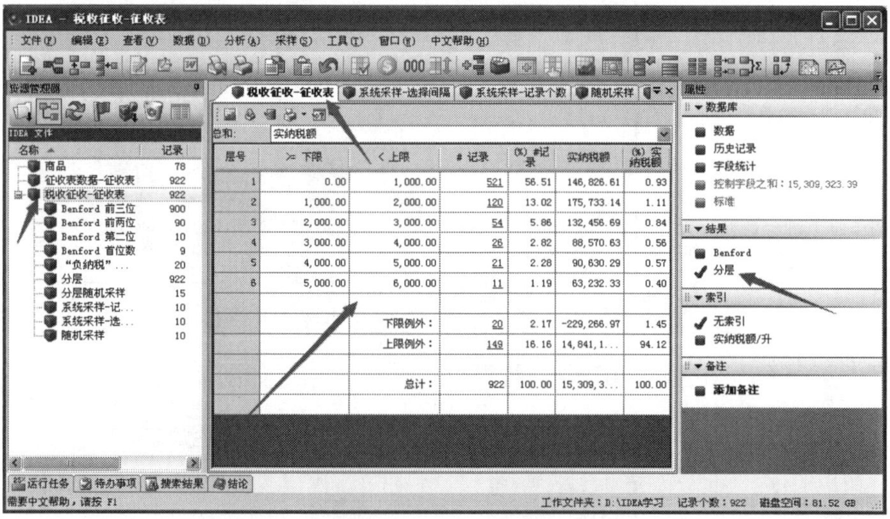

图 5－70　分层结果图

5.3.2.3　基于 IDEA 的统计分析

在 IDEA 中，统计分析功能包括一般统计和分层分析。

一、一般统计

IDEA 的一般统计功能如图 5－71 所示。

图 5-71 IDEA 的一般统计功能

二、分层分析

IDEA 的分层分析功能如图 5-72 所示。IDEA 的分层分析就是通过将某一字段划分成若干个区间，查看该字段或其他字段在所划分区间上的分布情况（分层区间内的选定字段值及记录个数）。

图 5-72 IDEA 的分层分析功能

例 5-7 按数值分层方法在税收征收数据分析中的应用

现有某税收征收电子数据（文件名为“税收征收.mdb”，数据表名为“征收表”，表结构见本书附录 A 中图 A－1）。要求：

（1）对“实纳税额”字段进行分层分析，把分析的结果命名为“税收征收数据分层分析结果”，把分析的结果单独生成数据库，名称设为“税收征收数据分层分析结果数据库”。

（2）以“征收类型”字段为分组依据，对“实纳税额”字段进行分层分析，把分析的结果命名为“分层分析（分组）结果”，把分析的结果单独生成数据库，名称设为“分层分析（分组）结果数据库”。

以上实例包括两部分内容：一般分层和按分组依据分层，分别分析如下。

1. 一般分层

对于要求（1），假设数据已被采集到 IDEA 中，进行分层分析操作的关键步骤如下：

（1）单击菜单“分析”→“分层”，如图 5－72 所示，出现如图 5－73 所示的界面。

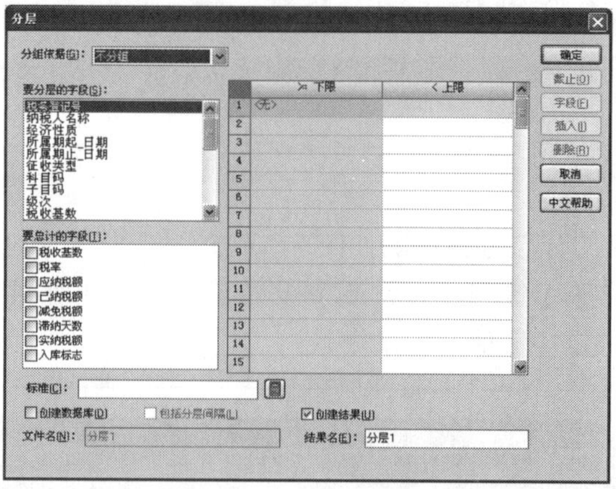

图 5－73　IDEA 分层分析设置界面

（2）在图 5－73 中进行设置，如图 5－74 所示。

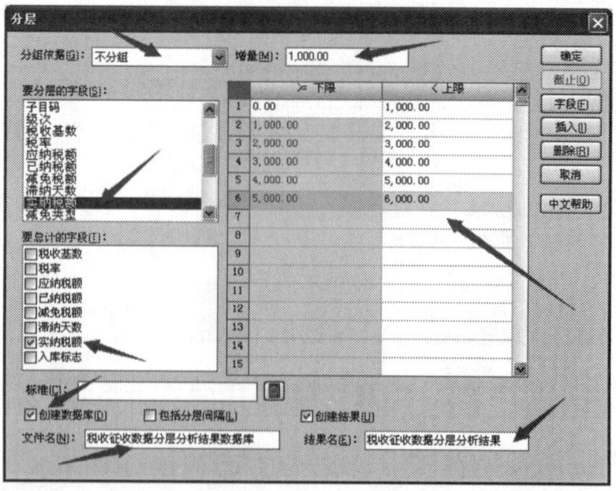

图 5－74　设置后的 IDEA 分层分析设置界面

（3）在图 5-74 中，单击“确定”按钮，其分析结果的表格显示如图 5-75 所示，图形显示如图 5-76 所示，所创建的分层数据库如图 5-77 所示。

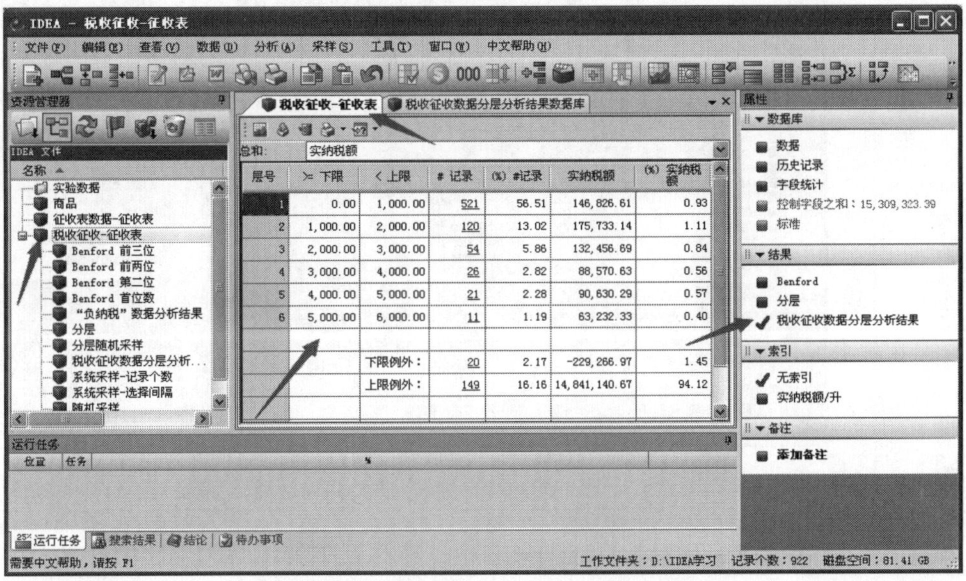

图 5-75　按数值分层的表格显示结果

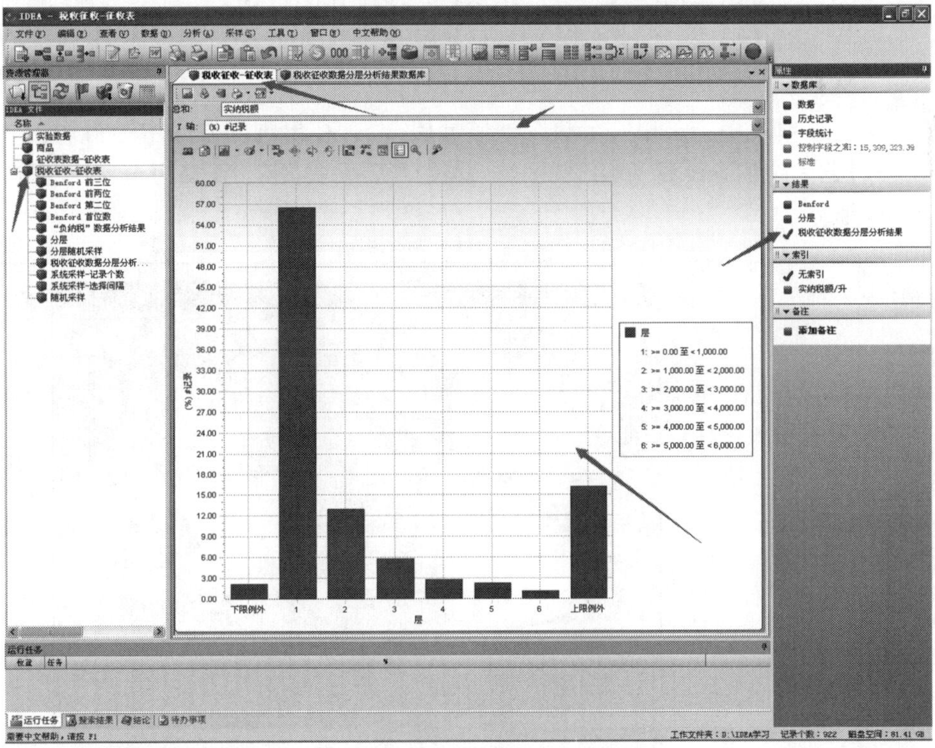

图 5-76　按数值分层的图形显示结果

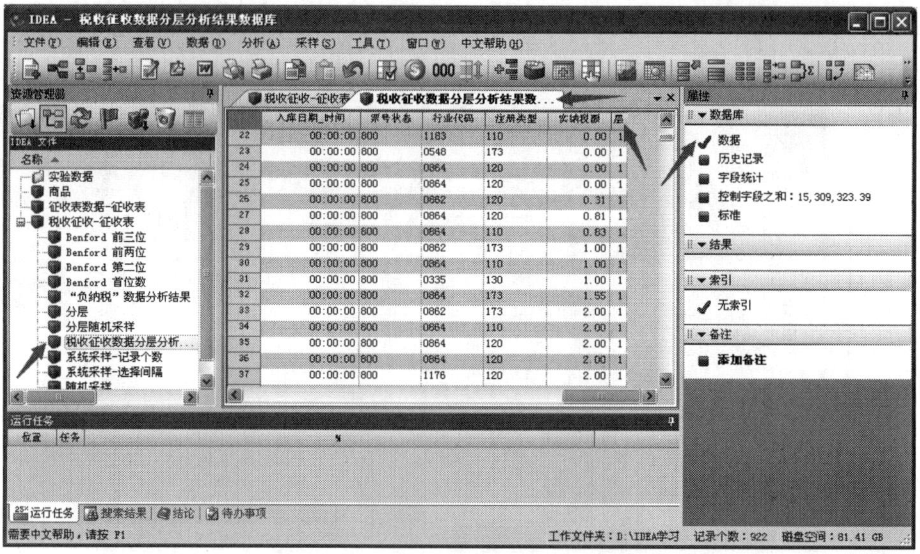

图 5－77　所创建的分层数据库界面

在创建的分层数据库结果图中，要注意理解图中“层”的含义。

2. 按分组依据分层

在 IDEA 中，按分组依据分层就是在分层分析的基础上，根据审计人员指定的某一分组依据字段对分层结果进一步细化的过程。

对于要求（2），假设数据已被采集到 IDEA 中，进行分层分析操作的关键步骤如下：

（1）单击菜单“分析”→“分层”，并在出现的界面中进行设置（相比一般分层，主要是设置分组依据），设置“征收类型”字段为分组依据，如图 5－78 所示。

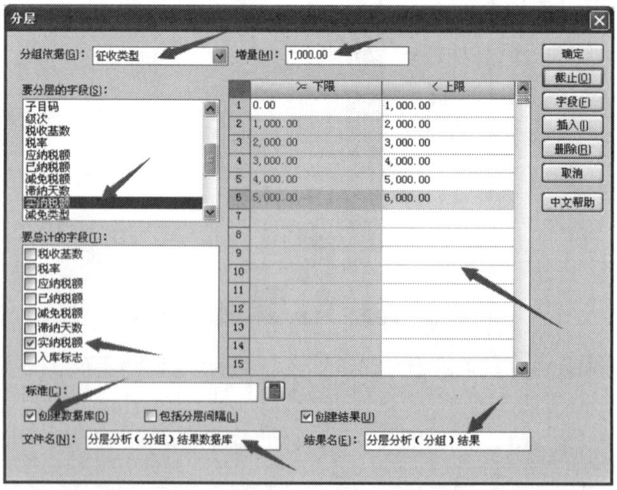

图 5－78　IDEA 中按分组依据分层设置图

(2) 完成相关设置后单击“确定”按钮，其分析结果的表格显示如图 5－79 所示，图形显示如图 5－80 所示。

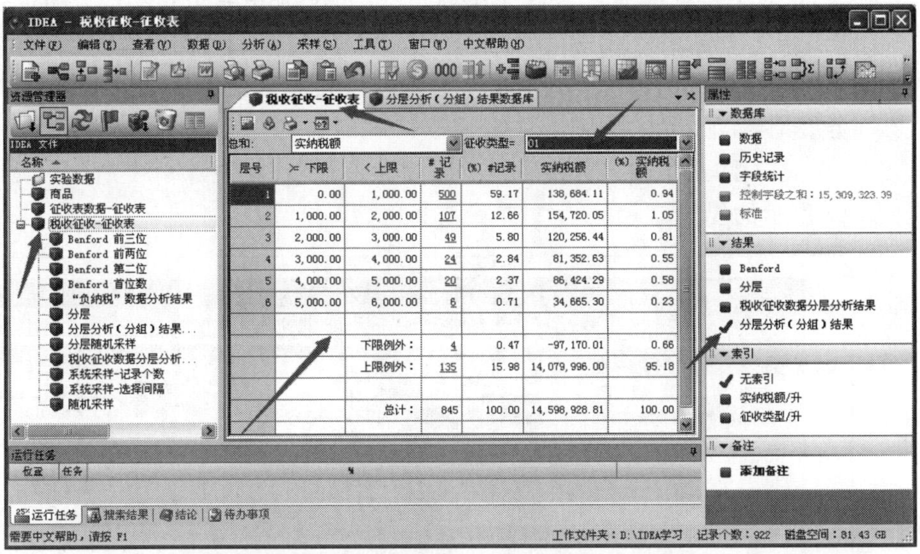

图 5－79　按分组依据分层的表格显示结果

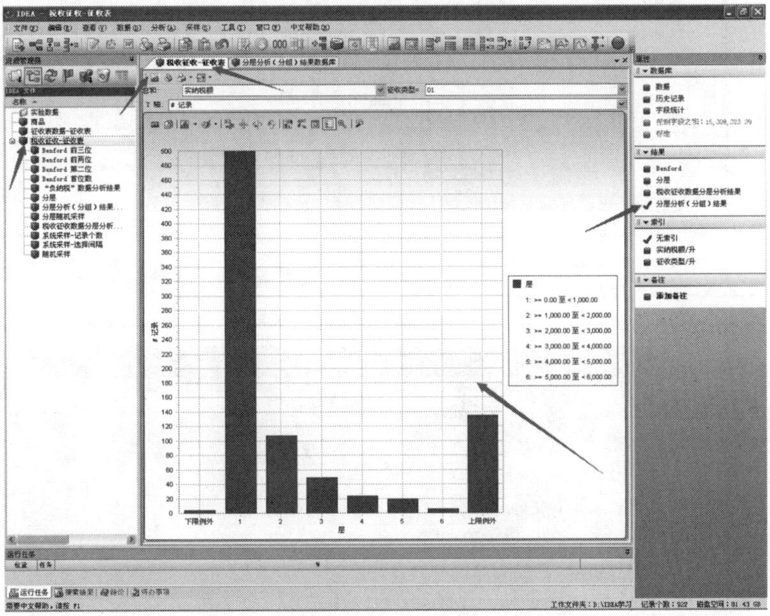

图 5－80　按分组依据分层的图形显示结果

5.3.2.4　基于 IDEA 的数值分析

一、断号分析：基于 IDEA

在 IDEA 中，断号分析这种方法称为连续性检测。

例 5-8　IDEA 中断号分析实例

现有某税收征收电子数据（文件名为“税收征收. mdb”，数据表名为“征收表”，表结构见本书附录 A 中图 A-1），请利用断号分析功能分析征收表中“税务登记号”字段的连续性情况。

假设数据已被采集到 IDEA 中，进行断号分析查找“征收表”文件中遗漏税务登记号的操作的关键步骤如下：

(1) 单击菜单“分析”→“连续性检测”，如图 5-81 所示，则出现如图 5-82 所示的界面。

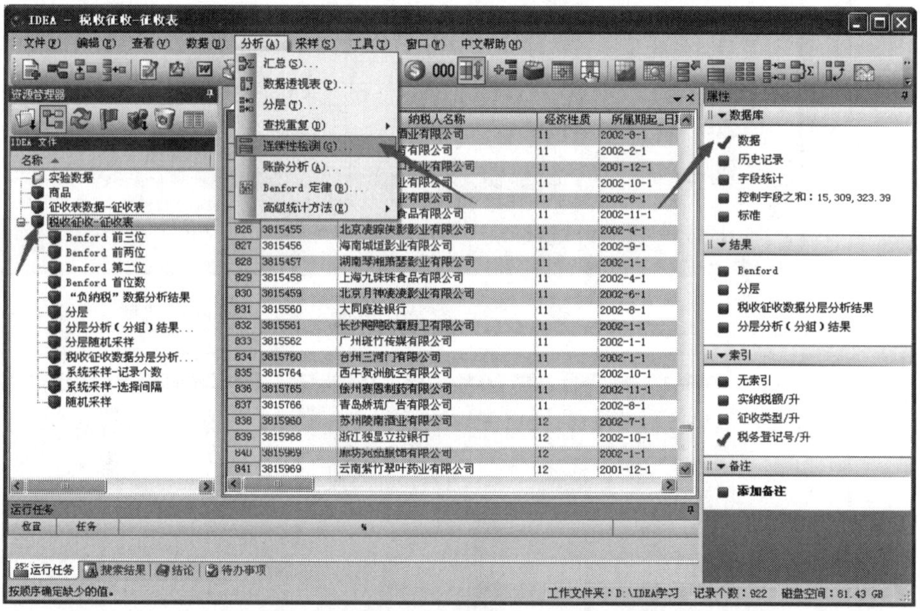

图 5-81　IDEA 的断号分析功能菜单

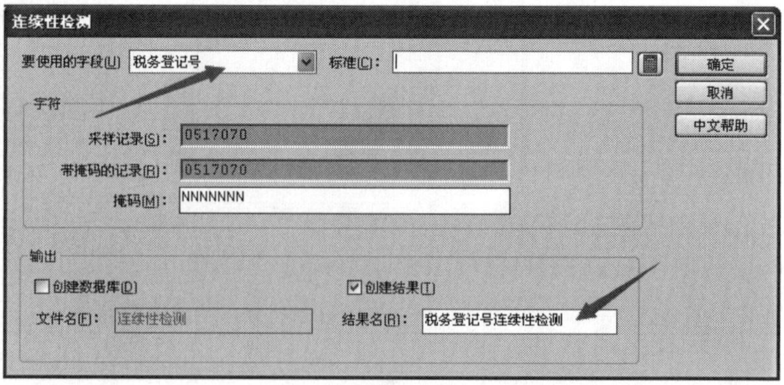

图 5-82　断号分析参数设置界面

(2) 根据数据分析的具体要求，在图 5-82 所示的界面中设置相应的参数，执行连续性检测，即可得到如图 5-83 所示的结果。其中，A 处表示遗漏的税务登记号

(具体信息如图 5－84 中的 A 处所示)，B 处表示该区间遗漏的税务登记号的个数。

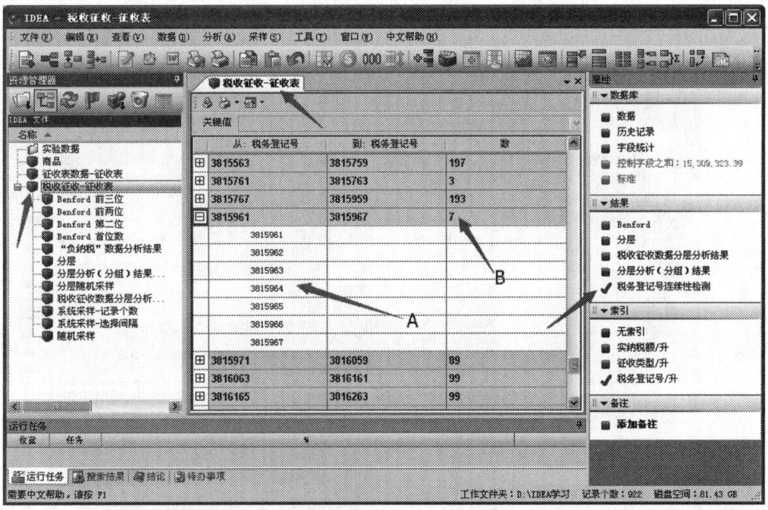

图 5－83　遗漏税务登记号的检测结果界面

图 5－84　数据库窗口中的遗漏税务登记号对应关系界面

二、重号分析：基于 IDEA

例 5－9　IDEA 中简单重号分析实例

现有某税收征收电子数据（文件名为“税收征收. mdb”，数据表名为“征收表”，表结构见本书附录 A 中图 A－1)，请利用重号分析功能分析“征收表”中“税务登记号”字段重复的数据。

假设数据已被采集到 IDEA 中，进行重号分析操作的关键步骤如下：

（1）在 IDEA 中，单击菜单“分析”→“查找重复”→“检测”，如图 5－85 所示，出现如图 5－86 所示的界面。

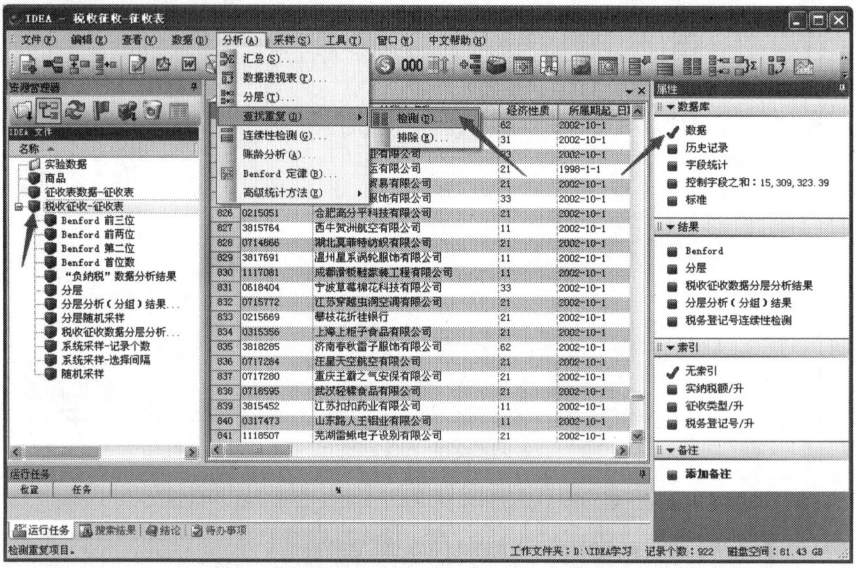

图 5－85 IDEA 的重号分析功能界面

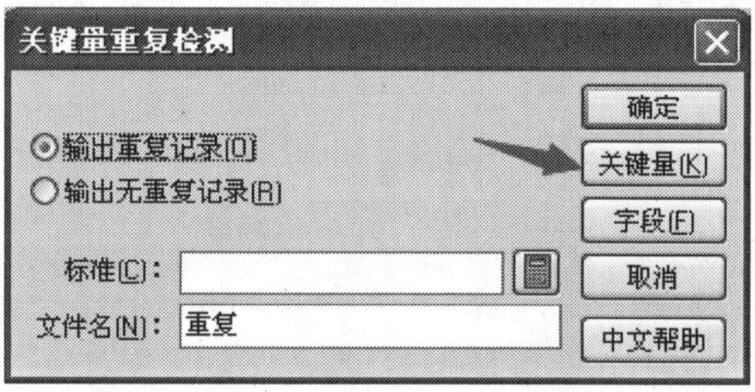

图 5－86 关键量重复检测参数设置界面

（2）在图 5－86 中，单击“关键量”按钮，出现如图 5－87 所示的界面。

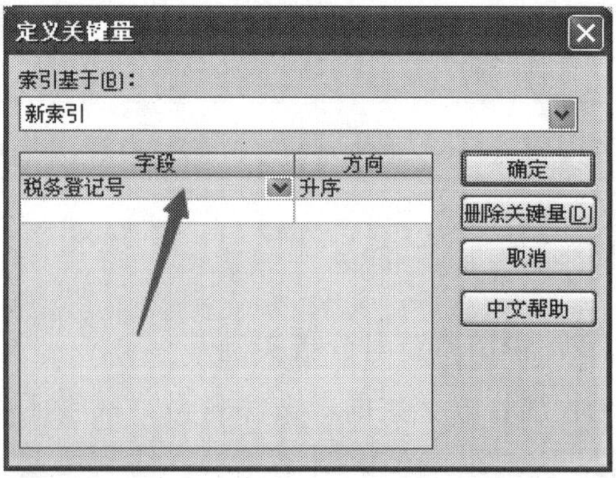

图 5－87 检测字段设置界面

（3）在图 5－87 中，选择重号分析的字段，单击“确定”按钮，返回图 5－86，在图 5－86 中更改文件名为“重复的税务登记号”，如图 5－88 所示。

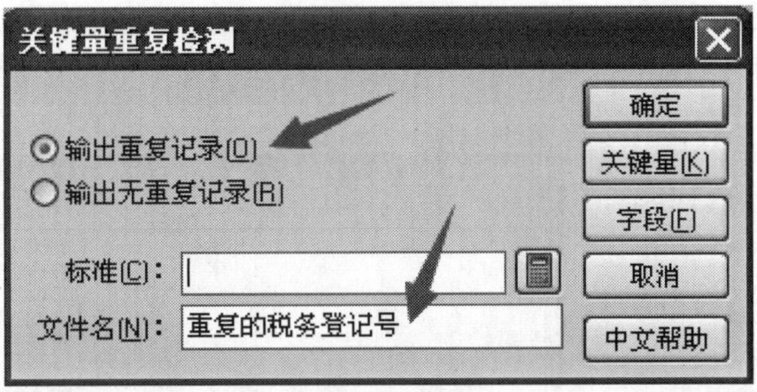

图 5－88　更改文件名后的检测功能参数设置界面

（4）在图 5－88 中，单击“确定”按钮，查找结果如图 5－89 所示。

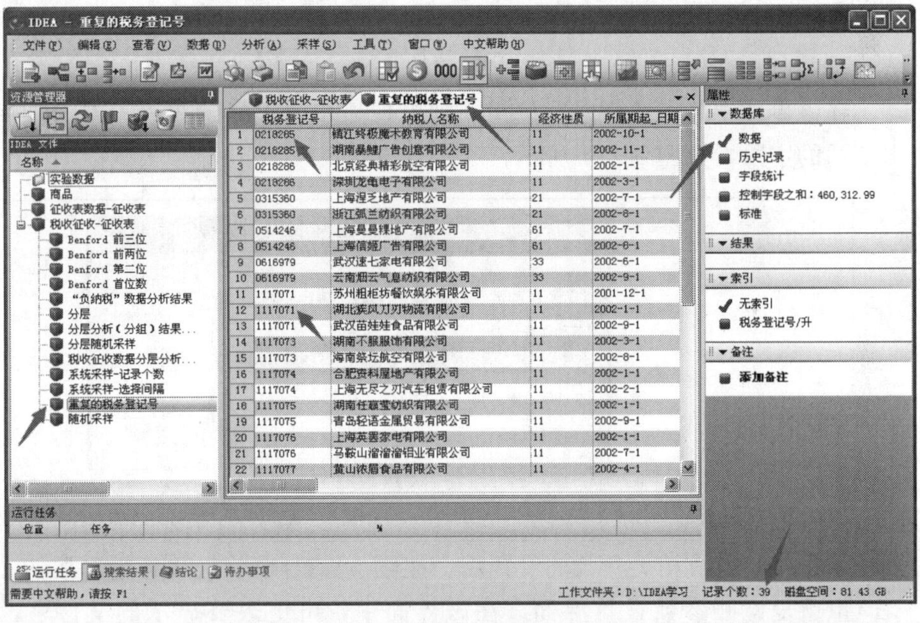

图 5－89　重复税务登记号的检测结果界面

例 5－10　IDEA 中复杂重号分析实例

现有某劳动局失业保险数据，文件名为“失业金实际发放表.dbf”，数据类型为 FoxPro 自由表，其数据表结构见本书附录 A 中图 A－5。要求利用重号分析功能查找同月重复发放失业金的人员，查找结果包括如下内容：身份证号、姓名、发放月份。

假设失业保险数据已被采集到 IDEA 中，查找失业保险数据中同月重复发放失业金的人员的操作过程如下：

（1）在 IDEA 中，单击菜单“分析”→“查找重复”→“检测”，则出现如图

5－86 所示的关键量重复检测参数设置界面。

（2）在图 5－86 中单击“关键量”按钮，并在出现的界面中设置需要检测的重复字段，如图 5－90 所示。

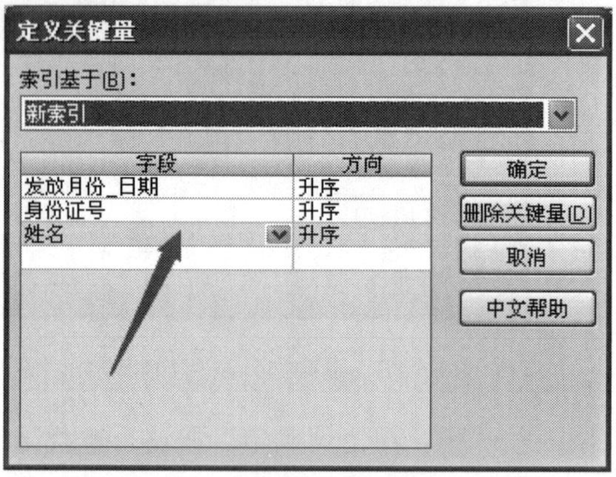

图 5－90　检测字段设置界面

（3）在图 5－90 中单击“确定”按钮，返回到关键量重复检测参数设置界面，在该界面中单击“字段”按钮，则出现显示字段设置界面，在该图中设置需要显示的字段，如图 5－91 所示。

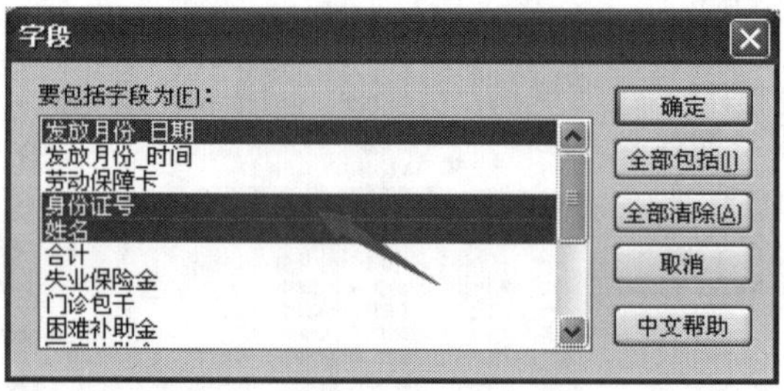

图 5－91　显示字段设置界面

（4）完成相关参数的设置后，在图 5－91 中单击“确定”按钮，返回到关键量重复检测参数设置界面，在该界面中，可更改要显示的文件名，本例设置成“失业金重复发放数据”，如图 5－92 所示。

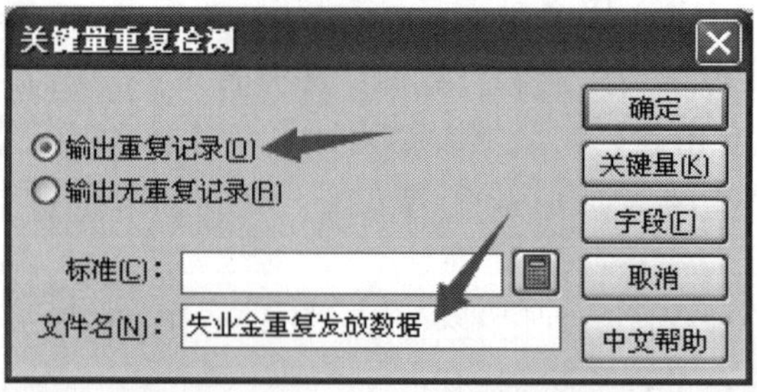

图 5－92　更改文件名后的关键量重复检测参数设置界面

（5）在图 5－92 中，单击“确定”按钮，数据分析结果如图 5－93 所示。

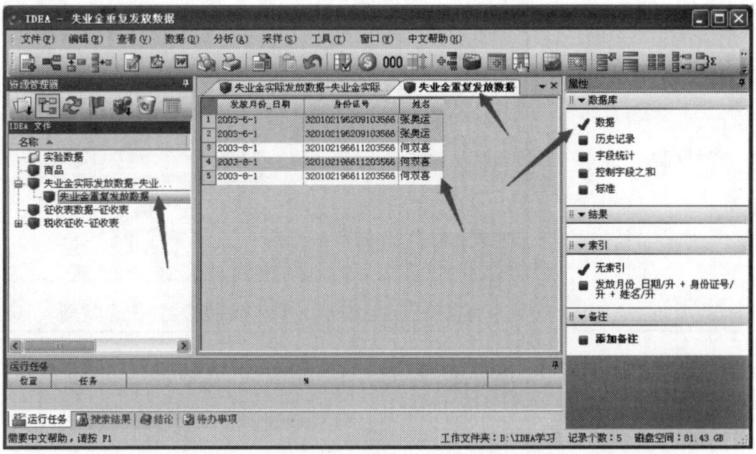

图 5－93 重复发放失业金人员的检测结果界面

三、IDEA 中 Benford 定律功能的应用

目前，Benford 定律已应用于 IDEA 等审计软件中。在 IDEA 中，复杂的 Benford 定律被做成一个使用简便的数据分析应用程序。

例 5－11 Benford 定律的应用

现有某税收征收电子数据（文件名为“税收征收. mdb”，数据表名为“征收表”，表结构见本书附录 A 中图 A－1）。要求利用 Benford 定律对“实纳税额”字段进行分析。

假设数据已被采集到 IDEA 中，进行 Benford 定律操作的关键步骤如下：

（1）单击菜单“分析”→“Benford 定律”，如图 5－94 所示，则出现如图 5－95 所示的界面。

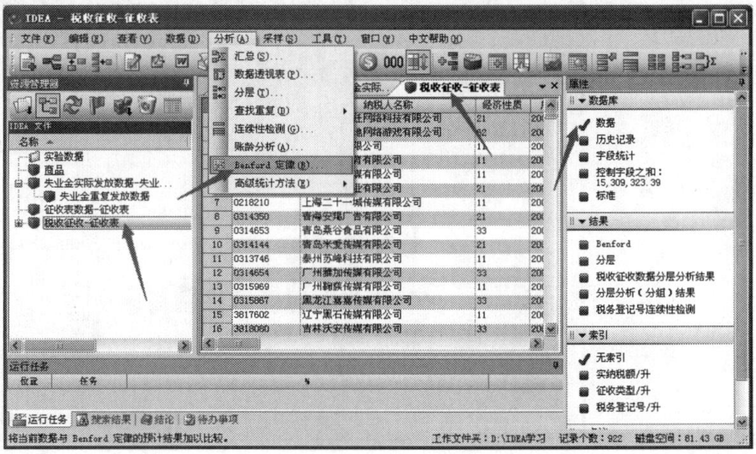

图 5－94 IDEA 中的 Benford 定律功能菜单

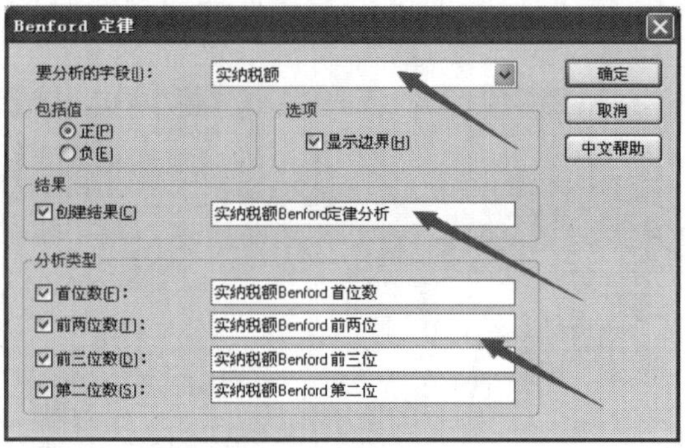

图 5-95　Benford 定律的参数设置界面

（2）在图 5-95 所示的界面中设置相应的参数，即可得到如图 5-96 至图 5-100 所示的结果。

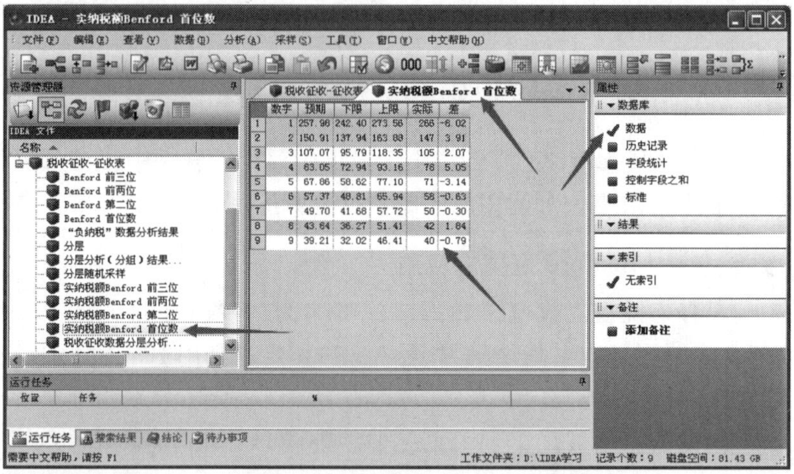

图 5-96　税收数据的首位数字分析表格显示结果

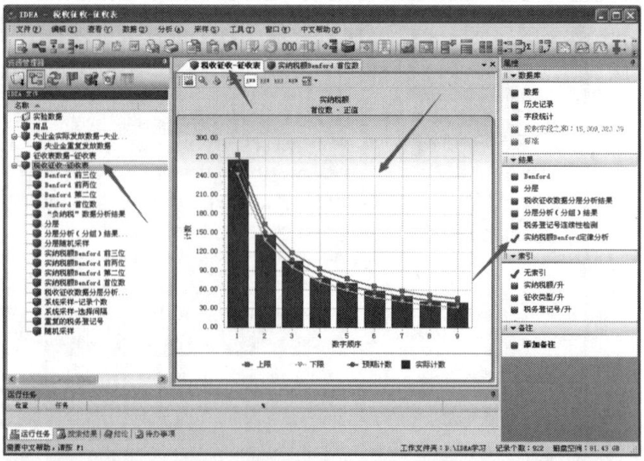

图 5-97　税收数据的首位数字分析图形显示结果

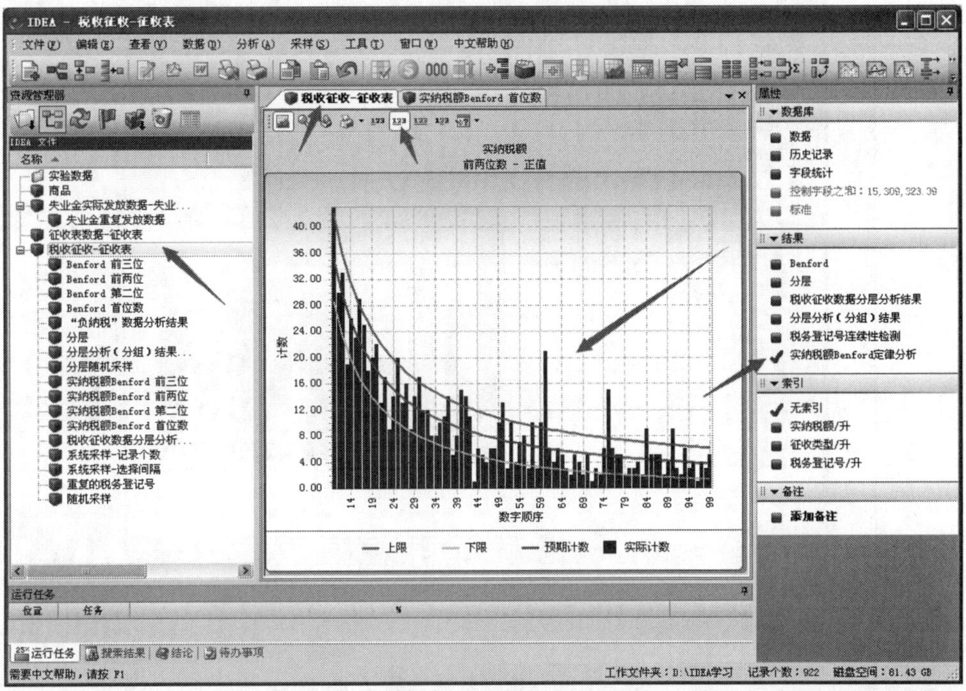

图 5-98　税收数据的前两位数字分析图形显示结果

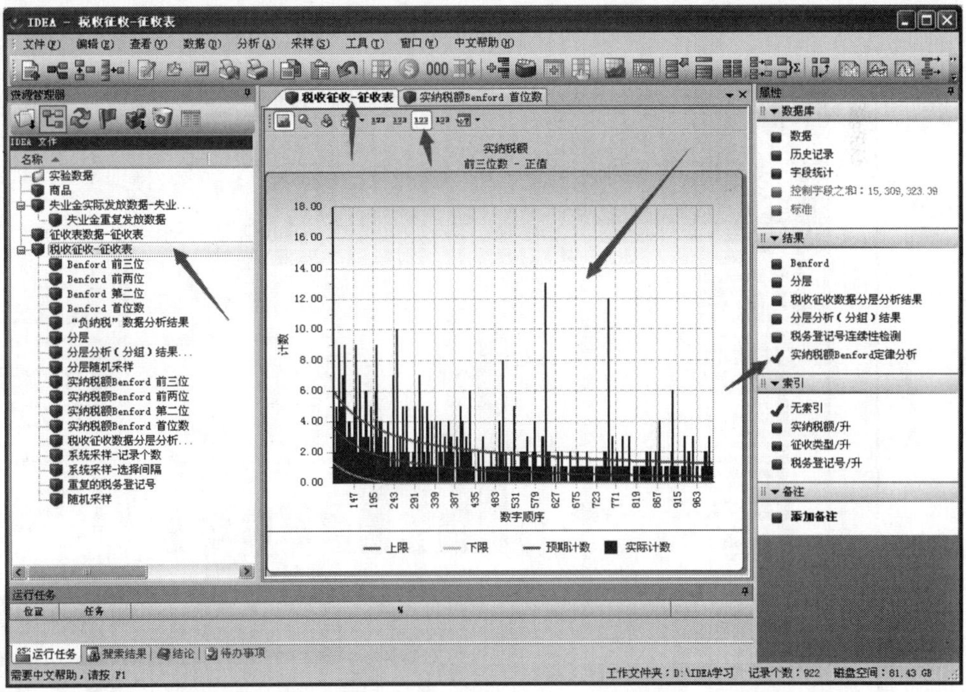

图 5-99　税收数据的前三位数字分析图形显示结果

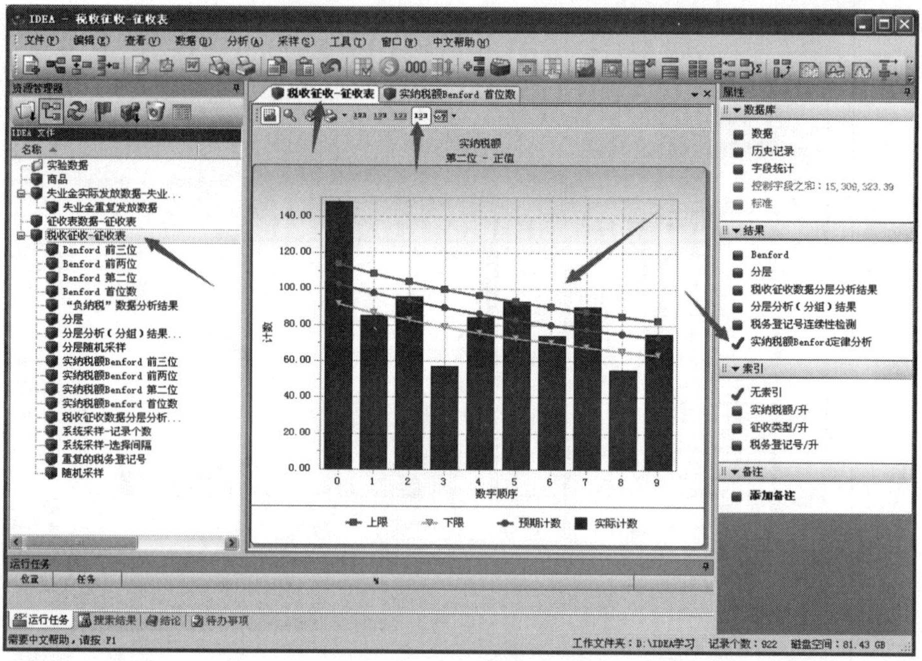

图 5-100 税收数据的第二位数字分析图形显示结果

（3）在以上 Benford 定律的分析结果图中，可以查看某一分析结果的具体数据，比如，在图 5-97 中，选中首位数字为 5 的柱体，单击鼠标左键则弹出一菜单，如图 5-101 所示。单击“提取记录”，结果如图 5-102 所示。

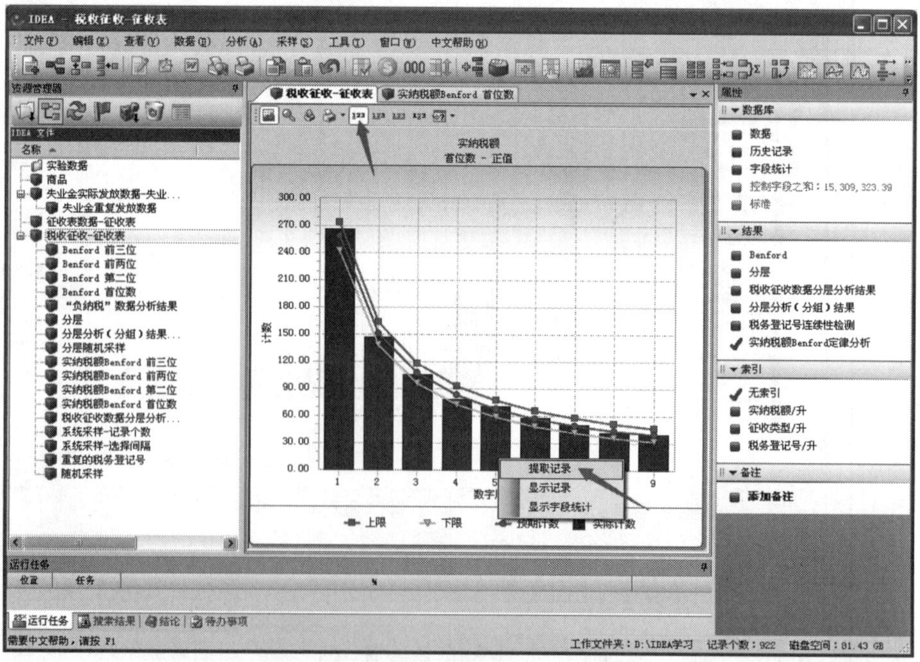

图 5-101 数据延伸分析菜单

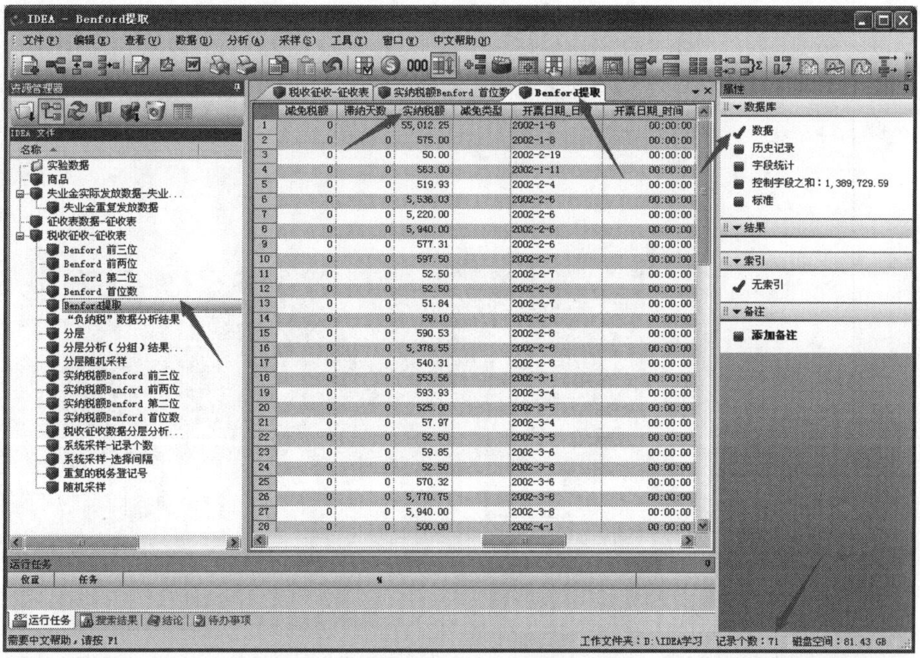

图 5-102　选中数据的显示结果

提取出的数据可以单独生成数据表，为后面的进一步分析打下基础。

5.4 基于电子数据审计模拟实验室软件的电子数据审计

5.4.1 基于电子数据审计模拟实验室软件的审计数据采集

如前所述，电子数据审计模拟实验室软件的数据采集功能主要是把要分析的电子数据采集到电子数据审计模拟实验室软件中，为后面的审计数据分析打下基础。目前该软件的数据采集功能主要包括采集文本文件、采集 Excel 文件、采集 Access 数据库格式文件。下面对电子数据审计模拟实验室软件的数据采集功能进行分析。

5.4.1.1 文本文件格式数据采集

例 5-12　某零售企业商品数据采集

把给定的文本文件格式数据某零售企业商品数据（文件名为“商品. txt”，表结构见本书附录 A 中图 A-7）采集到电子数据审计模拟实验室软件中。

把该零售企业商品数据采集到电子数据审计模拟实验室软件中的操作过程为：

（1）单击菜单“数据采集”→“文本文件”，打开文本文件采集界面，如图 5-103 所示。

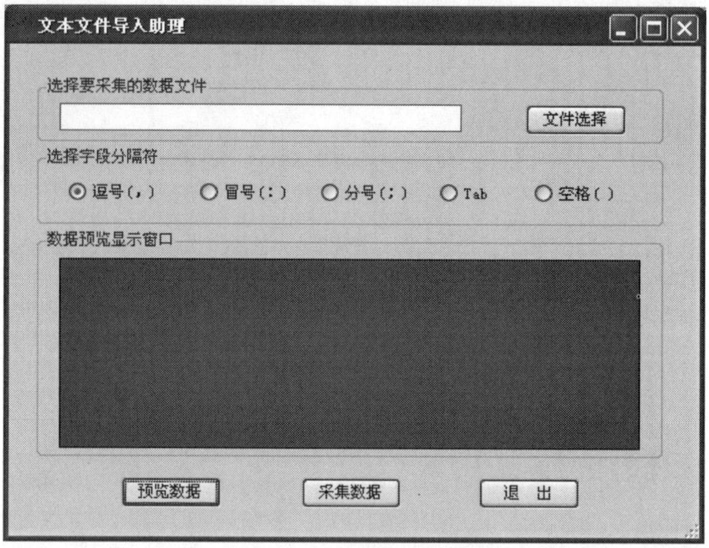

图 5-103 文本文件采集界面

(2) 在图 5-103 中单击“文件选择”按钮，进入“打开”界面。在“打开”界面选择需要采集的文本文件，如图 5-104 所示。

图 5-104 待采集文本文件选择界面

(3) 在图 5-104 中单击“打开”按钮，完成所采集文本文件的选择，如图 5-105 所示。

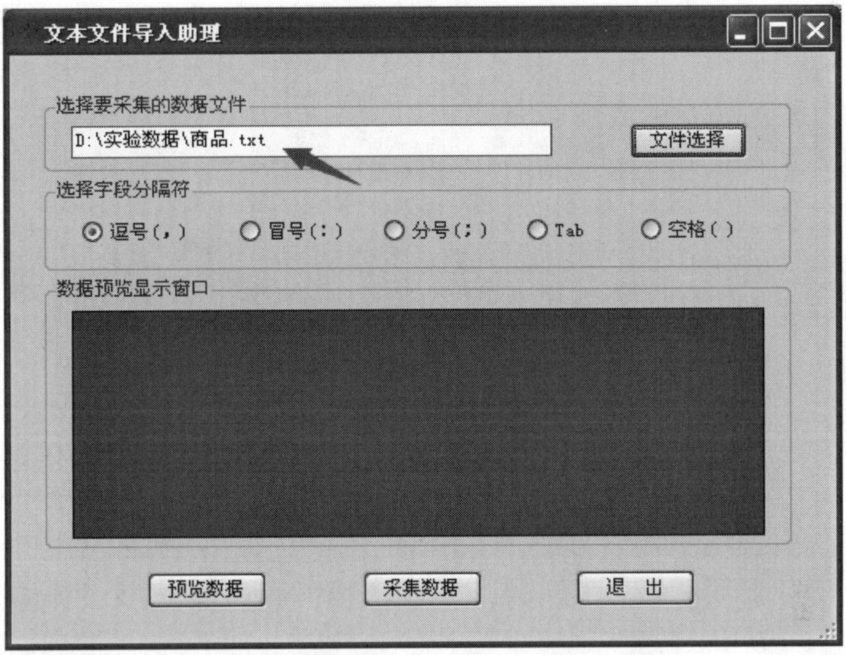

图 5 - 105　完成文本文件采集选择后的界面

(4) 在图 5 - 105 中选择合适的字段分隔符，单击“预览数据”按钮，如图 5 - 106 所示。如果字段分隔符设置错误，则不能正确显示数据，如图 5 - 107 所示。

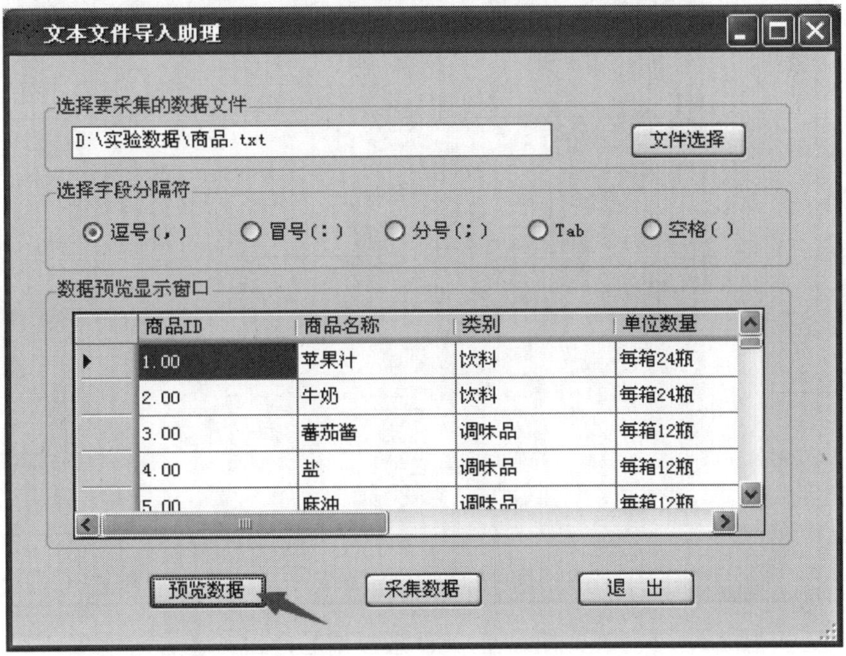

图 5 - 106　文本文件采集字段分隔符设置界面

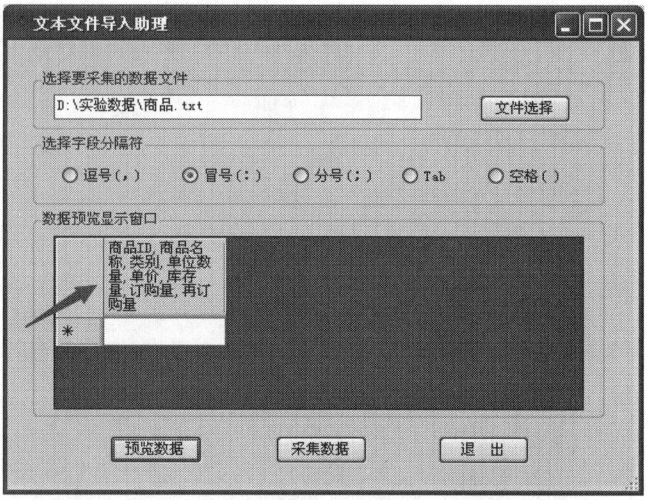

图 5-107　文本文件采集字段分隔符设置不正确时的数据显示界面

（5）在图 5-106 中单击“采集数据”按钮，完成文本文件数据采集，如图 5-108 所示。在图 5-108 中，可以更改采集到的文件的名称，如把采集到的文本文件重新命名为“商品数据”。

图 5-108　采集到文本文件后的软件界面

（6）在图 5-108 中单击“显示数据”按钮，查看所采集的文本文件数据，并可进行相关的数据分析。例如，采用一般统计方法分析所采集到的商品数据中的“单价”字段，其分析结果如图 5-109 所示。

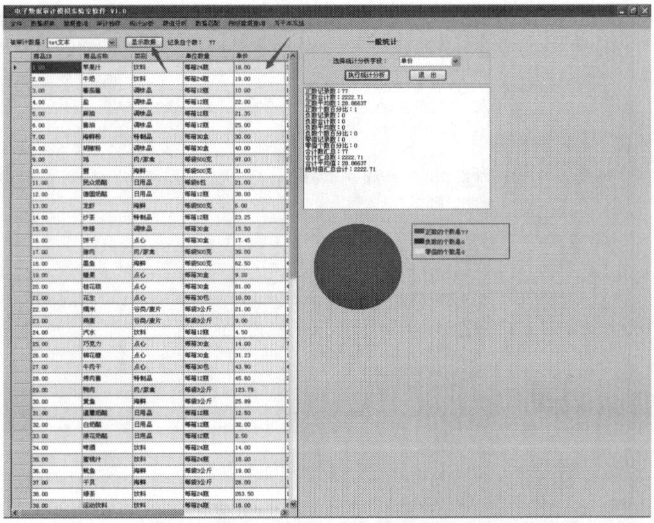

图 5－109　文本文件数据显示及分析示例界面

5.4.1.2　Excel 格式数据采集

例 5－13　税收征收数据采集

把给定的 Excel 格式某税收征收电子数据（文件名为“征收表”数据，表结构见本书附录 A 中图 A－3）采集到电子数据审计模拟实验室软件中。

把该 Excel 格式某税收征收电子数据采集到电子数据审计模拟实验室软件中的操作过程为：

(1) 单击菜单“数据采集”→“Excel 文件”，如图 5－110 所示，进入“打开”界面，如图 5－111 所示。

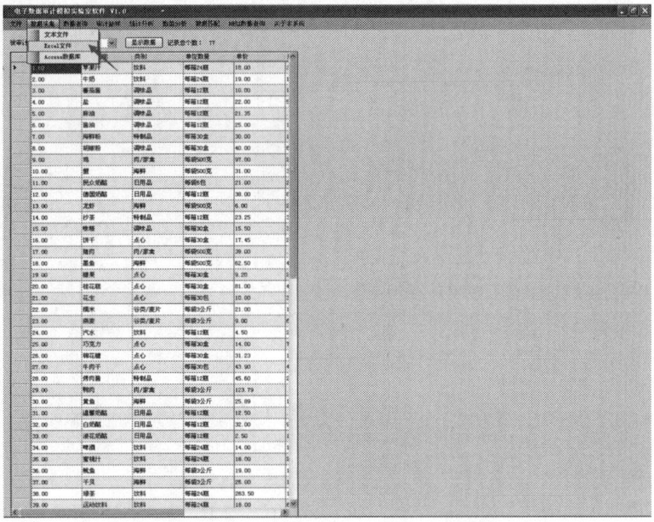

图 5－110　Excel 文件采集功能

图 5-111　Excel 文件采集选择界面

（2）在图 5-111 中选择需要采集的 Excel 文件，单击“打开”按钮，完成 Excel 文件数据采集，如图 5-112 所示。在图 5-112 中，可以更改采集到的数据文件的名称，如把采集到的 Excel 文件重新命名为“征收表”。

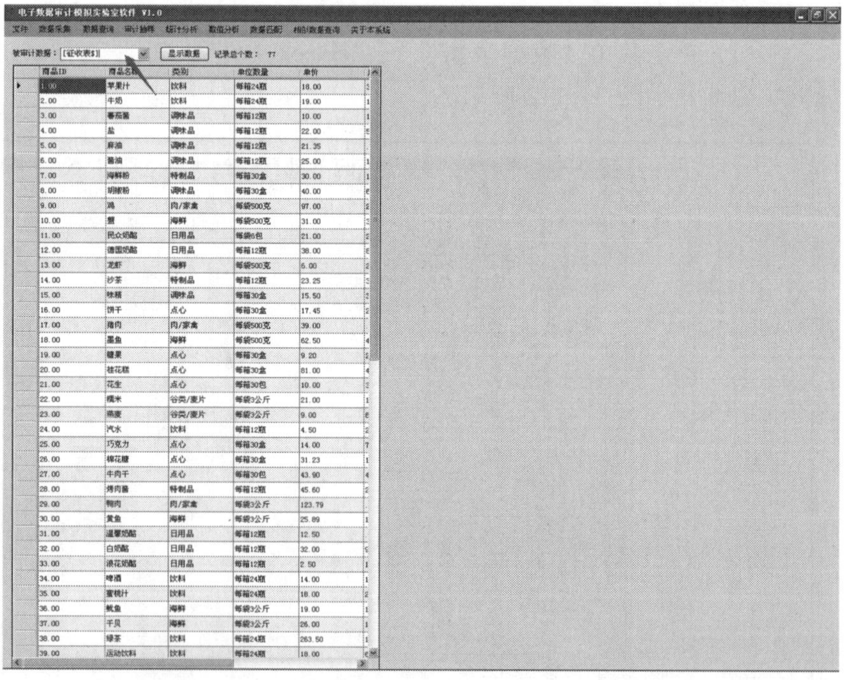

图 5-112　采集完 Excel 文件后的软件界面

（3）在图 5－112 中单击“显示数据”按钮，查看所采集的 Excel 文件数据，如图 5－113 所示。

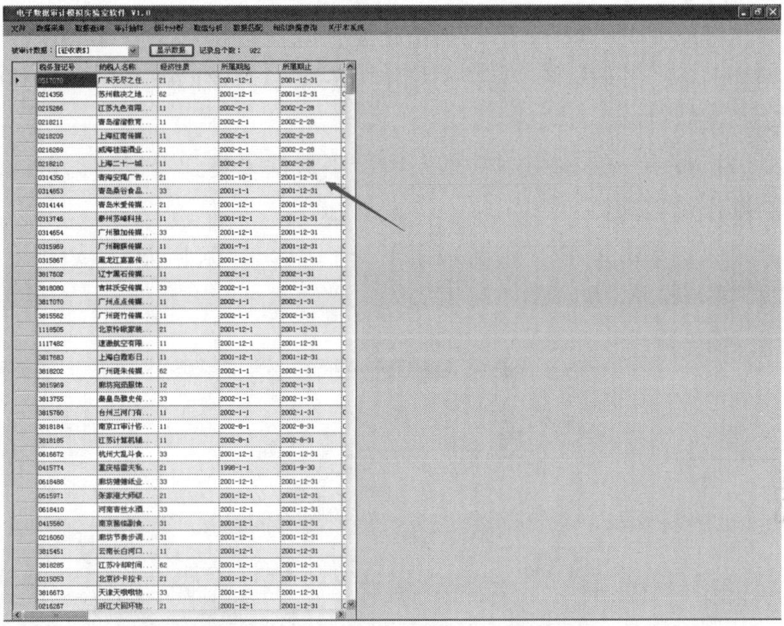

图 5－113　Excel 文件数据显示界面

（4）在图 5－113 中可以进行相关的数据分析，例如，进行数据查询分析操作，其示例如图 5－114 所示。

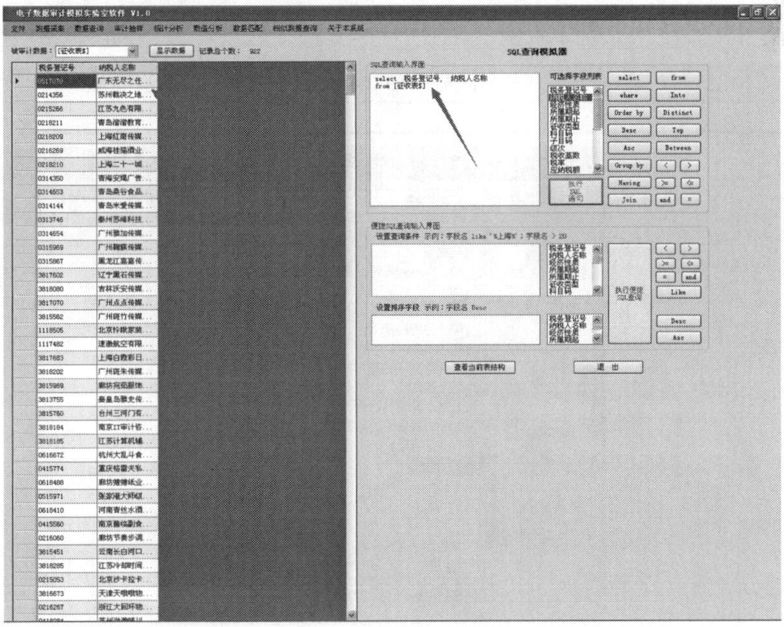

图 5－114　Excel 文件的数据分析示例界面

5.4.1.3　Access 格式数据采集

例 5-14　Access 格式税收征收数据采集

把给定的 Access 格式某税收征收电子数据（文件名为“税收征收.mdb”，数据表名为“征收表”，表结构见本书附录 A 中图 A-1）采集到电子数据审计模拟实验室软件中。

把该 Access 格式某税收征收电子数据采集到电子数据审计模拟实验室软件中的操作过程为：

（1）单击菜单“数据采集”→“Access 数据库”，如图 5-115 所示，进入“打开”界面，如图 5-116 所示。

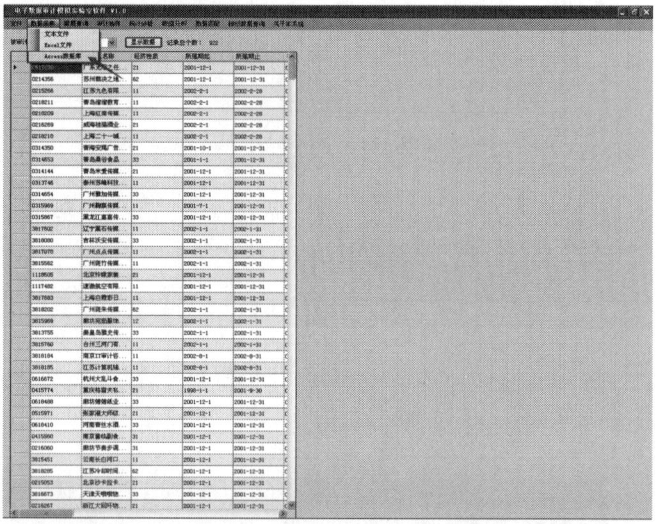

图 5-115　Access 数据库文件采集功能

图 5-116　Access 数据库文件采集选择界面

（2）在“打开”界面，选择需要采集的 Access 文件，如图 5－116 所示。

（3）在图 5－116 中单击“打开”按钮，完成 Access 数据库文件数据采集，如图 5－117 所示。

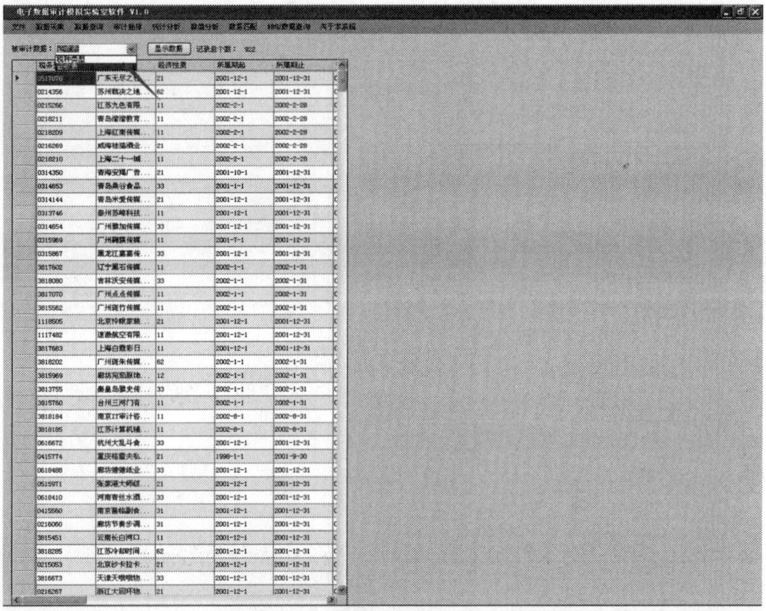

图 5－117　采集完 Access 数据库文件后的软件界面

（4）在图 5－117 中选择需要显示的数据表，单击“显示数据”按钮，查看所采集的 Access 数据库文件数据，如图 5－118 所示。

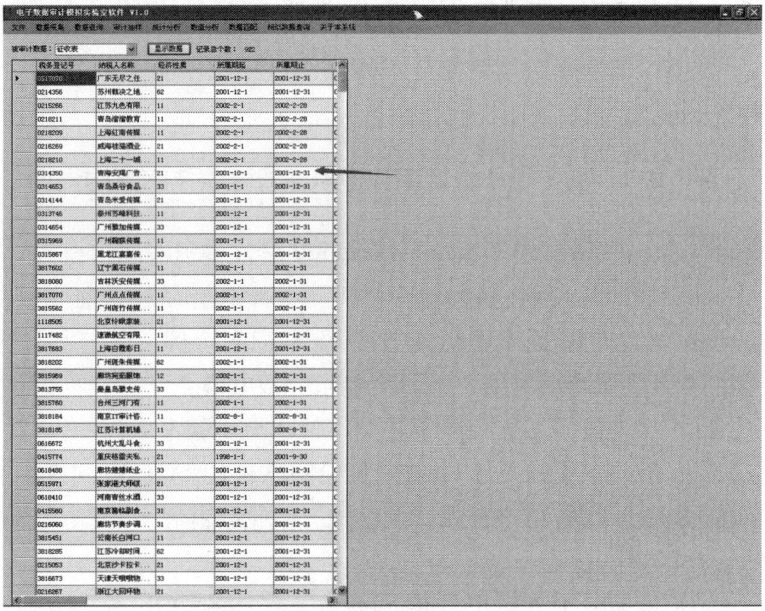

图 5－118　Access 数据显示界面

（5）在图 5－118 中可对采集到的数据进行相关的数据分析操作，如图 5－119 所示。

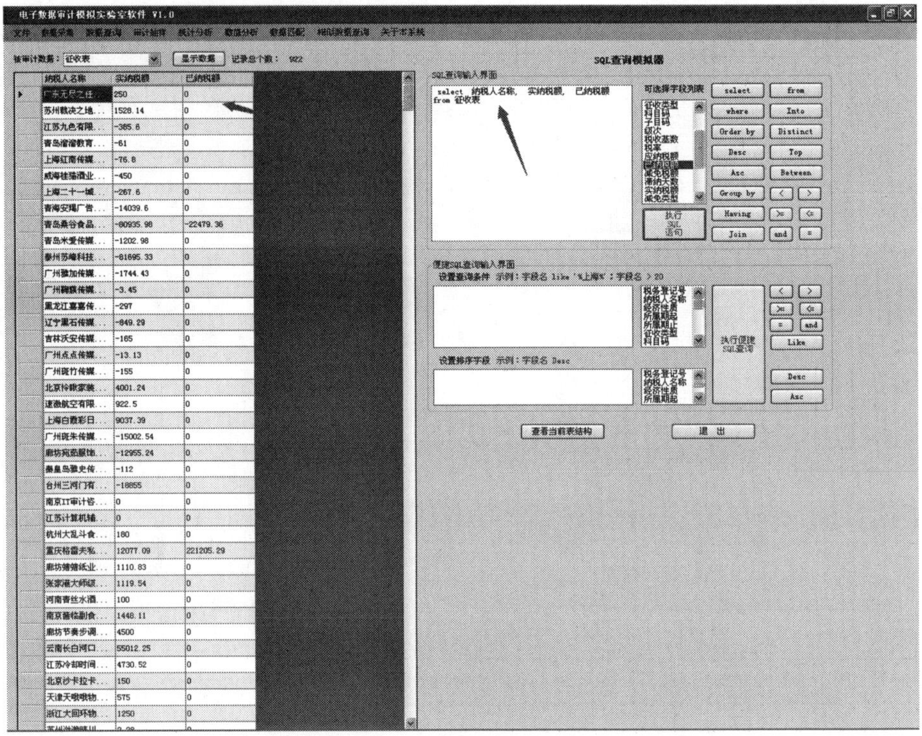

图 5－119　Access 数据库文件数据分析示例界面

5.4.2　基于电子数据审计模拟实验室软件的审计数据分析

本节以实例介绍如何在电子数据审计模拟实验室软件中对采集到的电子数据进行分析。

5.4.2.1　基于电子数据审计模拟实验室软件的数据查询

例 5－15　数据查询方法在税收征收数据分析中的应用

以给定的某税收征收电子数据（文件名为“税收征收 .mdb”，数据表名为“征收表”，表结构见本书附录 A 中图 A－1）为例，假定所有纳税人税款滞纳天数超过 10 天均属超期滞纳，按以下要求完成实验：

（1）将该数据采集到电子数据审计模拟实验室软件中。

（2）借助电子数据审计模拟实验室软件的 SQL 查询模拟功能，编写 SQL 语句检查税收征收数据中有无“负纳税”数据，并将分析结果保存到名为“负纳税”的 Excel 文件中。

（3）借助电子数据审计模拟实验室软件的 SQL 查询模拟功能，编写 SQL 语句检查税收征收数据中有无“超期滞纳”数据，并将分析结果保存到名为“超期滞纳”的 Excel 文件中。

要检查税收征收数据中有无“负纳税”数据和“超期滞纳”数据，只需在某一分析工具中执行相应的 SQL 查询语句即可。

● 检查税收征收数据中有无“负纳税”数据，其 SQL 语句如下：

```
SELECT *
FROM 征收表
WHERE 实纳税额 < 0;
```

通过运行以上 SQL 语句，可以很容易地查找出税收征收数据中的“负纳税”数据。

● 检查税收征收数据中有无“超期滞纳”数据，其 SQL 语句如下：

```
SELECT *
FROM 征收表
WHERE 滞纳天数 > 10;
```

通过运行以上 SQL 语句，可以很容易地查找出税收征收数据中的“超期滞纳”数据。

下面分别介绍如何采用电子数据审计模拟实验室软件来执行以上 SQL 语句，并获得相应的查询结果。

假设该数据已被采集到电子数据审计模拟实验室软件中。在电子数据审计模拟实验室软件中查找出税收征收数据中“负纳税”数据的操作过程为：

（1）单击菜单“数据查询”→“SQL 查询模拟器”，如图 5-120 所示，则打开 SQL 查询模拟器，出现如图 5-121 所示的界面。

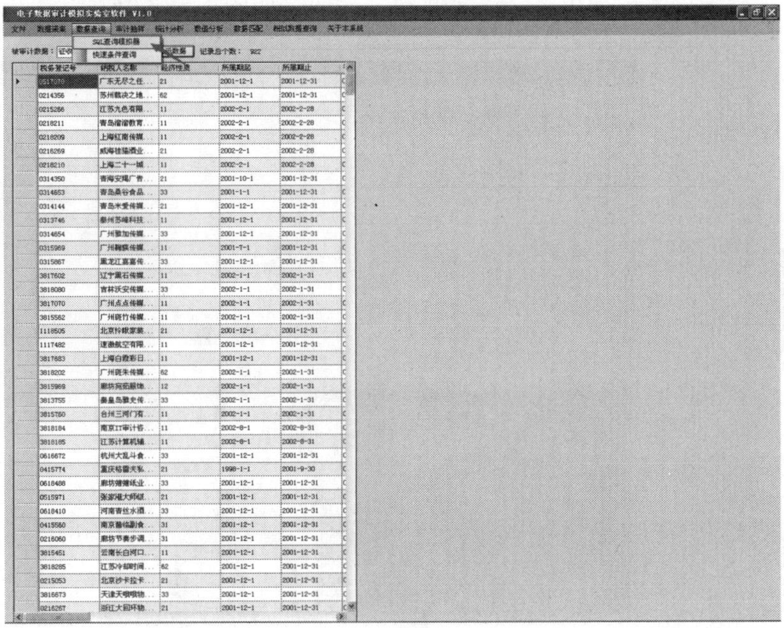

图 5-120　电子数据审计模拟实验室软件的 SQL 查询模拟器功能菜单

（2）在图5－121所示的SQL查询模拟器输入界面中输入以上SQL语句，或借助SQL查询模拟器语句功能区中的SQL语句关键词生成以上SQL语句，如图5－121所示。

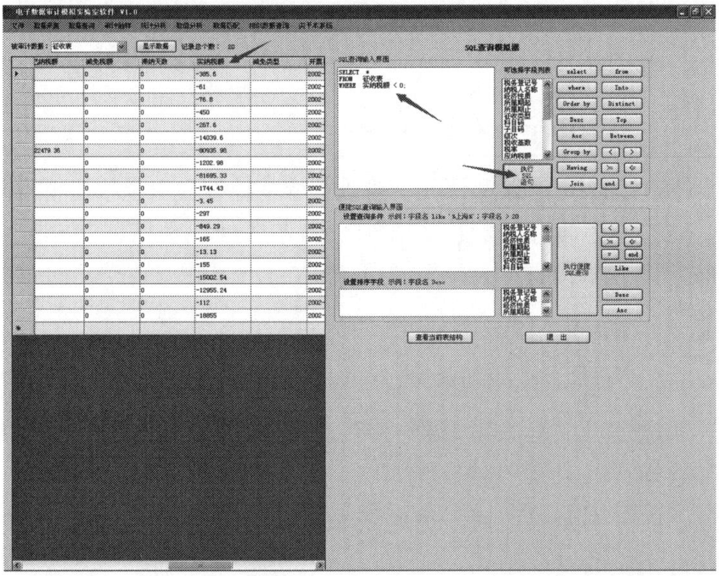

图5－121　负纳税分析结果示例界面

（3）在图5－121中单击“执行SQL语句”按钮，运行以上SQL语句，可以很容易地查找出税收征收数据中的“负纳税”数据。其查询结果如图5－121所示。

（4）单击菜单“文件”→“分析结果导出”→“Excel格式”，如图5－122所示，则进入“导出Excel文件到”界面，如图5－123所示。

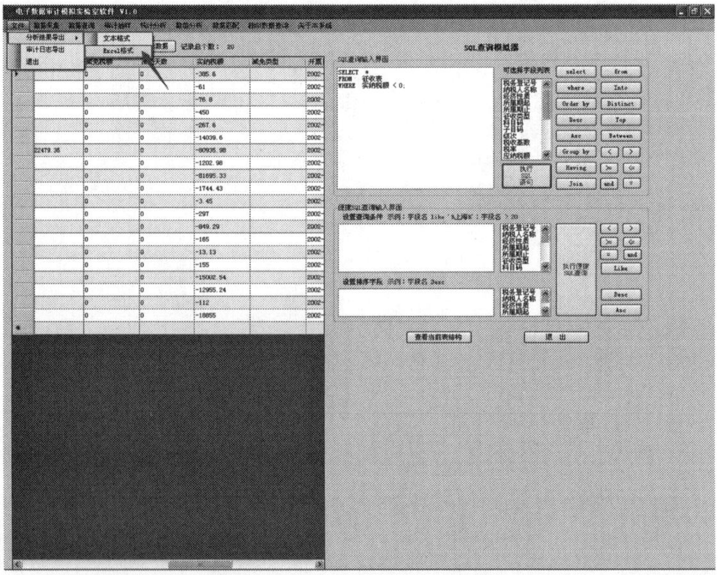

图5－122　电子数据审计模拟实验室软件的Excel格式分析结果导出菜单

图 5-123　负纳税分析结果导出界面

（5）在“导出 Excel 文件到”界面中选择文件保存路径，并将导出的 Excel 文件命名为“负纳税”，如图 5-123 所示。按照系统提示完成导出的 Excel 格式的“负纳税”分析结果的保存。

（6）打开导出的“负纳税”分析结果 Excel 文件，其界面如图 5-124 所示。

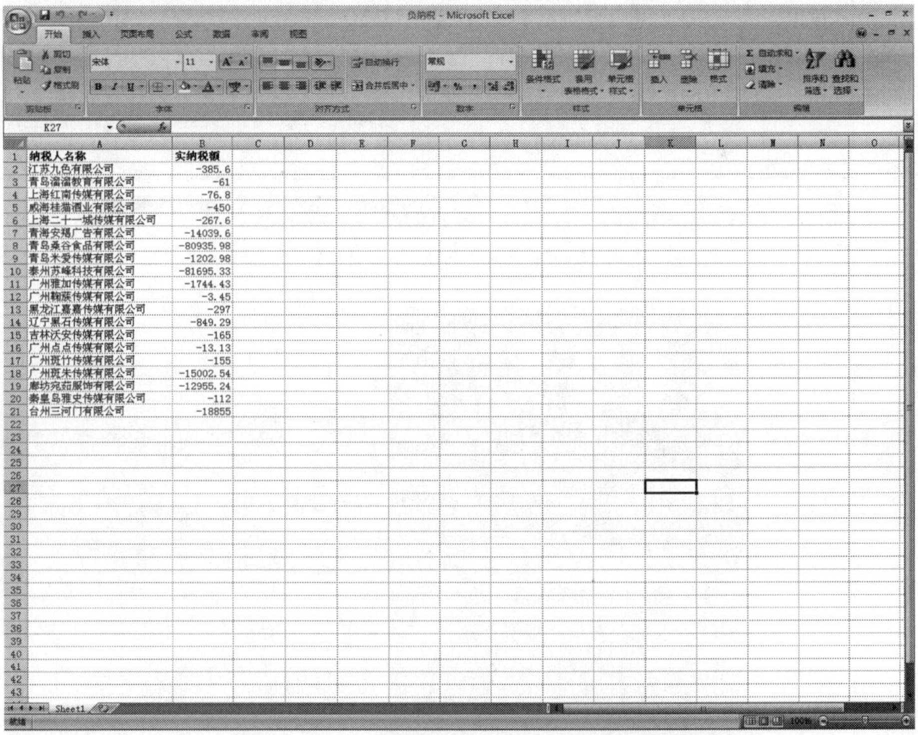

图 5-124　导出的 Excel 格式的负纳税分析结果示例

（7）同理，在电子数据审计模拟实验室软件中单击“显示数据”命令按钮，刷新被分析数据。然后在 SQL 查询模拟器中输入相应的 SQL 语句，或借助 SQL

查询模拟器语句功能区中的 SQL 语句关键词生成“超期滞纳”数据分析 SQL 语句，如图 5－125 所示。在图 5－125 中单击“执行 SQL 语句”按钮，运行以上 SQL 语句，即可查找出税收征收数据中的“超期滞纳”数据。其查询结果如图 5－126 所示。

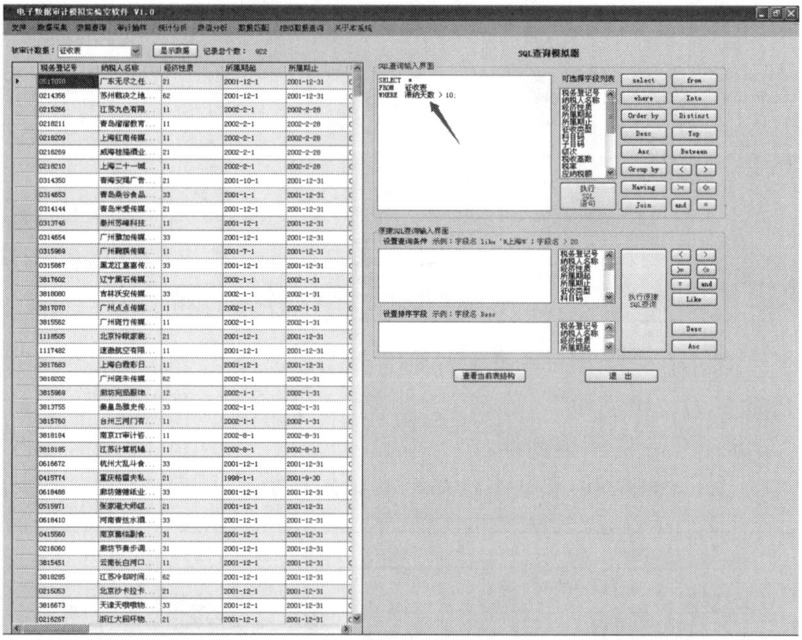

图 5－125 电子数据审计模拟实验室软件的 SQL 查询模拟器操作示例界面

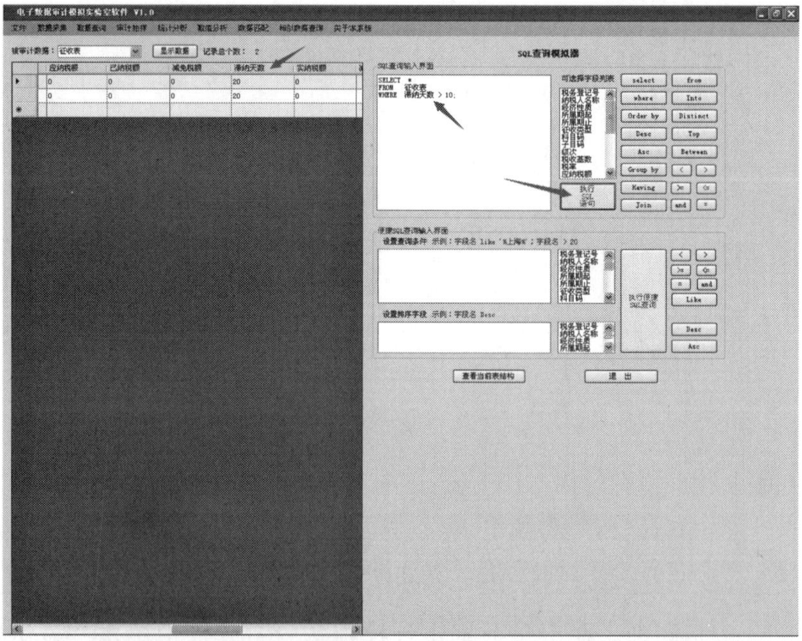

图 5－126 超期滞纳分析结果示例界面

（8）同理，在电子数据审计模拟实验室软件中单击菜单“文件”→“分析结果导出”→“Excel 格式”，按照系统提示，完成导出的“超期滞纳”的 Excel 文件的保存。

前面以一个简单的例子介绍了数据查询功能的使用。通过构建一些复杂的 SQL 语句，我们可以完成一些复杂的查询。下面以另一个实例来介绍数据查询方法的应用。

例 5-16　数据查询方法在失业金发放数据分析中的应用

以给定的某劳动局失业保险数据（文件名为“失业金实际发放数据.mdb”，数据表名为“失业金实际发放表”，表结构见本书附录 A 中图 A-6）为例，按以下要求完成实验：

（1）将该数据采集到电子数据审计模拟实验室软件中。

（2）借助电子数据审计模拟实验室软件的 SQL 查询模拟功能，编写 SQL 语句查找同月重复发放失业金的人员，查找结果包括：身份证号、姓名、发放月份、同月发放次数、发放金额合计，并按同月发放次数降序排列。

（3）将分析结果保存到名为“重复发放失业金分析结果”的 Excel 文件中。

要检查失业金实际发放表中同月重复发放失业金的人员，只需在某一分析工具中执行相应的 SQL 查询语句即可。通过对失业金实际发放表的分析，需要构建的 SQL 语句如下：

```
    SELECT 身份证号,姓名,发放月份,count(*) AS 同月发放次数,
sum(合计) AS 发放合计
    FROM 失业金实际发放表
    GROUP BY 身份证号,姓名,发放月份
    HAVING count(*)>=2
    ORDER BY count(*) DESC;
```

通过运行以上 SQL 语句，可以很容易地查找出失业金实际发放表中同月重复发放失业金的人员。

采用电子数据审计模拟实验室软件进行分析的操作过程如下：

（1）假设该数据已被采集到电子数据审计模拟实验室软件中，如图 5-127 所示。

（2）单击菜单“数据查询”→“SQL 查询模拟器”，如图 5-128 所示，则打开 SQL 查询模拟器，出现如图 5-129 所示的界面。

（3）在图 5-129 中输入以上 SQL 语句，或借助 SQL 查询模拟器语句功能区中的 SQL 语句关键词生成以上 SQL 语句，如图 5-130 所示。

（4）在图 5-130 中单击“执行 SQL 语句”按钮，运行以上 SQL 语句，可以很容易地查找出失业保险数据中的重复发放失业金分析结果数据。其查询结果如图 5-130 所示。

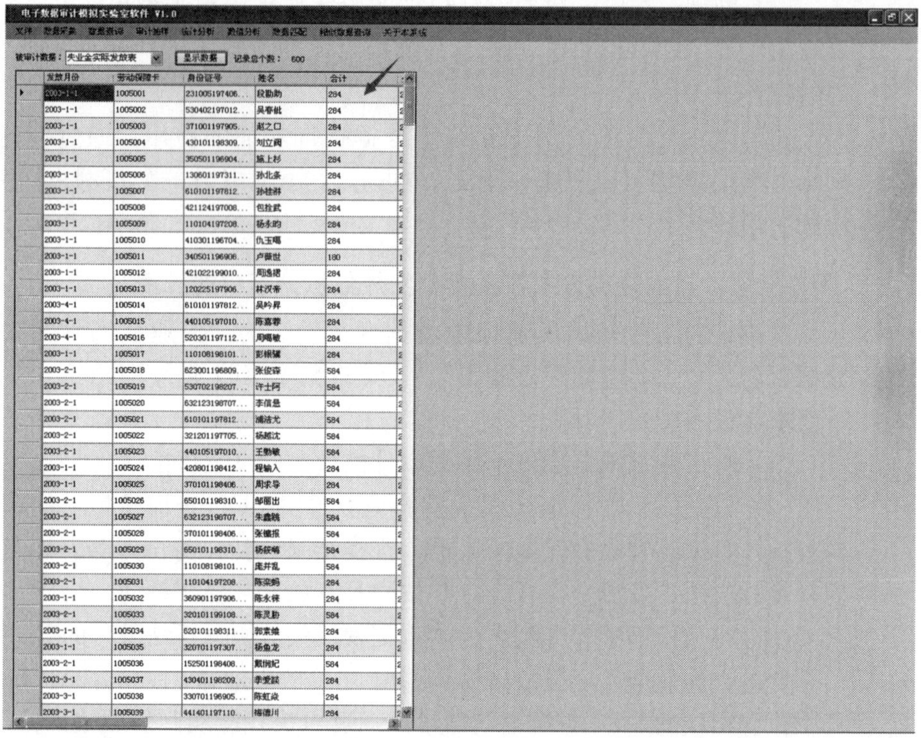

图 5-127　采集完失业保险数据的电子数据审计模拟实验室软件界面

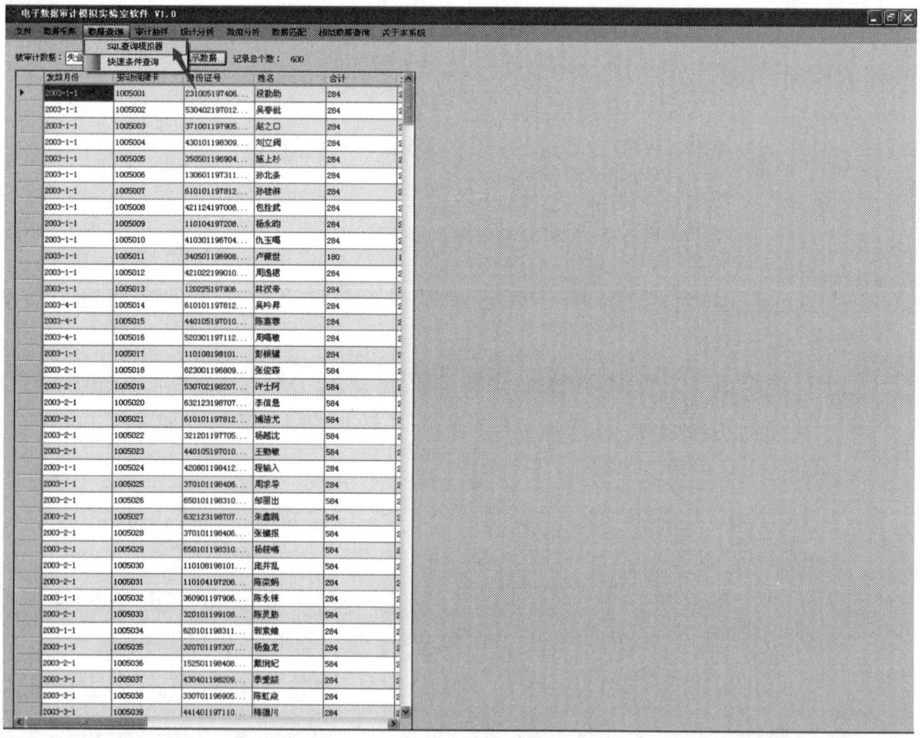

图 5-128　电子数据审计模拟实验室软件的 SQL 查询模拟器菜单

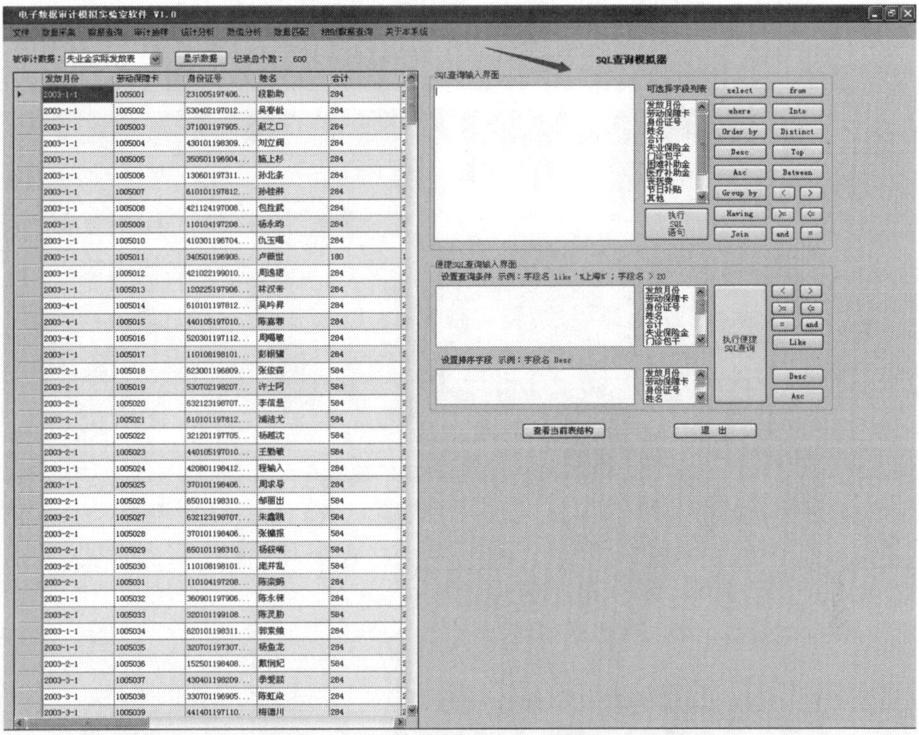

图 5-129　电子数据审计模拟实验室软件的 SQL 查询模拟器操作界面

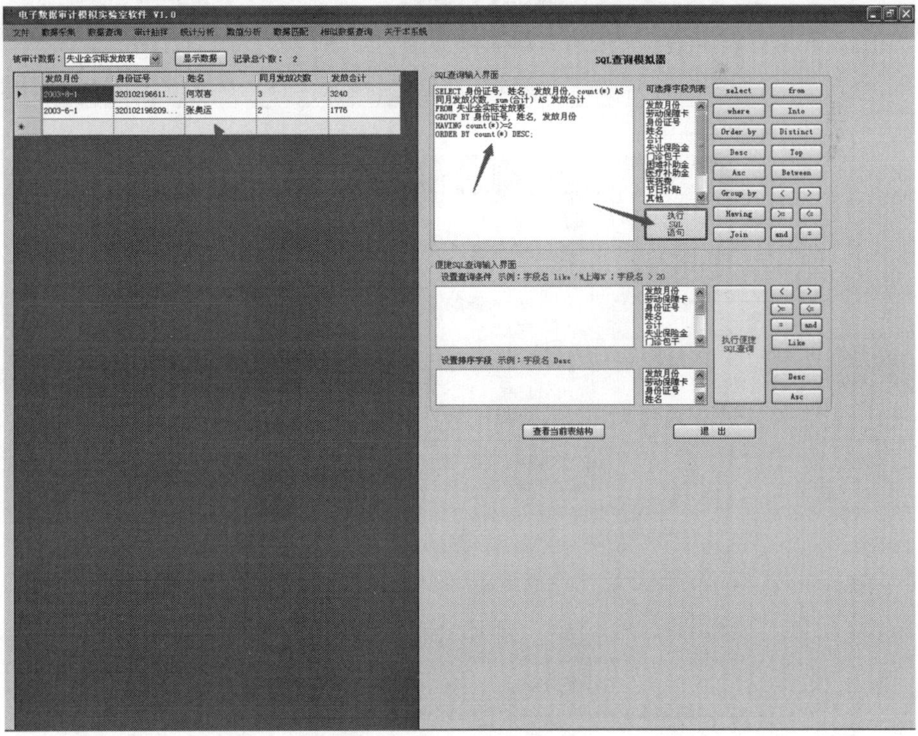

图 5-130　重复发放失业金分析结果界面

（5）单击菜单“文件”→“分析结果导出”→“Excel 格式”，如图 5－131 所示，则进入“导出 Excel 文件到”界面，如图 5－132 所示。

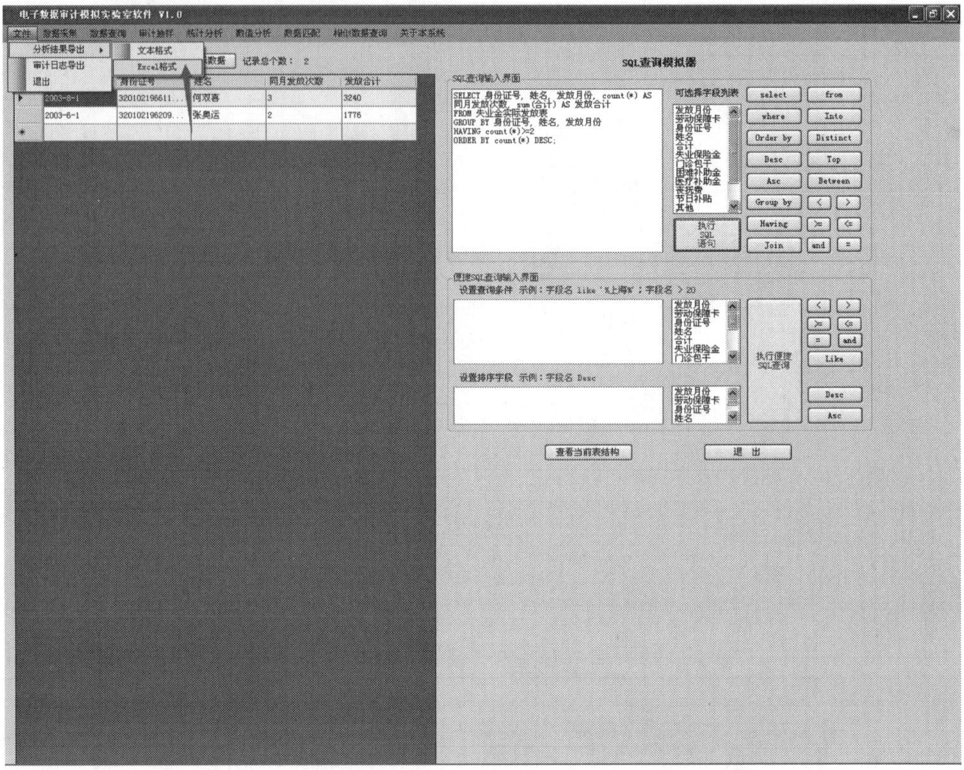

图 5－131　电子数据审计模拟实验室软件的 Excel 格式分析结果导出菜单

图 5－132　重复发放失业金分析结果导出保存设置示例界面

(6) 在“导出 Excel 文件到”界面中选择文件保存路径，并将导出的 Excel 文件命名为“重复发放失业金分析结果”，如图 5-132 所示。按照系统提示完成导出 Excel 文件的保存。

(7) 打开导出的 Excel 格式的“重复发放失业金分析结果”文件，其界面如图 5-133 所示。

图 5-133 导出的 Excel 格式的重复发放失业金分析结果

例 5-17 便捷 SQL 查询方法在税收征收数据分析中的应用

电子数据审计模拟实验室软件的便捷 SQL 查询功能只需要用户输入查询条件，便可执行相应的查询。下面分别以实例进行介绍。

以给定的某税收征收电子数据（文件名为“税收征收. mdb”，数据表名为“征收表”，表结构见本书附录 A 中图 A-1）为例，假定所有纳税人税款滞纳天数超过 10 天均属超期滞纳，按以下要求完成实验：

(1) 将该数据采集到电子数据审计模拟实验室软件中。

(2) 借助电子数据审计模拟实验室软件的便捷 SQL 查询功能，检查税收征收数据中有无“超期滞纳”数据。

(3) 借助电子数据审计模拟实验室软件的便捷 SQL 查询功能，检查税收征收数据中有无“负纳税”数据，并将查询结果按“实纳税额”降序排列。

(4) 借助电子数据审计模拟实验室软件的便捷 SQL 查询功能，检查税收征收数据“纳税人名称”字段中含有“广州”的数据。

假设该数据已被采集到电子数据审计模拟实验室软件中。在电子数据审计模拟实验室软件中应用便捷 SQL 查询模拟功能的操作过程为：

(1) 单击菜单“数据查询”→“SQL 查询模拟器”，如图 5-134 所示，则打开 SQL 查询模拟器，出现如图 5－135 所示的界面。

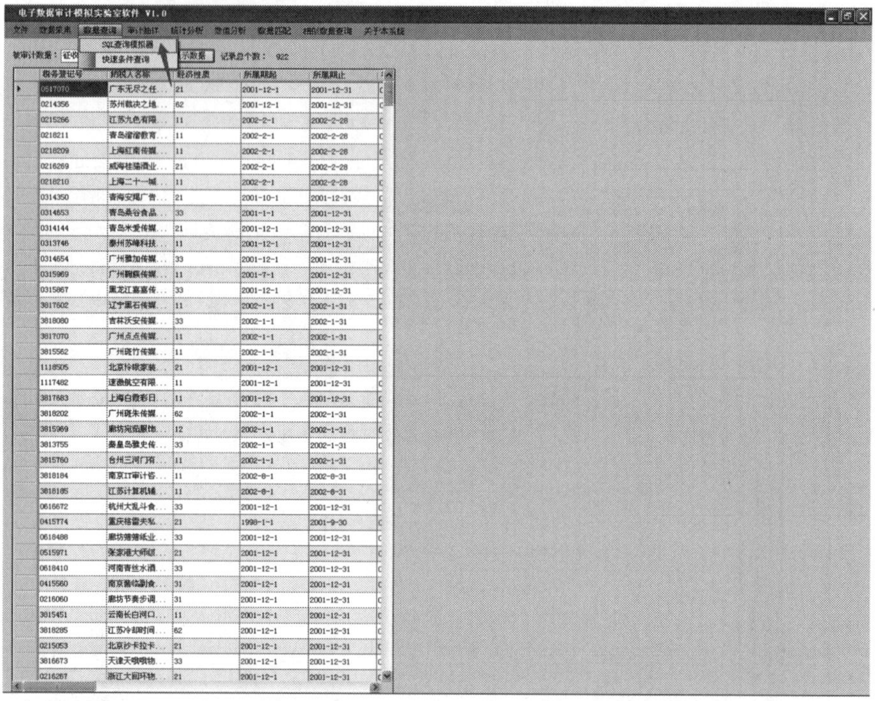

图 5－134　电子数据审计模拟实验室软件的 SQL 查询模拟器功能菜单

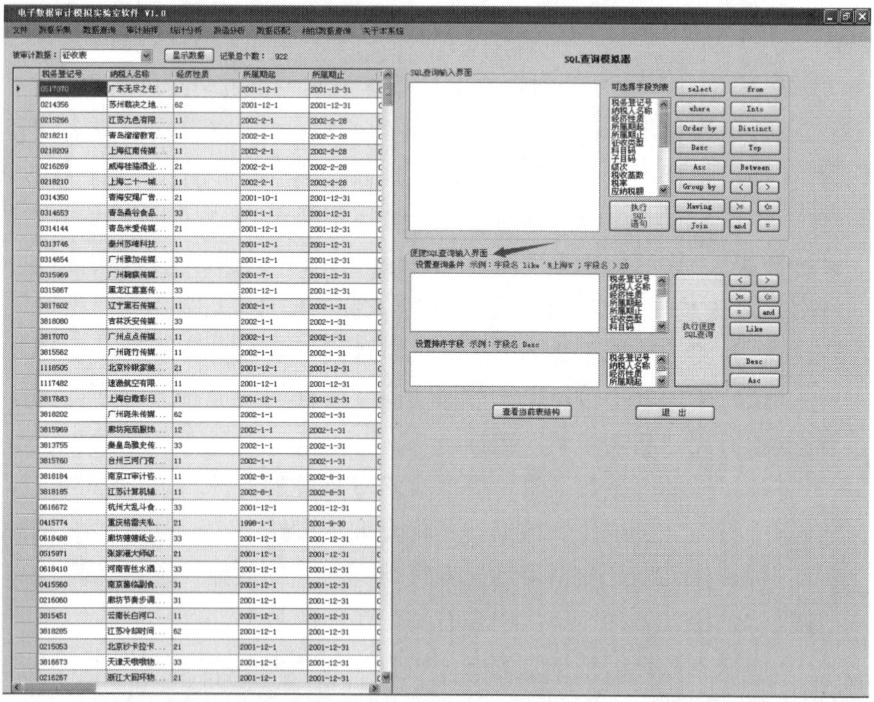

图 5－135　电子数据审计模拟实验室软件的便捷 SQL 查询操作界面

（2）在图 5－135 所示的“便捷 SQL 查询输入界面”中输入查询条件（或借助该界面上的相关命令按钮和下拉框输入查询条件），即“滞纳天数 ＞ 10”，如图 5－136 所示。然后在图 5－136 中单击“执行便捷 SQL 查询”按钮，运行以上查询条件，可以很容易地查找出税收征收数据中的“超期滞纳”数据。其查询结果如图 5－136 所示。

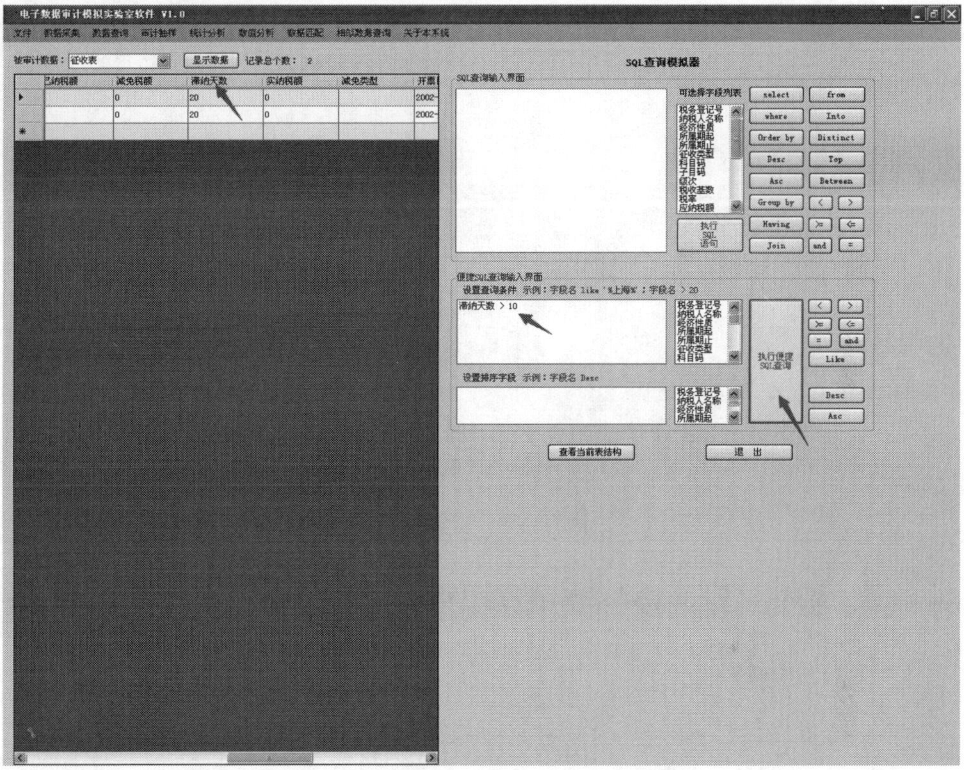

图 5－136　超期滞纳数据分析结果示例界面

（3）在图 5－136 中单击“显示数据”按钮，刷新数据，明确分析的数据对象。然后，在图 5－136 所示的“便捷 SQL 查询输入界面”中输入查询条件（或借助该界面上的相关命令按钮和下拉框输入查询条件），即“实纳税额＜0”且“实纳税额　Desc”，如图 5－137 所示。再在图 5－137 中单击“执行便捷 SQL 查询”按钮，运行以上查询条件，可以很容易地查找出税收征收数据中的“负纳税”数据，且查询结果按实纳税额降序排列。其查询结果如图 5－137 所示。

（4）在图 5－137 中单击“显示数据”按钮，刷新数据，明确分析的数据对象。然后，在图 5－137 所示的“便捷 SQL 查询输入界面”中输入查询条件（或借助该界面上的相关命令按钮和下拉框输入查询条件），即“纳税人名称 Like'%广州%'”，如图 5－138 所示，再在图 5－138 中单击“执行便捷 SQL 查询”按钮，运行以上查询条件，可以很容易地查找出税收征收数据“纳税人名称”字段中含有“广州”的数据。其查询结果如图 5－138 所示。

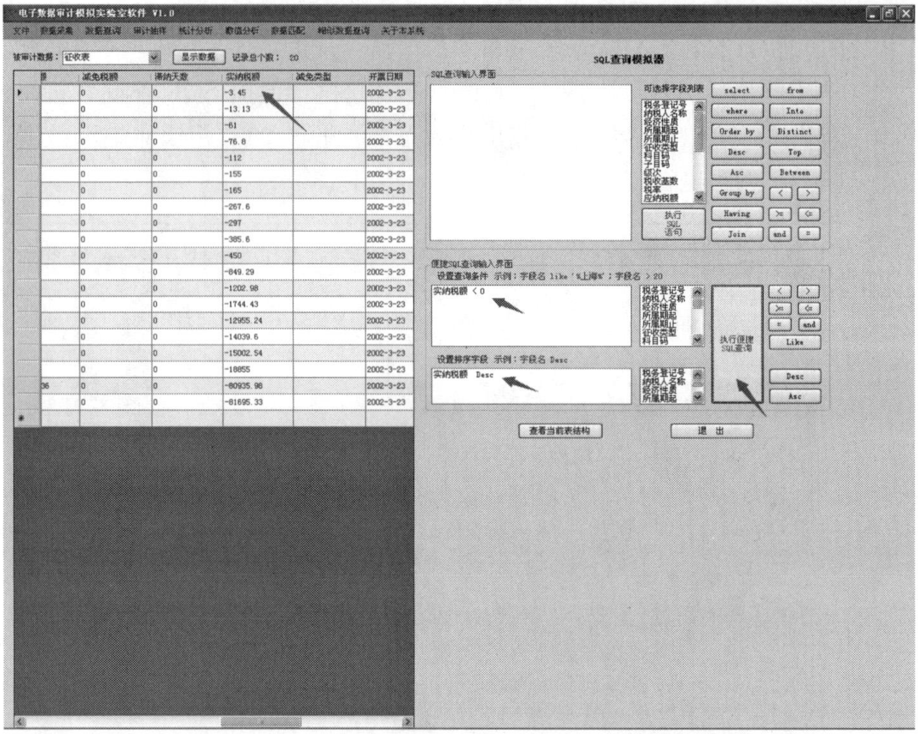

图 5-137 负纳税数据分析结果示例界面

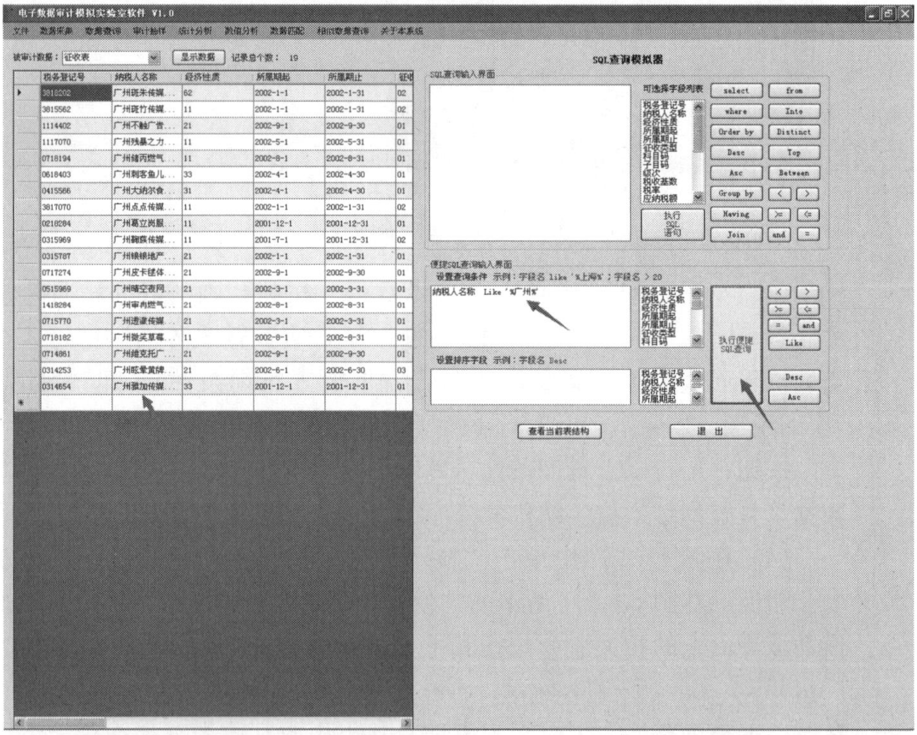

图 5-138 “纳税人名称”字段中含有“广州”的数据分析结果示例界面

例 5-18　快速条件查询功能在税收征收数据分析中的应用

以给定的某税收征收电子数据（文件名为“税收征收.mdb”，数据表名为“征收表”，表结构见本书附录 A 中图 A-1）为例，假定所有纳税人税款滞纳天数超过 10 天均属超期滞纳，按以下要求完成实验：

（1）将该数据采集到电子数据审计模拟实验室软件中。

（2）借助电子数据审计模拟实验室软件的快速条件查询功能，检查税收征收数据“纳税人名称”字段中含有“广州”的数据。

（3）借助电子数据审计模拟实验室软件的快速条件查询功能，检查税收征收数据“纳税人名称”字段中含有“广州”，且“实纳税额”字段在 100～1 000 之间的数据。

（4）借助电子数据审计模拟实验室软件的快速条件查询功能，检查税收征收数据“纳税人名称”字段中含有“广州”，“经济性质”字段中含有“11”，且“实纳税额”字段在 100～1 000 之间的数据。

假设该数据已被采集到电子数据审计模拟实验室软件中。

（1）单击菜单“数据查询”→“快速条件查询”，如图 5-139 所示，进入“快速条件查询”功能主界面，如图 5-140 所示。

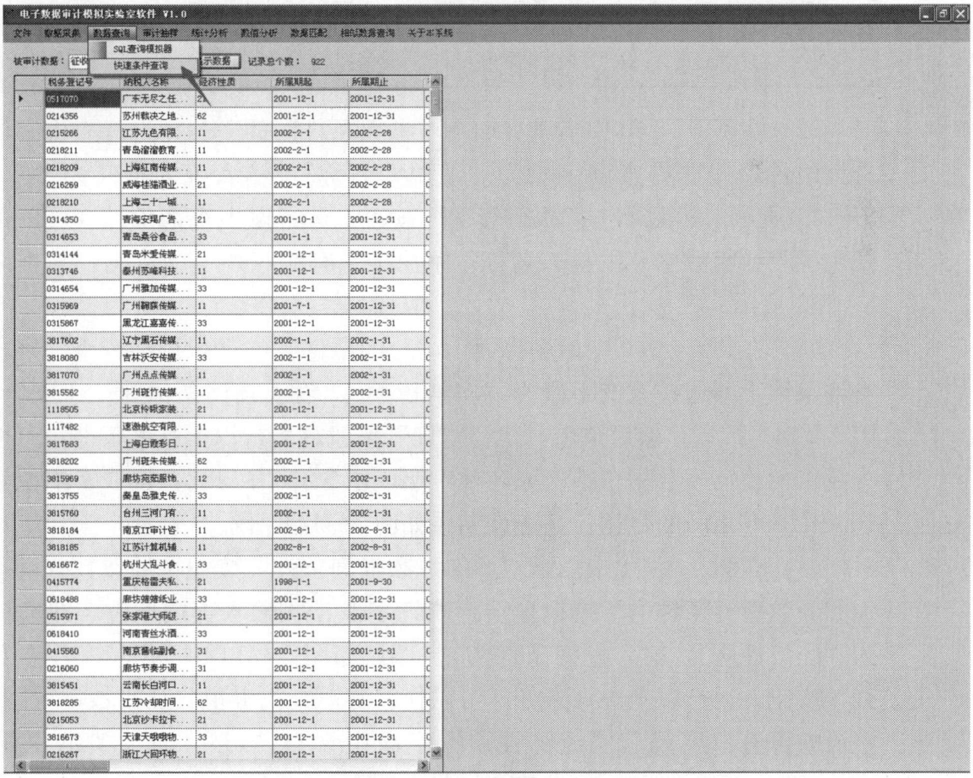

图 5-139　电子数据审计模拟实验室软件的快速条件查询功能菜单

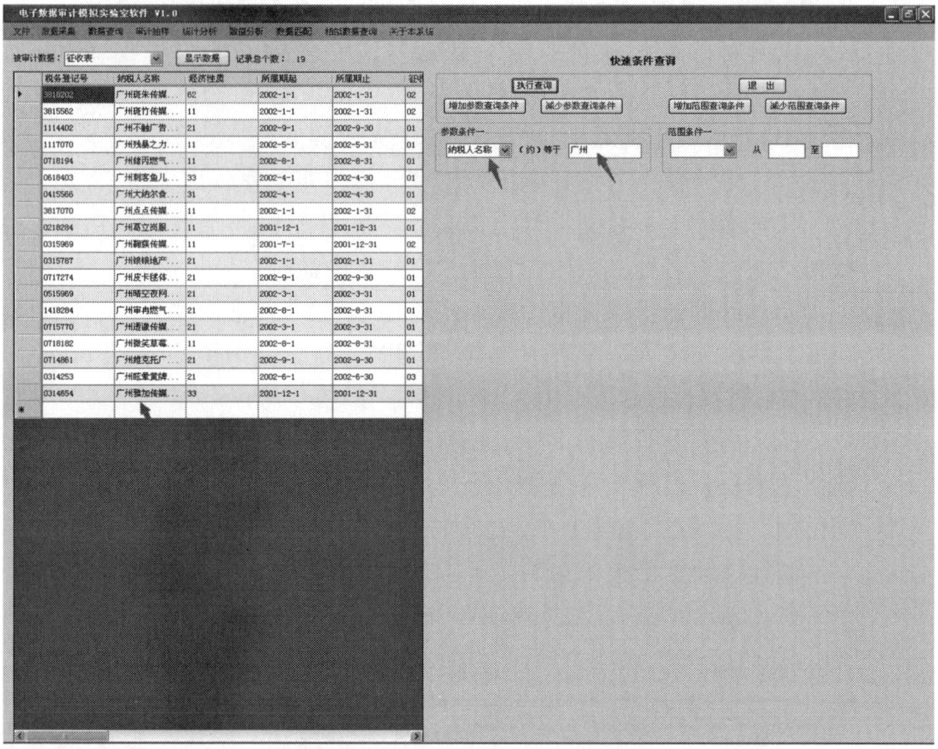

图 5-140 “纳税人名称”字段中含有“广州”的分析示例界面

(2) 在图 5-140 中借助界面上“参数条件”的下拉框选择查询字段，并输入查询条件，即选择查询字段为“纳税人名称”，输入查询条件为“广州”，如图 5-140 所示。然后单击“执行查询”按钮，运行以上查询条件，可以很容易地查找出税收征收数据“纳税人名称”字段中含有“广州”的数据。其查询结果如图 5-140 所示。

(3) 在图 5-140 中借助界面上“范围条件”的下拉框选择查询字段，并输入查询条件，即选择查询字段为“实纳税额”，输入查询条件为从 100 至 1 000，如图 5-141 所示。然后单击“执行查询”按钮，运行以上查询条件，可以很容易地查找出税收征收数据“纳税人名称”字段中含有“广州”，且“实纳税额”字段在 100～1 000 之间的数据。其查询结果如图 5-141 所示。

(4) 在图 5-141 中点击“增加参数查询条件”按钮增加参数查询条件，在增加的参数查询条件的下拉框里选择查询字段，并输入查询条件，即选择查询字段为“经济性质”，输入查询条件为“11”，如图 5-142 所示。然后单击“执行查询”按钮，运行以上查询条件，可以很容易地查找出税收征收数据“纳税人名称”字段中含有“广州”，“经济性质”字段中含有“11”，且“实纳税额”字段在 100～1 000 之间的数据。其查询结果如图 5-142 所示。

(5) 同理，在图 5-142 中通过点击“增加范围查询条件”按钮，可以增加范围查询条件。参数查询条件和范围查询条件分别可以增加到 5 个。

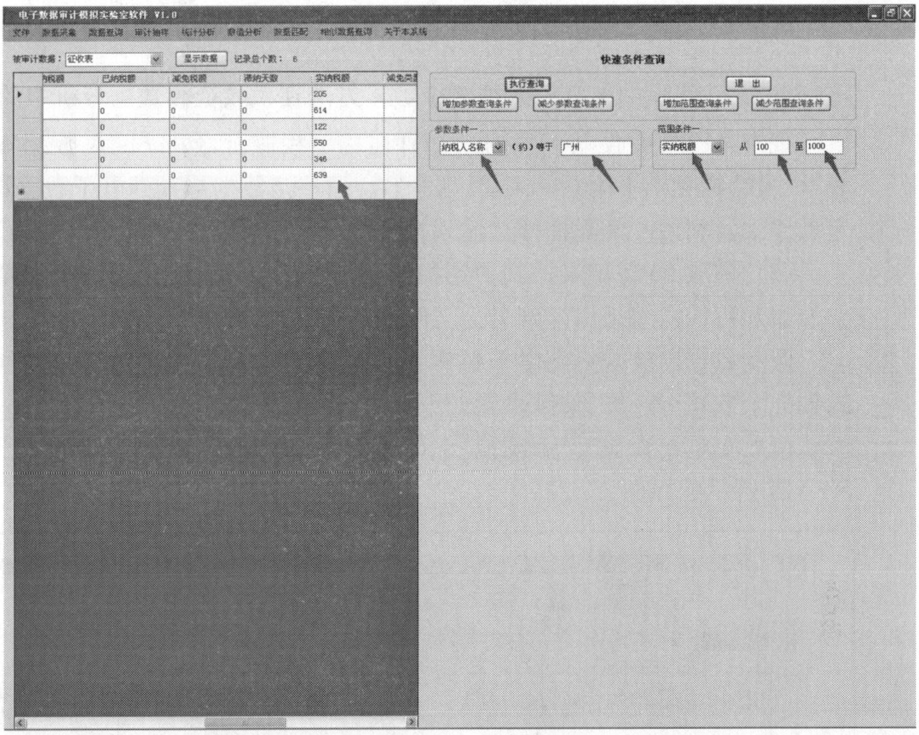

图 5 - 141　一个参数条件和一个范围条件的分析示例界面

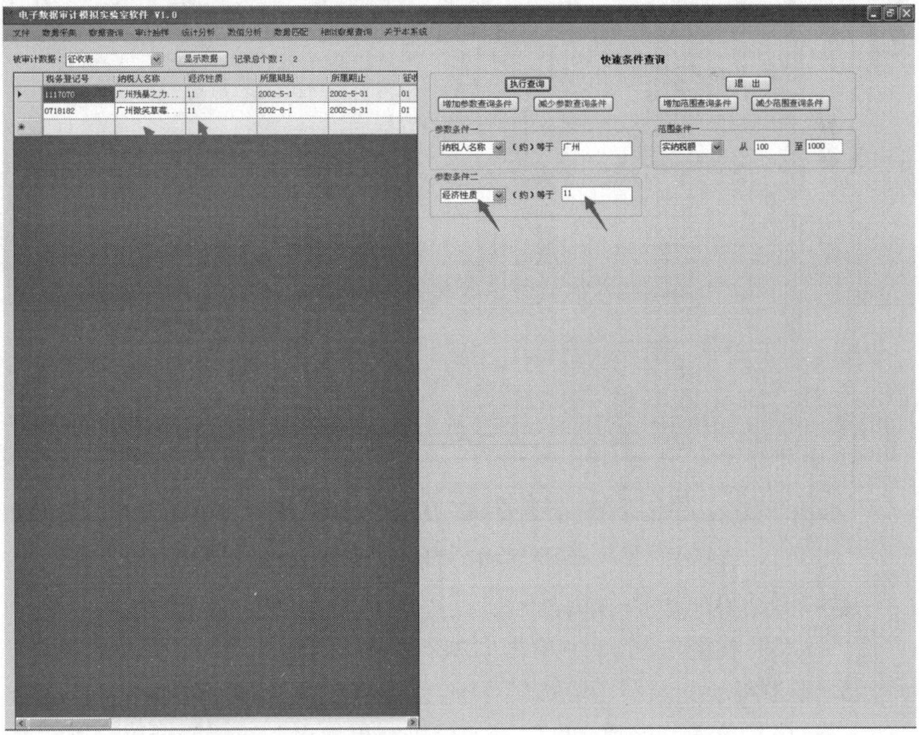

图 5 - 142　两个参数条件和一个范围条件的分析示例界面

5.4.2.2 基于电子数据审计模拟实验室软件的审计抽样

例 5-19 间隔抽样（输入抽样个数）方法在税收征收数据分析中的应用

现有某税收征收电子数据（文件名为“税收征收.mdb”，数据表名为“征收表”，表结构见本书附录 A 中图 A-1）。请将该数据导入到电子数据审计模拟实验室软件中，利用“间隔抽样（输入抽样个数）”功能进行抽样，要求：

(1) 抽取 20 条记录，其中抽样的范围为从第一个到最后一个记录。

(2) 将抽样结果保存到名为“间隔抽样（输入抽样个数）”的 Excel 文件中。

假设数据已被采集到电子数据审计模拟实验室软件中，进行“间隔抽样（输入抽样个数）”操作的关键步骤如下：

(1) 在电子数据审计模拟实验室软件中单击菜单“审计抽样”，出现如图 5-143 所示的界面。

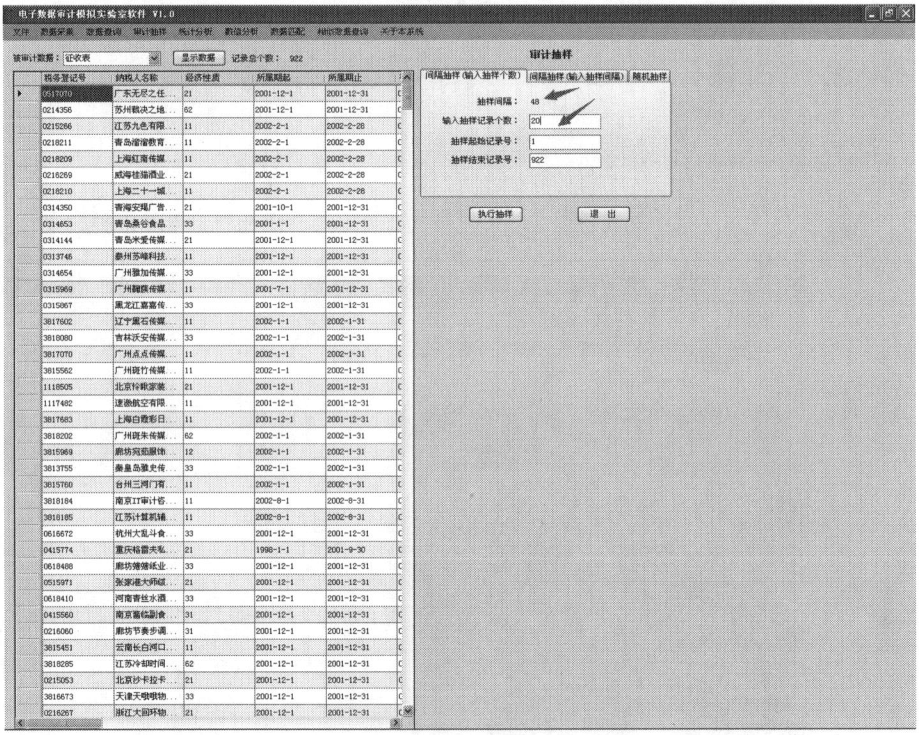

图 5-143 设置后的间隔抽样（输入抽样个数）的参数设置界面

(2) 在图 5-143 中选择间隔抽样（输入抽样个数）选项卡，输入抽样记录个数，其结果如图 5-143 所示。

(3) 在图 5-143 中单击“执行抽样”按钮，完成所需的抽样，其结果如图 5-144 所示。

(4) 单击菜单“文件”→“分析结果导出”→“Excel 格式”，如图 5-145 所示，则进入“导出 Excel 文件到”界面，如图 5-146 所示。

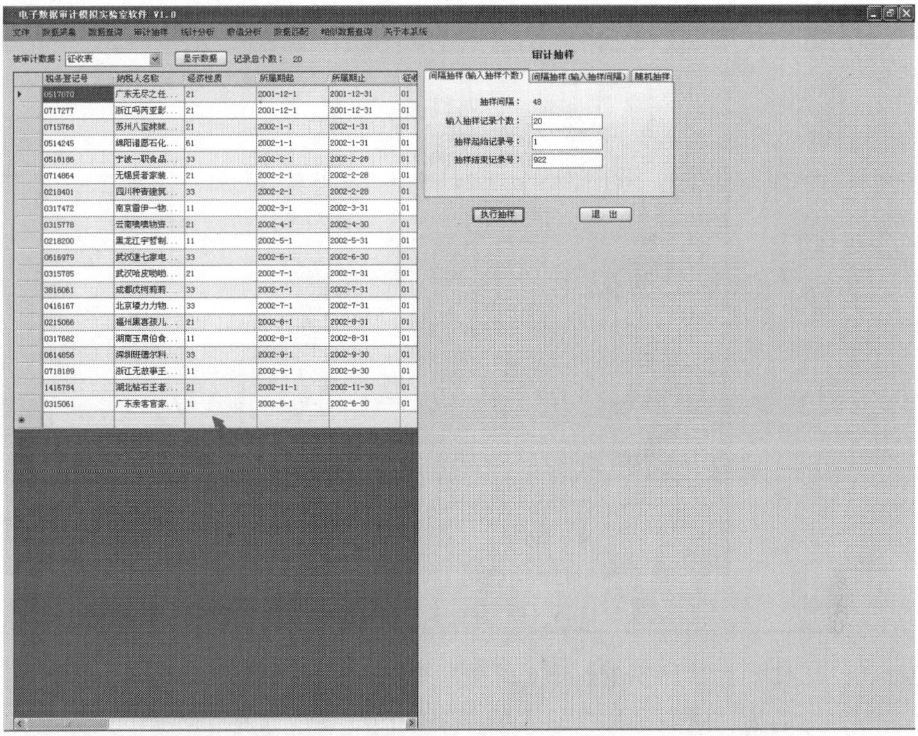

图 5-144　间隔抽样（输入抽样个数）的抽样结果示例界面

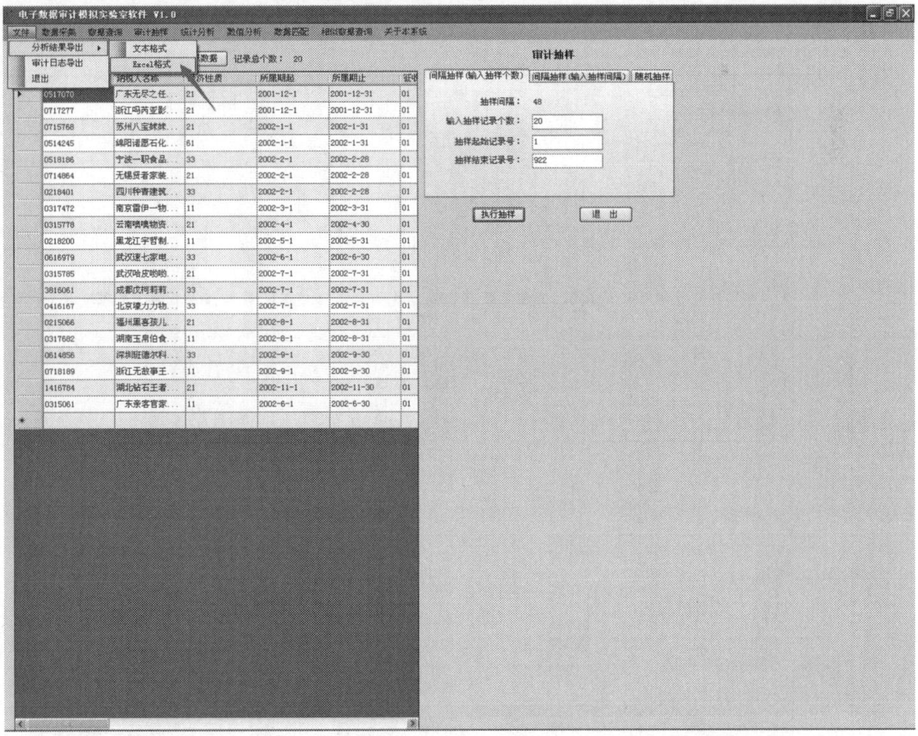

图 5-145　电子数据审计模拟实验室软件的 Excel 格式分析结果导出菜单

图 5－146　间隔抽样（输入抽样个数）结果导出示例界面

（5）在“导出 Excel 文件到”界面中选择文件保存路径，并将导出的 Excel 文件命名为“间隔抽样（输入抽样个数）结果”，如图 5－146 所示。按照系统提示，完成导出 Excel 文件的保存。

（6）打开导出的“间隔抽样（输入抽样个数）结果”Excel 文件，其界面如图 5－147 所示。

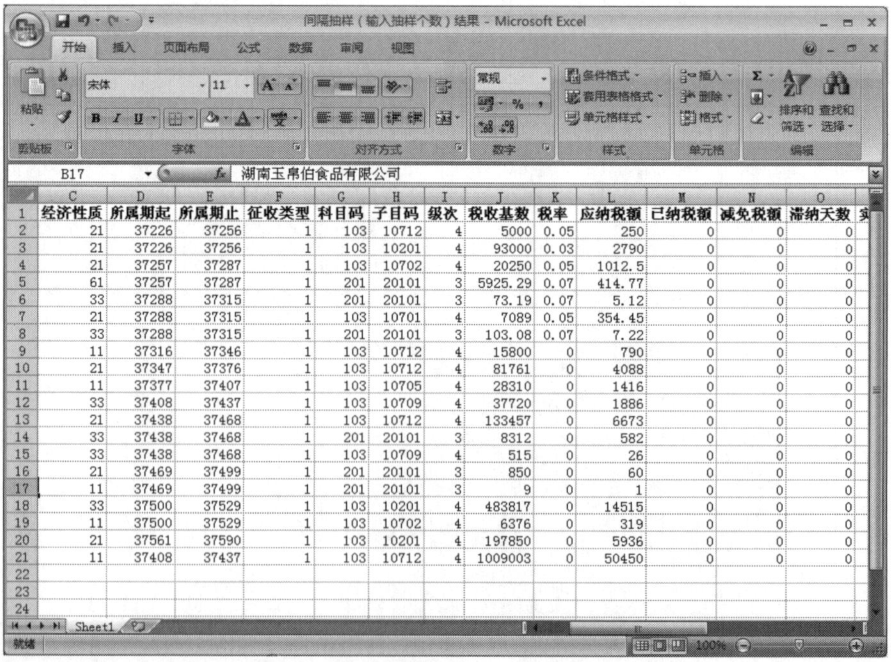

	C	D	E	F	G	H	I	J	K	L	M	N	O
1	经济性质	所属期起	所属期止	征收类型	科目码	子目码	级次	税收基数	税率	应纳税额	已纳税额	减免税额	滞纳天数
2	21	37226	37256	1	103	10712	4	5000	0.05	250	0	0	0
3	21	37226	37256	1	103	10201	4	93000	0.03	2790	0	0	0
4	21	37257	37287	1	103	10702	4	20250	0.05	1012.5	0	0	0
5	61	37257	37287	1	201	20101	3	5925.29	0.07	414.77	0	0	0
6	33	37288	37315	1	201	20101	3	73.19	0.07	5.12	0	0	0
7	21	37288	37315	1	103	10701	4	7089	0.05	354.45	0	0	0
8	33	37288	37315	1	201	20101	3	103.08	0.07	7.22	0	0	0
9	11	37316	37346	1	103	10712	4	15800	0	790	0	0	0
10	21	37347	37376	1	103	10712	4	81761	0	4088	0	0	0
11	11	37377	37407	1	103	10705	4	28310	0	1416	0	0	0
12	33	37408	37437	1	103	10709	4	37720	0	1886	0	0	0
13	21	37438	37468	1	103	10712	4	133457	0	6673	0	0	0
14	33	37438	37468	1	201	20101	3	8312	0	582	0	0	0
15	33	37438	37468	1	103	10709	4	515	0	26	0	0	0
16	21	37469	37499	1	201	20101	3	850	0	60	0	0	0
17	11	37469	37499	1	201	20101	3	9	0	1	0	0	0
18	33	37500	37529	1	103	10201	4	483817	0	14515	0	0	0
19	11	37500	37529	1	103	10702	4	6376	0	319	0	0	0
20	21	37561	37590	1	103	10201	4	197850	0	5936	0	0	0
21	11	37408	37437	1	103	10712	4	1009003	0	50450	0	0	0

图 5－147　导出的 Excel 格式的间隔抽样（输入抽样个数）结果示例

例5-20　间隔抽样（输入抽样间隔）方法在税收征收数据分析中的应用

现有某税收征收电子数据（文件名为“税收征收.mdb”，数据表名为“征收表”，表结构见本书附录A中图A-1)。请将该数据导入到电子数据审计模拟实验室软件中，利用“间隔抽样（输入抽样间隔)”功能进行抽样，要求：

(1) 抽样的间隔为100，其中抽样的范围为从第一个到最后一个记录。

(2) 查看抽样结果，并将抽样结果保存到名为“间隔抽样（输入抽样间隔）结果”的Excel文件中。

利用“间隔抽样（输入抽样间隔)”功能进行抽样操作类似于例5-19。假设数据已被采集到电子数据审计模拟实验室软件中，进行“间隔抽样（输入抽样间隔)”操作的关键步骤如下：

(1) 在电子数据审计模拟实验室软件中单击菜单“审计抽样”，进入“审计抽样”功能界面。

(2) 选择“间隔抽样（输入抽样间隔)”选项卡，输入抽样间隔，抽样的间隔为100。

(3) 单击“执行抽样”按钮，完成所需的抽样。

(4) 单击菜单“文件”→“分析结果导出”→“Excel格式”，可以完成该抽样结果的保存。

例5-21　随机抽样方法在税收征收数据分析中的应用

现有某税收征收电子数据（文件名为“税收征收.mdb”，数据表名为“征收表”，表结构见本书附录A中图A-1)。请将该数据导入到电子数据审计模拟实验室软件中，利用“随机抽样”功能进行抽样，要求：

(1) 抽取10条记录，随机数种子任意，其中抽样的范围为从第一个到最后一个记录。

(2) 查看抽样结果，并将抽样结果保存到名为“随机抽样结果”的Excel文件中。

假设数据已被采集到电子数据审计模拟实验室软件中，进行“随机抽样”操作的关键步骤如下：

(1) 在电子数据审计模拟实验室软件中单击菜单“审计抽样”，进入“审计抽样”功能界面。

(2) 在图5-148中选择“随机抽样”选项卡，输入抽样个数，抽样个数为10，随机数种子取默认值，其设置结果如图5-148所示。

(3) 在图5-148中单击“执行抽样”按钮，完成所需的抽样，其结果如图5-149所示。

(4) 同理，单击菜单“文件”→“分析结果导出”→“Excel格式”，完成随机抽样结果的保存。

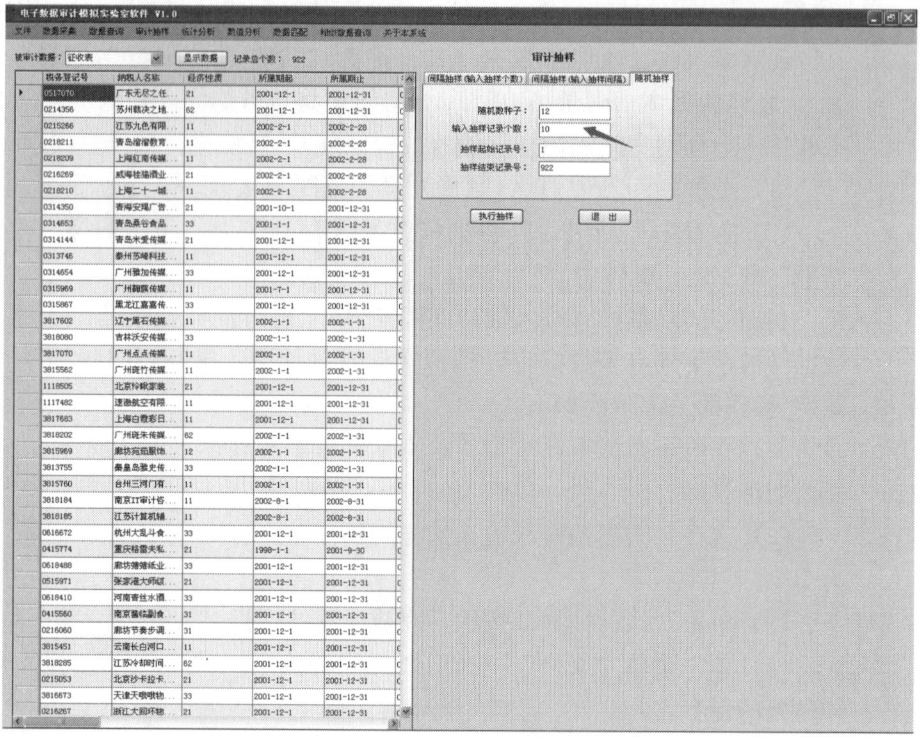

图5-148　设置后的随机抽样的参数设置示例界面

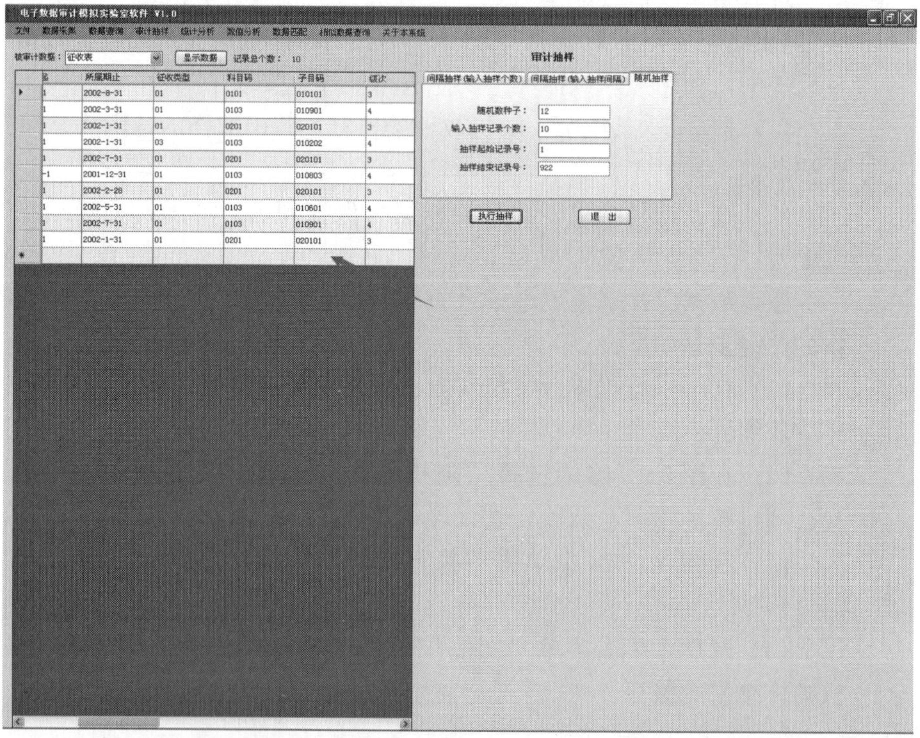

图5-149　随机抽样功能抽样结果示例界面

5.4.2.3　基于电子数据审计模拟实验室软件的统计分析

例 5－22　一般统计方法在税收征收数据分析中的应用

以给定的某税收征收电子数据（文件名为“税收征收 .mdb”，数据表名为“征收表”，表结构见本书附录 A 中图 A－1）为例，利用电子数据审计模拟实验室软件的“一般统计”功能对“实纳税额”字段进行分析。

假设数据已被采集到电子数据审计模拟实验室软件中，进行“一般统计”操作的关键步骤如下：

（1）在电子数据审计模拟实验室软件中，单击菜单“统计分析”→“一般统计”，出现如图 5－150 所示的界面。

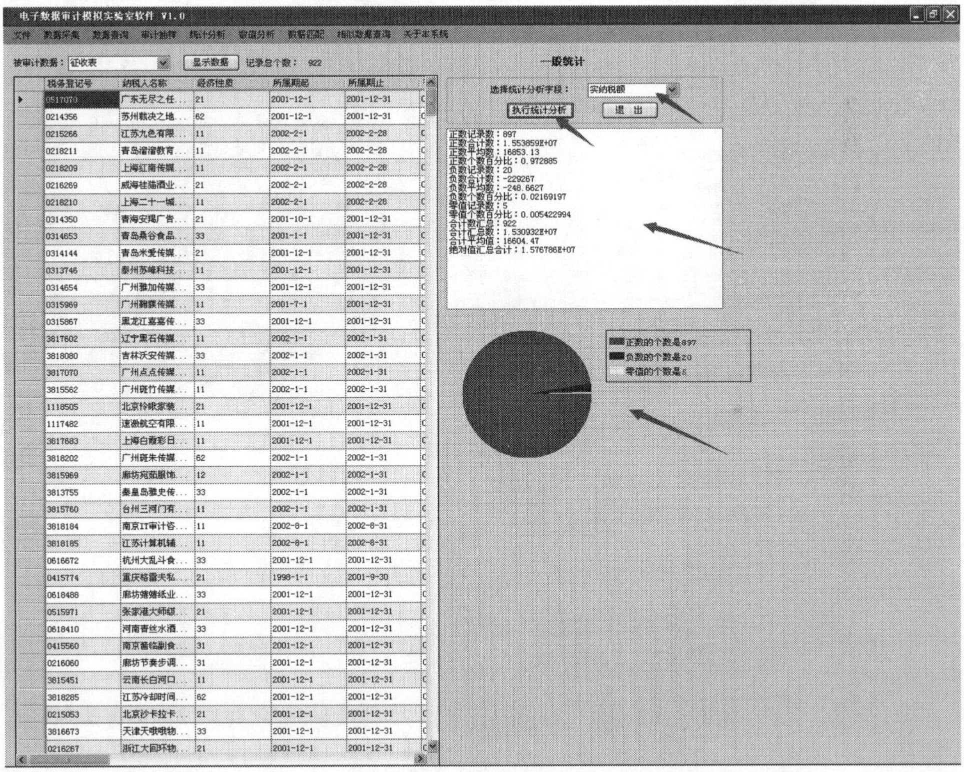

图 5－150　电子数据审计模拟实验室软件一般统计功能分析结果示例

（2）在图 5－150 中选择统计分析字段为“实纳税额”，然后单击“执行统计分析”按钮，完成所选字段的一般统计分析，其结果如图 5－150 所示。

例 5－23　分层分析方法在税收征收数据分析中的应用

现有某税收征收电子数据（文件名为“税收征收. mdb”，数据表名为“征收表”，表结构见本书附录 A 中图 A－1），按要求完成以下实验：

（1）对“实纳税额”字段进行分层分析，其中，分层的下限为 0，上限为

6 000，分层间隔为 1 000。

（2）查看分层结果，并认真体会分层结果的意义。

（3）选择分层结果中的某一层，如“4 000～5 000”，查看该层中的数据，并将该层中的数据保存到名为“分层结果中的某一层数据”的 Excel 文件中。

假设数据已被采集到电子数据审计模拟实验室软件中，进行“分层分析”操作的关键步骤如下：

（1）在电子数据审计模拟实验室软件中，单击菜单“统计分析”→“分层分析”，出现如图 5-151 所示的界面。

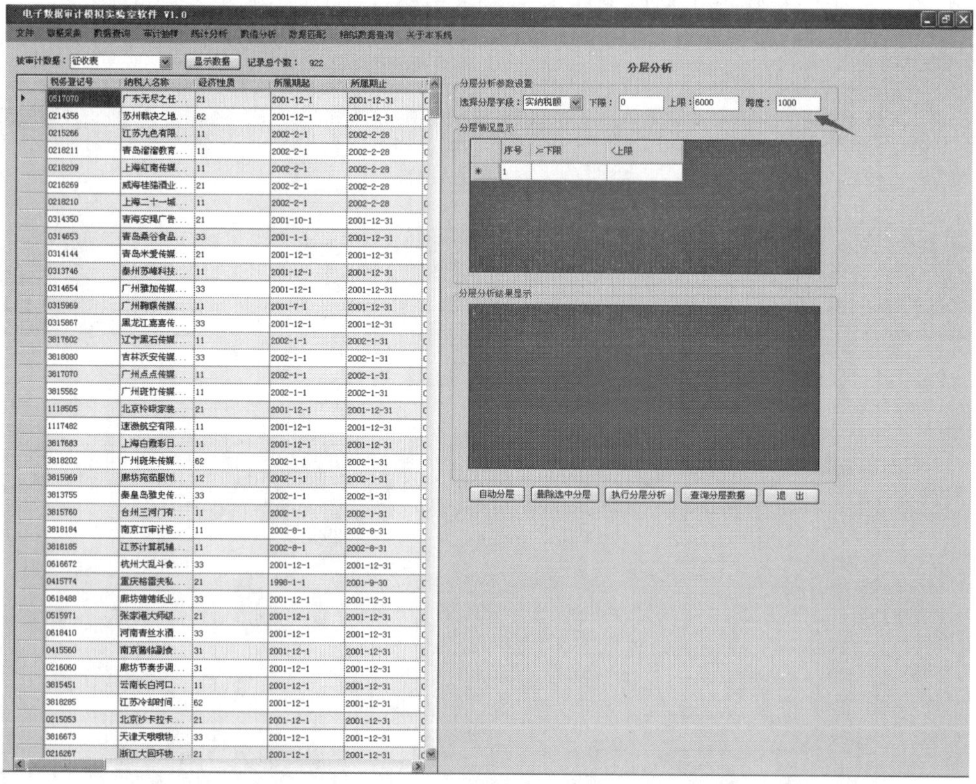

图 5-151　电子数据审计模拟实验室软件分层分析功能设置示例界面

（2）在图 5-151 中进行设置，即将分层字段设置为“实纳税额”，分层的下限为 0，上限为 6 000，分层间隔为 1 000，其设置结果如图 5-151 所示。

（3）在图 5-151 中，单击“自动分层”按钮，系统会根据分层分析的设置自动完成分层，其分层结果如图 5-152 所示。

（4）在图 5-152 中，可以选择自动分层后的某一层，然后单击“删除选中分层”按钮，系统将删除所选中的分层。例如，选取“2 000～3 000”这一分层，然后单击“删除选中分层”按钮，则系统将删除“2 000～3 000”这一分层，其结果示例如图 5-153 所示。

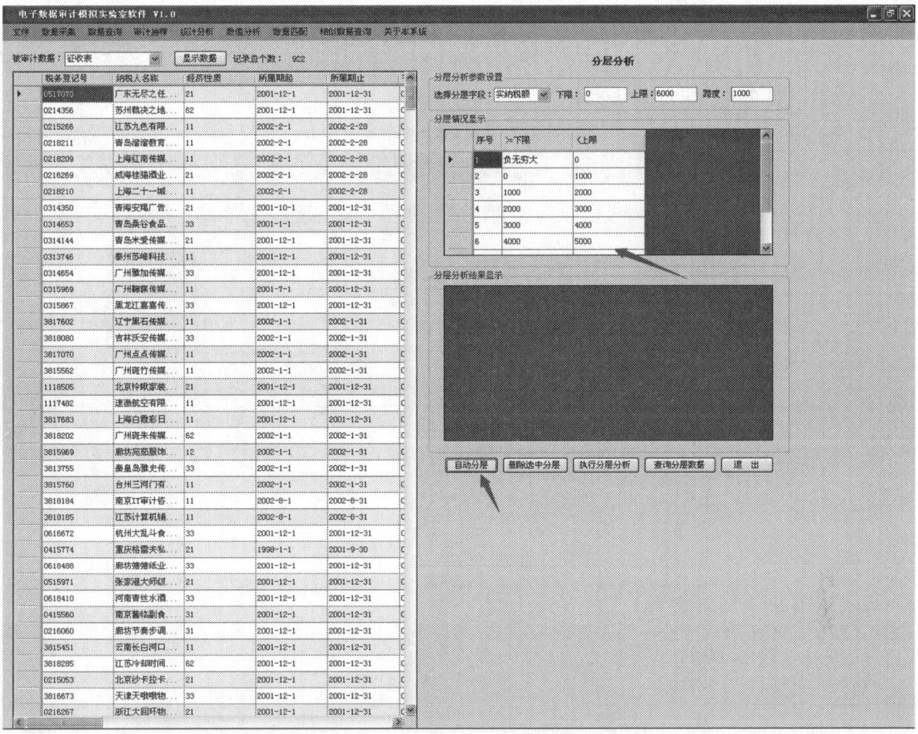

图 5－152　完成分层后的电子数据审计模拟实验室软件分层分析示例界面

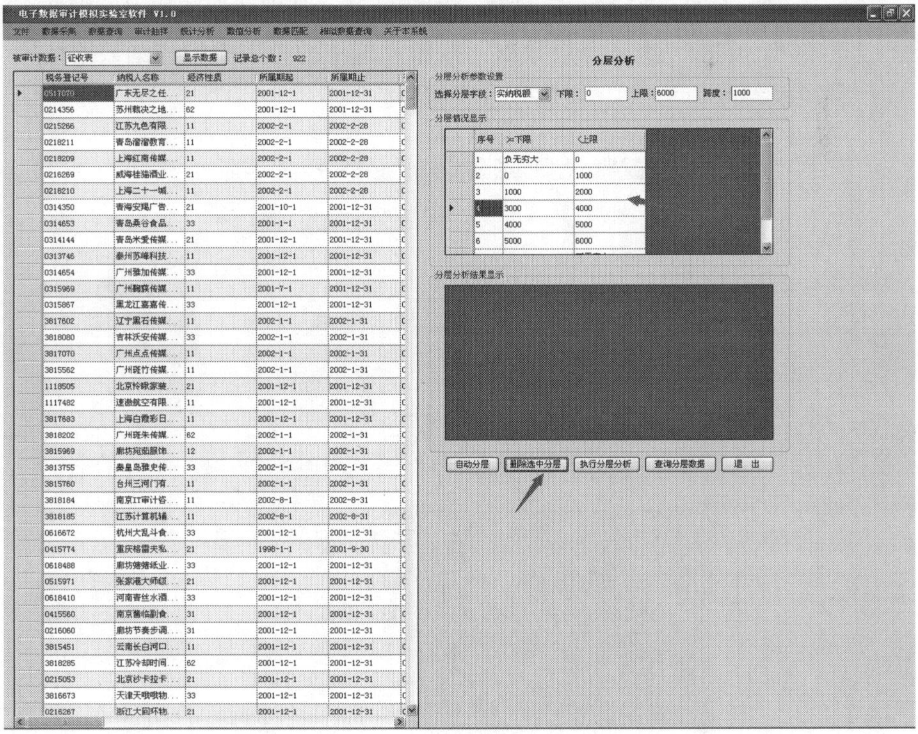

图 5－153　执行删除选中分层后的电子数据审计模拟实验室软件分层分析示例界面

（5）在图5-153中，单击“执行分层分析”按钮，系统会根据分层分析的设置执行分层分析，其分层分析结果示例如图5-154所示。其中，对于已删除的分层，则不会再有分层分析结果。

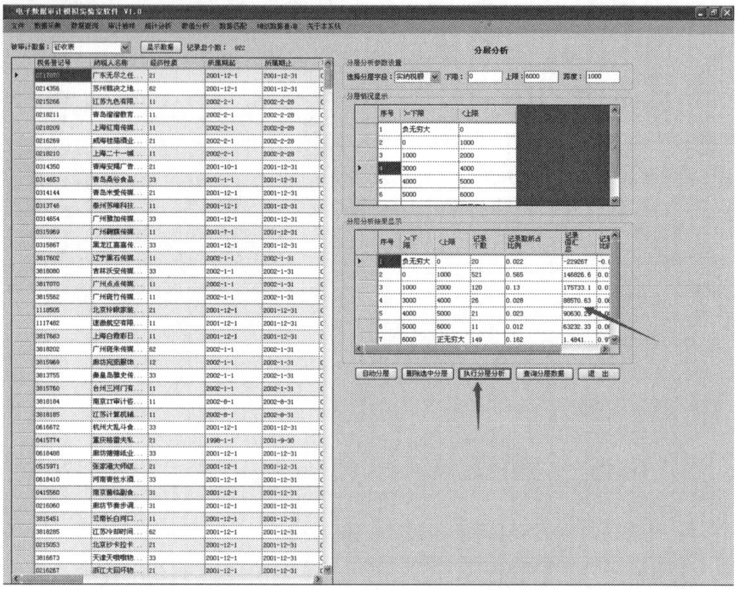

图5-154　分层分析的表格显示结果示例

（6）在图5-154中，选择分层后的某一分层数据，如本例中选择分层“4 000～5 000”，单击“查询分层数据”按钮，选中的分层中的详细数据结果会显示在数据预览及结果显示区，如图5-155所示。

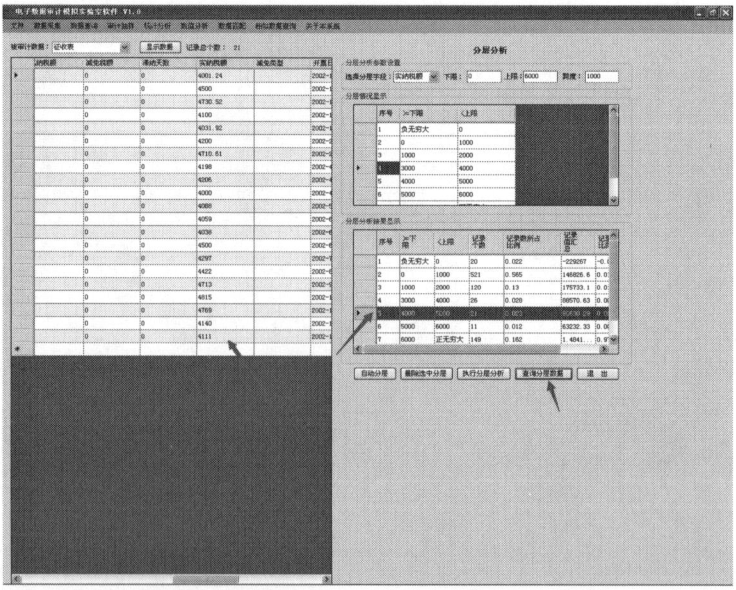

图5-155　查询某分层中的数据操作示例

（7）单击菜单“文件”→“分析结果导出”→“Excel 格式”，如图 5-156 所示，则进入“导出 Excel 文件到”界面，如图 5-157 所示。

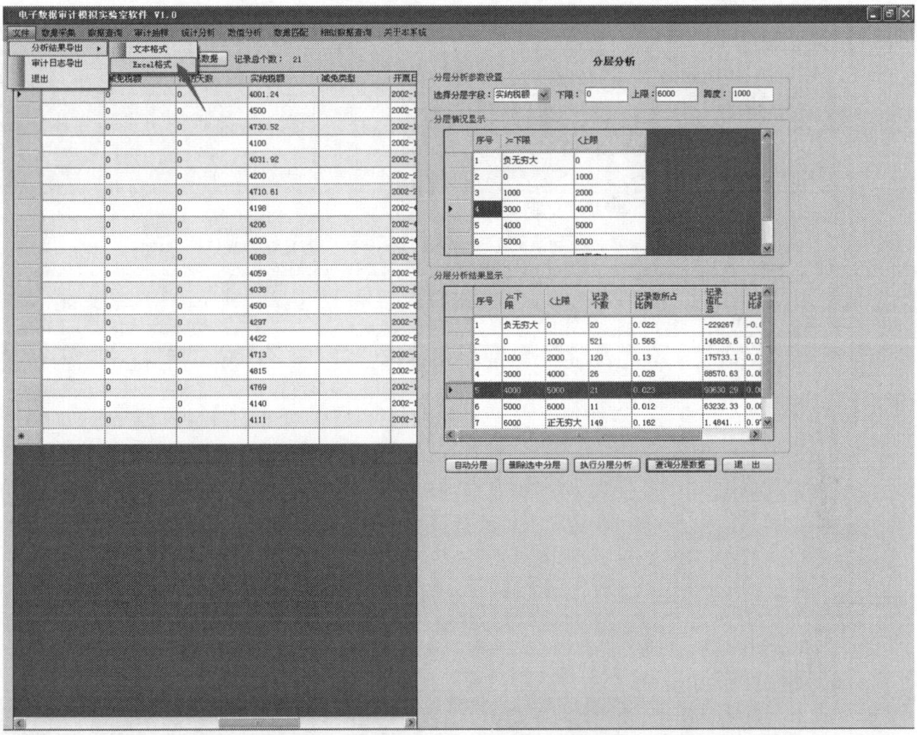

图 5-156　电子数据审计模拟实验室软件的 Excel 格式分析结果导出菜单

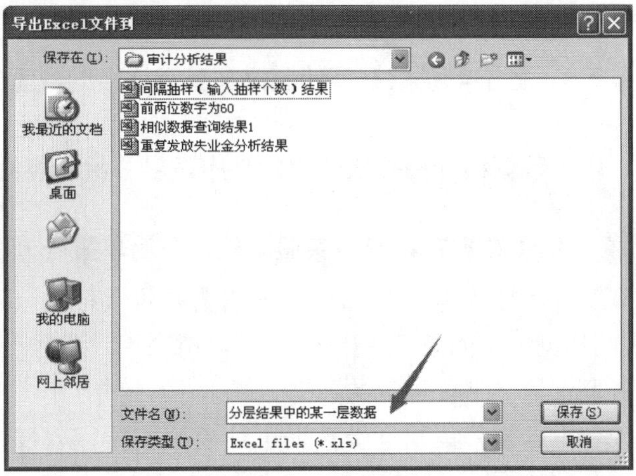

图 5-157　分层分析结果导出示例界面

（8）在“导出 Excel 文件到”界面中选择文件保存路径，并将导出的 Excel 文件命名为“分层结果中的某一层数据”，如图 5-157 所示。按照系统提示，完成导出 Excel 文件的保存，即把该层中的数据保存到名为“分层结果中的某一层数据”的 Excel 文件中。

（9）打开导出的名为“分层结果中的某一层数据”的 Excel 文件，其界面如图 5－158 所示。

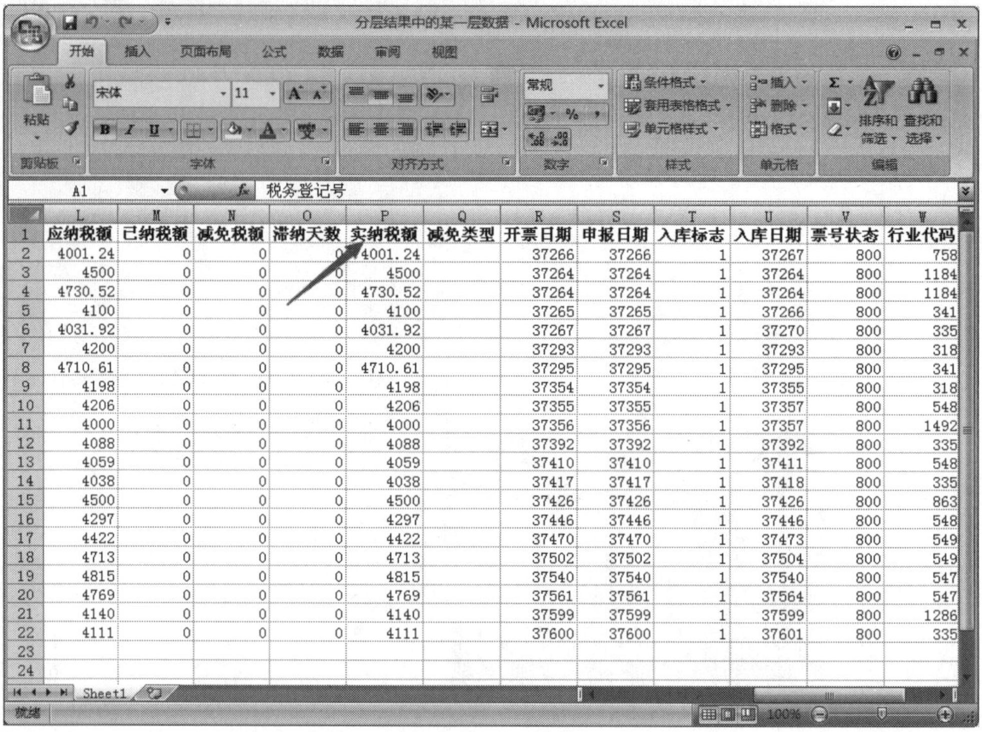

	L	M	N	O	P	Q	R	S	T	U	V	W
1	应纳税额	已纳税额	减免税额	滞纳天数	实纳税额	减免类型	开票日期	申报日期	入库标志	入库日期	票号状态	行业代码
2	4001.24	0	0	0	4001.24		37266	37266	1	37267	800	758
3	4500	0	0	0	4500		37264	37264	1	37264	800	1184
4	4730.52	0	0	0	4730.52		37264	37264	1	37264	800	1184
5	4100	0	0	0	4100		37265	37265	1	37266	800	341
6	4031.92	0	0	0	4031.92		37267	37267	1	37270	800	335
7	4200	0	0	0	4200		37293	37293	1	37293	800	318
8	4710.61	0	0	0	4710.61		37295	37295	1	37295	800	341
9	4198	0	0	0	4198		37354	37354	1	37355	800	318
10	4206	0	0	0	4206		37355	37355	1	37357	800	548
11	4000	0	0	0	4000		37356	37356	1	37357	800	1492
12	4088	0	0	0	4088		37392	37392	1	37392	800	335
13	4059	0	0	0	4059		37410	37410	1	37411	800	548
14	4038	0	0	0	4038		37417	37417	1	37418	800	335
15	4500	0	0	0	4500		37426	37426	1	37426	800	863
16	4297	0	0	0	4297		37446	37446	1	37446	800	548
17	4422	0	0	0	4422		37470	37470	1	37473	800	549
18	4713	0	0	0	4713		37502	37502	1	37504	800	549
19	4815	0	0	0	4815		37540	37540	1	37540	800	547
20	4769	0	0	0	4769		37561	37561	1	37564	800	547
21	4140	0	0	0	4140		37599	37599	1	37599	800	1286
22	4111	0	0	0	4111		37600	37600	1	37601	800	335
23												
24												

图 5－158　导出的 Excel 格式的分层分析结果示例

5.4.2.4　基于电子数据审计模拟实验室软件的数值分析

一、电子数据审计模拟实验室软件中重号分析功能的应用

例 5－24　电子数据审计模拟实验室软件中简单重号分析实例

现有某税收征收电子数据（文件名为“税收征收.mdb”，数据表名为“征收表”，表结构见本书附录 A 中图 A－1），请利用“重号分析”功能分析“征收表”中“税务登记号”字段重复的数据。

假设数据已被采集到电子数据审计模拟实验室软件中。进行“重号分析”操作的关键步骤如下：

（1）在电子数据审计模拟实验室软件中，单击菜单“数值分析”→“重号分析”，如图 5－159 所示，进入如图 5－160 所示的重号分析功能界面。

（2）在图 5－160 中，选择“税务登记号”为拟分析的字段。然后，单击“执行重号分析”按钮，完成重号分析，其结果如图 5－161 所示。

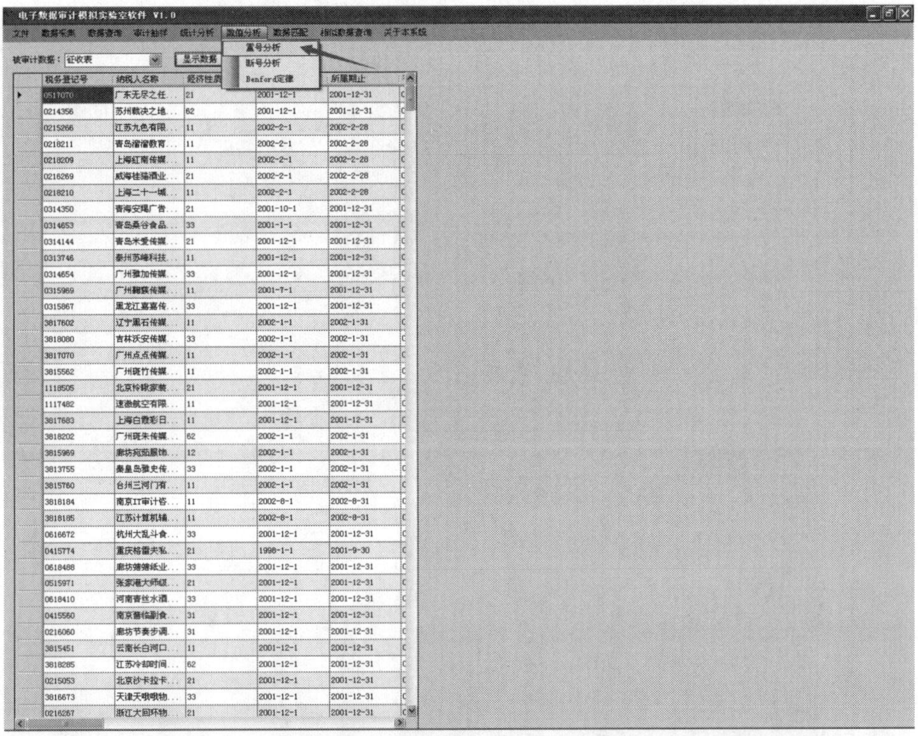

图 5－159　电子数据审计模拟实验室软件的重号分析功能菜单

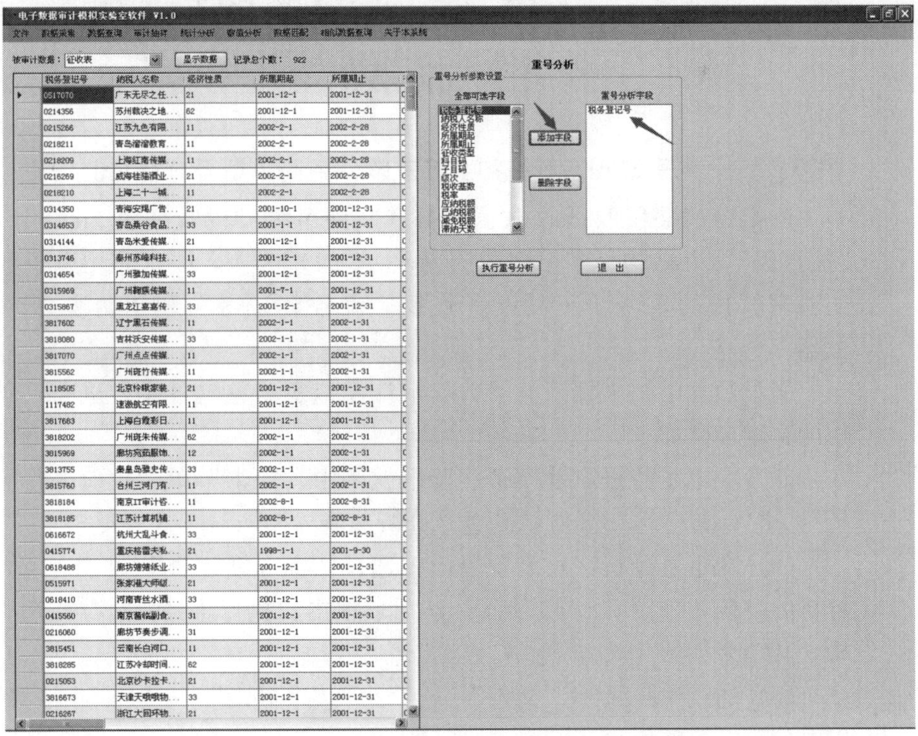

图 5－160　重号分析字段设置示例界面

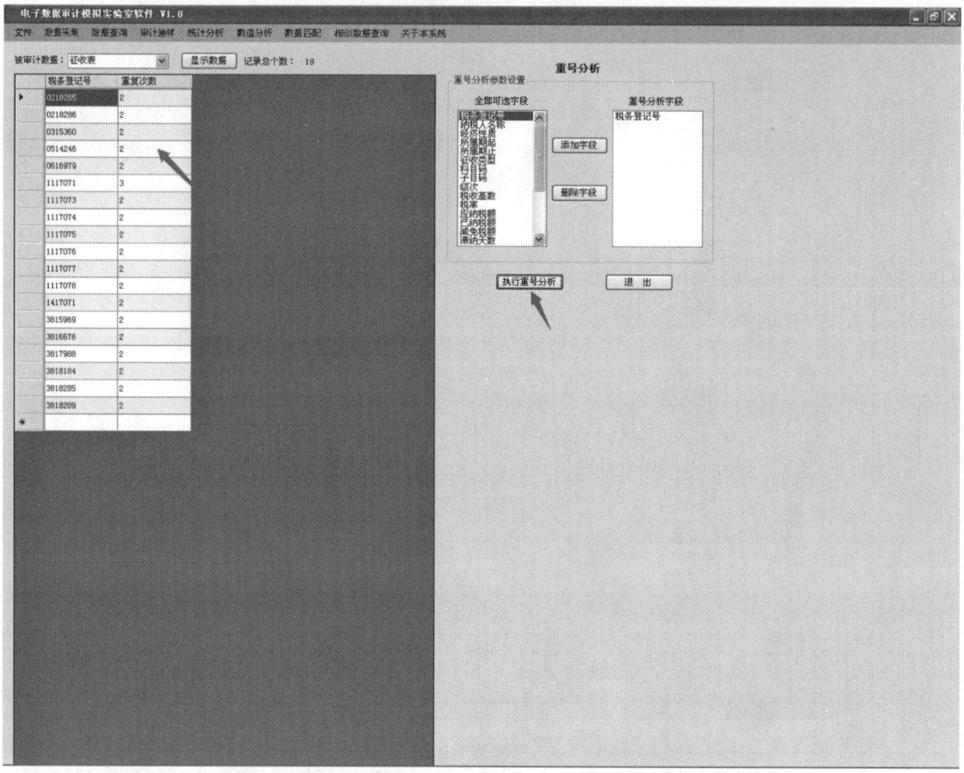

图 5-161 重复税务登记号的检测结果示例界面

（3）通过单击菜单“文件”→“分析结果导出”→“Excel 格式”，可以完成以上分析结果的保存。

例 5-25 电子数据审计模拟实验室软件中简单重号分析实例

以给定的某税收征收电子数据（文件名为“税收征收 .mdb”，数据表名为“征收表”，表结构见本书附录 A 中图 A-1）为例，要求利用电子数据审计模拟实验室软件的重号分析功能，查找“税务登记号”和“纳税人名称”相同的数据。

假设数据已被采集到电子数据审计模拟实验室软件中，进行“重号分析”操作的关键步骤如下：

（1）在电子数据审计模拟实验室软件中，单击菜单“数值分析”→“重号分析”，进入如图 5-162 所示的重号分析功能界面。

（2）在重号分析字段设置界面中选择“税务登记号”和“纳税人名称”为拟分析的字段，如图 5-163 所示。然后，单击“执行重号分析”按钮，完成重号分析，其结果如图 5-163 所示。

（3）通过单击菜单“文件”→“分析结果导出”→“Excel 格式”，可以完成以上分析结果的保存。

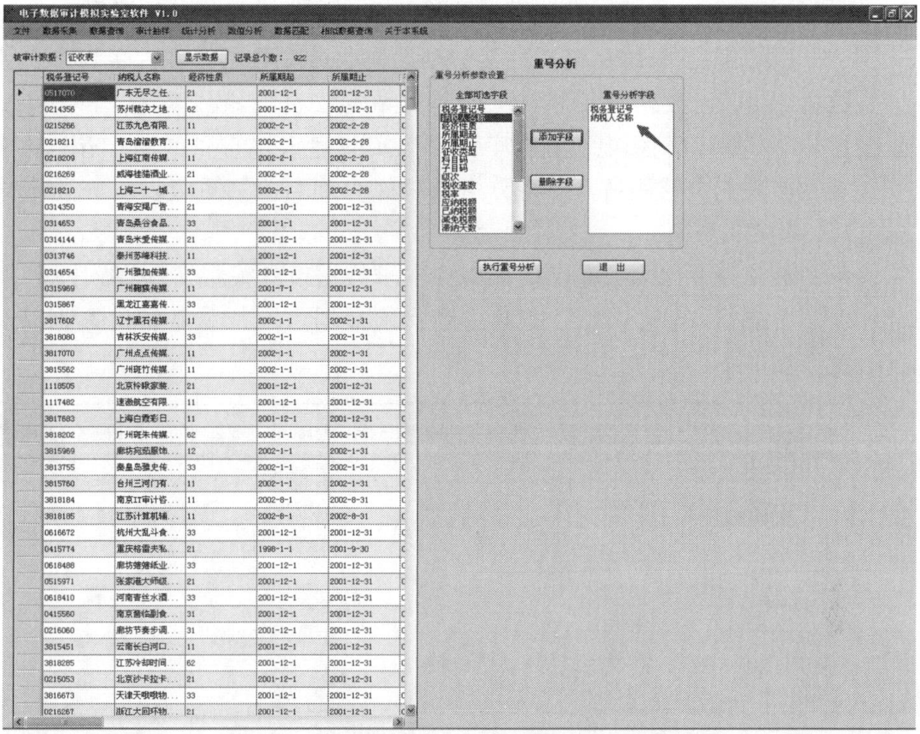

图 5－162　重号分析字段设置示例界面

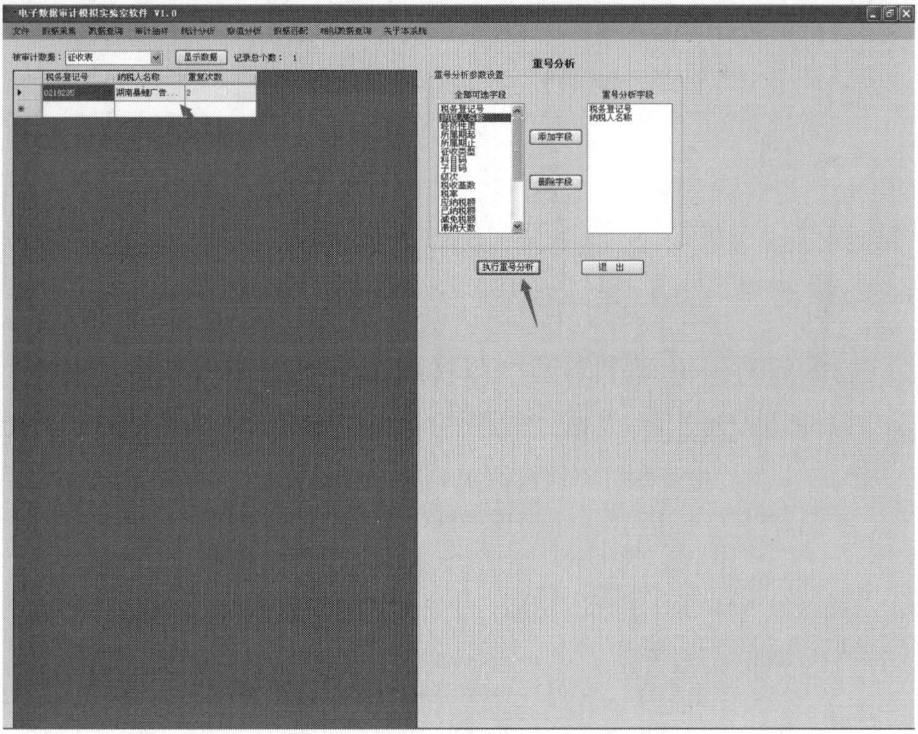

图 5－163　重号分析结果示例界面

例5-26 电子数据审计模拟实验室软件中复杂重号分析实例

以给定的Access格式的某劳动局失业保险数据（文件名为“失业金实际发放数据.mdb”，数据表名为“失业金实际发放表”，数据表结构见本书附录A中图A-6）为例，利用电子数据审计模拟实验室软件的“重号分析”功能查找同月重复发放失业金的人员，并将分析结果保存到名为“重复发放失业金分析结果”的Excel文件中。

假设失业保险数据已被采集到电子数据审计模拟实验室软件中，如图5-164所示。进行“重号分析”查找失业保险数据中同月重复发放失业金人员操作的关键步骤如下：

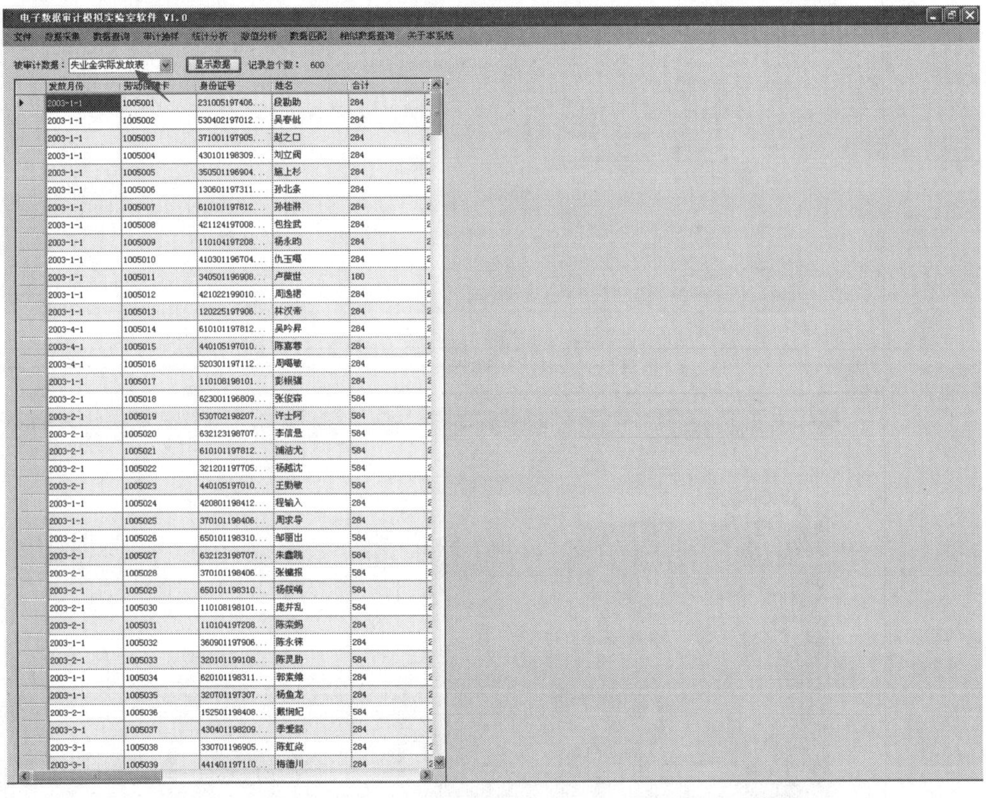

图5-164 完成失业保险数据采集后的电子数据审计模拟实验室软件界面

（1）在电子数据审计模拟实验室软件中，单击菜单“数值分析”→“重号分析”，如图5-165所示，出现如图5-166所示的界面。

（2）在图5-166中，选择“身份证号”“姓名”“发放月份”为拟分析的字段，如图5-167所示。然后，单击“执行重号分析”按钮，完成重号分析，其结果如图5-168所示。

（3）单击菜单“文件”→“分析结果导出”→“Excel格式”，如图5-169所示，则进入“导出Excel文件到”界面，如图5-170所示。

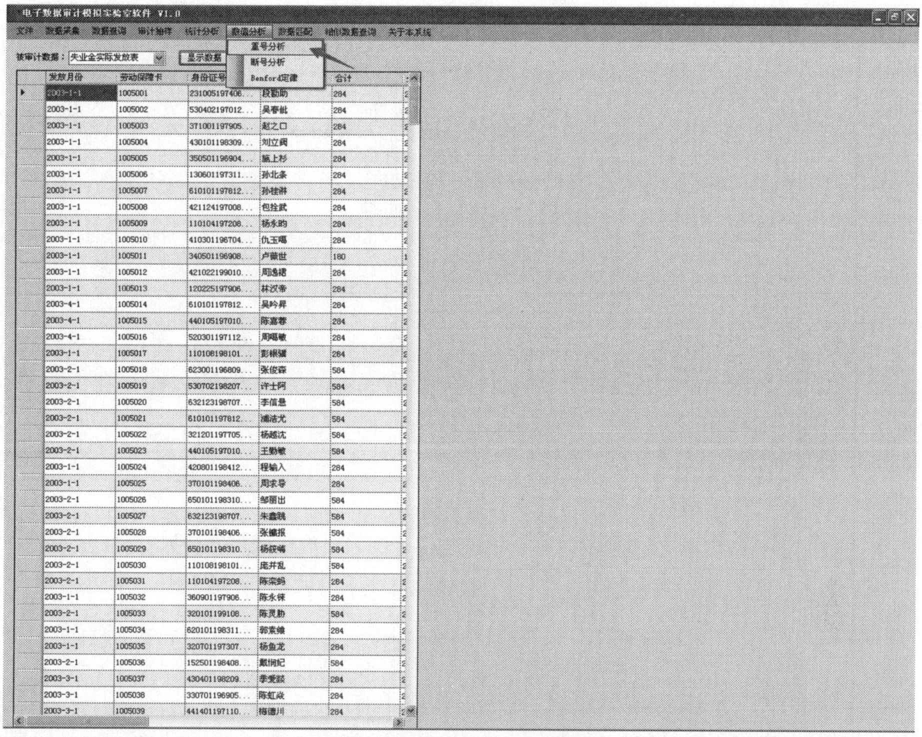

图5－165　电子数据审计模拟实验室软件的重号分析功能菜单

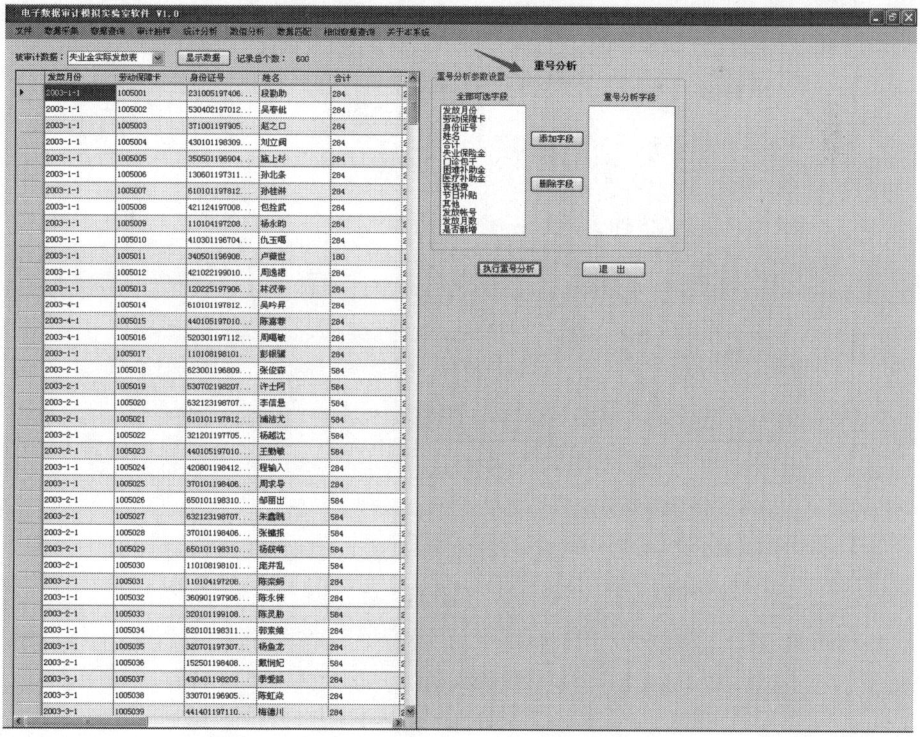

图5－166　重号分析功能主界面

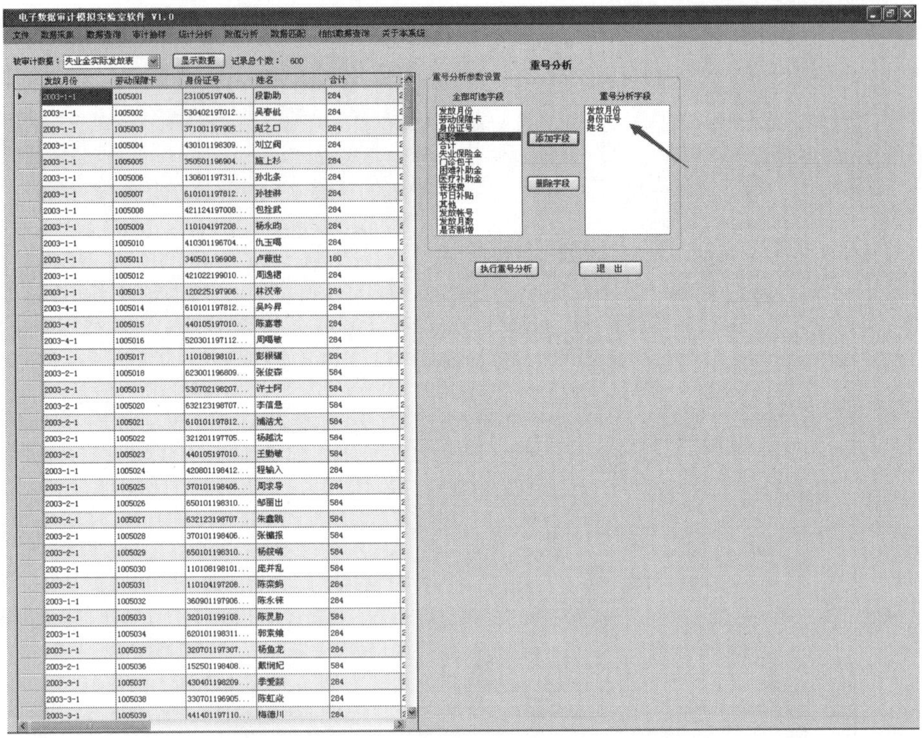

图 5-167　重号分析字段设置示例界面

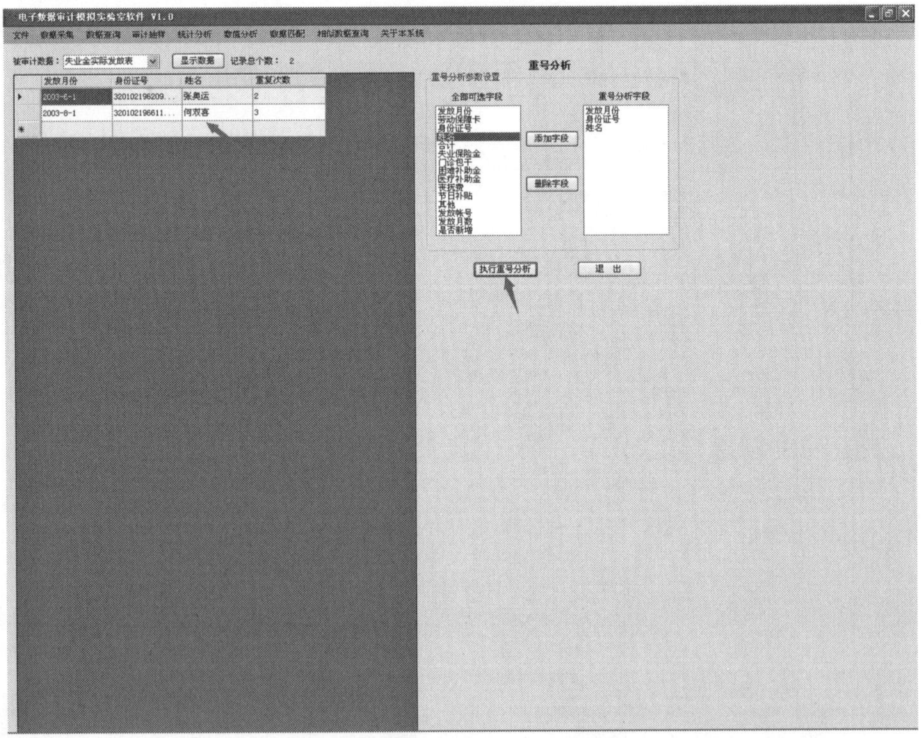

图 5-168　重号分析结果示例

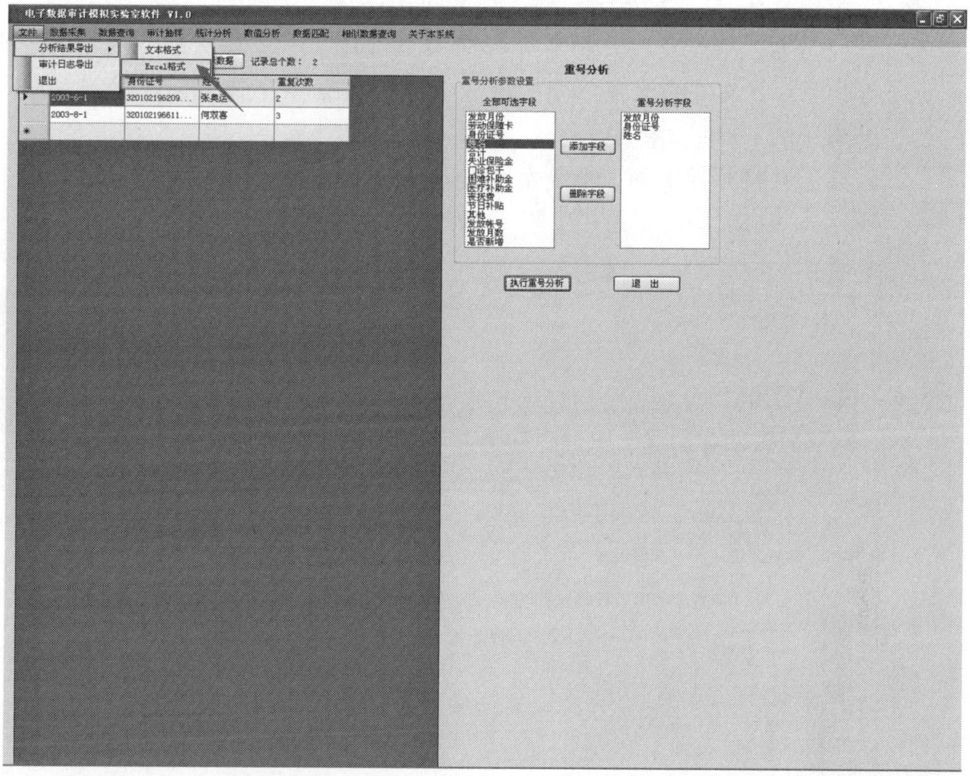

图 5 - 169　电子数据审计模拟实验室软件的 Excel 格式分析结果导出菜单

图 5 - 170　重复发放失业金分析结果导出示例界面

（4）在“导出Excel文件到”界面中选择文件保存路径，并将导出的Excel文件命名为“重复发放失业金分析结果”，如图5－170所示。按照系统提示，完成导出Excel文件的保存，即把该分析结果数据保存到名为“重复发放失业金分析结果”的Excel文件中。

（5）打开导出的“重复发放失业金分析结果”Excel文件，其界面如图5－171所示。

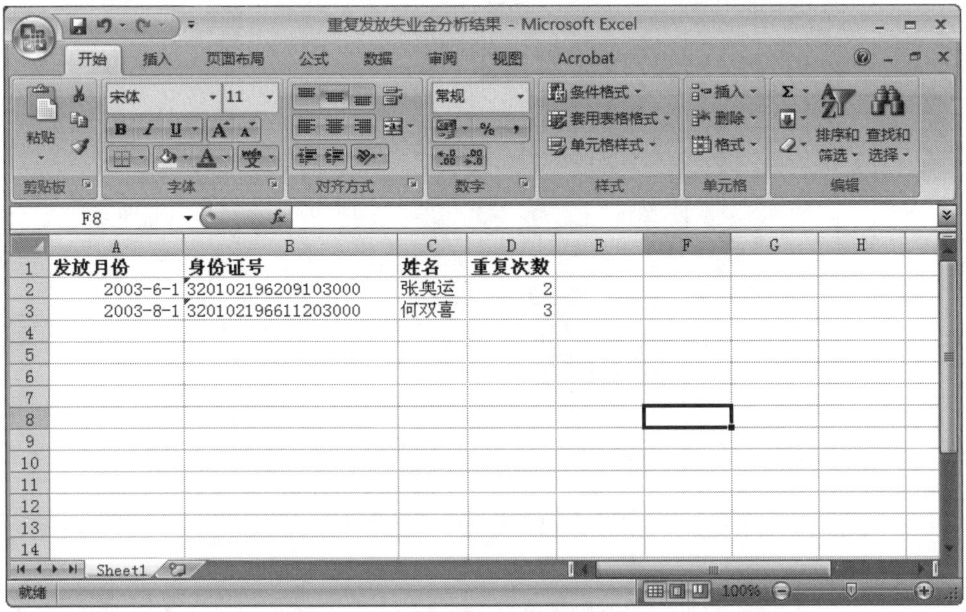

图5－171 导出的Excel格式的重复发放失业金分析结果

二、电子数据审计模拟实验室软件中断号分析功能的应用

例5－27 电子数据审计模拟实验室软件中断号分析实例

现有某税收征收电子数据（文件名为“税收征收.mdb”，数据表名为“征收表”，表结构见本书附录A中图A－1），请利用电子数据审计模拟实验室软件的断号分析功能，分析“征收表”中“税务登记号”字段的连续性情况。

假设数据已被采集到电子数据审计模拟实验室软件中，如图5－172所示。进行“断号分析”查找“征收表”文件中“税务登记号”字段的连续性情况的关键步骤如下：

（1）单击菜单“数值分析”→“断号分析”，如图5－173所示，进入电子数据审计模拟实验室软件的断号分析功能界面，如图5－174所示。

（2）根据断号分析的具体要求，在图5－174所示的界面中设置相应的参数，即选择“征收表”中“税务登记号”字段为断号分析字段，如图5－175所示。

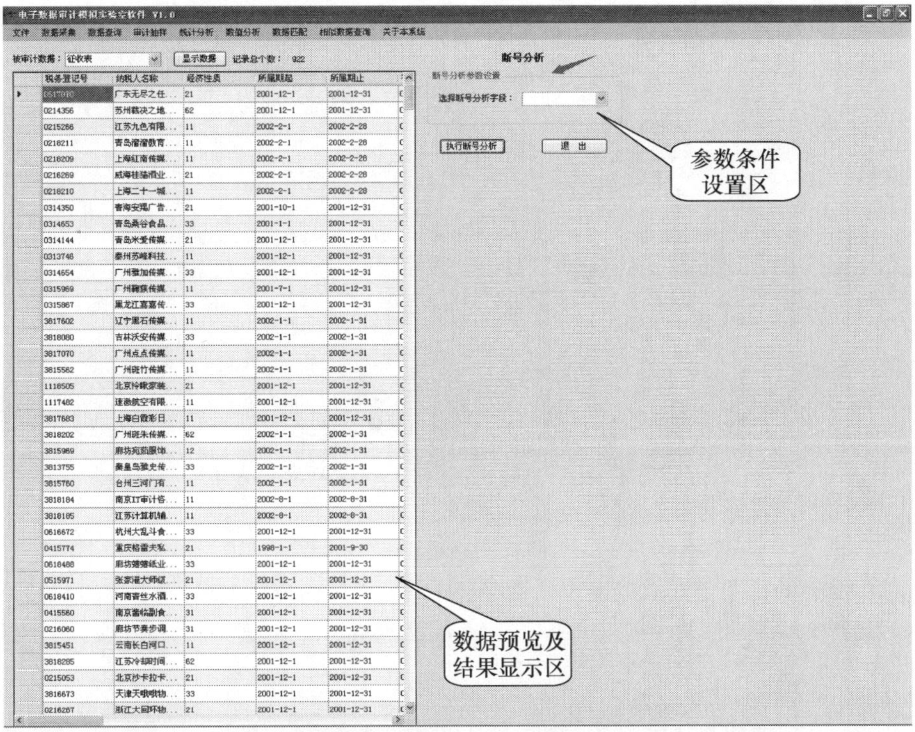

图 5－172　断号分析功能主界面

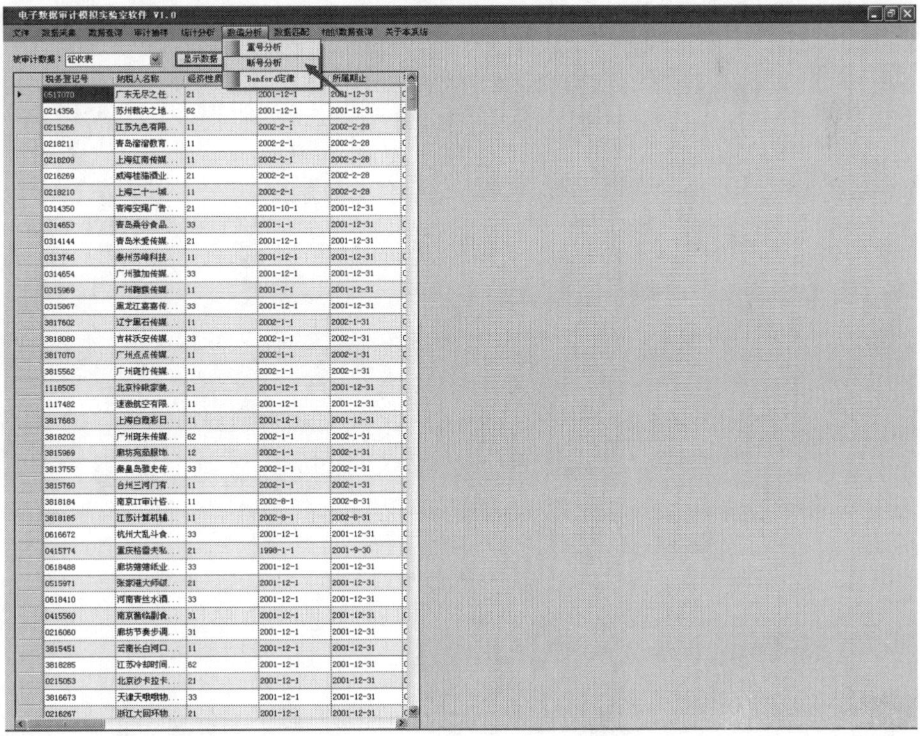

图 5－173　电子数据审计模拟实验室软件的断号分析功能菜单

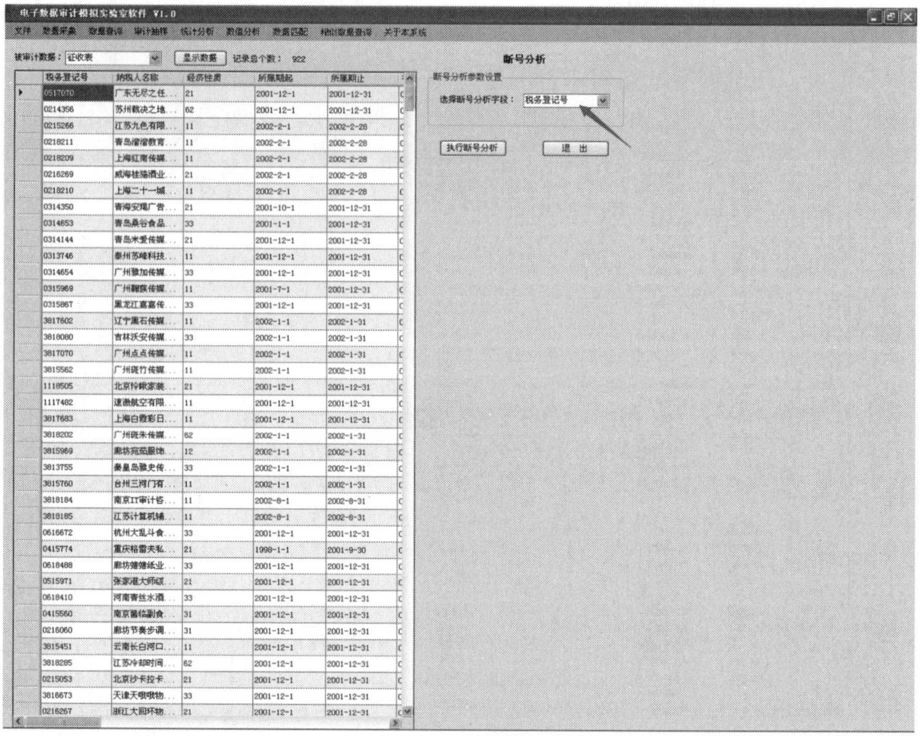

图 5－174 断号分析参数设置示例界面

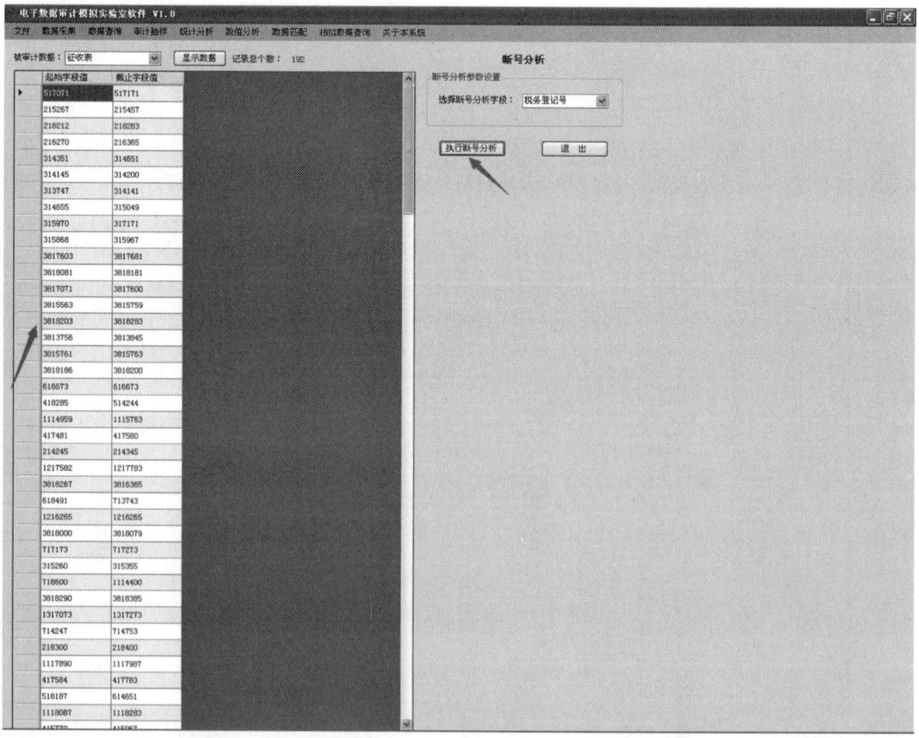

图 5－175 税务登记号断号分析结果示例界面

（3）单击“执行断号分析”按钮，即可得到如图 5－175 所示的结果。

（4）同理，通过单击菜单“文件”→“分析结果导出”→“Excel 格式”，可以完成以上分析结果的保存。

三、电子数据审计模拟实验室软件中 Benford 定律功能的应用

为了便于审计人员掌握 Benford 定律的原理及应用，作者在电子数据审计模拟实验室软件中设计并实现了这种方法。在电子数据审计模拟实验室软件中，复杂的 Benford 定律被做成了一个使用简便的数据分析应用程序。

Benford 定律功能的主界面如图 5－176 所示。其主要功能介绍如下。

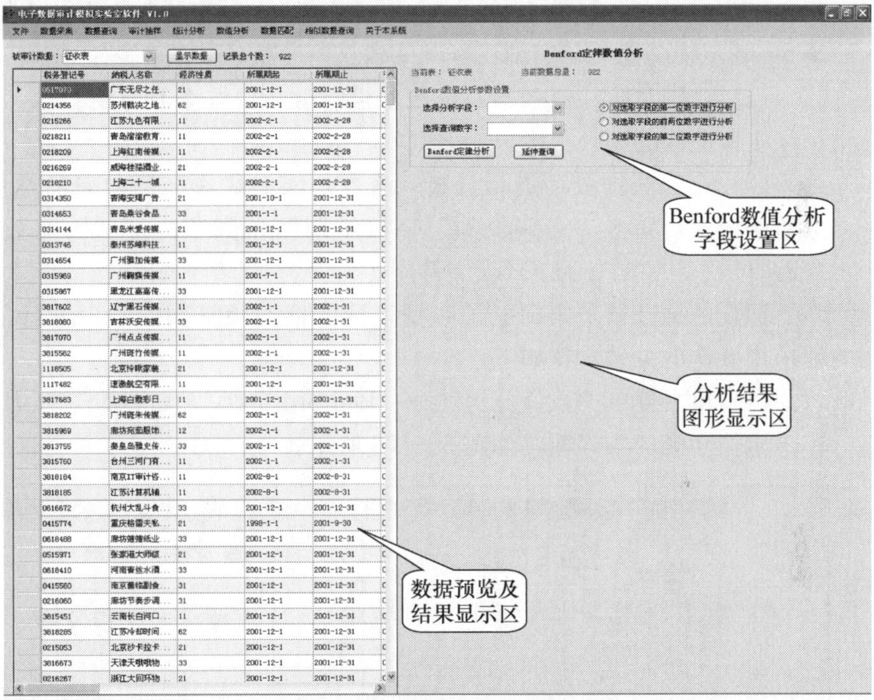

图 5－176　Benford 定律功能的主界面

1. 参数条件设置区

参数条件设置区包括选择分析字段、选择分析哪位数字（第一位数字、第二位数字、前两位数字）以及选择查询数字。

在执行 Benford 定律功能时，用户首先在参数条件设置区中选择要进行 Benford 定律分析的数值型字段，以及对该字段的哪位数字进行分析，然后执行 Benford 定律，从而完成对该字段的 Benford 定律分析。

对于分析的结果，用户通过在参数条件设置区中选择要查询的数字，然后单击“延伸查询”按钮，便可查看要查询数字的结果，该结果显示在数据预览及结果显示区中。

2. 分析结果图形显示区

分析结果图形显示区用来以图形的形式显示所进行的 Benford 定律分析的分

析结果。

3. 数据预览及结果显示区

数据预览及结果显示区用来显示当前待分析数据表中的数据，用户可以通过该区预览当前待分析数据表中的数据。另外，Benford 定律功能的数据分析结果也在该区中显示，用户可以通过单击菜单“文件”→“分析结果导出”完成分析结果的导出和保存。

下面以实例介绍电子数据审计模拟实验室软件中 Benford 定律功能的应用。

例 5 - 28　Benford 定律功能的应用

以给定的某税收征收电子数据（文件名为“税收征收. mdb”，数据表名为“征收表”，见本书附录 A 中图 A - 1）为例，利用电子数据审计模拟实验室软件的 Benford 定律功能对“实纳税额”字段进行分析，要求：

（1）分别对第一位和第二位数字进行分析，并查看分析结果，检验其和 Benford 定律曲线的吻合程度。

（2）对前两位数字进行分析，查看“实纳税额”字段中前两位数字为“60”的数据记录，并将“实纳税额”字段中前两位数字为“60”的数据保存到名为“前两位数字为 60”的 Excel 文件中。

假设数据已被采集到电子数据审计模拟实验室软件中，进行 Benford 定律功能应用操作的关键步骤如下：

（1）单击菜单“数值分析”→“Benford 定律”，如图 5 - 177 所示，进入 Benford 定律功能的主界面，如图 5 - 178 所示。

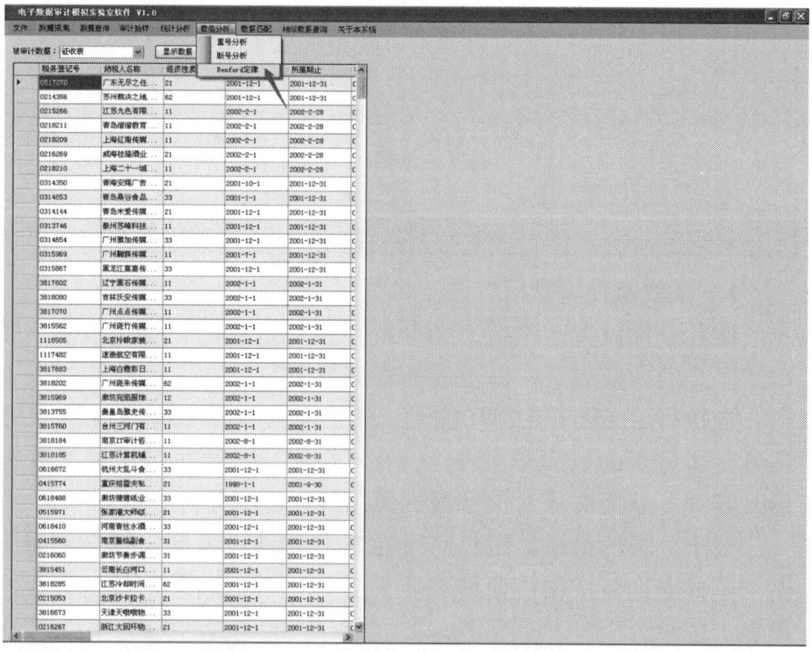

图 5 - 177　电子数据审计模拟实验室软件中的 Benford 定律功能菜单

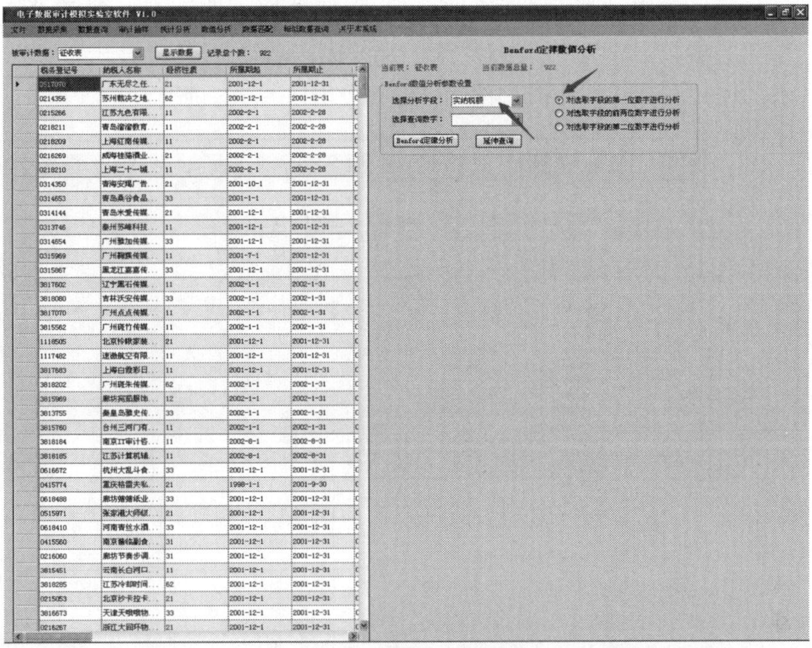

图 5-178　Benford 定律功能的参数设置示例界面

(2) 在图 5-178 所示的界面中设置相应的参数，即对“实纳税额”字段第一位数字进行分析，如图 5-178 所示。

(3) 单击按钮“Benford 定律分析”，对“实纳税额”字段第一位数字进行分析，分析结果如图 5-179 所示。

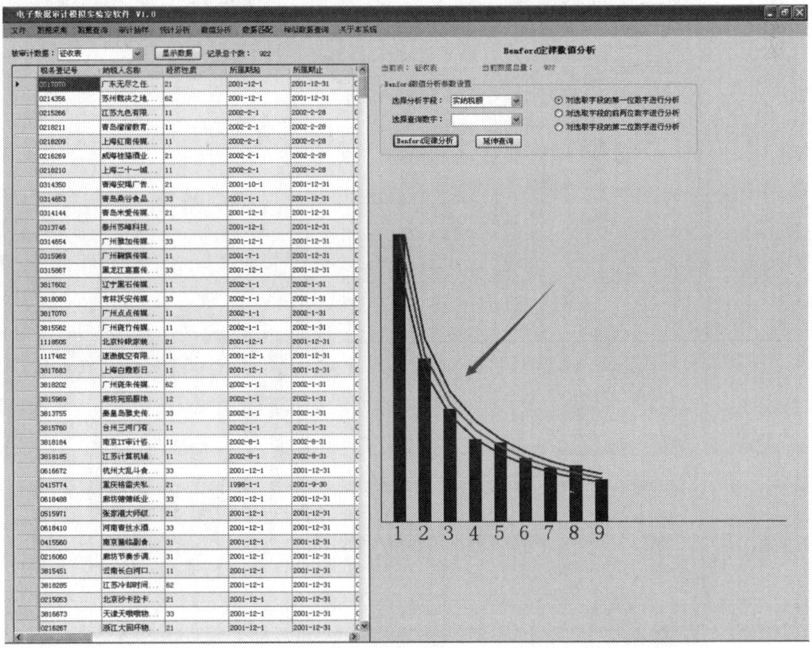

图 5-179　税收征收数据的第一位数字分析结果示例

（4）单击“显示数据”按钮，刷新数据，明确分析的数据对象。然后，设置相应的参数，即对“实纳税额”字段第二位数字进行分析，如图 5-180 所示。单击“Benford 定律分析”按钮，结果如图 5-181 所示。

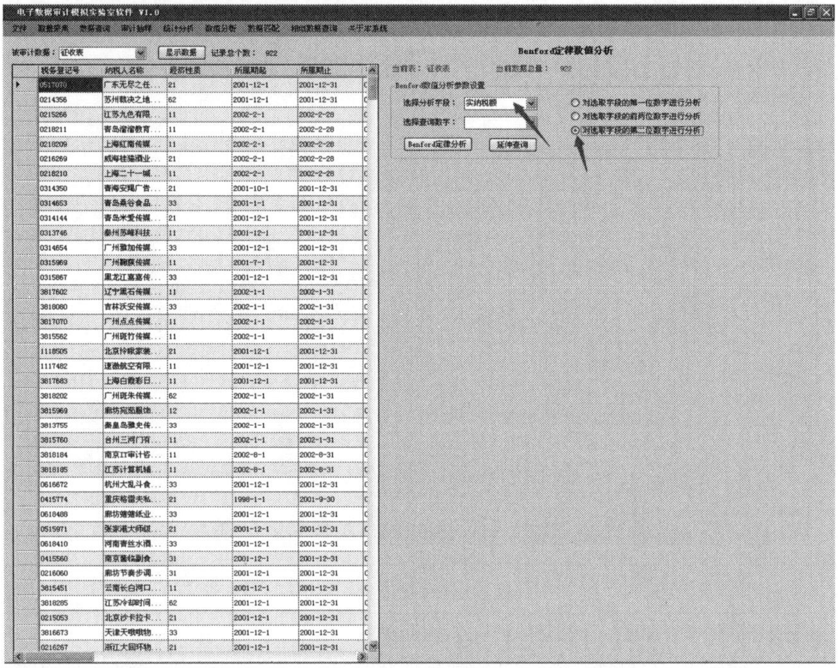

图 5-180　Benford 定律功能的参数设置示例界面

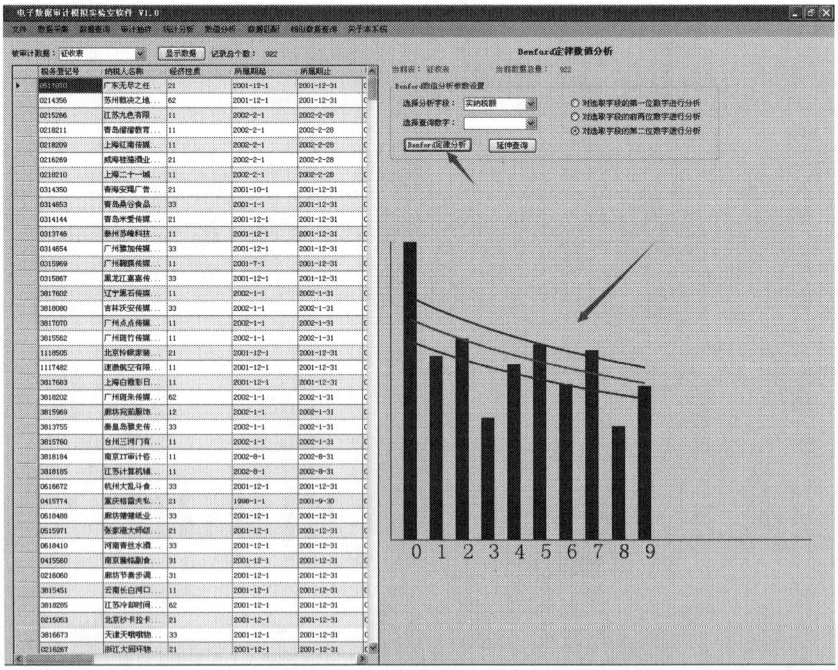

图 5-181　税收征收数据的第二位数字分析结果示例

（5）单击“显示数据”按钮，刷新数据，明确分析的数据对象。然后，设置相应的参数，即对“实纳税额”字段的前两位数字进行分析，单击“Benford 定律分析”按钮，结果如图 5 - 182 所示。

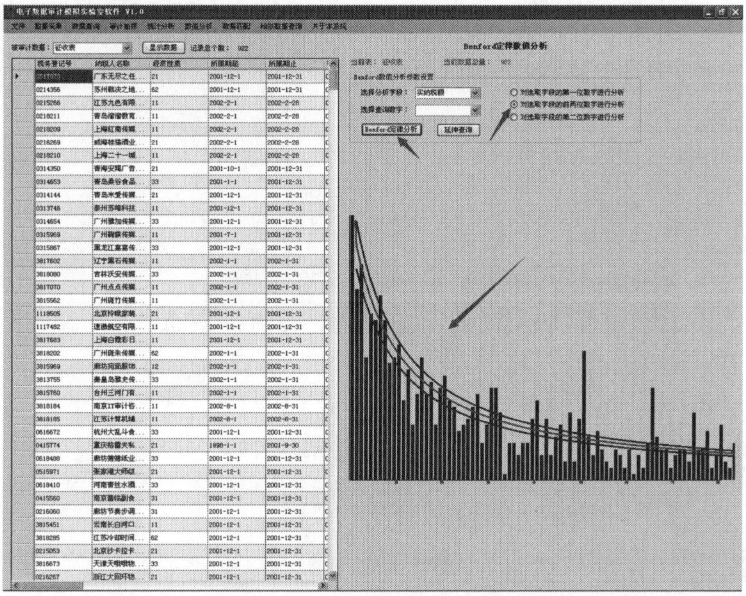

图 5 - 182　税收征收数据的前两位数字分析结果示例

（6）在图 5 - 182 中单击“选择查询数字”下拉框，选取查询数字“60”，如图 5 - 183 所示。然后单击“延伸查询”按钮，查看“实纳税额”字段中前两位数字为“60”的数据记录，其结果显示在数据预览及结果显示区中，如图 5 - 184 所示。

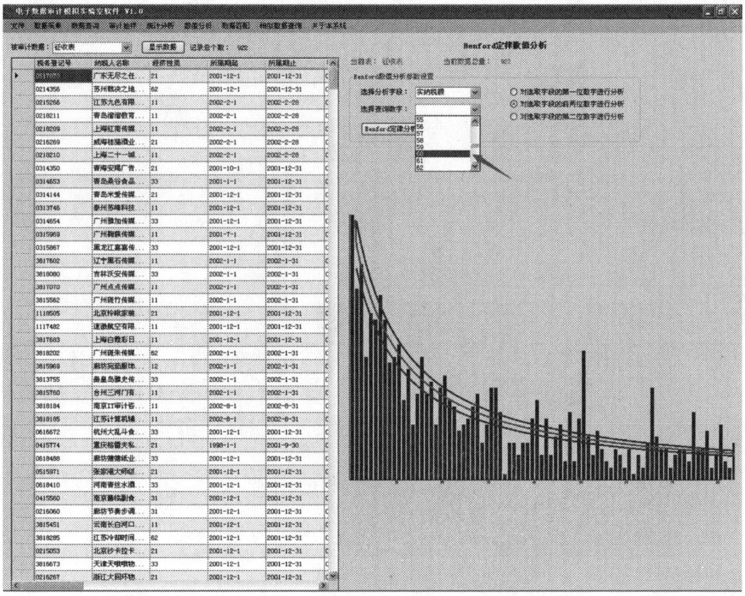

图 5 - 183　数据延伸分析的参数设置示例

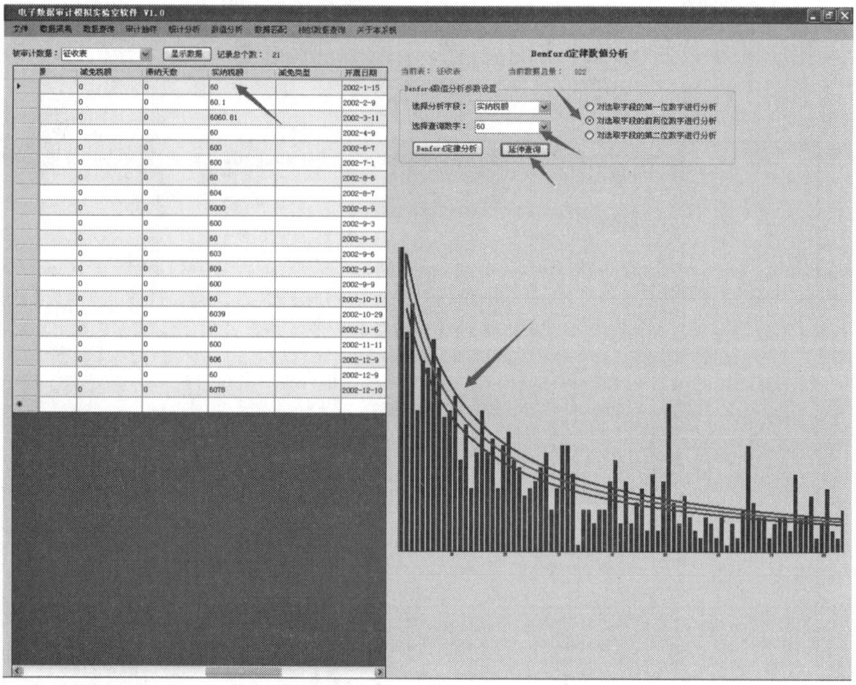

图 5－184　选中数字的显示结果示例

（7）单击菜单“文件”→“分析结果导出”→“Excel 格式”，如图 5－185 所示，则进入“导出 Excel 文件到”界面，如图 5－186 所示。

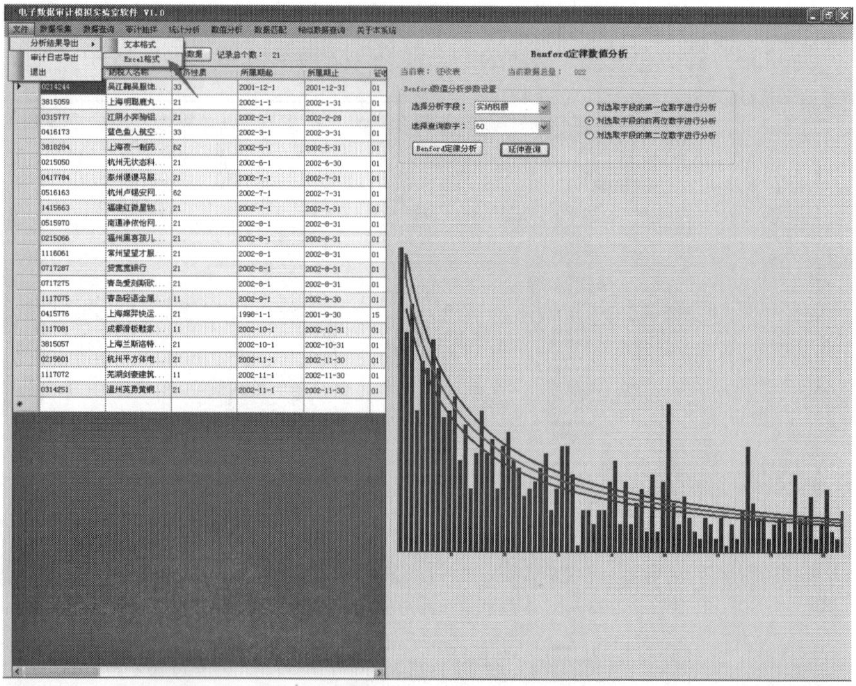

图 5－185　分析结果导出菜单

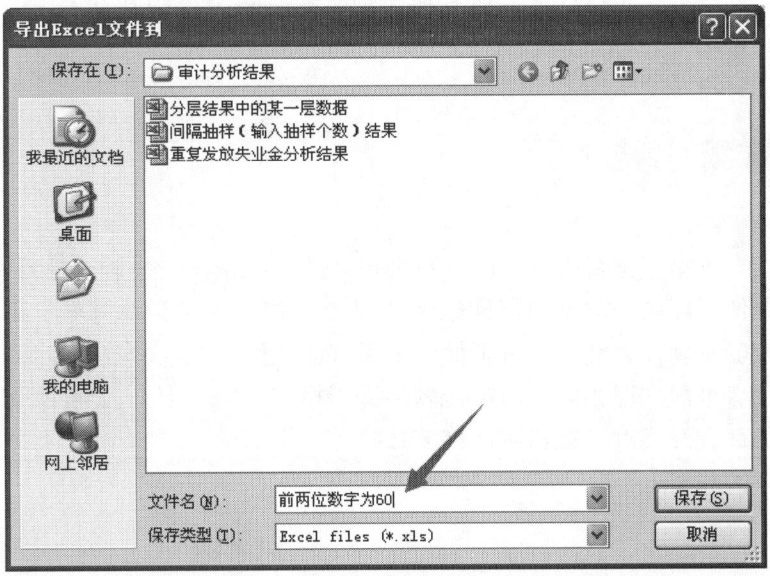

图 5－186　分析结果导出参数设置示例界面

（8）在“导出 Excel 文件到”界面中选择文件保存路径，并将导出的 Excel 文件命名为“前两位数字为 60”，如图 5－186 所示。按照系统提示，完成导出 Excel 文件的保存，即把该分析结果数据保存到名为“前两位数字为 60”的 Excel 文件中。

（9）打开导出的“前两位数字为 60”的 Excel 文件，其界面如图 5－187 所示。

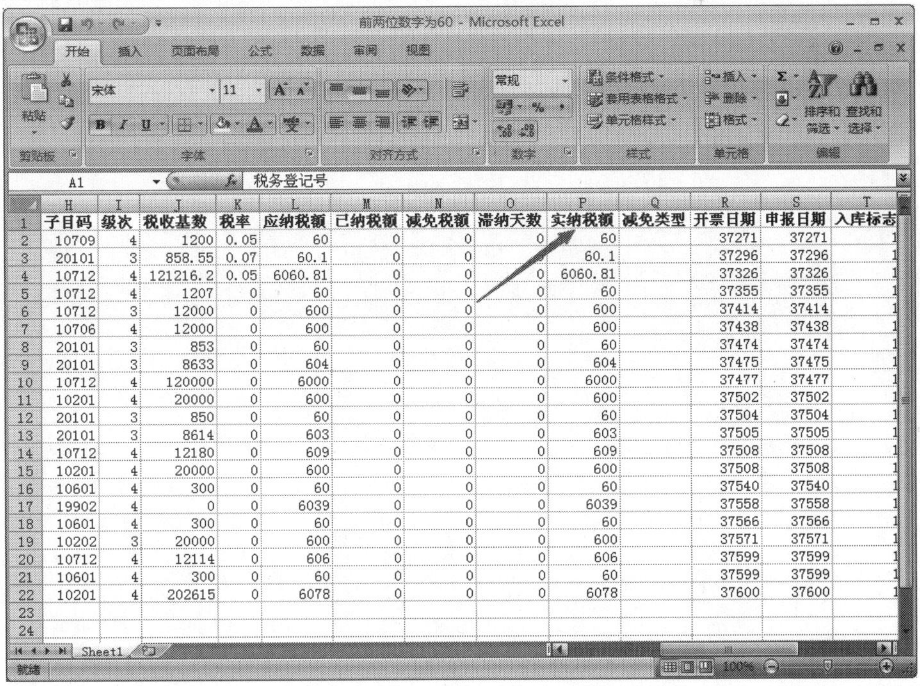

	H	I	J	K	L	M	N	O	P	Q	R	S	T
1	子目码	级次	税收基数	税率	应纳税额	已纳税额	减免税额	滞纳天数	实纳税额	减免类型	开票日期	申报日期	入库标志
2	10709	4	1200	0.05	60	0	0	0	60		37271	37271	1
3	20101	3	858.55	0.07	60.1	0	0	[illegible]	60.1		37296	37296	1
4	10712	4	121216.2	0.05	6060.81	0	0	0	6060.81		37326	37326	1
5	10712	4	1207	0	60	0	0	0	60		37355	37355	1
6	10712	3	12000	0	600	0	0	0	600		37414	37414	1
7	10706	4	12000	0	600	0	0	0	600		37438	37438	1
8	20101	3	853	0	60	0	0	0	60		37474	37474	1
9	20101	3	8633	0	604	0	0	0	604		37475	37475	1
10	10712	4	120000	0	6000	0	0	0	6000		37477	37477	1
11	10201	4	20000	0	600	0	0	0	600		37502	37502	1
12	20101	3	850	0	60	0	0	0	60		37504	37504	1
13	20101	3	8614	0	603	0	0	0	603		37505	37505	1
14	10712	4	12180	0	609	0	0	0	609		37508	37508	1
15	10201	4	20000	0	600	0	0	0	600		37508	37508	1
16	10601	4	300	0	60	0	0	0	60		37540	37540	1
17	19902	4	0	0	6039	0	0	0	6039		37558	37558	1
18	10601	4	300	0	60	0	0	0	60		37566	37566	1
19	10202	3	20000	0	600	0	0	0	600		37571	37571	1
20	10712	4	12114	0	606	0	0	0	606		37599	37599	1
21	10601	4	300	0	60	0	0	0	60		37599	37599	1
22	10201	4	202615	0	6078	0	0	0	6078		37600	37600	1
23													
24													

图 5－187　Excel 格式的分析结果示例界面

另外，可以任意选取其他数据进行分析，检验其和 Benford 定律曲线的吻合程度。

5.5 本章小结

本章根据目前开展电子数据审计的需要，首先分析国内外审计软件相关概况，介绍了国内外常见的审计软件，在此基础上，分别以 IDEA 和电子数据审计模拟实验室软件为例，分析了如何采用审计软件开展电子数据审计。通过本章的学习，读者可以掌握如何采用审计软件开展电子数据审计，从而为今后研究与应用审计软件、开展电子数据审计打下基础。

思考题

1. 什么是审计软件？列举你所知道的国内外审计软件。
2. 如何把 Oracle，SQL Server 数据库中的数据采集到审计软件 IDEA 中？
3. 比较采用审计软件（如 IDEA 或电子数据审计模拟实验室软件）和采用数据库工具（如 Access，SQL Server）编写 SQL 语句进行重号分析的优缺点。
4. 如何利用本章介绍的审计软件开展电子数据审计？
5. 大数据环境对审计软件的发展有何影响？

第6章

信息系统审计

学习目标

- 理解为什么要开展信息系统审计
- 掌握信息系统审计的内涵、内容及步骤
- 掌握一般控制审计的原理、内容及应用
- 掌握应用控制审计的原理、内容及应用

6.1 概　述

在信息化环境下，信息系统及其数据是一个单位的重要资产，因此，信息系统的安全性、可靠性、有效性要有保证，对信息系统的设计、开发、运行、维护要进行审计，对信息系统涉及的人员要进行审计。另外，如果一个被审计单位的信息系统控制存在一定的问题，那么系统中的电子数据必将存在一定的问题。对有问题的电子数据进行审计，其实就是假账真审，因此，为保证审计结果的正确性，防范审计风险，开展信息系统审计具有重要意义。

本章对信息系统审计的基本概念、理论与方法进行分析，在此基础上，结合某商业银行信息科技专项审计项目，给出信息系统审计的一些简单案例。

6.2 信息系统审计简介

6.2.1 信息系统审计主要内容分类

信息系统内部控制是指一个单位在信息系统环境下，为了确保业务活动的有效进行，保护资产的安全与完整，防止、发现、纠正错误与舞弊，确保信息系统提供真实、合法、完整的信息，而制定和实施的一系列政策、程序和措施。

一、信息系统内部控制的分类

1. 依据控制内容分类

一般来说，依据控制的内容，信息系统内部控制可以分类如下（见图6－1）：

（1）一般控制；

（2）应用控制。

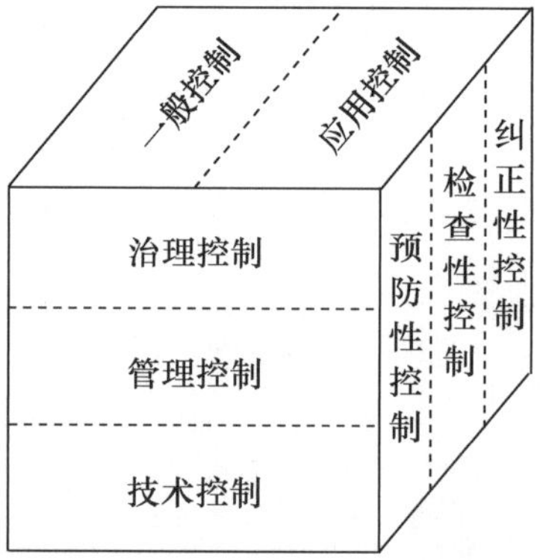

图6－1　信息系统内部控制分类方法

2. 依据控制预定意图分类

由图6－1可以看出，依据控制的预定意图，无论是一般控制，还是应用控制，都可以分类如下：

（1）预防性控制（事前控制）；

（2）检查性控制（事中控制）；

（3）纠正性控制（事后控制）。

3. 依据控制层次分类

依据控制的层次，无论是一般控制，还是应用控制，都可以分类如下：

（1）治理控制；

（2）管理控制；

（3）技术控制。

其中，治理控制如政策等方面的内容；管理控制如标准、组织与管理、物理环境控制等方面的内容；技术控制如系统软件控制、系统开发控制以及应用系统控制等方面的内容，如图6－2所示。

4. 依据技术和管理的视角分类

从技术的角度来看，一般控制包括数据库控制、网络控制、操作系统控制等；应用控制主要是针对具体应用系统的控制。

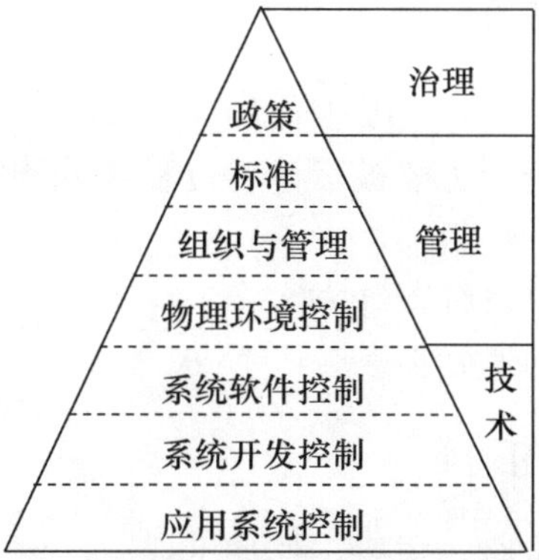

图 6-2　信息系统内部控制分类（依据控制层次）

从 IT 管理的角度来看，无论是一般控制，还是应用控制，都可以分成 IT 规划管理、系统运行管理、系统开发管理、供应商管理等，如图 6-3 所示。

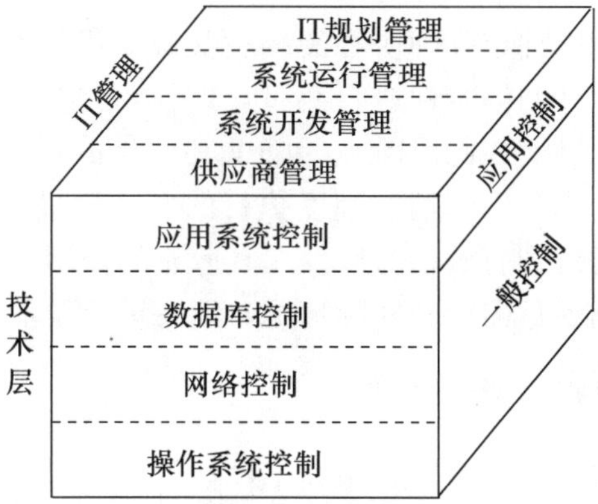

图 6-3　信息系统内部控制分类（依据技术和管理的视角）

二、信息系统审计的主要内容

根据以上信息系统内部控制的内容，目前开展信息系统审计时一般从以下两个方面出发。

1. 一般控制审计

对信息系统整体环境控制的审计。

2. 应用控制审计

对应用系统控制的审计。

6.2.2 信息系统审计的基本步骤

一般来说，开展信息系统审计的基本步骤如下。

一、审计准备阶段

在审计准备阶段，主要工作如下：
（1）审前调查，了解被审计单位和被审计信息系统的基本情况。
（2）成立审计小组。
（3）编制信息系统审计方案。
（4）下发审计通知书。

二、审计实施阶段

在审计实施阶段，主要工作如下：

（1）根据审计方案，进一步调查被审计单位基本情况，识别其信息系统一般控制和应用控制。

（2）采用访谈、文档查看、现场观察等方法，进行设计和实施测试（Design & Implementation Test，D&I），并执行有效性测试（Operating Effectiveness，OE），收集审计证据。

根据国际内部审计师协会的相关文献，设计和实施测试指针对被审计单位内部控制制度设计的健全性进行测试，即被审计单位的控制政策和程序设计是否适当，是否可识别潜在的风险点并降低其发生的可能性和影响；执行有效性测试是指针对被审计单位内部控制制度执行的有效性进行测试，即被审计单位的控制政策和程序是否得到有效执行以发挥其应有的作用。

（3）根据项目需要和实际情况，编写审计取证单和审计工作底稿。

三、审计报告形成阶段

在审计报告形成阶段，主要工作如下：
（1）整理、评价审计证据。
（2）起草审计事实确认书，征求被审计单位意见。
（3）在此基础上，撰写审计报告与审计建议。

四、审计结果执行阶段

在审计结果执行阶段，主要工作如下：
（1）执行审计结果。
（2）对审计项目材料进行归档和管理。

6.3 信息系统一般控制及审计

6.3.1 信息系统一般控制简介

简单地讲，信息系统一般控制是除了信息系统应用程序控制以外的其他控制，它应用于一个单位信息系统全部或较大范围的内部控制。其基本目标为：防止系统被非法侵入、保护信息系统、确保数据安全、保证在意外情况下的持续运行等。

根据以上信息系统一般控制的主要内容及目标，信息系统一般控制审计的主要内容包括信息系统开发、测试和维护审计，信息系统运行管理审计，信息系统安全审计，业务连续性管理审计，IT外包审计等。

6.3.2　信息系统开发、测试和维护审计

6.3.2.1　信息系统开发、测试和维护审计简介

良好的系统开发管理是一个信息系统稳健运行的必要前提，而充分的信息系统测试和周密的上线程序是保障信息系统正常稳定运行的重要环节，因此，加强信息系统开发的管理工作，确保充分的系统测试和完善系统上线程序的管理，对确保信息系统的稳定性和可靠性、防范系统风险具有重要意义。

在信息系统上线之后，信息系统维护是一项重要工作，信息系统维护是对信息系统的运行进行控制，记录其运行的状态，进行必要的修改和扩充，以使信息系统在其生命周期内保持良好的运行状态，保证其功能的发挥，满足单位的需要。信息系统维护包括纠错性维护、适应性维护、完善性维护、预防性维护。其中，纠错性维护是为了识别和纠正软件错误、改正软件性能上的缺陷；适应性维护是为了使软件适应外部环境（如新的软硬件配置）或数据环境（如数据库、数据格式、数据输入/输出方式、数据存储介质）可能发生的变化；完善性维护是为了满足在软件的使用过程中，用户对软件提出的新功能与性能要求；预防性维护是为了提高软件的可维护性、可靠性等，预防相关问题的发生。此外，对系统下线应按规范流程妥善处理，确保下线系统敏感数据的安全性和完整性。

为了保证信息系统开发、测试和维护过程的有效性，审计人员需要对其进行审计。概括来说，信息系统开发、测试和维护审计的主要目的是：

（1）检查信息系统开发、测试和维护的方法和程序是否科学，是否含有恰当的控制。

（2）检查信息系统开发、测试和维护过程中产生的系统文档资料是否规范。

（3）确保信息系统开发、测试和维护目标的实现。

6.3.2.2　信息系统开发、测试和维护审计的主要内容

在开展信息系统开发、测试和维护审计时，审计人员可以关注以下内容：

（1）检查是否有系统开发的可行性研究、成本效益分析、风险评估等报告，是否对项目的可行性、成本效益核算以及可能出现的各种操作风险、财务损失、无效系统规划等进行了深入的分析；查看相关分析结果是否得到其管理部门（如信息科技管理委员会）的认可。

（2）分析其管理部门（如信息科技管理委员会）是否对系统开发的可行性、必要性以及与IT战略规划和业务发展目标的一致性有充分认识。

（3）检查在信息系统实施过程中，实施部门是否定期向其管理部门（如信息科技管理委员会）提交进度报告（如计划的重大变更、关键人员或供应商的变更以及主要费用支出情况等）。

（4）针对长期或临时聘用的技术人员和承包商，尤其是从事敏感性技术相关工作的人员，是否制定严格的审查程序，包括身份验证和背景调查。

（5）检查信息系统开发环境和运行环境是否分离，网络是否有效隔离，设备是否独立于生产系统，开发人员是否接触生产系统，开发过程中是否使用了生产数据，使用的生产数据是否得到高级管理层的批准并经过脱敏或相关限制。

（6）检查系统开发过程中，是否对源代码进行有效的管理和严格的审查。

（7）检查是否在信息系统投产后一定时期内，组织对该系统进行后评价，并根据评价结果及时对该系统功能进行调整和优化。

（8）对于信息系统项目相关的风险（如各种潜在的操作风险、财务损失风险和因无效项目规划或不适当的项目管理控制产生的机会成本等），检查是否采取适当的项目管理方法控制。

（9）为了确保信息系统开发、测试、维护过程中数据的完整性、保密性和可用性，检查是否制定并落实相关制度、标准和流程。

（10）检查将完成开发和测试的程序或系统配置变更应用到生产系统时，是否得到信息科技部门和业务部门的联合批准。

（11）检查是否制定相关制度和流程，以控制信息系统升级过程。

（12）检查信息系统升级活动是否接受相关的管理和控制，包括用户验收测试。

（13）检查是否对信息系统变更进行及时记录和定期复查。

（14）检查对生产系统的紧急修复任务，应用程序开发和维护人员进入生产系统是否得到管理层批准执行，所有的紧急修复活动是否都进行了记录。

（15）检查对于设备达到预期使用寿命或性能不能满足业务需求，基础软件（操作系统、数据库管理系统、中间件）或应用软件必须升级时，是否及时进行系统升级，有没有相关的管理制度。

（16）检查为确保全面地追踪、分析和解决信息系统问题，是否建立并完善有效的问题管理流程，是否对信息系统问题进行记录、分类和索引。

（17）检查是否制定了文档管理规范制度，查看项目开发设计、源代码、技术使用和运行维护说明书、用户使用手册、风险评估报告等项目文档管理是否符合规范，是否进行了文档的版本控制。

（18）检查信息系统下线后对应该保留的信息是否进行了有效的保管，该删除的信息是否做到彻底销毁。

6.3.2.3 信息系统开发、测试和维护审计案例

案例一

审计内容：

以某商业银行为例，检查针对长期或临时聘用的技术人员和承包商，尤其是

从事敏感性技术相关工作的人员，是否制定严格的审查程序，包括身份验证和背景调查。

审计过程及审计发现：

通过调阅被审计单位提供的“微信银行”项目相关文档，发现在保密协议中缺少现场服务人员×××的身份证复印件材料；通过调阅被审计单位提供的“外网门户”项目文档，发现在“项目服务报告”“服务安全承诺书”现场服务人员名单中两位技术开发人员（×××、×××）没有签名。

案例二

审计内容：

以某商业银行为例，检查对生产系统的紧急修复任务，应用程序开发和维护人员进入生产系统是否得到管理层批准执行，所有的紧急修复活动是否都进行了记录。

审计过程及审计发现：

通过现场查看该商业银行的科技管理系统，发现尽管在系统开发与维护过程中，所有变更均在科技管理系统中记录管理，并按照电子流程进行审批，但在科技管理系统中一些变更内容是否被准确地记录不得而知，比如，某资产负债系统版本变更表中变更申请信息和变更内容有可能不一致。

案例三

审计内容：

以某商业银行为例，检查是否制定了文档管理规范制度，查看项目开发设计、源代码、技术使用和运行维护说明书、用户使用手册、风险评估报告等项目文档管理是否符合规范，是否进行了文档的版本控制。

审计过程及审计发现：

抽查被审计单位相关文档管理情况，选取了“微信企业号”“金融创新论坛”“微信银行”等项目文档，通过调阅对方提供的“微信企业号”项目文档材料，发现该材料中：(1)“项目尽职调查报告”内容格式不规范；(2)该文档“项目尽职调查报告”和“项目服务报告”部分归档较乱；(3)该文档“项目质量及风险控制报告”误写成“项目质量风险控制及管理规范”。

经审阅被审计单位所提供的“金融创新论坛”项目文档材料，发现该材料中：(1)文档“项目信息安全评估报告”“2.8 需要的资源配置”中的内容系拷贝的“微信企业号”项目文档“2.8 需要的资源配置”的内容，造成“金融创新论坛”项目“2.8 需要的资源配置”中的内容错误；(2)文档“代码安全监察报告”中提到“项目中存在 BUG，数量为 2 个”，但跟踪情况仅仅列举了一个。

6.3.3　信息系统运行管理审计

6.3.3.1　信息系统运行管理审计简介

信息系统运行管理主要是对上线系统的日常运行进行管理。系统的日常运行要与系统开发和维护分离，确保一个单位信息科技部门内部的岗位制约。信息系统运行管理主要包括：

（1）人员管理：应加强员工入职时的身份审查、日常工作管理、离职管理。

（2）职责分离：应将不相容岗位实现职责分离，以减少未授权访问、无意识修改以及故意犯罪给单位带来损失的机会。

（3）账号及权限管理：应保证只有经授权的用户才能访问，防止非授权访问。

（4）物理访问控制：应将关键或敏感的信息处理设施放置在安全区域内，并受安全边界的保护，安全边界应包括入口控制，以避免未授权访问、损坏和干扰。

（5）逻辑访问控制：应清晰地描述每个用户或一组用户的访问控制规则和权力。

（6）操作管理：应制定详尽的信息系统运行操作程序。

（7）日常监控：应安排值班人员对系统运行情况进行全面监控。

（8）日志管理：应按照有关法律法规要求保存交易记录，采取必要的程序和技术，确保存档数据的完整性，满足安全保存和可恢复的要求。

（9）变更管理：应制定变更管理制度，对信息系统的软件打补丁和升级、硬件修正等变更进行管理，从而控制变更风险。

（10）问题管理：应建立问题管理台账，以确保全面追踪、分析和解决信息系统问题，及时组织相关人员分析问题发生的根源，从根本上解决问题。

信息系统运行管理审计的目的就是确保被审计单位的信息系统运行管理符合以上相关要求。

6.3.3.2 信息系统运行管理审计的主要内容

在开展信息系统运行管理审计时，审计人员可以关注以下内容：

（1）检查被审计单位是否配备专门的系统维护技术人员，操作人员是否经过培训。

（2）检查是否将信息系统运行与信息系统开发和维护分离，确保信息科技部门内部的岗位制约；检查是否对计算机中心的岗位和职责做出明确规定。

（3）检查业务系统是否能保证只有经授权的用户才能访问，能否防止非授权访问。

（4）检查是否严格控制第三方人员（如服务供应商）进入安全区域，如确需进入是否得到适当的批准，其活动是否受到监控。

（5）检查是否制定详尽的信息系统运行操作说明，如在信息系统运行手册中说明计算机操作人员的任务、工作日程、执行步骤，以及生产与开发环境中数据、软件的现场及非现场备份流程和要求（即备份的频率、范围和保留周期）。

（6）检查是否按照有关法律法规要求保存交易记录，采取必要的程序和技术，确保存档数据的完整性，满足安全保存和可恢复要求。

（7）检查日志管理情况，确保每天记录系统的运行日志、出现故障的情况和相应的维护日志、操作人员的操作日志和各程序的运行日志、相关硬件的升级或更新日志、相关软件的升级或更新日志。

（8）检查是否建立事故管理及处置机制，及时响应信息系统运行事故，逐级向相关的 IT 管理人员报告事故的发生，并进行记录、分析和跟踪，直到完成彻底的处置和根本原因分析。检查是否建立服务台，为用户提供相关技术问题的在线支持，并将问题提交给相关信息科技部门进行调查和解决。

（9）检查是否建立与服务水平管理相关的制度和流程，对信息系统运行服务水平进行考核。

（10）检查是否建立连续监控信息系统性能的相关程序，及时、完整地报告例外情况；该程序是否能提供预警功能，在例外情况对系统性能造成影响前对其进行识别和修正。

（11）检查是否制定容量规划，以适应由于外部环境变化产生的业务发展和交易量增长。容量规划应涵盖生产系统、备份系统及相关设备。

（12）检查是否及时进行维护和适当的系统升级，以确保与技术相关服务的连续可用性，并完整保存记录（包括疑似和实际的故障、预防性和补救性维护记录），以确保有效维护设备和设施。

（13）检查是否制定有效的变更管理流程，以确保生产环境的完整性和可靠性。包括紧急变更在内的所有变更都应记入日志，由信息科技部门和业务部门共同审核签字，并事先进行备份，以便必要时可以恢复原来的系统版本和数据文件。检查紧急变更成功后，是否通过正常的验收测试和变更管理流程。

（14）检查信息系统是否具有以下重要文档，如系统或软件的使用手册和操作指南、系统设计文档、数据库设计文档、软件的概要设计文档、软件的详细设计文档等。

（15）检查文档管理情况，确保文档管理规范，信息系统中重要的技术文档和业务文档由专人保管，信息系统中重要的文档只有经过授权才能阅读，对信息系统中重要的文档进行了备份，技术人员调离岗位时应收回其拥有的技术文档，业务人员调离岗位时应收回其拥有的操作文档。

（16）检查软件管理情况，确保信息系统中重要软件及其文档资料由专人保管，对信息系统中重要的软件及其文档资料进行了备份，信息系统中重要的软件只有经过授权才能拷贝。

6.3.3.3　信息系统运行管理审计案例

案例一

审计内容：

以某商业银行为例，检查业务系统是否能保证只有经授权的用户才能访问，能否防止非授权访问。

审计过程及审计发现：

通过现场查看该商业银行的管理系统，发现该商业银行管理系统的账号及权限管理方面存在一定的问题，比如，离职人员的账号在本管理系统中仍然存在，且账号状态为正常；系统开发人员的测试账号在本管理系统中仍然存在，且账号状态为正常。

案例二

审计内容：

以某商业银行为例，检查是否制定了详尽的信息系统运行操作说明，如在信息系统运行手册中说明计算机操作人员的任务、工作日程、执行步骤，以及生产与开发环境中数据、软件的现场及非现场备份流程和要求（即备份的频率、范围和保留周期）。

审计过程及审计发现：

通过采取到计算机中心实地查看的方式，验证值班室是否保存有较为完整的操作手册；对比值班人员职责，验证值班室的操作手册能否完整覆盖值班人员的职责，发现值班室没有保存较为完整的关于信息系统运行的操作手册。

6.3.4 信息系统安全审计

6.3.4.1 信息系统安全审计简介

信息系统安全是通过维护信息系统中信息的机密性、完整性和可用性来管理和保护一个单位所有的信息资产。信息系统安全涉及管理、人员、技术等方面，因此，信息系统安全主要包括管理安全（如安全管理制度与管理组织）、人员安全以及技术安全（如计算机机房、操作系统、数据库系统、网络通信、软件、硬件等）三个方面。

1. 管理安全

一个单位应在信息系统安全管理工作方面建立相应的管理制度，并且要求相关人员严格执行管理制度，各项操作符合制度要求；另外，要建立相应的安全管理职能部门，设置相应的安全管理岗位，为信息系统的安全管理提供组织保障。

2. 人员安全

人员安全一方面要求提高单位员工的安全意识，加强信息系统安全重要性教育，使员工学习并掌握与其岗位相关的信息安全管理制度；另一方面要求单位内部在岗位设置和人员安排方面注意做到职责分离，职责分离的目的是保证不同的人员承担不同的职责，人员之间可以互相监督和检查，从而防止错误和舞弊发生。其原则是在分工协作的基础上明确各部门、人员的权限与责任。

常见职责分离情况如下：

- 信息系统部门与业务部门的职责相分离；
- 信息系统部门与业务部门内部的职责相分离；
- 交易的授权与交易的执行相分离；
- 资产的保管与记录相分离。

3. 技术安全

技术安全用来防范信息系统运行环境中影响信息系统正常、可靠运行的安全隐患，保护信息系统中的各种资源免受毁坏、替换、盗窃和丢失的威胁。这些威胁主要包括：自然灾害风险；环境故障风险，如电力故障、设备故障、温度、湿度、静电、恐怖袭击等。保证技术安全的主要控制措施包括：

● 物理位置：远离地下室、蓄水池、化工厂、加油站、储气站、机场等。

● 水灾控制：计算机中心具备水灾探测器。

● 火灾控制：计算机中心具备防火能力、火灾警报器和灭火系统，要定期检测消防设施。

● 电力供应相关风险的控制：计算机中心具备电力中断控制能力，如具有不间断电源（uninterruptible power system，UPS）、后备发电机等供电设施；具备电源线中断控制能力，如备份电力系统等。

● 防潮和防尘控制。

信息系统安全审计的目的就是确保被审计单位的信息系统安全管理符合以上相关要求。

6.3.4.2 信息系统安全审计的主要内容

在开展信息系统安全审计时，审计人员可以关注以下内容：

（1）检查是否建立配套的安全管理职能部门，通过管理机构的岗位设置、人员的分工以及各种资源的配备，为信息系统的安全管理提供组织保障。

（2）检查是否对各类信息系统进行风险评估，根据信息系统的重要程度等因素，建立和实施信息系统分类和保护体系，是否保证该体系在单位内部得到贯彻落实。

（3）检查是否针对信息系统安全管理工作建立相应的管理制度，并要求管理人员或操作人员严格执行管理制度，各项操作符合制度要求，信息系统安全制度是否符合国家有关信息管理的法律法规以及技术标准。

（4）检查是否建立信息系统安全计划和保持长效的管理机制（如信息系统安全管理机制包括信息系统安全标准、策略、实施计划和持续维护计划；信息系统安全策略包括安全制度管理、信息系统安全组织管理、资产管理、人员安全管理、物理与环境安全管理、通信与运营管理、访问控制管理、系统开发与维护管理、信息系统安全事故管理、业务连续性管理、合规性管理等）。

（5）检查是否采取相应的措施对人员进行管理，比如岗位设置是否合理，是否做到分工明确、职责清晰，重要岗位是否相互制约；涉密人员是否签订保密协议等。

（6）检查是否定期对管理层、信息部门技术人员、员工、客户等进行信息系统安全教育。

（7）检查是否提供必要的培训，使所有员工都了解信息系统安全的重要性，让员工充分了解其职责范围内的信息保护流程。

（8）检查是否定期对信息系统安全情况进行评估，并提交安全评估报告。对安全评估中发现的问题，是否及时整改。

（9）检查操作系统管理，比如账号及密码管理、系统访问控制等。

（10）检查数据库系统管理，比如数据库用户身份认证和权限管理，数据安全、备份及恢复和性能管理等。

（11）检查网络安全管理，比如是否建立健全网络管理相关的内部控制规章制度、技术规范、操作规程等，是否制定网络访问控制措施，是否制定网络日志管理措施，网络通信系统各项文档是否完备，是否定期对网络安全进行评估。

（12）检查是否制定相关策略和流程，管理所有生产系统的活动日志（包括交易日志和系统日志）。

（13）检查交易日志和系统日志的保存期限设定是否符合要求。

（14）检查是否有系统产生的信息安全相关日志记录。

（15）检查为防范涉密信息在传输、处理、存储过程中出现泄露或被篡改的风险，是否采取加密技术。

（16）检查是否建立密码设备管理制度（包括使用符合国家要求的加密技术和加密设备，管理和使用密码设备的员工经过专业培训和严格审查，加密强度满足信息机密性的要求，制定并落实有效的管理流程，尤其是密钥和证书生命周期管理）。

（17）检查是否确保所有终端用户设备（包括台式个人计算机、便携式计算机、柜员终端）的安全，是否定期对所有设备进行安全检查。

（18）检查是否制定相关制度和流程来严格管理客户信息的采集、处理、存储、传输、分发、备份、恢复、清理和销毁。

（19）检查计算机中心是否采取物理控制措施，监控对信息处理设备运行构成威胁的环境状况，并防止因意外断电或供电干扰影响计算机中心的正常运行。

（20）检查计算机中心的安全管理，比如计算机中心的选址（如是否接近自然灾害多发区、危险或有害设施、繁忙或主要公路）、基础设施建设、环境要求、安全管理、访问控制、日常维护等。

6.3.4.3 信息系统安全审计案例

案例一

审计内容：

以某商业银行为例，检查是否提供必要的培训，使所有员工都了解信息安全的重要性，让员工充分了解其职责范围内的信息保护流程。

审计过程及审计发现：

经审阅被审计单位提供的信息系统安全培训材料，发现基本达到了相关要求。但不足的是从提供的培训记录材料来看，培训的范围较小，没有做到使所有员工都了解信息系统安全的重要性，安全教育培训的范围应该扩大到所有员工。

案例二

审计内容：

以某商业银行为例，检查交易日志和系统日志的保存期限设定是否符合要求。

审计过程及审计发现：

经审阅被审计单位所提供的《××商业银行股份有限公司信息系统管理规范》，没有发现交易日志和系统日志保存期限的相关规定，不符合"交易日志应按照国家会计准则要求予以保存"和"系统日志保存期限按系统的风险等级确定，但不能少于一年"的要求。

6.3.5　业务连续性管理审计

6.3.5.1　业务连续性管理审计简介

业务连续性管理是为了防止业务活动中断，保护关键业务流程不受信息系统失效或自然灾害的影响，将意外事件或灾难对业务的影响降到最低水平。业务连续性管理包括识别和降低风险，制定连续性计划，建立应对意外事件或灾难的响应与恢复机制，测试和检查业务连续性计划的有效性与合规性，维护业务连续性计划。

其中，IT 服务连续性管理是业务连续性管理的重要领域。该管理的目的是在组织通过业务影响分析、风险分析确定业务连续性管理策略后，通过有效的 IT 可用性方案、IT 响应和恢复预案的设计、培训、测试、维护等措施，确保在意外事件或灾难发生后，在最短时间内恢复业务运作所需的 IT 基础设施、信息系统和 IT 服务，最终使机构能够按照 IT 服务连续性管理方案中规定的水平与恢复时间等目标对外提供服务。

业务连续性管理审计的目的就是确保被审计单位的业务连续性管理符合相关要求。

6.3.5.2　业务连续性管理审计的主要内容

在开展业务连续性管理审计时，审计人员可以关注以下内容：

(1) 检查是否建立一个专门组织或指定一个部门负责本机构业务连续性管理工作（该组织应包含但不限于风险管理部门、业务牵头管理部门、信息科技部门或跨部门的业务连续性管理委员会）。

(2) 检查是否制定规范的业务连续性计划。

(3) 检查是否评估因意外事件导致其业务运行中断的可能性及其影响，这些意外事件包括内外部资源的故障或缺失（如人员、系统或其他资产）、信息丢失或受损、外部事件（如战争、地震或台风等）。

(4) 检查是否能提供业务连续性管理相关规章制度、文件以及人员名单。

(5) 检查业务连续性计划是否有年度应急演练。

(6) 检查是否制定规范的 IT 服务连续性计划。

(7) 检查是否能提供与 IT 服务连续性计划执行相关的规章制度、文件以及人员名单。

(8) 检查是否能提供与 IT 服务连续性计划组织相关的会议纪要、演练记录等资料。

(9) 检查业务连续性计划和年度应急演练结果是否由信息科技风险管理部门或信息科技管理委员会确认。

6.3.5.3 业务连续性管理审计案例

案例一

审计内容：

以某商业银行为例，检查是否制定规范的业务连续性计划。

审计过程及审计发现：

通过访谈该银行风险管理部相关人员，了解到目前已制定了详细的业务连续性管理相关规章制度，主要有××商业银行业务连续性管理制度、业务连续性附件（附件 1：业务影响分析模板；附件 2：业务资源分析模板；附件 3：系统资源部署；附件 4：RTO 及 RPO 分析结果；附件 5：业务连续性风险评估；附件 6：恢复策略模板；附件 7：业务连续性总体应急预案；附件 8：××业务连续应急预案；附件 9：业务连续性演练方案；附件 10：业务连续性演练报告模板）等。然而，这些材料仅仅给出了详细的业务连续性管理制度和具体的执行方案模板，目前仍没有形成规范的业务连续性计划。

案例二

审计内容：

以某商业银行为例，检查是否能提供与 IT 服务连续性计划执行相关的规章制度、文件以及人员名单。

审计过程及审计发现：

经审阅被审计单位提供的材料，发现：(1)“总体应急预案（信息系统突发事件应急预案）”文件中应急组织人员通讯名单中联系方式不完整；(2) 文件名单中人员信息缺少更新（部分人员已离职，但仍然在名单中）。

6.3.6 IT 外包审计

6.3.6.1 IT 外包审计简介

为了满足需要，一些单位除了依靠内部力量开发一些信息系统，还常常会依靠外部力量开发一些信息系统，这些依靠外部力量开发的信息系统称为 IT 外包。

IT 外包审计主要审计被审计单位在进行信息系统外包时是否按照风险控制的原则合理确定外包的范围和内容，分析和评估外包风险，建立健全相关规章制度，制定风险防范措施。

6.3.6.2 IT 外包审计的主要内容

在开展 IT 外包审计时，审计人员可以关注以下内容：

(1) 检查被审计单位有没有将其 IT 管理责任外包。

（2）检查是否建立外包管理制度，明确界定允许外包的内容、范围，对外包进行监督管理。

（3）检查是否制定外包审批制度，所有IT外包协议应经过信息科技风险管理部门、法律部门和信息科技管理委员会的审批。

（4）检查在外包协议方面是否与外包服务商签订书面合同，明确双方的权利、义务，并明确规定外包服务商在安全、保密、知识产权等方面的义务，外包关系受此书面合同制约。

（5）检查为保证IT外包过程中外包服务商的服务水平，是否与外包服务商签订服务水平协议。外包服务水平协议是否包含以下因素：提出定性和定量的绩效指标，评估外包服务商所提供服务的充分性；通过服务水平报告、定期自我评估、内部或外部独立审计进行绩效考核；针对绩效不达标的情况调整流程，采取整改措施。

（6）检查为确保客户资料等敏感信息的安全，是否采取以下安全保密措施：按照“必须知道”和“最小授权”原则对外包服务商相关人员授权；要求外包服务商保证其相关人员遵守保密规定；严格控制外包服务商再次对外转包，采取足够措施确保本单位相关信息的安全；确保在终止外包协议时收回或销毁外包服务商保存的所有客户资料。

（7）检查是否充分审查、评估外包服务商的财务稳定性和专业经验，是否对外包服务商进行风险评估，考察其设施和能力是否足以承担相应的责任。

（8）检查对于外包项目，是否建立恰当的应急措施来应对外包服务商在服务中可能出现的重大缺失（比如外包服务商的重大资源损失、重大财务损失和重要人员的变动，以及外包协议的意外终止等）。

（9）检查是否制定IT外包项目监督管理机制，是否对外包服务商的服务水平进行定期的评估。

（10）检查是否妥善保存IT外包产生的所有文档。

6.3.6.3　IT外包审计案例

案例一

审计内容：

以某商业银行为例，检查是否充分审查、评估外包服务商的财务稳定性和专业经验，对外包服务商进行风险评估，是否考察其设施和能力是否足以承担相应的责任。

审计过程及审计发现：

通过调阅被审计单位提供的“微信银行”项目相关文档，在“项目尽职调查报告”中发现开发商在公司规模及注册资金方面较弱（技术人员12人，注册资本100万元），“微信银行”系统相关的开发经验及资质等有待进一步加强。

案例二

审计内容：

以某商业银行为例，检查对于IT外包项目，是否建立恰当的应急措施来应对外包服务商在服务中可能出现的重大缺失。

审计过程及审计发现：

通过审阅被审计单位所提供的外包项目相关文档，发现被审计单位建立了恰当的应急措施来应对外包服务商在服务中可能出现的重大缺失，但没有发现相关应急预案演练记录（针对外包服务商在服务中可能出现的重大缺失），不能证明已建立的应急措施得到有效的执行。

6.4 信息系统应用控制及审计

6.4.1 信息系统应用控制简介

一、应用控制的概念

简单地讲，信息系统应用控制是为了适应各种数据处理的特殊控制要求，保证数据处理完整、准确地完成而建立的内部控制，它针对的是与信息系统应用相关的事务和数据，目的是确保数据的准确性、完整性、有效性、可验证性、可靠性和一致性。

具体来说，应用控制的主要目标是确保：

（1）输入的数据是准确、完整、经授权和正确的。

（2）数据在可接受的时间内得到预期的处理。

（3）数据存储是准确和完整的。

（4）输出是准确和完整的。

（5）数据在从输入到存储，再到最终的输出，整个过程是可追溯的。

二、应用控制和一般控制的关系

某些应用控制的有效性取决于一般控制的有效性。当一般控制薄弱时，应用控制就无法真正提供合理保障。因此，良好的一般控制是应用控制的基础，可以为应用控制的有效性提供有力的保障。如果一般控制审计结果很差，应用控制审计就没有必要进行。

三、应用控制的主要内容

根据以上分析不难发现，应用控制是对输入、处理和输出过程的控制。因此，应用控制主要可以分为三类：输入控制、处理控制和输出控制。

1. 输入控制

输入控制用来确保每笔要处理的事务都被准确完整地输入、处理和记录。这些控制能够保证只有经有效授权的信息才被输入，且事务只被处理一次。输入控制的目的是：

（1）保证只有经授权批准的数据才能输入信息系统。

（2）保证经批准的数据完整、准确地输入信息系统，没有丢失、遗漏，也没有增加、重复或做不恰当的修改。

（3）被信息系统拒绝的错误数据改正后能重新向系统提交。

（4）能检查数据中是否仍然存在错误。

2. 处理控制

处理控制是对信息系统进行的内部数据处理活动的控制措施，一般是通过计算机程序实现自动控制。处理控制的目的是确保应用程序处理的可靠性。

3. 输出控制

输出控制用来确保数据以一致和安全的方式传递给用户，且数据要符合一定的格式。输出控制的目的是：

（1）保证输出信息的准确性、可靠性。

（2）保证输出信息能按要求及时送达指定的人，而未经批准的人不能接触。

（3）对敏感的电子数据加密以后再输出。

6.4.2　应用控制审计的基本步骤

一般来说，应用控制审计的基本步骤如图 6－4 所示。

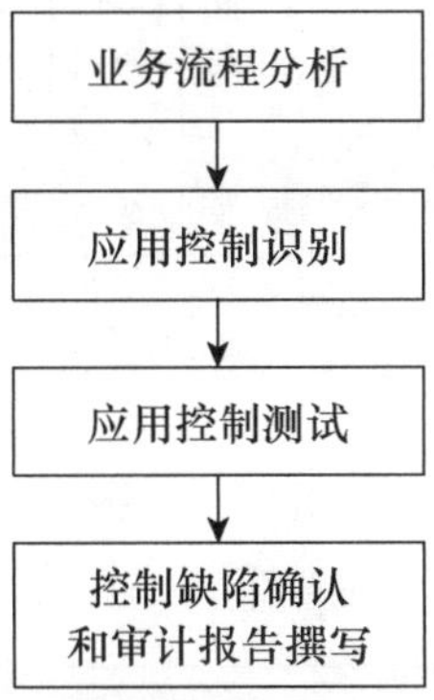

图 6－4　应用控制审计的基本步骤

1. 业务流程分析

在该步骤中，需要通过访谈和现场查看等方法了解被审计应用系统的业务流程，理清业务流程中的信息流、资金流和文档流等。

2. 应用控制识别

在该步骤中，根据前面分析的业务流程识别控制活动，并根据控制活动的类别识别出应用控制或手工控制，同时确定这些应用控制的关键程度。

3. 应用控制测试

在该步骤中，根据识别的应用控制属性和控制活动描述对其进行控制测试，如采用数据测试法，即在正常运行条件下将测试数据输入内控流程，穿越全流程和所有关键环节，把运行结果与设计要求对比，从而发现内控流程的缺陷。

4. 控制缺陷确认和审计报告撰写

在该步骤中，对测试发现的控制缺陷进行汇总，并向被审计单位确认。在此基础上，撰写审计报告。

6.4.3 应用控制审计案例

在互联网金融时代，银行要快速应对客户使用习惯。从柜面银行到网上银行、电话银行、手机银行、直销银行，再到微信银行，银行业的信息科技正经历快速的发展。本案例以某商业银行微信银行系统为例来分析如何开展应用控制审计。该商业银行微信银行系统的功能结构如图 6－5 所示。

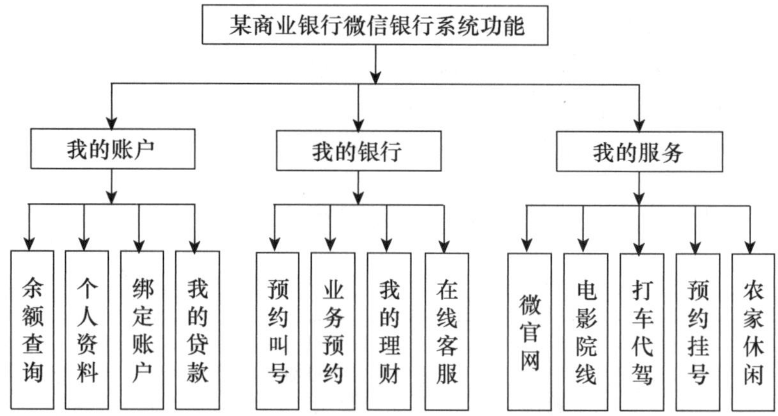

图 6－5 某商业银行微信银行系统的功能结构图

下面以该微信银行系统中的预约叫号功能为例来分析如何开展应用控制审计。

一、业务流程分析

通过访谈和查看该微信银行系统，预约叫号功能的操作流程如图 6－6 所示。

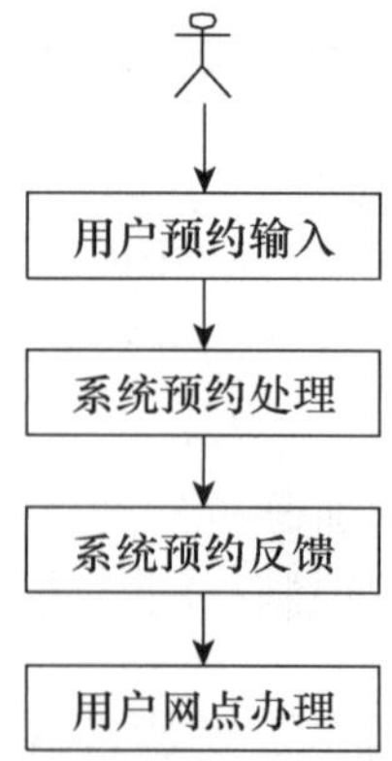

图 6－6 某商业银行微信银行系统预约叫号功能流程图

二、应用控制识别

根据上一步分析的业务流程，识别预约叫号的控制活动，其关键的应用控制点如下。

1. 用户预约输入

是否有用户身份信息控制，是否设置了必需选项保证预约叫号关键数据的输入，是否设置了预约叫号关键数据的输入限定范围。

2. 系统预约处理

预约叫号功能中系统能否预防重复预约叫号（比如存在同一个网点、同一个时间段、同一个手机号进行预约叫号）；系统是否具有同一个时间段内预约叫号人数的限制功能；系统是否提供更改预约功能；是否具有对同一个手机号预约叫号申请次数的限制功能。

3. 系统预约反馈

预约叫号成功的业务是否能给用户一个合理的短信反馈。

4. 用户网点办理

预约叫号成功的业务是否能在网点方便、顺利地办理。

三、应用控制测试

根据上一步分析的预约叫号流程中关键的应用控制点，主要控制活动描述及相关测试如下。

1. 用户预约输入

- 用户预约输入控制活动描述（一）：

控制活动：用户身份信息控制。

审计领域：输入控制。

控制描述：预约叫号的录入界面中用户身份信息必须输入，从而预防非法分子随意录入手机号进行预约叫号。

控制活动测试：

测试步骤一：进入预约叫号的录入界面。

测试步骤二：查看申请预约叫号时系统是否需要用户输入身份信息。

- 用户预约输入控制活动描述（二）：

控制活动：设置必需选项保证预约叫号关键数据的输入。

审计领域：输入控制。

控制描述：预约叫号的录入界面中某些字段必须强制输入，某些字段可以选择性地输入，从而确保关键的预约叫号信息均被录入。

控制活动测试：

测试步骤一：进入预约叫号的录入界面。

测试步骤二：测试当关键的预约叫号信息未被录入时，预约叫号能否成功。

- 用户预约输入控制活动描述（三）：

控制活动：设置了预约叫号关键数据的输入限定范围。

审计领域：输入控制。

控制描述：系统可以对预约叫号录入界面中必需选项关键数据的输入范围进行限定，从而确保用户输入的关键预约叫号信息在合理的范围内。

控制活动测试：

测试步骤一：进入预约叫号的录入界面。

测试步骤二：查看每个字段选择组中的字段输入范围是否符合银行的实际要求。

测试步骤三：测试当字段选择组中的字段输入范围不符合银行的实际要求时，是否仍能预约成功。

2. 系统预约处理

● 系统预约处理控制活动描述（一）：

控制活动：能预防重复预约叫号（存在同一个网点、同一个时间段、同一个手机号进行预约叫号）。

审计领域：处理控制。

控制描述：系统可以对同一个网点、同一个时间段、同一个手机号的预约叫号申请进行限定，使申请次数不能超过一次，从而预防用户重复预约叫号。

控制活动测试：

测试步骤一：进入预约叫号的录入界面。

测试步骤二：测试当用同一个手机号选择同一个网点和同一个时间段时，是否仍能预约成功。

● 系统预约处理控制活动描述（二）：

控制活动：具有同一个时间段内预约叫号人数的限制功能。

审计领域：处理控制。

控制描述：系统可以对同一个网点、同一个时间段的预约叫号申请人数进行限定，使同一个时间段内预约叫号人数控制在网点柜台在该时间段内处理的能力范围内，从而保证预约叫号功能的有效性。

控制活动测试：

测试步骤一：通过访谈和查看相关文档，了解系统是否有预约叫号人数的限制功能。

测试步骤二：若有，进入预约叫号的录入界面。

测试步骤三：根据一个网点某一时间段的处理能力，对该网点同一个时间段的预约叫号以超过处理能力的申请次数进行申请时，测试是否仍能预约成功。

● 系统预约处理控制活动描述（三）：

控制活动：提供“更改预约”功能。

审计领域：处理控制。

控制描述：对于提交成功的预约叫号申请，系统提供更改预约功能，即用户可以修改提交成功的预约叫号申请，也可以删除提交成功的预约叫号申请，从而保证预约叫号功能的合理性。

控制活动测试：

测试步骤一：进入预约叫号的界面。

测试步骤二：检查系统是否提供更改预约功能，测试是否可以删除提交成功的预约叫号申请。

- 系统预约处理控制活动描述（四）：

控制活动：具有同一个手机号的预约叫号申请次数的限制功能。

审计领域：处理控制。

控制描述：系统可以对同一个手机号的预约叫号申请次数进行限定，从而防止利用预约叫号功能进行骚扰的行为发生。

控制活动测试：

测试步骤一：通过访谈和查看相关文档，了解系统是否有预约叫号申请次数的限制功能。

测试步骤二：若有，进入预约叫号的录入界面。

测试步骤三：根据限制申请次数，用同一个手机号进行预约叫号，测试超过限定次数时是否仍能预约成功。

3. 系统预约反馈

系统预约反馈控制活动描述：

控制活动：预约叫号成功业务的短信反馈控制。

审计领域：输出控制。

控制描述：预约叫号成功的业务能给用户一个合理的短信反馈，从而保证用户知道预约叫号成功。

控制活动测试：

测试步骤一：选择某一预约叫号成功的业务。

测试步骤二：测试该预约叫号成功的业务能否给用户一个合理的短信反馈。

4. 用户网点办理

用户网点办理控制活动描述：

控制活动：预约叫号业务和网点叫号机的对接控制。

审计领域：输出控制。

控制描述：预约叫号业务必须能和网点的叫号机方便、顺利地对接，从而保证预约叫号成功的业务能在网点方便、顺利地办理。

控制活动测试：

测试步骤一：选择某一预约叫号成功的业务。

测试步骤二：到对应的网点查看预约叫号成功的业务是否能在网点顺利办理。

四、控制缺陷确认和审计报告撰写

通过以上测试，对发现的一些相关应用控制缺陷需要和被审计单位进行沟通确认。对于本实例，经被审计单位确认后，主要存在的相关应用控制缺陷如下：

（1）系统预约叫号功能输入控制存在一些问题。预约叫号功能中，预约的范围在9：00—23：30，和银行的工作时间不一致，当选择下班时间进行预约叫号时，系统仍然显示预约成功。经深入了解发现，“预约日期”输入框中预约日期的选择范围没有做好最晚时间的设置。

（2）系统预约叫号功能处理控制存在一些问题。

1）不能预防重复预约叫号（存在同一个网点、同一个时间段、同一个手机号进行预约叫号的情况）。

2）系统缺少对同一个网点、同一个时间段的预约叫号申请人数的限定控制，不能做到将一个时间段内预约叫号人数控制在网点柜台在该时间段的处理能力范围内，不能保证预约叫号功能的有效性。

3）系统对同一个手机号只能同意预约3次，但系统没有提供更改预约功能，当用户删除一个预约时，不能再增加一个，在功能上不够友好。

（3）系统预约叫号功能输出控制存在一些问题。预约叫号成功的业务能给用户一个短信反馈，但没有考虑到对误发或恶意短信的友好提醒内容。

基于以上确认的问题，审计人员可以完成审计报告的撰写。

6.5 IT治理审计

6.5.1 IT治理审计简介

IT（信息技术）治理用于描述一个单位是否采取有效的机制，使得IT的应用能够完成组织赋予它的使命，同时平衡信息技术与过程的风险，确保实现组织的战略目标。IT治理是高级管理层的责任，考虑领导层组织结构以确保业务目标和IT目标一致。比如，对商业银行来说，通过IT治理使其董事会和高级管理层根据本银行的发展战略，运用先进管理理念加强信息科技治理，提高信息技术使用效益，推动商业银行的业务创新，增强核心竞争力和可持续发展能力。

为了保证IT治理的有效性，审计人员需要对其进行审计。概括来说，IT治理审计的主要目的如下：

（1）促进IT与组织战略目标融合互动；

（2）有效利用信息资源；

（3）合理管控信息化过程的风险；

（4）构建信息化可持续发展的长效机制。

6.5.2 IT治理审计的主要内容

在开展IT治理审计时，审计人员可以关注以下内容。

1. 高级管理层情况

（1）检查是否设立一个由来自高级管理层、信息科技部门和主要业务部门的代表组成的类似于信息科技管理委员会的专门机构。

（2）检查信息科技管理委员会是否定期向董事会和高级管理层汇报信息科技战略规划的执行、信息科技预算和实际支出、信息科技的整体状况。

（3）对于商业银行，检查是否向银行保险监督管理委员会及其派出机构报送信息科技风险管理的年度报告。

2. 信息科技（或信息管理）部门情况

（1）检查是否建立与单位业务相适应的信息科技部门，负责信息科技产品的开发、外包、测试、上线和变更，负责相应信息系统的运行、维护和安全，为单位提供信息科技业务产品。

（2）检查信息科技部门是否根据工作内容，制定完整的内部工作流程和内控制度，建立与相关职能部门之间的协调配合机制，保证信息科技工作的有序、高效。

（3）检查为了确保单位所有员工充分理解和遵守经其批准的信息科技风险管理制度和流程，是否安排相关培训。

（4）检查是否对信息科技部门内部管理职责进行明确的界定。

（5）检查各岗位的人员是否具有相应的专业知识和技能。

（6）检查对信息科技部门内部重要岗位是否制定了详细完整的工作手册。

（7）检查为了确保员工了解、遵守信息科技策略、指导原则、信息保密、授权使用信息系统、信息科技管理制度和流程等要求，是否同员工签订相关协议。

（8）检查对于关键岗位信息科技员工，当其突然调离时，部门是否采取了相应的应急措施。

（9）检查是否设有信息科技突发事件应急响应小组。

（10）检查是否设立或指派一个特定部门负责信息科技风险管理工作。

3. 知识产权保护工作情况

（1）检查是否能确保购买和使用合法的软硬件产品，禁止侵权盗版。

（2）检查是否采取有效措施保护本部门所开发的相关软件的自主知识产权，比如外包服务协议和相关文件中是否有知识产权的保护条款。

6.5.3　IT治理审计案例

案例一

审计内容：

对某商业银行进行IT治理审计，检查是否成立了信息科技管理委员会。

审计过程及审计发现：

通过访谈该商业银行科技信息部总经理周某，了解到该行成立了信息科技管理委员会。让对方进一步提供信息科技管理委员会的相关文件，主要材料有《××商业银行行长室各专门委员会工作职责的通知》《××商业银行股份有限公司信息科技管理委员会工作规则的通知》。

经审阅以上文件，发现该商业银行信息科技管理委员会组成人员（见图6-7）如下：主任委员为行长，执行主任委员为分管科技信息副行长，成员为科技信息部、风险管理部、计划财务部、审计稽核部负责人，符合“设立一个由来自高级管理层、信息科技部门和主要业务部门的代表组成的专门信息科技管理委员会”，“在建立良好的公司治理的基础上进行信息科技治理，形成分工合理、职责明确、相互制衡、报告关系清晰的信息科技治理组织结构”的要求。

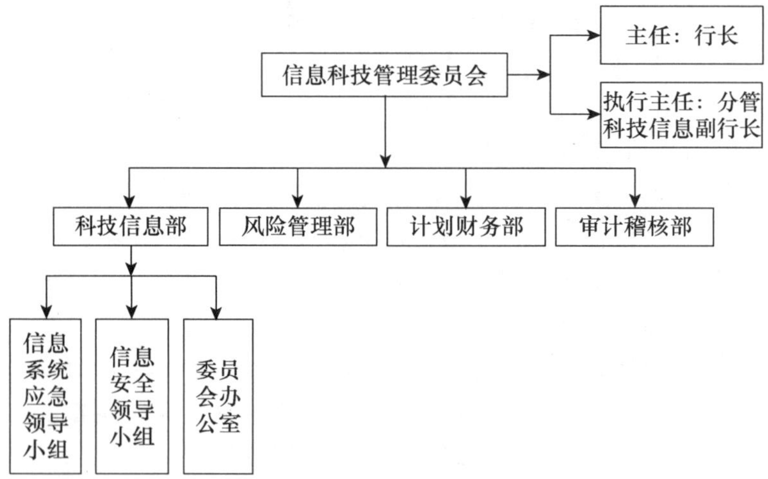

图6-7 某商业银行信息科技管理委员会

案例二

审计内容：

对某商业银行进行IT治理审计，检查是否能确保购买和使用合法的软硬件产品，禁止侵权盗版。

审计过程及审计发现：

经审阅被审计单位提供的文件，发现该商业银行科技信息部已制定了“正版化推进计划”和使用正版软件的相关措施，目前大部分软件均为正版软件，但通过比较对方提供的文件“信息系统调查表”（该表列出了该行使用的所有应用系统和数据库系统信息）和“软件正版化清单”，发现“信息系统调查表”中总行门禁卡权限管理系统等采用的数据库为SQL Server 2008，而SQL Server 2008不在所提供的“软件正版化清单”中，这些盗版软件的使用会给该商业银行业务的运行带来很多安全隐患。

案例三

审计内容：

对某商业银行进行IT治理审计，检查对信息科技部门内部重要岗位是否制定了详细完整的工作手册。

审计过程及审计发现：

通过访谈和让被审计单位提供相关材料，发现该商业银行科技信息部目前不能提供“信息科技部门内部重要岗位详细完整的工作手册”方面的证明资料，只能提供一些岗位说明书，如软件研发岗岗位说明书、系统管理岗岗位说明书、网络管理岗岗位说明书、数据库管理岗岗位说明书、安全生产管理岗岗位说明书，这说明该商业银行科技信息部目前在这方面的工作尚有不足。

6.6 信息系统审计准则与规范

6.6.1 信息系统审计准则与规范概述

审计准则与规范是审计人员开展审计工作时必须遵循的行为规范与要求，是审计人员执行审计业务、获取审计证据、形成审计结论、出具审计报告的专业标准。为了满足信息系统审计的需要，国内外制定了一系列的信息系统审计准则与规范，本节对国内外制定的主要信息系统审计准则与规范进行简单介绍，从而为开展信息系统审计提供参考依据。

6.6.2 信息系统审计主要准则与规范简介

6.6.2.1 《SOX 法案》

《SOX 法案》又称为《萨班斯-奥克斯利法案》。2002 年，美国爆发了一系列的财务和管理丑闻，如安然（美国最大的能源公司）和世通（世界通信公司）事件，这些丑闻严重破坏了美国的金融证券制度，彻底打击了投资者对美国资本市场的信心。为了扭转这一局面，美国国会通过了《2002 年公众公司会计改革和投资者保护法案》。该法案由美国参议院银行委员会主席萨班斯（Paul Sarbanes）和众议院金融服务委员会主席奥克斯利（Mike Oxley）联合提出，又称作《2002 年萨班斯-奥克斯利法案》（Sarbanes-Oxley Act 2002，简称《SOX 法案》）。该法案对美国《1933 年证券法》《1934 年证券交易法》做出大幅修订，在公司治理、会计职业监管、证券市场监管等方面做出了许多新的规定。2002 年 7 月，美国总统布什将此法案签署为法律。

《SOX 法案》共分 11 章。其中第 1～6 章主要涉及对会计职业及公司行为的监管，第 8～11 章主要是追加对公司高管及白领犯罪的刑事责任。

《SOX 法案》404 条款的合规性实践展示了改善 IT 治理和判断 IT 治理成效的一种有效方法。虽然《SOX 法案》404 条款合规性的要求有其特定的局限性，因为其主要关注的是与财务报告相关的信息系统，但是由此产生的方法论和合规性实践，对 IT 治理的理论发展和实践很有借鉴意义。

《SOX 法案》404 条款要求的 IT 一般控制的合规性实践通常采用的方法如下：

（1）首先是进行 IT 一般控制的现状分析，然后参照信息及相关技术控制目标（control objectives for information and related technology，COBIT）的要求建立公司的 IT 控制目标以便进行差距分析，并在此基础上找出和确定能涵盖这些控制目标的 IT 一般控制的关键控制点。

（2）每个关键控制点的控制活动都被清晰地描述和文档化，同时这些控制活动还必须具备可操作性和可检验性，最终形成所谓的IT控制矩阵（IT control matrix）。

（3）相关公司都必须完成一整套与IT控制相关的文档，即所谓的《SOX法案》合规性文档，如IT政策、IT控制矩阵、IT控制活动描述、IT控制的测试方法等。

（4）通过细致扎实的工作落实已确定的IT控制点，从而使IT控制得到贯彻实施。

根据《SOX法案》404条款的要求，管理层必须每年对这些控制点进行测试和评估，对测试发现的控制缺陷则需要增设补救和改进措施，并再次测试。如果在规定的期限内控制缺陷还是不能得到改正，外部审计人员将根据情况针对控制缺陷和程度发表审计意见。

6.6.2.2 COSO内部控制框架

COSO内部控制框架实际上是全美反舞弊性财务报告委员会发起组织（The Committee of Sponsoring Organizations of the Treadway Commission，COSO）在1992年9月发布的一份报告，报告的正式名称是"内部控制——完整框架"。它是美国审计行业最广泛接受并使用的内部控制框架，包括政府审计和会计师事务所的审计都以COSO作为检查组织内部控制的标准框架。作为全球最具影响力的内部控制标准，COSO内部控制框架得到了世界许多国家的一致认可和广泛借鉴。2013年5月，COSO发布了更新后的《内部控制——整合框架》，受到国际内部控制理论界和实务界的广泛关注。2016年10月，COSO发布《全面风险管理框架的修订版》（征求意见稿）。

尽管COSO框架并不是信息技术方面的内部控制框架，但是由于它在审计领域的重要性，几乎所有信息系统审计的框架和指南都会考虑吸取它的主要思想作为内部控制的出发点。特别是《SOX法案》颁布后，美国证券交易管理委员会（SEC）把COSO框架作为组织加强内部控制的唯一参考框架，进一步提升了COSO框架的重要地位。许多组织为了达到《SOX法案》对内部控制和信息真实性的要求，纷纷对信息系统进行控制评估和风险测试，开发各种信息技术控制框架，从而把信息技术的一般控制和应用控制方法与COSO框架结合起来。

6.6.2.3 COBIT

COBIT是由信息系统审计与控制协会（ISACA）在1996年公布的控制框架，分别在1998年、2000年、2005年、2012年进行了修订，目前的版本是COBIT 5.0。

COBIT的主要目的是研究、发展、宣传最新的、权威的、国际化的公认信息技术控制目标，以供企业经理、IT专业人员和审计专业人员日常使用。COBIT框架包括 34 个 IT 流程、4 个领域，即计划与组织（PO）、获取与实施（AI）、交付与支持（DS）和监控与评估（ME）。

2005 年，ISACA 第三次修订了 COBIT 4.0，它与 COSO 和 SOX 紧密结合，将 IT 治理和 IT 控制纳入组织治理和组织内部控制范畴，该框架的颁布加速了信息系统审计与内部管理审计的结合。

SOX，COSO，COBIT 三者之间的关系如图 6-8 所示。

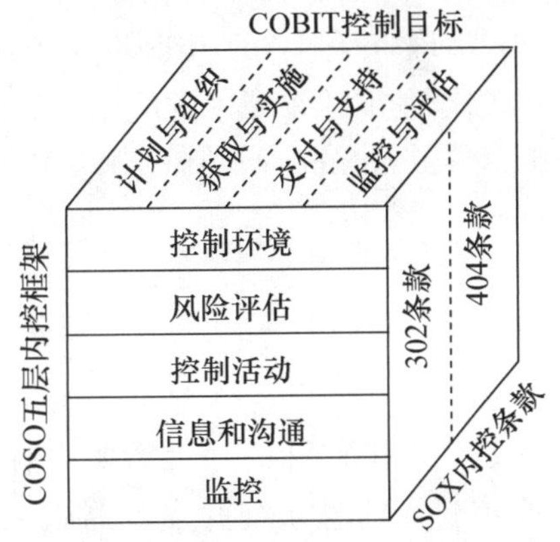

图 6-8 SOX，COSO，COBIT 之间的关系

6.6.2.4 GTAG

国际内部审计师协会对信息系统审计的相关内容进行了研究，发布了全球技术审计指南（Global Technology Audit Guide，GTAG），包括：

GTAG 1：信息技术风险和控制（Information Technology Risk and Controls，2012 年第二版）

GTAG 2：信息变更和补丁管理控制（Change and Patch Management Controls：Critical for Organizational Success，2005 年第一版，2012 年第二版）

GTAG 3：持续审计（Continuous Auditing：Implications for Assurance，Monitoring，and Risk Assessment，2005 年第一版，2015 年第二版）

GTAG 4：IT 审计管理（Management of IT Auditing，2006 年）

GTAG 5：隐私风险审计（Auditing Privacy Risks，2012 年第二版）

GTAG 6：IT 漏洞管理和审计（Managing and Auditing IT Vulnerabilities，2006 年）

GTAG 7：信息技术外包（Information Technology Outsourcing，2012 年第二版）

GTAG 8：应用控制审计（Auditing Application Controls，2007 年）

GTAG 9：身份和访问管理（Identity and Access Management，2007 年）

GTAG 10：业务连续性管理（Business Continuity Management，2008 年）

GTAG 11：制定 IT 审计计划（Developing the IT Audit Plan，2008 年）

GTAG 12：审计 IT 项目（Auditing IT Projects，2009 年）

GTAG 13：自动化环境下的舞弊防范和检查（Fraud Prevention and Detection in an Automated World，2009 年）

GTAG 14：审计用户开发的应用系统（Auditing User-developed Applications，2010 年）

GTAG 15：信息安全治理（Information Security Governance，2010 年）

GTAG 16：数据分析技术（Data Analysis Technologies，2011 年）

GTAG 17：IT 治理审计（Auditing IT Governance，2012 年）

另外，针对大数据在审计领域中的应用，GTAG 2017 年还发布了《了解和审计大数据》(Understanding and Auditing Big Data)。

6.7 本章小结

信息系统审计是计算机审计的一项重要内容，本章根据目前信息系统审计的应用现状，从一般控制（信息系统开发、测试和维护，信息系统运行管理，信息系统安全，业务连续性管理，IT 外包等）和应用控制两个方面出发，分析了信息系统审计的相关理论以及如何开展信息系统审计，并结合某商业银行信息科技审计项目给出了一些信息系统审计的相关案例。此外，本章还对主要的信息系统审计准则与规范进行了简要介绍。通过本章的学习，读者可以快速掌握信息系统审计的基本理论与应用，从而为今后研究与应用信息系统审计理论与方法打下基础。

思考题

1. 什么是信息系统审计？
2. 什么是一般控制审计和应用控制审计？一般控制和应用控制有什么关系？
3. 为什么需要了解信息系统审计准则与规范？
4. 在实际的审计工作中，如何把信息系统审计和目前的电子数据审计结合起来？

第 7 章

计算机审计前沿

学习目标

■ 了解什么是持续审计、联网审计以及大数据审计

■ 熟悉持续审计、联网审计的主要技术实现方法，了解大数据环境下的联网审计实现方法

■ 熟悉大数据以及大数据审计的相关知识，熟悉国内外开展大数据审计的现状，熟悉相关大数据审计技术与工具

■ 理解大数据环境下开展电子数据审计的重要性以及大数据环境下电子数据审计面临的机遇和挑战

■ 熟悉大数据环境下的电子数据审计方法与现有电子数据审计方法的异同，了解大数据环境下电子数据审计方法

■ 了解大数据环境下的信息系统审计方法

7.1 概 述

随着信息技术的发展，信息技术在审计中的应用情况也在不断变化。互联网、云计算、大数据等技术的发展对审计工作产生了巨大影响。本章针对这一发展现状，介绍持续审计、联网审计、大数据审计等计算机审计发展前沿。

7.2 持续审计

7.2.1 持续审计简介

信息技术的发展将使计算机审计朝持续、动态、实时的方向发展，持续审计

（continuous auditing，CA）成为计算机审计的一个重要发展方向。尽管持续审计的思想已提出多年，直到近年来信息技术的发展才使持续审计变得可行。在过去的十几年里，持续审计得到了学术界、审计人员以及软件开发人员的关注，这使其研究得到很大的发展。为了使读者能系统、清晰地认识持续审计，从而为实施持续审计提供技术和理论上的支持，本节对持续审计的研究进行分析。

为了便于理解持续审计，首先来看一下不同文献对持续审计的理解。根据CICA/AICPA的研究报告，持续审计是指能使独立审计师通过使用在委托项目出现相关事件的同时或短时间内生成的一系列审计报告，来对委托项目提供书面鉴证的一种审计方法。Alexander等人（1999）认为，持续审计是能在相关事件发生的同时或之后很短的时间内就产生审计结果的一种审计类型。根据这一定义，Alexander等人（1999）认为把持续审计称为实时审计更为合适。此外，Alexander等人（1999）还认为要实现持续审计，需要一个在线的计算机系统把审计部门和被审计部门连接起来，所以，把持续审计称为持续在线审计（continuous online auditing，COA）。随着信息化程度的提高以及计算机网络的广泛使用，目前正在开展的所谓的联网审计也是持续审计的一种。综上所述，持续审计可以理解为能在相关事件发生的同时或之后很短的时间内就产生审计结果的一种审计类型。

为了使读者对持续审计的研究有一个清晰的认识，根据现有文献，作者对关于持续审计的研究情况进行总结分类，如图7－1所示。概括来说，关于持续审计的研究主要集中在技术实现方法、理论分析和关键技术上。对于技术实现方法，根据实现技术的不同，可以分成嵌入式和分离式两种，其中，分离式持续审计是目前研究的主流。根据持续审计系统的灵活性情况，分离式持续审计又可分成专用模式和通用模式，专用模式是针对某一特定系统而设计的持续审计实现方法，通用模式则是为了使设计的持续审计方法具有一定的通用性，其采用的方法如基于XML、基于CORBA等。

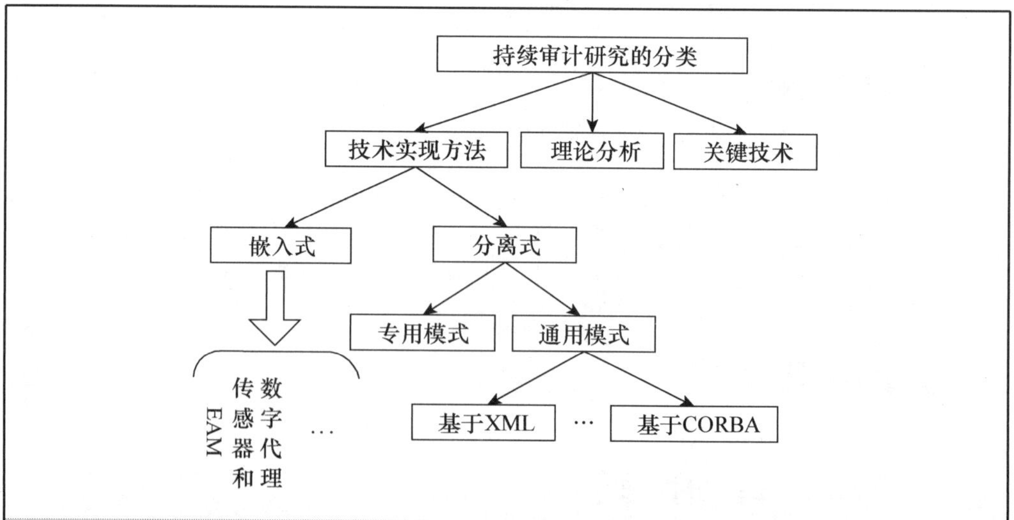

图7－1 持续审计相关研究的分类

7.2.2　持续审计一般实现方法

技术实现方法一直是持续审计研究的重点。随着信息技术的发展，越来越多的持续审计实现方法被提出。本节根据图7-1中的分类，对这方面的主要研究情况进行分析。

7.2.2.1　嵌入式持续审计

所谓嵌入式持续审计，是指在被审计信息系统中嵌入相应的程序模块（触发器、智能代理等），通过该程序模块不断地对被审计信息系统中的数据进行检测，从而完成对被审计信息系统的持续审计。几种嵌入式持续审计的实现方法简介如下。

一、嵌入审计模块技术

嵌入式持续审计的典型代表就是嵌入审计模块技术（embedded audit module，EAM），其原理如图7-2所示。

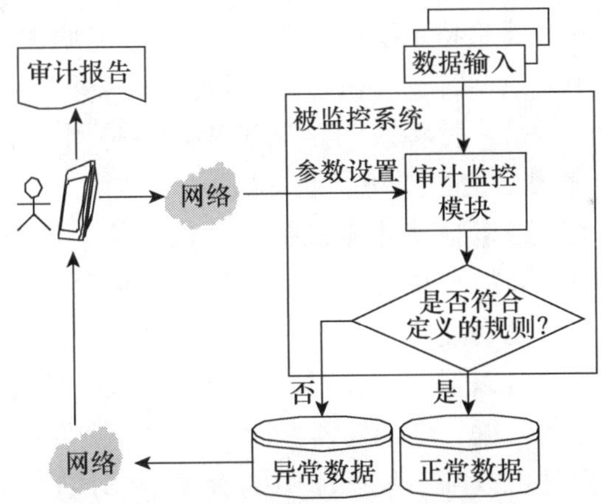

图7-2　基于EAM的持续审计原理

二、传感器和数字代理技术

传感器（sensors）和数字代理（digital agents）也是实现嵌入式持续审计的一种方法。Sean（2003）给出了一种采用传感器和数字代理来实现的嵌入式持续审计框架，其原理如图7-3所示。这种方法是在被审计信息系统中放置传感器和数字代理，并在传感器与数字代理中定义相应的规则，被审计信息系统中的数据与传感器、数字代理中定义的相应规则的任何差异都会通过电子邮件（E-mail）传递给审计人员，审计人员再根据该信息采取相应的措施。

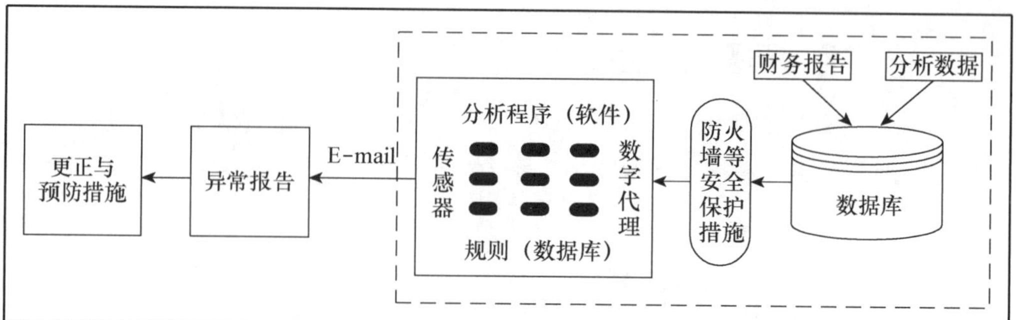

图 7-3 基于传感器和数字代理的持续审计方法

三、基于 DBMS 触发器的持续审计模型

目前国内外已经研究了多种实现持续审计的方法，但这些方法仍然存在很多不足，或者不具有通用性，或者实施成本太高，不能较好地满足需要。因此，研究简单易行的持续审计方法对我国开展持续审计具有重要的理论和应用价值。基于持续审计的研究现状，作者提出一种基于数据库管理系统（database management system，DBMS）触发器的持续审计模型。

1. DBMS 触发器的工作原理

DBMS 触发器是特定事件出现的时候自动执行的代码块。它在插入、删除或修改特定表中的数据时触发执行，比数据库本身标准的功能有更精细和更复杂的数据控制能力，是一种特殊的存储过程，但是用户不能直接调用。能用于持续审计的 DBMS 触发器的主要功能列举如下：

（1）触发器可以自动计算某字段的数据值，如果数据值达到了预定的值，触发器则会根据需要执行相应的处理。例如，如果某职工的年住房公积金高于国家规定的最高值，则触发器立即向审计人员发送警告信息。

（2）触发器可以基于时间限制用户的操作。例如，如果下班后或节假日有人修改数据库中的数据，则触发器立即向审计人员发送警告信息。

（3）触发器可以基于数据库中的数据限制用户的操作。例如，如果某单位职工的住房公积金涨幅一次超过国家规定的最高值，则触发器立即向审计人员发送警告信息。

（4）触发器可以提供审计和日志记录。触发器可以把用户对数据库的更新写入审计表，从而可以跟踪用户对数据库的操作，如果用户对数据库的操作违反相关规定，则触发器立即向审计人员发送警告信息。

（5）触发器可以实现复杂的数据完整性规则。例如，在某住房公积金管理系统中，如果用户录入一条总房价为 100 万元，贷款金额为 200 万元的贷款记录，则触发器立即向审计人员发送警告信息。

2. 基于 DBMS 触发器的持续审计模型原理

基于以上分析，可以采用 DBMS 触发器的相关功能来实现对被审计数据库系统的持续审计，如图 7-4 所示，其原理说明如下。

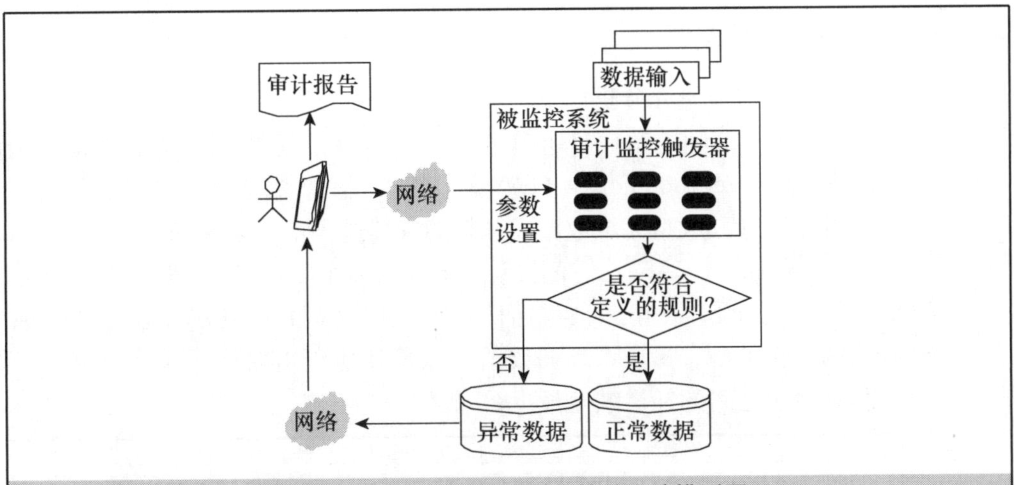

图 7－4　基于 DBMS 触发器的持续审计模型原理

（1）根据对被审计单位的业务及数据库系统的分析，在被审计信息系统中定义相应的触发器，触发器的定义和修改可以在现场，也可以以远程的方式进行。

（2）当数据输入被审计信息系统的时候，触发器会对每一笔数据进行检测，从而判定每条记录是否符合所定义的业务规则。如果记录不符合所定义的业务规则，则将该记录导入到异常数据库中。

（3）对于异常数据库中的异常数据，可以通过网络传输到审计单位，审计人员可以实时或定期地对异常数据库中的异常数据进行现场或非现场的审查，并对有问题的数据进行审计判断和进一步的延伸审计。

3. 优缺点分析

基于 DBMS 触发器的持续审计模型具有以下优点：

（1）用于持续审计的触发器设计独立于被审计信息系统的设计，不需要在开发被审计信息系统时就考虑。

（2）当被审计信息系统发生变化时，用于持续审计的触发器可以很容易地被修改。

（3）实施成本较低。

尽管基于 DBMS 触发器的持续审计方法具有很多优点，但是被审计信息系统中过多的触发器一方面会影响数据库的结构，提高维护的复杂程度，另一方面也会占用服务器端太多的资源，对服务器造成很大的压力。

7.2.2.2　分离式持续审计

所谓分离式持续审计，是指在被审计信息系统外设置相应的程序模块，通过该程序模块不断地采集被审计信息系统中的数据，并把这些采集到的数据传输到审计单位，供审计人员进行分析，从而完成对被审计信息系统的持续审计。这种类型和嵌入式不同，其审计系统是审计单位独立开发和拥有的，与被审计单位没有任何关系。分离式持续审计是目前持续审计研究与应用的主流。

一、专用模式

常见的这类研究分析如下：

（1）Vasarhelyi and Halper（1991）提出了持续过程审计方法（continuous process audit methodology，CPAM）的概念，并描述了一个 AT&T 贝尔实验室开发的用来处理大型无纸数据库系统的持续过程审计系统（continuous process auditing system，CPAS），它的设计主要适用于内部审计，其原理如图 7－5 所示。CPAS 是通过设计一个和被审计信息系统相独立的持续审计系统来实现的，它有自己的工作平台、操作系统、数据库以及其他应用软件，这使得审计系统和被审计信息系统之间的冲突减至最少。

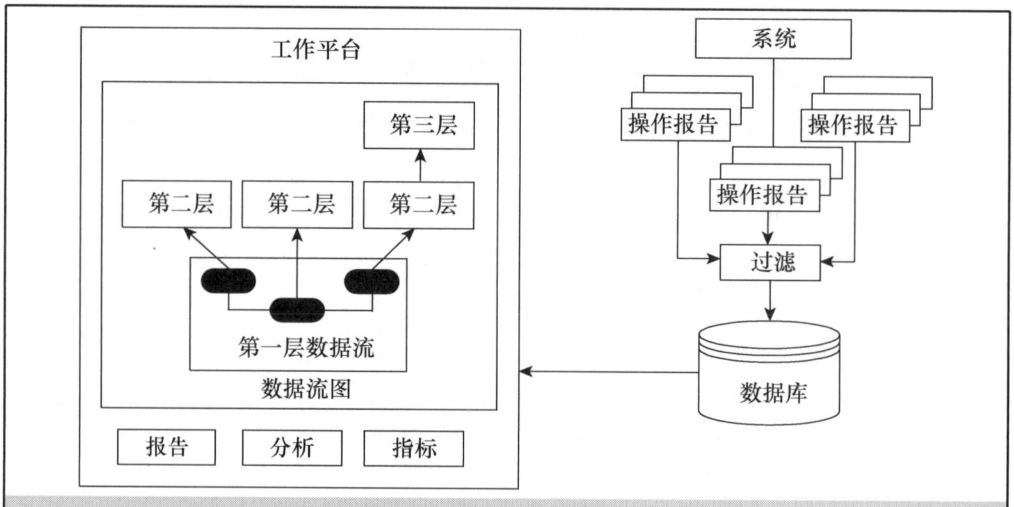

图 7－5　CPAS 的工作原理

（2）Rezaee 等人（2002）提出了采用审计数据仓库和数据集市来存储和处理下载的被审计数据的方法，其原理如图 7－6 所示。

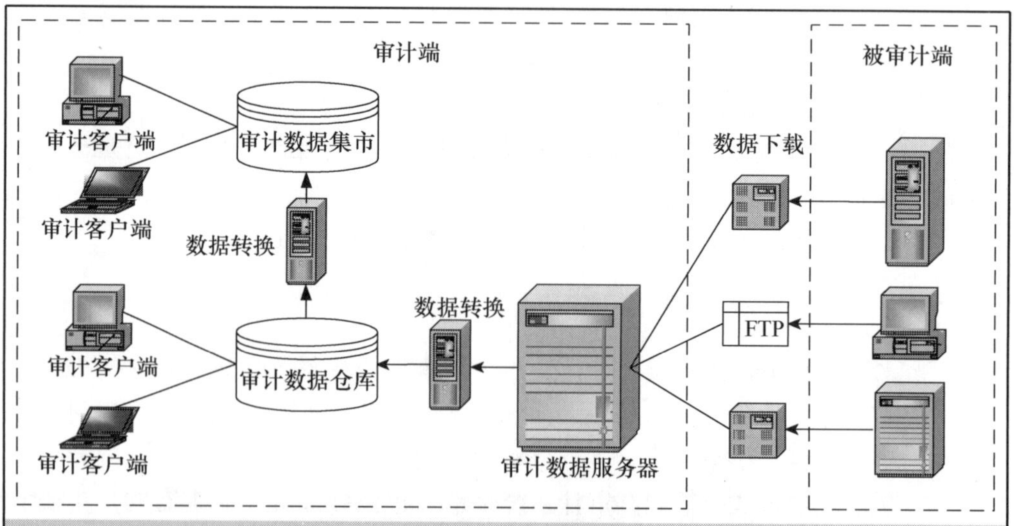

图 7－6　一种基于数据仓库的持续审计方法

（3）目前，我国正在研究实施的面向数据的联网审计也是分离式持续审计的一种，下一节将对联网审计做详细分析。

二、通用模式

由上面分析可知，以上几种分离式持续审计的数据采集接口可移植性差，不具有通用性。为了使设计的持续审计在实现技术上具有一定的通用性，一些文献对通用模式的持续审计实现方法进行了探索研究。几种通用模式的持续审计实现方法简介如下：

（1）针对基于 XML（extensible markup language）的会计信息系统，Murthy and Groomer（2004）研究了一种持续审计 Web 服务模型，称为 CAWS（continuous auditing web services），CAWS 主要是针对将来建立在 XML 基础上的会计信息系统。由于 XML 现在仍然是一种较新的技术，CAWS 的应用有限。

（2）在前人研究的基础上，Du and Roohani（2006）提出了一种面向财务的持续审计方法，其原理如图 7－7 所示。该持续审计框架具有一定的通用性，它既适用于基于 XML 的系统，又适用于不基于 XML 的系统。该方法采用简单对象访问协议（simple object access protocol，SOAP）和公用对象请求代理程序体系结构（common object request broker architecture，CORBA）技术，针对使用 XML 数据的被审计信息系统，采用 SOAP 方式在审计系统和被审计信息系统之间进行数据的传输；针对不使用 XML 数据的被审计信息系统，采用 CORBA 来解决不同应用系统中复杂的数据结构问题，从而保证能抽取不同应用程序和不同数据格式的数据。遗憾的是，Du and Roohani（2006）仅从理论上进行了探讨，具体的技术细节仍没有得到详细的分析。

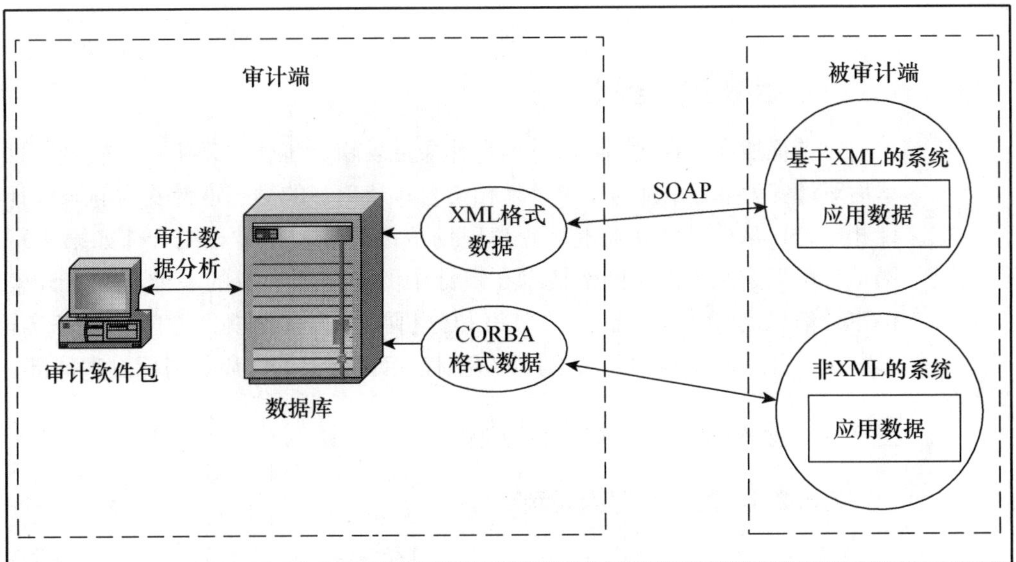

图 7－7　一种基于 XML 和 CORBA 的通用持续审计方法

7.2.2.3 两种实现方法的比较

以上对嵌入式持续审计和分离式持续审计这两种实现方法进行了分析。由以上分析可知，这两种方法的区别是分离式持续审计是与被审计信息系统分离的，对被审计信息系统的影响较小，而嵌入式持续审计必须与被审计信息系统集成在一起，这就会带来很多问题，例如：

（1）由于嵌入审计模块不具有通用性，为一个被审计信息系统开发的嵌入审计模块不能容易地应用于其他被审计信息系统。如果被审计信息系统发生了变更，嵌入审计模块也要随之修改。这种方式对于内部审计比较适合。

（2）由于目前多数软件系统没有提供设计嵌入审计模块的功能，因此嵌入式持续审计的实施是比较困难的。另外，为了保证嵌入审计模块准确、可靠、完整，开发一个嵌入审计模块需要进行大量的测试。对于独立审计来说，这在经济上也是不可行的，对于社会审计来说更不可行。

（3）嵌入审计模块会占用被审计信息系统的资源，特别是执行复杂且含有大量触发器的嵌入审计模块时，会降低系统的运行性能。

（4）嵌入审计模块会对数据库和应用系统的安全和控制在技术和管理上产生挑战。

所以，分离式持续审计是目前研究的主流。但相对于分离式持续审计来说，嵌入式持续审计在实现技术上比较简单且比较灵活，适用于中小型被审计单位，而分离式持续审计设计和实施成本相对较高，它对于经常接受审计的、重要的被审计单位来说比较适合。

7.3 联网审计

7.3.1 联网审计简介

如前面所述，在我国，审计信息化象征着审计工作将发生三个转变，即从单一的事后审计变为事后审计与事中审计相结合；从单一的静态审计变为静态审计与动态审计相结合；从单一的现场审计变为现场审计与远程审计相结合。如第1章所述，联网审计可以定义为由于网络技术在审计中的应用而形成的一种新的审计模式，它使得审计信息交流、审计证据的采集和分析技术、审计项目管理等任务实现网络化、远程化，并且由于新的方法工具的应用，审计任务的性质、目标发生局部变化。

7.3.2 联网审计一般实现方法

7.3.2.1 面向数据的联网审计

一、面向数据的联网审计原理

在第2～5章所介绍的电子数据审计中谈到，审计人员根据审计任务的需要，到被审计单位现场采集电子数据，然后对这些电子数据进行预处理并完成数据分析，获得审计证据，这种开展电子数据审计的方式可称为现场电子数据审计，这是目前电子数据审计的主要方式。相对于现场电子数据审计，我国正在研究与实施的联网审计也可以看成是远程联网电子数据审计，即一个采用远程联网方式从被审计单位采集电子数据，并对其进行分析，获取审计证据的过程。

这种类型的联网审计是通过不断地采集被审计单位信息系统中的数据来实现的，其在技术实现上主要包括审计数据采集、审计数据传输、审计数据存储以及审计数据分析四个部分。这种方式也可以看成是一种面向数据的联网审计（data-oriented online auditing，DOOA）。其原理如图 7－8 所示。

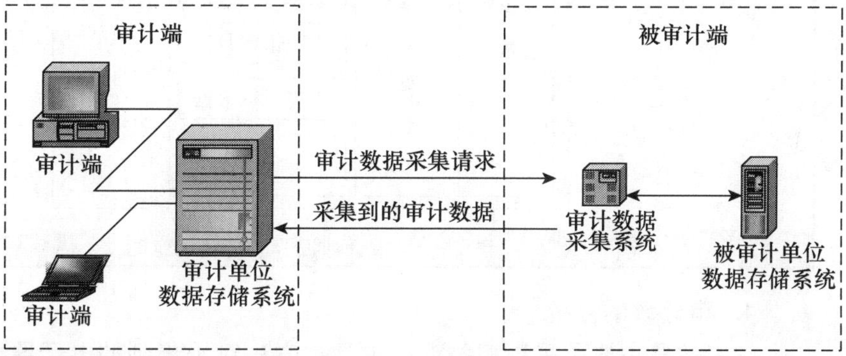

图 7－8　我国面向数据的联网审计实现方法原理

1. 审计数据采集

要实现联网审计，必须研究如何采集被审计单位的电子数据。一般来说，联网审计数据采集的实现是通过在被审计单位数据服务器端放置一台称为“数据采集前置机”的服务器，并在数据采集前置机上安装数据采集软件，把审计需要的财政财务数据和相关经济业务数据采集到部署在本地的审计数据采集服务器（前置机）中的。

2. 审计数据传输

审计数据传输主要用来把采集到的数据通过网络传输到审计单位，以供审计数据分析使用，即利用由公共通信资源网构建的联网审计数据传输网把部署在被审计单位的数据采集前置机中的数据传输到审计单位的计算机中心。在实际工作中，可以根据具体的情况采取相应的数据传输方式，例如，对于数据量大且要求实时审计的数据，可以采用专线的方式进行数据传输；对于多级数据分散存储的单位，可以采用专线、拨号等方式进行数据传输。

3. 审计数据存储

在联网审计环境下，由于从被审计单位采集到的电子数据是海量的，对于采集到的电子数据需要采取一定的方式来存储，即可以在审计单位构建联网审计的海量数据存储系统。随着云计算技术的发展，将来也可以采用云存储技术来解决联网审计环境下海量审计数据的存储问题。

利用海量数据存储系统可以实现按不同的应用（逻辑）或数据特征（类型）进行分区管理。例如，在海量数据存储系统中，可以根据联网审计的需要或不同数据的特征，同时存放税务联网审计、海关联网审计、银行联网审计等若干个系统的海量数据，如图7-9所示。

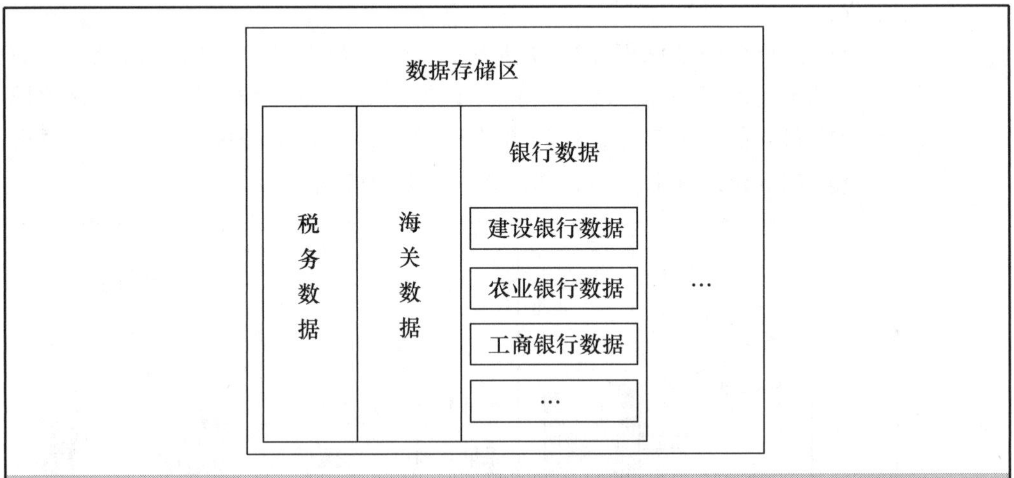

图7-9　审计数据分区管理示意图

4. 审计数据分析

这一阶段主要是采用相关审计工具和方法对采集到的电子数据进行分析，从而发现审计线索，获得审计证据。在联网审计环境下，采集到的数据是海量的，因此，研究如何分析被审计数据、获得审计证据是实现联网审计的关键。

根据以上分析，这种面向数据的联网审计可以归纳为：联网审计是由于网络技术在审计中的应用而形成的一种新的审计模式，它通过网络采集被审计单位的电子数据，进行连续、全面的分析，及时发现被审计单位存在的问题，为现场审计提供线索和资料，从而使得审计工作实现网络化、远程化。

二、实施联网审计的优缺点分析

1. 主要优点

根据前面对联网审计原理的分析，实施面向数据的联网审计的主要优点如下。

(1) 有效消除七种审计浪费。传统的审计模式具有七种审计浪费，即过度审计、等待、时间延迟、审计过程自身的无效率、审计过程的不连续、过多的审阅过程、误差，而实施联网审计能有效消除这七种审计浪费。例如，节省调阅资料的时间，审计人员可以远程获取主要审计资料，避免像传统审计依赖被审计单位提供数据，节省等待数据的时间。根据统计，一般审计项目中审计人员等待调阅会计资料的时间大量占用审计人员的有效工作时间。在联网审计模式下，主要的审计数据是通过数据前置机来获得的，具有前所未有的主动性和灵活性。

(2) 降低审计工作成本。实施联网审计后，需要的审计人员会减少，降低了相应的审计人员成本。对于异地审计项目的审计，实施联网审计能有效地减少外勤经费，如差旅费、住宿费等，这也大大降低了审计成本。

(3) 节省审计的时间，提高审计效率。在传统审计模式下，由于审计对象的情况往往比较复杂，仅凭一次审计就把全部问题都查出来几乎是不可能的。采用联网审计则可以在数据采集来之后，采用先进的审计数据分析方法对被审计数据进行仔细的分析，从而全面发现审计线索。

(4) 增强审计的独立性。审计人员依赖被审计单位提供数据，现场审计时，提供数据的效率和质量影响到审计行为的实施效果。在联网审计时，借助联网审计系统，审计人员具备更强的灵活性和行为的独立性，可以对审计事项进行更加自由的调查取证，形成审计意见。此外，在现场审计时，审计人员和被审计单位人员在工作全过程中接触，在涉及敏感问题时，难免会受到各方面的干扰，影响独立判断。而在联网审计模式下，审计人员与被审计单位人员处于物理上的不同地点，从环境上有利于保证审计人员的独立性。

2. 主要缺点

根据前面对联网审计原理的分析，实施面向数据的联网审计的主要缺点如下。

(1) 实施成本高。实施联网审计的成本可以分成一次性成本和经常性成本两部分，一次性成本是指联网审计系统开发和运行的初始投资；经常性成本是指在联网审计系统整个生命周期内反复出现的运行和维护成本。

针对目前我国联网审计的实施方法，其一次性成本主要包括：

- 硬件成本；
- 软件成本；
- 人员培训费用；
- 场地成本。

针对目前我国联网审计的实施方法，其经常性成本主要包括：

- 人员成本；
- 硬件维护成本；
- 软件维护成本；
- 耗材成本；
- 风险控制费用；
- 其他费用，如网络通信费等。

对于实施联网审计的成本，我们将在后面做详细分析。

从联网审计的成本构成可以看出，实施联网审计的成本是比较高的。因此，在实施联网审计时需要从成本和效益的角度进行可行性研究。

(2) 审计风险高。在联网审计环境下，审计的主要对象是从被审计单位信息系统中采集到的原始数据，如果被审计单位没有健全的内部控制制度来保证其数据信息的真实性，审计人员的工作都建立在虚假信息之上，这将带来极大的审计风险。

另外，由于联网审计也是一个复杂的系统，有时灾难性的事故是无法预防或避免的，这些灾难造成的系统停顿也将给审计工作带来重大影响。

三、联网审计系统的安全问题分析

对于图7-8所示的面向数据的联网审计系统，其安全控制非常重要。面向数据的联网审计系统的安全因素主要包括审计数据采集安全、审计数据传输安全、审计数据存储安全和审计数据分析安全。

1. 审计数据采集安全

审计数据采集安全主要包括数据采集物理安全、数据采集身份认证与授权以及审计数据完备性等。

2. 审计数据传输安全

联网审计系统一般需要异地传输大量的数据，其中大部分数据是关系到被审计单位利益的重要数据，有些数据甚至关系到国家的重要利益，而目前联网审计系统的数据传输过程会涉及公网系统，因此，联网审计系统数据传输的安全问题非常重要。只有保证了数据传输过程中的保密性和完整性，才能保证系统数据不被截获、不被泄露、不被监听和复制。审计数据传输安全主要包括信息传输安全、传输通道安全和网络结构安全。

3. 审计数据存储安全

在联网审计系统的计算机中心存储着大量审计数据，包括从被审计单位采集来的审计数据以及审计人员分析处理后的结果数据，这些数据会涉及被审计单位的敏感信息以及国家的重要保密信息，如果这些信息发生泄露，会严重影响被审计单位和国家的利益。另外，数据的完整性也是极为重要的，一旦重要数据被破坏或丢失，就会对联网审计系统的日常运行造成重大影响，甚至造成难以弥补的损失。因此，审计数据存储安全也很重要。

审计数据存储安全主要是要保证审计数据的连续性、共享性和可使用性，同时要保证审计部门内外数据的安全隔离。另外，为了防止各种灾难给数据存储带来损害，应该建立异地备份方案。

4. 审计数据分析安全

审计数据分析安全主要包括：审计人员在进行审计数据分析的过程中，不能更改原始的被审计数据，不能泄露相关的被审计数据等。

7.3.2.2 联网核查方法

除了上面介绍的面向数据的联网审计，在实际的审计工作中，在风险可控的情况下，审计人员有时会通过局域网或专用网络直接访问被审计单位的数据库服务器，进行数据的查询和分析，完成审计工作，这种联网核查的审计方法有时也称为联网审计，其原理如图7-10所示。

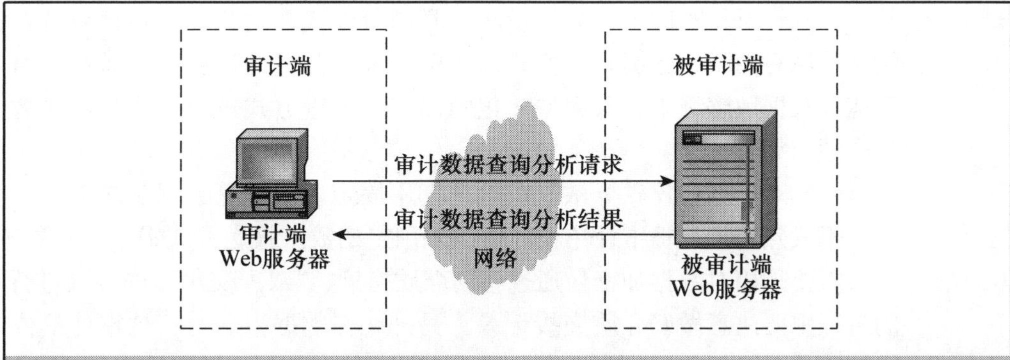

图 7-10　联网核查实现方法原理

7.3.3　大数据环境下的联网审计实现方法

大数据环境下，联网审计的数据采集存在一定的风险，一方面是因为数据量大、结构复杂，另一方面是数据的传输风险，除了需要从被审计单位内部采集数据之外，还需要采集相关外部数据。目前在审计实务中，对于数据采集，除了已有的联网自动采集数据方法之外，大数据环境下也可以采用其他数据采集方式为开展联网审计提供基础，比如，在审计项目实施期间按规定程序依法现场采集相关数据、每年定期从相关单位采集数据、被审计单位定期报送相关数据等。因此，在实际的联网审计实施过程中，可以采取联网审计和数据报送相结合的方式，其原理如图 7-11 所示。

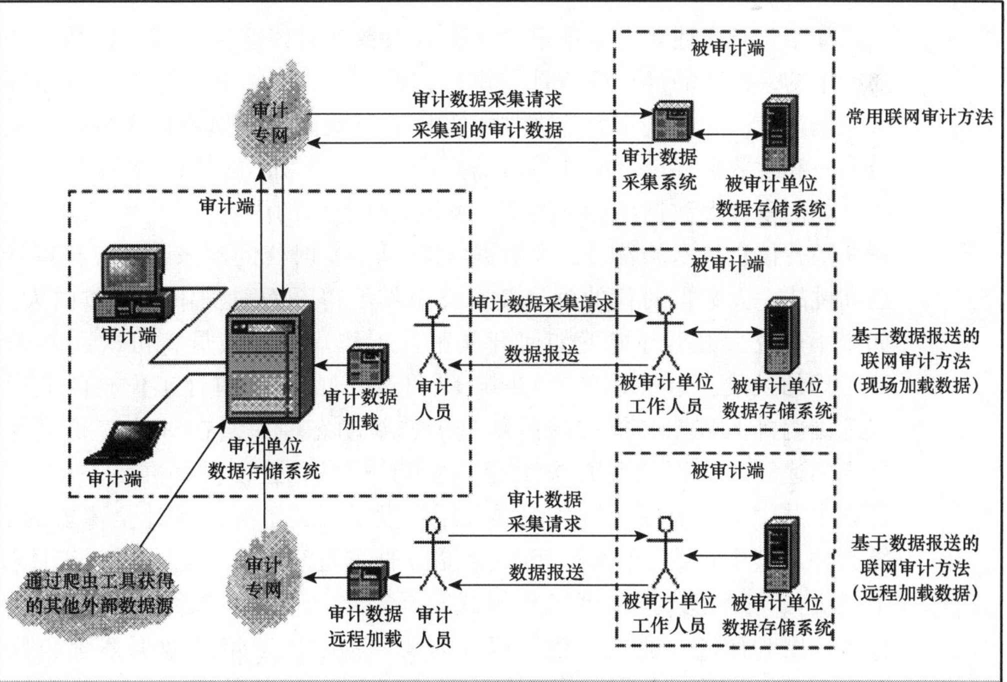

图 7-11　大数据环境下的联网审计实现方法原理

（1）针对相对固定、数据量小、联网条件成熟的相关被审计单位，仍可以继续采用原有的联网数据采集方式。在联网采集数据的过程中，需要针对不同传输环境和数据敏感级别，采用差异化的加密及传输方式进行传输，确保数据传输的安全性和完整性。

（2）对于那些比较分散、审计周期不固定，或者是数据量极大，或者是联网条件不成熟的相关被审计单位，可以采用定期数据报送方式采集。在数据报送时，一般需要采用对数据加密后通过移动介质拷贝、“双人交付”的方式进行，在报送的过程中要注意做好介质交接记录。另外，在数据报送时，被审计单位需要根据审计机关要求的数据格式提供数据，有效地控制数据质量风险。

（3）通过网络爬虫获得其他数据。这种数据采集方式可以有效地弥补审计大数据不全面性方面的不足，使得审计人员可以将被审计单位内部数据与外部相关数据进行集成，充分发挥大数据的潜力，提高审计取证的查全率，减少审计风险。另一方面，审计人员在采用这种数据采集方式时，应注意选择好合适的公开数据源（数据采集对象），加强数据验证，保证采集到的相关公开数据的可靠性、完整性和准确性，减少审计风险。

7.4 大数据审计

7.4.1 大数据审计简介

如第1章所述，大数据审计是随着大数据时代的到来以及大数据技术的发展而产生的一种新的计算机审计（审计作业信息化）方式，包括大数据环境下的电子数据审计（如何利用大数据技术审计电子数据、如何审计大数据环境下的电子数据）和大数据环境下的计算机信息系统审计（如何利用大数据技术审计信息系统、如何审计大数据环境下的信息系统）两方面的内容。

随着信息技术的发展，大数据（big data）时代的到来为计算机审计提供了机遇和挑战。大数据时代的到来使审计工作不得不面对被审计单位的大数据环境，如果不研究大数据环境下如何开展审计工作，审计人员将再次面临无法胜任审计工作的挑战。审计署在2013年12月27日的全国审计工作会议上指出，积极跟踪国内外大数据分析技术的新进展、新动态，探索在审计实践中运用大数据技术的途径，为推动大数据背景下的审计信息化建设做好准备。2015年12月8日，中共中央办公厅、国务院办公厅印发了《关于实行审计全覆盖的实施意见》等文件，其中，《关于实行审计全覆盖的实施意见》“七、创新审计技术方法”中指出，构建大数据审计工作模式，提高审计能力、质量和效率，扩大审计监督的广度和深度。适应大数据审计需要，构建国家审计数据系统和数字化审计平台，积极运用大数据技术，加大业务数据与财务数据、单位数据与行业数据以及跨行业、跨领域数据的综合比对和关联分析力度，提高运用信息化技术查核问题、评价判断、宏观分析的能力。2017 年 3 月中共中央办公厅、国务院办公厅印发的《关于深化国有企业和国有资本审计监督的若干意见》提出，创新审计理念，完善审计监督体制机制，改进审计方式方法。在中国审计署的倡导下，世界审计组织大数据审计工作组于 2016 年 12 月成立，并于 2017 年 4 月 18 日在南京召开第一次会议。中共中央总书记、国家主席、中央军委主席、中央审计委员会主任习近平 2018 年 5 月 23 日在主持召开的中央审计委员会第一次会议上指出，要坚持科技强审，加强审计信息化建设。审计署胡泽君审计长在 2018 年 1 月召开的全国审计工作会议上指出“积极推进大数据审计”。国外实务界也高度关注大数据在审计中的应用，国际内部审计师协会于 2017 年发布了《了解和审计大数据》指南。

综上所述，研究大数据审计问题具有重要的理论意义和应用价值。本节结合目前大数据审计的研究与应用现状，介绍大数据审计的基本知识。

7.4.2 大数据基本知识

7.4.2.1 大数据概念的来源

在 2008 年 9 月 4 日《自然》（*Nature*）杂志上的“Big Data Special”大数据专题论文中，记者对当时正在制定的用以最为充分地利用海量数据的最新策略进行了探讨，首次提出大数据的概念（Lynch，2008），认为大数据来源有三个：(1) 天体物理和粒子物理，这些领域的研究产生大量数据，根本来不及处理，连分类都来不及，更谈不上再利用；(2) 生物科学，基因、蛋白研究产生的数据；(3) 社交网，社交网产生巨量的数据，而且是非结构化的，尚无较好的数据库存储。

2011 年 6 月，世界著名咨询机构麦肯锡公司发布了报告《大数据：下一个创新、竞争和生产力的前沿》(Big Data：The Next Frontier for Innovation，Competition，and Productivity)，给出了大数据定义：大数据指的是大小超出常规数据库工具获取、存储、管理和分析能力的数据集（Manyika，2011)。高德纳咨询公司（Gartner）把大数据定义为：大数据是具有大容量、快速和（或）多样性等特点的信息资产，为了能提高决策、洞察发现和流程优化，这种信息资产需要新形式的处理方法（Gartner，2012)。

大数据时代的到来为各行业提供了机遇和挑战。《科学》（*Science*）杂志 2011 年专刊讨论如何管理大数据（Science，2011)。高德纳咨询公司把大数据技术列入全球未来 5 年十大关键技术趋势之一，并认为大数据技术将会对科学研究、商业、公共管理等领域带来重大变革（Gartner，2012)。目前，大数据的研究和应用已经成为国内外的热点。世界各国均高度重视大数据相关问题的研究与探索，并从国家战略层面推出研究规划以应对大数据带来的机遇和挑战。2012 年 3 月，美国政府公布了“大数据研究与发展计划”，未来的十年将是一个大数据引领的智慧科技时代。

7.4.2.2 大数据的特点

概括来说，大数据主要具有以下4个特点（Science，2011；Gartner，2012）：

（1）大量（volume）。数据量大，非结构化数据超大规模增长，比结构化数据增长快10～50倍。

（2）多样性（variety）。大数据的形式多样，有很多不同形式，如文本、图像、视频、机器数据等。

（3）快速（velocity）。一方面数据量增长速度快，另一方面大数据要求实时分析，处理速度要求快。

（4）真实性（veracity）。数据必须是准确的、可靠的、一致的，具有可追溯性。

另外，国际内部审计师协会在2017年发布的《了解和审计大数据》指南中，把可视化（visualization）也作为大数据的一个重要特点（GTAG，2017）。

7.4.3 国外大数据审计的应用情况

7.4.3.1 实务界应用情况

国外审计实务界高度关注大数据在审计中的应用。大数据审计得到了美国注册会计师协会（American Institute of Certified Public Accountants，AICPA）的重视，AICPA（2014）于2014年8月发布了一份名为《在数字世界里重构审计》（Reimagining Auditing in a Wired World）的白皮书，分析了大数据环境对审计工作的影响，并指出可以利用相关大数据作为实际被审计数据的辅助数据，通过数据分析技术，识别和发现被审计数据中的关联，从而发现审计线索。比如，报表、会计欺诈、破产或持续经营问题等与从公司的一些文件和数据源得到的指标是有关联的，因此，通过分析从公司获得的一些文件和数据源，可以发现相关审计线索。这为开展大数据审计打下了基础。

美国证券交易委员会（The Securities Exchange Commission，SEC）使用大数据分析来确定内幕交易和会计欺诈，运用大数据策略来监督金融市场活动，比如，利用自然语言处理程序和网络分析来帮助识别违规交易活动。美国联邦住房管理局（The Federal Housing Authority，FHA）运用大数据分析来帮助预测违约率、偿还率和索赔率，利用大数据技术为可能出现的场景构建现金流模型，以确定维持正向现金流所需的保费。美国社会保障局（The Social Security Administration，SSA）利用大数据技术来分析海量的非结构化伤残索赔数据，通过更快、更高效地处理医学分类和预期诊断，重塑整个决策过程，更好地识别可疑的不实索赔。

普华永道2015年2月在Data Driven：What Students Need to Succeed in a Rapidly Changing Business World中指出：高校应该为审计、会计专业的学生提供大数据审计方面的课程，为相关审计人员提供大数据审计方面的培训，教会他们使用大数据分析程序语言与工具（如R语言、Python、Java等）、数据可视化分析工具，从而满足审计人员开展大数据审计的需要（PwC，2014）。另外，普华永道的调查发现：在审计工作中，计算机辅助审计技术，特别是数据审计技术的使用要比预期的低（PwC，2014）。Brown-Liburd（2015）认为，要多关注审计人员处理大数据的能力，比如如何对审计人员进行大数据审计方面的培训，如何开发大数据审计工具或借助其他领域的软件工具来开展大数据审计。

麦肯锡认为，目前已有经典技术可用于大数据分析，这些技术包括关联规则挖掘、数据聚类、数据挖掘、集成学习、遗传算法、机器学习、自然语言处理、神经网络、模式识别、预测模型、回归、信号处理、空间分析、统计、监督式学习、无监督式学习、时间序列分析、时间序列预测模型等；此外，也有一些可专门用于整合、处理、管理和分析大数据的关键技术，主要包括Big Table、云计算、Hadoop、HBase、MapReduce、Mashup、元数据、非关系型数据库、关系型数据库、R语言、可视化技术等，其中，可视化技术是大数据应用的重点之一（Manyika，2011）。

7.4.3.2 国外政府开展大数据审计情况

2017年4月18日，世界审计组织大数据审计工作组第一次会议在南京召开。来自美国、中国、英国、印度、巴西、奥地利、挪威、俄罗斯、泰国、印度尼西亚等多个国家的代表分别介绍了本国开展大数据审计的情况。主要相关情况概括如下：

英国国家审计署（National Audit Office of UK，NAOUK）的大数据审计重点是增加价值，减少成本。目前是借助开源工具R语言、Shiny软件和可视化软件，应用统计、机器学习、文本挖掘和可视化等技术开展大数据审计。

印度审计署（Comptroller and Auditor General of India，CAG）于2016年9月设立了数据管理和分析中心，广泛使用来自审计署内部、被审计单位和第三方的各类数据，采用统计、可视化等技术开展大数据审计。

巴西联邦审计署（Tribunal de Contas da Uniao，TCU）审计信息管理办公室自2006年以来一直注重审计数据的采集与应用工作，目前已采集了巴西56个最重要的政府部门相关数据库，汇总了7TB的审计数据，供审计部门根据需要使用这些数据开展审计。审计人员可以使用SQL、审计软件ACL、R语言等软件与工具开展数据分析。

奥地利审计法院（Austrian Court of Audit，ACA）对简单的数据分析使用Microsoft Excel，对于复杂的数据分析、建模和大数据审计则采用R语言进行，对文本分析采用词云技术。

厄瓜多尔审计署（Office of the Comptroller General of Ecuador）从民政局、全国选举委员会、劳动部、财产登记、国内收入服务、社会保障国家机构等部门收集信息，并采用数据挖掘技术和开发相关手机软件利用这些大数据。

尽管爱沙尼亚审计署（National Audit Office of Estonia，NAOE）在审计中没

有使用大数据分析的经验，但该国的一些大学和科研机构正在开展一些大数据方面的应用研究。

芬兰国家审计署（National Audit Office of Finland，NAOF）高度重视大数据审计的应用，目前所有国家部门和机构都使用相同的会计系统，会计数据已电子化，审计人员已系统地使用CAATs相关分析工具开展电子数据审计，审计的对象包括传统的财务数据、电子邮件、社交媒体、视频、声音等。今后计划把机器人技术、可视化技术应用于审计之中。

印度尼西亚设计了CRISP-DM系统来开展大数据审计，采用该系统进行数据分析的步骤为：业务理解、数据理解、数据准备、建模、评价、部署。

挪威审计署（Office of the Auditor General of Norway，OAGN）采用IDEA和Microsoft Excel等工具开展数据审计，目前主要分析结构化数据，下一步准备也对非结构化数据进行分析，现在正在建立数据科学和数据分析的能力，今后将使用微软的数据仓库技术（SQL Server Analysis Services）、可视化技术、开源工具R语言、Shiny等开展大数据审计。

泰国目前是采用审计软件ACL来分析从被审计单位采集到的电子数据。

7.4.4 大数据审计技术与工具

7.4.4.1 大数据审计技术

目前，针对审计行业，关于大数据技术的相关理论和方法研究一般从三个方面展开。

1. 大数据智能分析技术

大数据智能分析技术以各种高性能处理算法、智能搜索与挖掘算法等为主要研究内容，是目前大数据分析领域的研究主流，它是从计算机的视角出发，强调计算机的计算能力和人工智能，例如各类面向大数据的机器学习和数据挖掘方法等。可用于大数据智能分析的技术很多，例如：A/B Testing、关联规则分析、分类、聚类、遗传算法、神经网络、预测模型、模式识别、时间序列分析、回归分析、系统仿真、机器学习、优化、空间分析、社会网络分析、自然语言分析等。目前大数据智能分析技术在审计领域的应用仍不成熟，多是停留在理论研究层面。

2. 大数据可视化分析技术

大数据可视化分析技术是从人作为分析主体和需求主体的视角出发，强调基于人机交互的、符合人的认知规律的分析方法，目的是将人所具备的、机器并不擅长的认知能力融入数据分析过程中。大数据可视化分析技术是目前大数据审计应用比较成熟和主流的内容。

人类非常擅长通过视觉获取有用信息，一图胜千言。现代数据分析也日益依赖通过呈现图形来揭示含义和表达结果。一般来说，大数据可视化分析技术包括文本可视化技术、多维数据可视化技术、网络可视化技术、时空可视化技术等。

以文本可视化技术为例，文本数据是大数据时代非结构化数据的典型代表。文本可视化的意义在于能够将文本中蕴含的语义特征（例如词频、重要程度、动态演化规律、逻辑结构等）直观地展示出来。标签云就是一种典型的文本可视化技术。通过标签云，可以将关键词根据词频或其他规则排序，按照一定规律进行布局排列，用大小、颜色等图形属性对关键词进行可视化，例如，用字体大小代表该关键词的重要性。常见的其他大数据可视化分析技术还有柱状图（bar chart）、折线图（line chart）、饼图（pie chart）、散点图（scatter chart）、气泡图（bubble chart）、雷达图（radar chart）、地区分布图（choropleth map）、树形图（tree map）、热力图（heat map）等。

在何种情况下应该用何种可视化方法，才能够让审计数据分析达到最佳的效果，是大数据可视化分析技术在审计中应用的重点。比如，在分析我国新型农村社会养老保险制度的发展情况时，对每年、每个地方、每个参保人员的信息进行逐一计算，并把数据在地图软件上可视化，其具有的特点就能很好地显现出来，审计人员便可以轻松地看出全国各地新型农村社会养老保险制度近年来的发展变化情况。

3. 大数据多数据源综合分析技术

大数据多数据源综合分析技术是通过对采集到的各行各业各类大数据，采用数据查询等常用方法或其他大数据技术方法进行相关数据的综合比对和关联分析，从而发现更多隐藏的审计线索。大数据多数据源综合分析技术也是目前审计领域应用大数据比较成熟和主流的内容。

大数据环境下数据量较大，审计人员一般采用 Oracle 数据库系统开展相关大数据的综合比对和关联分析。另外，大数据环境下常用的审计数据分析方法，如账表分析、数据查询、统计分析、数值分析等，仍可以根据审计工作的实际情况使用，比如，与大数据技术一起组合使用、对被审计大数据中的部分数据进行分析等。

7.4.4.2 大数据审计工具

1. 大数据审计工具概述

大数据分析需要一些能在有限的时间内对大量数据进行有效分析的技术。为了充分从大数据中挖掘有用的信息，不同种类的大数据技术被研究出来，这些技术覆盖了计算机科学、统计学、经济学等学科。同时，一些用于分析大数据的工具也被开发出来。不同的大数据分析工具有不同的专长，一些主要为批处理数据设计，一些擅长实时数据分析。另外，一些大数据开源工具也可以很好地帮助审计人员开展大数据审计工作。本节对一些有效的大数据审计工具做简单分析，从而为后续大数据审计方法的应用打下基础。

2. R 语言简介

R 语言在统计领域广泛使用，它诞生于 1980 年左右的 S 语言的一个分支，可以认为 R 语言是 S 语言的一种实现。S 语言是由 AT&T 贝尔实验室开发的一种用来进行数据探索、统计分析和作图的解释型语言。最初S语言的实现版本主要是S-PLUS。S-PLUS是一个商业软件，它基于S语言，并由MathSoft公司的统计科学部进一步完善。后来，新西兰奥克兰大学的Ross Ihaka和Robert Gentleman开发了R语言，由于Ross Ihaka和Robert Gentleman两人名字的首字母都是R，因此称为R语言。

R语言作为一种统计分析软件，集统计分析与图形显示于一体，是一款免费的自由软件，它提供了广泛的统计分析和绘图技术，包括线性和非线性模型、统计检验、时间序列、分类、聚类等方法。它有Unix、Linux、MacOS和Windows版本，可以免费下载使用。R语言的主要优点概述如下。

（1）使用方便。R语言是一款开源的大数据可视化分析软件，广泛应用于数据分析与统计等领域，是目前最受欢迎的数据分析和可视化软件之一；R语言软件（如RStudio等）安装方便，占计算机内存小；相比其他编程语言来说，其操作难度要低很多。这些特点为审计人员应用R语言提供了方便。

（2）数据采集功能强大。R语言能读取各种不同类型的被审计数据，比如Microsoft Excel、SPSS、SAS等，以及从网页上抓取的数据，完全满足审计人员开展大数据审计工作的需要。

（3）数据分析功能强大。R语言包含众多不同功能的函数、程序包，可满足审计人员的需要；作为免费开源软件，用户还在不断创建新的包来更新丰富R语言的使用功能；R语言作为大数据分析软件，能够实现大量数据分析。

（4）数据可视化功能强大。R语言强大的数据可视化功能可以满足审计人员在可视化分析方面的各种需求。利用关联、聚类等建模手段，通过可视化手段直观分析被审计数据间隐藏的各种关联信息，可方便审计人员对分析结果进行宏观观察、分析，从而帮助审计人员从被审计大数据中发现审计线索及其规律。

3. Python简介

Python的创始人为荷兰人Guido van Rossum，它是一种面向对象的、动态的高级程序设计语言。Guido van Rossum曾参与设计了一种教学语言ABC，这种语言非常优美和强大，是专门为非专业程序员设计的。但是，ABC语言并没有成功，Guido van Rossum认为是其非开放造成的。1989年圣诞节期间，在阿姆斯特丹，Guido van Rossum为了打发圣诞节的无趣，决心开发一个新的脚本解释程序，作为ABC语言的一种继承。由于Guido van Rossum是一个叫Monty Python的喜剧团体的爱好者，因此，他选中Python（大蟒蛇的意思）作为该编程语言的名字。

Python第一个公开发行版发行于1991年。Python语法简捷、清晰，功能强大，简单易学，并且具有丰富和强大的类库，是一种不受局限、跨平台的开源编程语言，Python语言得到了广泛应用和支持。在国外用Python做科学计算的研究机构也日益增多，一些知名大学，如卡耐基梅隆大学、麻省理工学院等已经采用Python来教授程序设计课程。众多开源的科学计算软件包都提供了Python的调用接口。因此，Python 语言及其众多的扩展库所构成的开发环境十分适合工程技术、科研人员处理实验数据、制作图表，甚至开发科学计算应用程序。商用软件 Matlab 的大部分常用功能都可以在 Python 中找到相应的扩展库。

概括来说，Python 具有以下特点。

(1) 简单易学。Python 有相对较少的关键字，结构简单；有明确定义的语法，学习起来更加简单。

(2) 免费、开源和可移植性。使用者可以自由地发布 Python 的拷贝，阅读它的源代码，对它做改动，把它的一部分用于新的自由软件中。由于 Python 的开源性，它能够在不同平台上工作，包括 Linux、Windows、MacOS 等。

(3) 易于维护和阅读。Python 代码定义清晰，源代码是相当容易维护的。

(4) 具有丰富的库。Python 标准库庞大，可以帮助处理各种工作，包括正则表达式、文档生成、单元测试、线程、数据库、网页浏览器、GUI（图形用户界面）等。除了标准库以外，还有其他许多高质量的库，如 Python 图像库等。

(5) 可连接各种类型的主流商业数据库。Python 提供所有主要的商业数据库接口，可以连接各种类型的主流商业数据库。

(6) 在科学计算方面优于 Matlab。Matlab 是一款商用软件，而 Python 完全免费；与 Matlab 相比，Python 能让用户编写出更易读、易维护的代码；Matlab 主要专注于工程和科学计算，而 Python 有着丰富的扩展库，可以轻松完成各种高级任务，开发者可以用 Python 实现完整应用程序所需的各种功能。

4. Tableau

常见的商业化数据可视化工具软件很多，比如 Tableau、Qlikview、SAS、SAP Business Object 水晶易表、IBM Cognos、Microsoft Excel 等。其中，Tableau 是一款较为简单的数据可视化工具软件，它实现了数据运算与美观的图表的完美结合，用户只需将大量数据拖放到数字“画布”上，便能创建好所需要的各种图表（Tabealu，2014），如气泡图、柱状图、条形图、热力图、折线图、饼图、散点图等。

Tableau 分为 Desktop 版和 Server 版。Desktop 又分为个人版和专业版，个人版只能连接到本地数据源，专业版还可以连接到服务器上的数据库；Server 版主要是用来处理仪表盘，上传仪表盘数据，进行共享，各个用户通过访问同一个 Server 就可以查看到其他同事处理的数据信息。

7.4.5　大数据环境下的电子数据审计方法

7.4.5.1　大数据环境下电子数据审计发展机遇和面临的挑战

1. 大数据环境下电子数据审计发展机遇

大数据时代的到来为各行业带来了机遇和挑战。目前，大数据的研究和应用已经成为国内外的热点。世界各国均高度重视大数据相关问题的研究与探索，并从国家战略层面推出研究规划以应对大数据带来的机遇和挑战。其中，大数据时代的到来给电子数据审计提供的机遇主要表现如下。

（1）审计取证更充分。如前所述，随着被审计单位财务和业务数据的电子化，获取被审计单位的电子数据，开展电子数据审计，已经成为审计的重要方式。联网审计技术也使得审计单位获取被审计单位电子数据的范围和频率大大增加。大数据环境下，被审计单位提供更多、更全面的数据，审计单位可以充分利用采集到的各方面数据，建立集中统一的被审计单位数据中心。在此基础上，借助大数据分析技术，构建审计大数据分析平台和使用更智能的大数据分析技术，通过分析“从数据入口到数据库平台”的更大范围的数据来源，对被审计单位的电子数据进行系统、全面的分析，以及跨部门的综合分析，从而解决目前数据分析局限于查找单个问题的缺陷，获得更充分的审计证据，更好地发挥审计的威力。

（2）大数据的可视化技术更有助于审计数据的分析。可视化技术是大数据应用的重点之一，可视化审计分析方式能够帮助审计人员快速有效地交互分析大量的数据，所提供的洞察力有助于审计人员更快、更准确地从复杂的被审计数据中发现审计线索。

（3）审计大数据的实时和快速分析将得以实现。随着云计算、流处理等技术的应用，以及粒计算（granular computing）、量子计算（quantum computing）等用来解决大数据的大计算量技术的研究进展，审计大数据的实时处理和快速决策将得以实现。另一方面，大数据环境下的审计数据实时分析能够使联网审计更好地实现实时的审计，真正实现持续审计的目的。

（4）审计结论更科学。大数据环境下，审计证据的获取、审计报告的形成、审计意见的决策等都可以基于对审计大数据的分析，只要数据可靠，审计结论必然可靠，这使得审计结果更科学。

2. 大数据环境下电子数据审计面临的挑战

尽管大数据技术给审计信息化带来了机遇，但进入大数据时代，开展电子数据审计将面临一些挑战，主要表现如下。

（1）审计大数据的真实性。大数据环境下，影响数据真实性的因素很多，为了得到正确、可靠的审计证据，防止大数据环境下的“假账真审”，必须保证被审计的数据是真实的，防范与控制大数据环境带来的审计风险非常重要，其中，审计大数据质量控制是一个关键问题。

（2）审计大数据的控制和保护。大数据环境下，为了获得全面、可靠的审计证据，需要从众多的被审计单位采集大量敏感和重要的数据来分析，这些审计大数据常常会含有一些详细的、潜在的能够反映被审计单位机密的信息，如银行客户的用户名、密码等。这些采集到的数据集中存储在审计单位的数据中心，一般以分布的方式存储，如采用云计算平台方式存储。网络攻击会影响审计大数据的安全，一些对审计数据中心的恶意进攻会造成更严重的后果，这就需要审计大数据有合适的贯穿审计数据采集、审计数据传输、审计数据存储、审计数据维护、审计数据分析等整个数据生命周期的控制和保护，以减少审计风险。

(3) 审计大数据分析风险。审计大数据的复杂性给数据分析带来了一定困难。大数据环境下，数据信息全面，隐藏的或未知的信息较多，采集到的大量数据为审计数据分析提供了基础，为了能做到事中审计，或者是实时审计，需要强大、高效、实时的审计数据分析方法。另一方面，大数据环境下，数据复杂性也急剧增长，其多样性（多源、异构、多模态、不连贯语法或语义等）、低价值密度（大量不相关信息、知识“提纯”难度高）、实时性（数据需实时生成、存储、处理和分析）等复杂特征日益显著。审计单位现有的计算机系统和审计软件不能应对急剧增长、种类众多的被审计数据，审计大数据的复杂性给数据分析带来了一定困难，造成了审计数据分析的风险。因此，大数据环境下，如果不采用大数据技术实现从传统的审计数据分析向审计大数据分析的过度，必将影响审计数据分析结果和分析效率，带来一定的审计风险。

(4) 审计大数据的全面性尚不够。大数据环境下，审计单位需要访问第三方数据来源并将自己的信息与外部信息进行集成以充分发挥大数据的潜力。然而，目前尚未建立起数据访问与数据共享机制。这为充分获得大数据的价值带来了障碍，影响了审计取证的查全率，造成了一定的审计风险。

(5) 审计大数据的存储。大数据环境下，已有的审计数据存储技术不能完全满足大数据环境的需要，被审计单位的大数据对审计数据的存储提出了挑战，研究适合大数据环境的审计数据存储技术成为开展电子数据审计的一项重要任务。

7.4.5.2 大数据环境下的电子数据审计方法与现有电子数据审计方法比较

传统环境下，审计人员常采用审阅法、复算法、盘存法、函证法、鉴定法等方法开展审计工作。如前所述，信息化环境下，审计的对象是电子数据，因此，审计证据的获取多是通过采用信息技术对被审计数据的分析来完成的。随着大数据时代的到来，被审计单位的大数据环境对电子数据审计提出了挑战。由大数据的特点可知，信息化环境下现有的电子数据审计方法将不能完全满足大数据环境下电子数据审计的需要，需要新的电子数据审计方法。

综合现有文献的分析，大数据环境下的电子数据审计方法与现有电子数据审计方法的比较如表 7-1 所示（陈伟，2016）。

表 7-1 大数据环境下的电子数据审计方法与现有电子数据审计方法比较

比较内容	现有电子数据审计方法	大数据环境下的电子数据审计方法
被审计数据来源	主要是被审计单位的内部数据，特别是结构化数据。	被审计单位内外部各种类型的相关数据，不仅包括结构化数据，还包括非结构化数据。

续表

比较内容	现有电子数据审计方法	大数据环境下的电子数据审计方法
审计数据采集方法	常用的审计数据采集方法主要有直接复制、通过中间文件采集、通过ODBC接口采集、通过专用模板采集以及远程联网数据采集等。	除了采用现有审计数据采集方法之外，一些专门针对大数据的采集方法也可用于审计大数据采集之中，例如，对于非结构化数据的采集，可以采用网络数据采集方法，这种方法通过网络爬虫等方式从网站上获取审计数据信息；对于系统日志数据采集，可以采用Hadoop的Chukwa，Facebook的Scribe等。
审计数据预处理方法	一般针对采集到的结构化数据进行审计数据预处理，主要是解决不完整数据、不一致的数据、不正确的数据、重复的数据等问题，其中，名称转换、数据类型转换、代码转换、横向合并、纵向合并、空值处理等是目前电子数据审计数据预处理过程中常用的方法。	不仅包括对结构化数据的预处理，有时还需要把非结构化数据通过预处理转化成结构化的，或直接把非结构化数据预处理为可以方便分析的非结构化数据。
审计数据分析方法	常用的审计数据分析方法主要包括：账表分析、数据查询、审计抽样、统计分析、数值分析等。	常用的审计大数据分析方法主要包括：大数据智能分析技术、大数据可视化分析技术、大数据多数据源综合分析技术。另外，大数据环境下，常用审计数据分析方法，如账表分析、数据查询、统计分析、数值分析等，仍可以根据审计工作的实际情况使用，比如，与大数据技术一起组合使用、对被审计大数据中的部分数据进行分析等。
审计数据存储方法	大多采用一般服务器来存储数据；联网审计环境下，可以在审计机关构建联网审计的海量数据存储系统，或建立审计数据中心系统。	目前的数据存储技术不能满足审计大数据环境的需要，审计大数据的存储方法发生改变，包括存储设施、存储架构、数据访问机制等。可借助云计算平台进行审计数据存储，但这同时又带来了审计大数据的存储安全问题。

7.4.5.3 大数据环境下的电子数据审计方法原理

根据前面的分析，大数据环境下的电子数据审计方法原理如图7-12所示，其原理简述如下。

1. 审计大数据采集

（1）数据来源。大数据的来源多种多样，主要包括：1）审计大交易数据。这些数据是传统的、结构化的、通过关系数据库进行管理和访问的静态历史数据。2）审计大交互数据。这些数据源于社交媒体数据，包括传感器信息、海量图像文件、Web文本、电子邮件等。

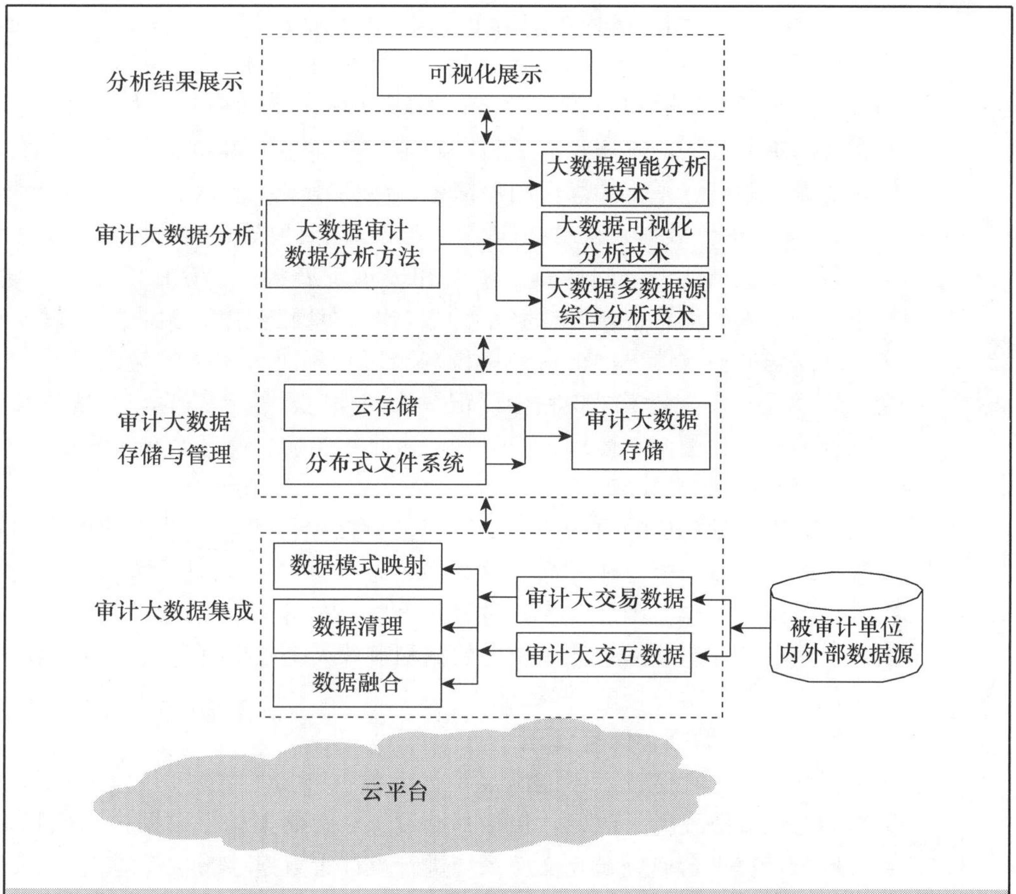

图7-12　大数据环境下的电子数据审计方法原理

对于审计来说，大数据环境下，采集审计所需要的大数据是开展大数据审计的必要步骤。概括来说，采集数据的来源主要包括以下四个方面：

1）上级审计机关数据中心提供的数据。这类数据由上级审计机关根据审计项目的需要，提供给下级开展审计项目的审计机关，下级审计机关一般可通过查询方式使用上级审计机关提供的数据。

2）审计机关定期采集并上传至上级审计机关或本部门数据中心的各类数据。在开展相关审计项目时，审计机关可以充分利用平时积累的这些数据。

3）在审计项目实施过程中根据需要采集的各类数据。在开展相关审计项目时，审计机关可以根据项目的需要，从被审计单位依法采集所需要的审计数据。

4）通过大数据工具从互联网上抓取的公开数据。审计人员还可以通过一些大数据工具从互联网上抓取所需要的相关公开数据，或者可以实现自动搜索互联网上关于被审计单位的一些公开报道的风险信息，从而便于审计人员进行全方位的大数据分析。

（2）数据采集的类型。大数据环境下，数据采集的类型可分为非结构化数据和结构化数据。

1）结构化数据。采集的结构化数据主要包括：被审计单位共性数据，主要涉及基础管理、相对具有一致性的数据，包括报表、财务、产权、投资、供应商管理、合同管理、采购和销售等数据；被审计单位个性数据，如用于决策、审批、签批等的决策数据，体现经济运行和行业特点的业务数据；与信息系统有关的结构化数据，如信息系统的操作用户信息、用户操作日志等方面的相关数据。

2）非结构化数据。采集的非结构化数据主要包括：被审计单位基本情况、历史沿革、组织结构、部门职责、经营和改革发展状况、存在的主要问题和风险；被审计单位内部审计报告、社会审计报告、审计机关审计报告等，以及对上述报告发现问题的整改情况；被审计单位与经营管理决策相关的党组（委）会、董事会、总经理办公会会议纪要和会议记录；与信息系统有关的非结构化数据，如信息系统的开发、测试、运行、安全管理、业务连续性管理等方面的相关文档。

2. 审计大数据集成

审计大数据集成的目的是把从不同被审计单位或同一被审计单位中不同数据源采集的各种数据整合在一起，这些数据往往涉及诸多数据源，并且它们的数据模式也可能不一样。因此，大数据环境下，在对审计大数据进行分析时，首先需要对这些被审计单位的审计大交易数据和审计大交互数据进行集成和数据预处理，以满足审计大数据分析的需要。

3. 审计大数据存储与管理

目前的数据存储技术不能满足审计大数据环境的需要，大数据环境下，审计数据的存储方法发生了改变，包括存储设施、存储架构、数据访问机制等。因此，可借助云计算平台或分布式文件系统进行审计大数据存储与管理。

以云计算为例，云计算（cloud computing）是一种数据分析技术，其三个层次的服务模式包括软件服务（Software as a Service，SaaS）、平台服务（Platform as a Service，PaaS）和设施服务（Infrastructure as a Service，IaaS）。云计算能够充分利用物理设施的弹性，实现处理快速增长数据的能力。大数据本身就是一个问题集，而云计算为大数据提供存储、访问和计算。大数据有云计算平台作为基础架构，才能顺畅运营。云计算提供了基础架构平台，审计大数据分析等应用在这个平台上运行。

4. 审计大数据分析与结果展示

常用的大数据审计分析方法主要包括大数据智能分析技术、大数据可视化分析技术、大数据多数据源综合分析技术。另外，大数据环境下，常用的审计数据分析方法，如账表分析、数据查询、统计分析、数值分析等，仍可以根据审计工作的实际情况使用，比如，与大数据技术一起组合使用、对被审计大数据中的部分数据进行分析等。

7.4.6 大数据环境下的信息系统审计方法

7.4.6.1 研究大数据环境下信息系统审计的重要性

如前所述，信息系统审计是目前审计信息化的一项重要工作，大数据环境同样对信息系统审计产生了影响。大数据时代的到来使审计工作面临被审计单位的大数据环境，大数据环境下如何开展信息系统审计成为一个重要问题。随着大数据环境的发展，被审计单位信息化程度越来越高，信息化应用范围越来越广，使用的应用系统越来越多，业务系统也越来越复杂。这使得常用的信息系统审计方法不能有效地满足大数据环境下信息系统审计的需要，采用大数据技术开展信息系统审计成为一种有效的方法。另外，大数据环境下，如何便于审计人员从整体上把握被审计大数据情况，快速发现可疑数据，提高审计效率，实现“集中分析，分散核查”的方式，成为大数据环境下开展审计工作的一项重要任务。因此，大数据环境下如何开展信息系统审计成为一个重要问题。本部分结合目前大数据与信息系统审计的研究与应用现状，分析大数据环境下的信息系统审计问题。

7.4.6.2　大数据环境下信息系统审计的主要变化

1. 大数据环境对信息系统审计的需求越来越强

随着大数据环境的发展，信息系统中的数据量越来越大，数据的存储方式也随之不断变化，数据的安全性越来越重要，因此，大数据环境对信息系统审计的需求越来越强。

2. 大数据环境对信息系统审计的技术要求越来越高

随着大数据环境的发展，被审计单位信息化程度越来越高，信息化应用范围越来越广，对信息化的依赖程度越来越高，使用的应用系统也越来越多，业务系统系统也越来越复杂。因此，大数据环境对信息系统审计的技术要求越来越高。

3. 大数据环境下信息系统审计方法需要不断创新

大数据环境下，除了目前常用的信息系统审计方法，如访谈、现场观察、文档查看、抽样、穿行测试等，还可以探索如何采用大数据的相关技术开展信息系统审计。

7.4.6.3　大数据环境下信息系统审计示例：基于大数据技术的业务连续性管理审计方法

在以上理论分析的基础上，本节结合目前大数据审计与信息系统审计的研究和应用现状，以业务连续性管理审计为例，分析大数据环境下的信息系统审计问题。

1. 业务连续性管理审计简介

如第 6 章所述，业务连续性管理是为了防止业务活动中断，保护关键业务流程不受信息系统失效或自然灾害的影响，将意外事件或灾难对业务的影响降到最低水平。业务连续性管理包括识别和降低风险，制定连续性计划，建立应对意外事件或灾难的响应与恢复机制，测试和检查业务连续性计划的有效性与合规性，维护业务连续性计划。业务连续性管理审计的目的就是确保被审计单位的业务连续性管理符合相关要求。

2. 目前常用信息系统审计方法存在的不足

在开展业务连续性管理审计时，审计人员一般根据业务连续性管理的相关要求，逐项检查被审计单位是否有业务连续性管理相关制度，以及相应的执行落实情况。比如，在开展业务连续性管理审计时，审计人员可以关注以下内容：检查是否建立一个专门组织或指定一个部门负责本机构业务连续性管理工作；检查是否制定规范的业务连续性计划（包括业务连续性管理相关规章制度、文件以及人员名单）；检查是否制定规范的IT服务连续性计划（包括与IT服务连续性计划执行相关的规章制度、文件以及人员名单）；检查业务连续性计划是否有年度应急演练等。

目前常用的信息系统审计方法，如访谈、现场观察、文档查看、抽样、穿行测试等多是依据相关法律法规、规章制度，基于审计人员的审计经验对相关问题进行地毯式排查或重点式查找，不能很好地发现隐藏的审计线索，因此，需要探索如何采用相关大数据技术开展信息系统审计。

3. 大数据分析技术方法的选择

根据目前业务连续性管理审计的需要和大数据分析技术的应用现状，可以采用以下审计方法。

（1）大数据多数据源综合分析技术。大数据多数据源综合分析技术是通过对采集到的各行各业各类大数据，采用数据查询等常用方法或其他大数据技术方法进行相关数据的综合比对和关联分析，发现更多隐藏的审计线索。这种方法是目前审计领域应用大数据比较成熟和主流的内容。

大数据环境下，可以通过大数据多数据源综合分析技术发现相关线索，例如，审计人员可以通过采用常用的SQL数据查询方法比较业务连续性管理相关数据和人力资源数据，或通过数值分析（重号分析）方法查找被审计系统中业务连续性管理数据是否重复，从而确认业务连续性管理相关制度的有效性。

（2）大数据可视化分析技术。大数据可视化分析技术是从人作为分析主体和需求主体的视角出发，强调基于人机交互的、符合人的认知规律的分析方法，目的是将人所具备的、机器并不擅长的认知能力融入数据分析过程中。大数据可视化分析技术也是目前大数据审计应用比较成熟和主流的内容。对于业务连续性管理审计，可以选择适合文本数据分析需要的标签云技术。

4. 大数据环境下业务连续性管理审计所需的主要数据

（1）被审计单位主要内部数据。大数据环境为业务连续性管理审计提供了全方位分析的相关数据，审计人员从被审计单位采集被审计单位的相关业务介绍、部门年度工作总结、风险分析报告、审计报告等相关文本数据，通过这些文本数据，审计人员可以了解目前被审计单位的相关业务情况、相关风险等，便于审计人员开展相关审计工作。比如：

1）风险分析报告。通过分析被审计单位的相关风险分析报告等文本数据，审计人员可以判断该单位的信息系统建设、运行等工作中是否发生过相关风险。比如，审计人员通过采集被审计单位的“公司交易系统故障事件总结报告”等文本数据来分析该单位是否发生过相关风险。

2）人力资源部门数据。从被审计单位人力资源部门采集相关员工信息数据，通过该数据可以掌握目前该被审计单位所有员工信息以及变化情况，比如员工的相关信息（如工号等）、员工离职或单位内部岗位调整等信息。

3）被审计单位办公系统数据。从被审计单位办公系统中采集公布的业务连续性管理应急人员名单等相关数据，通过该数据可以掌握目前该被审计单位业务连续性管理应急人员变化情况，比如用户离职或单位内部岗位调整等信息。

4）相关业务连续性管理制度。通过分析被审计单位的相关业务连续性管理制度等文本数据，审计人员可以判断该单位是否有相关业务连续性管理制度，相关业务连续性管理制度的内容是否合理等。

（2）被审计单位主要外部数据。除了通过以上方法获得被审计单位的内部数据之外，审计人员还可以通过一些大数据工具抓取外部相关网站上的数据，如关于被审计单位的相关信息安全事件的新闻报道、监管部门出具的相关警示函等，通过对这些数据的采集和分析，便于审计人员辅助判断被审计单位在业务连续性管理方面是否出现过相关风险。

5. 基于大数据技术的业务连续性管理审计方法原理

基于大数据技术的业务连续性管理审计方法主要是充分利用被审计单位内部和外部的数据，通过对这些数据的对比分析以及借助大数据可视化分析技术等分析方法，发现被审计单位业务连续性管理方面的相关风险。相对目前常用的方法，这种方法的优点是：能发现相关隐蔽的系统风险；靠数据说话，靠数据决策；能通过可视化的方式更好地反映出体制和机制上的问题。具体原理分析如下。

根据对被审计单位的调查，在访谈和现场观察等基础上，采集被审计单位的内外部业务连续性管理相关信息，如人力资源部门数据、风险报告、审计报告、相关业务连续性管理制度等结构化和非结构化数据，以及外部相关监管部门网站或其他网站上公开的相关文本数据，如监管部门出具的相关警示函等。在审计大数据预处理的基础上，审计人员一方面可以采用标签云等大数据可视化分析技术，对相关警示函、业务办公会会议纪要等相关非结构化数据进行建模和整体分析，结合自己的审计背景知识，通过对可视化的分析结果进行分析和观察，快速从被审计大数据信息中发现异常数据，检测是否存在信息系统风险情况，获得审计线索；另一方面可以借助数据查询方法和审计软件对被审计单位的结构化数据进行建模和分析，获得相关证据。在此基础上，通过对这些结果数据做进一步的延伸审计和审计事实确认，最终获得审计证据。综上分析，基于大数据技术的业务连续性管理审计方法原理如图 7－13 所示。

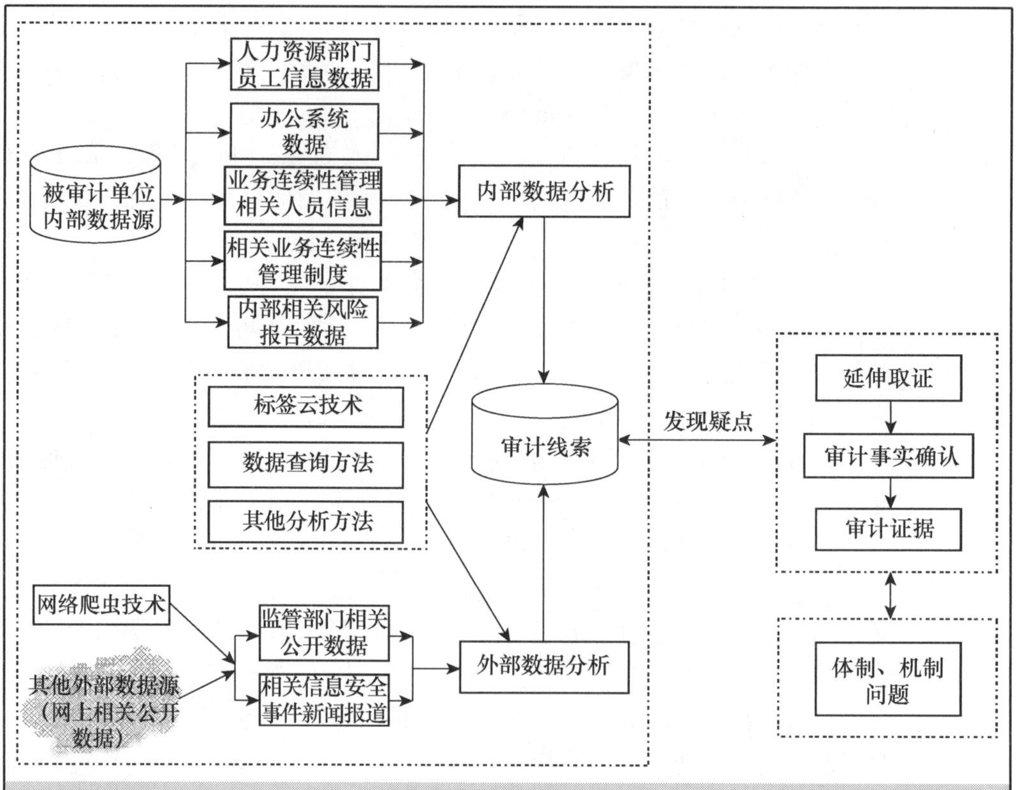

图7-13　基于大数据技术的业务连续性管理审计方法原理

7.5　本章小结

本章根据目前信息技术在审计应用中的发展现状，分析了计算机审计的发展前沿，包括持续审计、联网审计和大数据审计。通过本章的学习，可以了解持续审计、联网审计和大数据审计等计算机审计研究与应用前沿，加深理解互联网、云计算、大数据等技术在计算机审计中的应用，从而为今后研究与应用持续审计、联网审计和大数据审计等计算机审计前沿理论与方法打下基础。

思考题

1. 持续审计与联网审计有何关系？谈谈你对持续审计和联网审计的认识。
2. 研究和开展持续审计、联网审计有何意义？
3. 大数据环境对开展联网审计有何影响？
4. 在大数据环境下开展电子数据审计与目前的电子数据审计有何区别？
5. 大数据环境对开展电子数据审计和信息系统审计有何影响？在大数据环境下如何开展电子数据审计和信息系统审计？

第 8 章

计算机审计模拟实验

8.1 实验模块一（基于 Microsoft Excel 2007）

实验一　熟悉 Excel 2007

实验目的

熟悉 Excel 2007 的操作环境，初步掌握 Excel 2007 与电子数据审计相关的主要功能的使用，为以后的实验打下基础。

实验要求

(1) 熟悉 Excel 2007 的操作界面以及界面中的主要工具。

(2) 掌握 Excel 2007 与电子数据审计相关的主要功能。

实验内容

(1) 熟悉第 3 章图 3-1 和图 3-2 中的 Excel 2007 操作界面及其主要工具。

(2) 熟悉 Excel 2007 与电子数据审计相关的主要功能。

以 Excel 2007 为例，熟悉其与电子数据审计相关的以下功能：

1) 获取外部数据。思考如何采用 Excel 2007 的获取外部数据功能完成审计数据采集。

2) 数据分析。思考如何采用 Excel 2007 的排序和筛选、数据工具（如数据有效性等）、分析等功能完成审计数据分析。

(3) 比较 Excel 2007 与 Excel 其他版本在获取外部数据、数据分析等功能上的异同。

实验二　基于 Excel 的审计数据采集

实验目的

掌握如何采用 Excel 2007 来采集不同类型的数据文件，加深理解审计数据采集的意义。

实验要求

（1）把给定的文本文件格式数据采集到 Excel 中。

（2）把给定的 Access 数据库格式数据采集到 Excel 中。

（3）把给定的 SQL Server 数据库格式数据采集到 Excel 中。

（4）把给定的 XML 格式数据采集到 Excel 中。

（5）把给定的其他数据源格式数据采集到 Excel 中（比如，如何通过 ODBC 接口把给定的 FoxPro 格式数据采集到 Excel 中）。

实验内容

（1）新建一个名为“审计数据采集练习 1”的 Excel 文件，把给定的文本文件格式数据“某零售企业商品数据”（文件名为“商品. txt”，表结构见本书附录 A 中图 A-7）采集到该 Excel 文件中。

（2）新建一个名为“审计数据采集练习 2”的 Excel 文件，把给定的 Access 格式数据“某税收征收电子数据”（文件名为“税收征收. mdb”，数据表名为“征收表”，表结构见本书附录 A 中图 A-1）采集到该 Excel 文件中。

（3）新建一个名为“审计数据采集练习 3”的 Excel 文件，把给定的 SQL Server 数据库中的数据（SQL Server 数据库如第 4 章图 4-19 所示）采集到该 Excel 文件中。

（4）新建一个名为“审计数据采集练习 4”的 Excel 文件，把给定的 XML 格式的数据（文件名为“征收表 XML 数据. xml”，表结构见本书附录 A 中图 A-4）采集到该 Excel 文件中。

（5）新建一个名为“审计数据采集练习 5”的 Excel 文件，把给定的 FoxPro 格式数据“某劳动局失业保险数据”（文件名为“失业金实际发放表. dbf”，数据类型为 FoxPro 自由表，数据表结构见本书附录 A 中图 A-5）通过 ODBC 接口采集到该 Excel 文件中。

实验三 Excel 的基本审计数据分析应用

实验目的

掌握如何采用通用软件 Excel 2007 完成对文本文件格式数据的审计。

实验要求

掌握如何采用 Excel 2007 采集文本文件格式的数据，如何在 Excel 2007 中进行数据预处理，以及如何在 Excel 2007 中进行简单的审计数据分析。

实验内容

以给定的文本文件格式数据某零售企业商品数据（文件名为“商品. txt”，表结构见本书附录 A 中图 A-7）为例，完成以下实验：

（1）新建一个名为“商品”的 Excel 文件。

（2）将给定的某零售企业商品数据导入到以上所建的“商品”Excel 文件中。其中，不导入订购量和再订购量，且要求单价精确到分，库存量为整数。

（3）筛选出类别为“饮料”的商品。

（4）在该 Excel 文件中新建一个名为“饮料”的工作表，并将筛选出的类别为“饮料”的商品存放到所建的名为“饮料”的工作表中。

（5）在该“饮料”工作表中新增一列“库存金额”，计算出每种商品的库存金额（精确到分）（注：库存金额＝单价×库存量），并对“饮料”工作表中的数据按库存金额降序排列。

实验四　基于 Excel 圈释功能的审计数据分析应用

实验目的

掌握如何采用通用软件 Excel 2007 的圈释功能完成审计数据分析。

实验要求

掌握如何采用 Excel 2007 采集 Access 数据库格式的数据，以及如何在 Excel 2007 中采用圈释功能进行审计数据分析。

实验内容

以给定的某税收征收电子数据（文件名为“税收征收. mdb”，数据表名为“征收表”，表结构见本书附录 A 中图 A－1）为例，完成以下实验：

（1）新建一个名为“纳税分析”的 Excel 文件。

（2）将给定的某税收征收电子数据导入到以上所建的“纳税分析”Excel 文件中。

（3）利用 Excel 的圈释功能检查税收征收数据中有无“负纳税”数据和“超期滞纳”（假定所有纳税人税款滞纳天数超过 10 天均属超期滞纳）数据。

（4）清除无效数据标识圈。

实验五　基于 Excel 筛选功能的审计数据分析应用

实验目的

掌握如何采用通用软件 Excel 2007 的筛选功能完成审计数据分析。

实验要求

掌握如何采用 Excel 2007 采集 Access 数据库格式的数据，以及如何在 Excel 2007 中采用筛选功能进行审计数据分析。

实验内容

以给定的某税收征收电子数据（文件名为“税收征收. mdb”，数据表名为“征收表”，表结构见本书附录 A 中图 A－1）为例，完成以下实验：

（1）新建一个名为“纳税分析”的 Excel 文件。

（2）将给定的某税收征收电子数据导入到以上所建的“纳税分析”Excel 文件中。

（3）利用 Excel 的筛选功能检查税收征收数据中有无“负纳税”数据和“超期滞纳”（假定所有纳税人税款滞纳天数超过 10 天均属超期滞纳）数据。

（4）在“纳税分析”Excel 文件中新建两个工作表，名称分别为“负纳税”和

“超期滞纳”。将以上分析结果保存到所建的“纳税分析”Excel文件中，其中，“负纳税”数据保存在“纳税分析”Excel文件的“负纳税”工作表中，“超期滞纳”数据保存在“纳税分析”Excel文件的“超期滞纳”工作表中。

实验六　基于Excel高级筛选功能的审计数据分析应用

实验目的

掌握如何采用通用软件Excel 2007的高级筛选功能完成审计数据分析。

实验要求

掌握如何采用Excel 2007采集Access数据库格式的数据，以及如何在Excel 2007中采用高级筛选功能进行审计数据分析。

实验内容

以给定的某税收征收电子数据（文件名为“税收征收.mdb”，数据表名为“征收表”，表结构见本书附录A中图A-1）为例，完成以下实验：

（1）新建一个名为“纳税分析”的Excel文件。

（2）将给定的某税收征收电子数据导入到以上所建的“纳税分析”Excel文件中。

（3）利用Excel的高级筛选功能检查税收征收数据中有无“负纳税”数据和“超期滞纳”（假定所有纳税人税款滞纳天数超过10天均属超期滞纳）数据。

（4）在“纳税分析”Excel文件中新建两个工作表，名称分别为“负纳税”和“超期滞纳”。将以上分析结果保存到所建的“纳税分析”Excel文件中，其中，“负纳税”数据保存在“纳税分析”Excel文件的“负纳税”工作表中，“超期滞纳”数据保存在“纳税分析”Excel文件的“超期滞纳”工作表中。

8.2 实验模块二（基于Microsoft Access 2007）

实验一　熟悉Access 2007

实验目的

熟悉Access 2007的操作环境，初步掌握Access 2007的使用，为以后的实验打下基础。

实验要求

（1）熟悉Access 2007的主要对象。

（2）掌握Access 2007与电子数据审计相关的主要功能。

实验内容

（1）熟悉第4章图4-4和图4-5中的Access 2007操作界面及其主要工具。

（2）熟悉Access 2007与电子数据审计相关的主要功能。

以Access 2007为例，熟悉其与电子数据审计相关的以下功能：

1）获取外部数据。思考如何采用 Access 2007 的获取外部数据功能完成审计数据采集。

2）数据分析。在 Access 2007 的 SQL 视图中练习 SQL 语言的应用，并思考如何采用 Access 2007 的查询功能完成审计数据分析。

（3）比较 Access 2007 与 Access 其他版本在获取外部数据、数据分析等功能上的异同。

实验二　基于 Access 的审计数据采集

实验目的

掌握如何采用 Access 2007 来采集不同类型的数据文件，加深理解审计数据采集的意义。

实验要求

（1）把给定的文本文件格式数据采集到 Access 数据库中。

（2）把给定的 Excel 格式数据采集到 Access 数据库中。

（3）把给定的 Access 数据库格式数据采集到 Access 数据库中。

（4）把给定的 dBASE 格式数据采集到 Access 数据库中。

（5）把给定的 XML 格式数据采集到 Access 数据库中。

（6）把给定的数据通过 ODBC 采集到 Access 数据库中。

实验内容

（1）新建一个名为“审计数据采集练习 1”的 Access 数据库文件，把给定的文本文件格式数据“某零售企业商品数据”（文件名为“商品. txt”，表结构见本书附录 A 中图 A－7）采集到该 Access 数据库中。

（2）新建一个名为“审计数据采集练习 2”的 Access 数据库文件，把给定的 Excel 格式数据“某征收表数据”（文件名为“征收表数据. xls”，表结构见本书附录 A 中图 A－3）采集到该 Access 数据库中。

（3）新建一个名为“审计数据采集练习 3”的 Access 数据库文件，把给定的 Access 数据库格式数据“某征收表数据”（文件名为“税收征收. mdb”，数据表名为“征收表”，表结构见本书附录 A 中图 A－1）采集到该 Access 数据库中。

（4）新建一个名为“审计数据采集练习 4”的 Access 数据库文件，把给定的 FoxPro 格式数据“某劳动局失业保险数据”（文件名为“失业金实际发放表. dbf”，数据类型为 FoxPro 自由表，数据表结构见本书附录 A 中图 A－5）通过 ODBC 接口采集到该 Access 数据库中。

（5）新建一个名为“审计数据采集练习 5”的 Access 数据库文件，把给定的 XML 格式数据（文件名为“征收表 XML 数据. xml”，表结构见本书附录 A 中图 A－4）采集到该 Access 数据库中。

（6）新建一个名为“审计数据采集练习 6”的 Access 数据库文件，把给定的 SQL Server 数据库（SQL Server 数据库如第 4 章图 4－19 所示）中的数据采集到该 Access 数据库中。

实验三　基于 Access 的审计数据预处理

实验目的

掌握如何采用 Access 2007 来完成审计数据预处理，加深理解审计数据预处理的意义。

实验要求

以某税收征收电子数据为例，练习如何在 Access 2007 中完成数据表名称转换、字段名称转换、空值处理、数据标准化等审计数据预处理。

实验内容

现有某税收征收电子数据（文件名为“税收征收（数据预处理练习数据）.mdb”，数据表名为“征收表”，表结构见本书附录 A 中图 A-8 和图 A-9），要求在 Access 2007 中对其进行预处理，完成以下实验：

（1）根据表 8-1 和表 8-2 中的对应关系，完成数据表名称转换和字段名称转换。

表 8-1　征收类型表对应关系

原始表名：szlx	修改后的表名：征收类型
原始字段名	修改后的字段名
szdm	税种代码
szmc	税种名称

表 8-2　征收表对应关系

原始表名：zsb	修改后的表名：征收表
原始字段名	修改后的字段名
swdjh	税务登记号
nsrmc	纳税人名称
jjxz	经济性质
ssqq	所属期起
ssqz	所属期止
zslx	征收类型
kmm	科目码
zmm	子目码
jc	级次
ssjs	税收基数
sl	税率
yingnse	应纳税额
yinse	已纳税额
jmse	减免税额
znts	滞纳天数

snse	实纳税额
jmlx	减免类型
kprq	开票日期
sbrq	申报日期
rkbz	入库标志
rkrq	入库日期
phzt	票号状态
hydm	行业代码
zclx	注册类型

(2) 在完成数据表名称转换和字段名称转换的基础上，完成“实纳税额”字段的空值处理，即把征收表“实纳税额”字段中的空值变成“0”。

(3) 在完成数据表名称转换和字段名称转换的基础上，把征收表“级次”字段中的数据标准化，即把征收表“级次”字段中的数据值“市级”变成“4”，“省级”变成“3”。

实验四　基于 Access 的审计数据分析：以某税收征收数据为例

实验目的

掌握如何采用通用软件 Access 2007 应用数据查询这种基本的审计数据分析方法，加深理解审计数据分析的意义。

实验要求

以某税收征收电子数据为例，练习如何在 Access 2007 中采用数据查询方法完成审计数据分析，以及如何完成 Excel 与 Access 2007 之间的数据转换。

实验内容

以给定的某税收征收电子数据（文件名为“税收征收.mdb”，数据表名为“征收表”，表结构见本书附录 A 中图 A-1）为例，完成以下实验：

(1) 编写 SQL 语句检查税收征收数据中有无“负纳税”数据和“超期滞纳”数据，其中，假定所有纳税人税款滞纳天数超过 10 天均属超期滞纳。

(2) 新建一个名为“纳税分析”的 Excel 文件。

(3) 在“纳税分析”Excel 文件中新建两个工作表，名称分别为“负纳税”和“超期滞纳”。将实验内容（1）中的分析结果保存到所建的“纳税分析”Excel 文件中，其中，“负纳税”数据保存在“纳税分析”Excel 文件的“负纳税”工作表中，“超期滞纳”数据保存在“纳税分析”Excel 文件的“超期滞纳”工作表中。

实验五　基于 Access 的审计数据分析：以某零售企业商品数据为例

实验目的

掌握如何采用通用软件 Access 2007 应用数据查询这种基本的审计数据分析方

法，加深理解审计数据分析的意义。

实验要求

以某零售企业商品文本文件数据为例，练习如何在 Access 2007 中采用数据查询的方法完成审计数据分析，以及如何完成 Excel 与 Access 2007 之间的数据转换。

实验内容

以给定的文本文件格式数据某零售企业商品数据（文件名为“商品. txt”，表结构见本书附录 A 中图 A－7）为例，在 Access 2007 数据库中对其进行分析，要求如下：

（1）将该商品数据采集到名为“审计数据采集练习”的 Access 2007 数据库中。要求不导入订购量和再订购量，且单价精确到分，库存量为整数。

（2）在该 Access 数据库中查找类别为“饮料”的商品，在查询结果中新增一列“库存金额”并计算出每个商品的库存金额（精确到分）（注：库存金额＝库存量×单价），且对结果按库存金额的降序排列。

（3）新建一个名为“商品数据分析”的 Excel 文件；在“商品数据分析”Excel文件中新建一个名为“饮料”的工作表；将实验内容（2）中的分析结果保存到所建的“商品数据分析”Excel 文件的“饮料”工作表中。

实验六　基于 Access 的审计数据分析：以某失业保险数据为例

实验目的

掌握如何采用通用软件 Access 2007 实现重号分析这种审计数据分析方法，加深理解审计数据分析的意义。

实验要求

以某失业保险数据为例，练习如何在 Access 2007 中采用数据查询的方法来完成重号分析，以及如何完成 Excel 与 Access 2007 之间的数据转换。

实验内容

以给定的某失业保险数据（文件名为“失业金实际发放表 . dbf”，表结构见本书附录 A 中图 A－5）为例，采用 Access 完成重号分析，要求如下：

（1）新建一个名为“失业金实际发放”的 Access 数据库，将“失业金实际发放表 . dbf”数据采集到该 Access 数据库中。

（2）在“失业金实际发放”Access 数据库中编写 SQL 语句，查找同月重复发放失业金的人员，查找结果包括身份证号、姓名、发放月份、同月发放次数、发放金额合计，且按同月发放次数降序排列。

（3）新建一个名为“同月重复发放失业金人员 . xls”的 Excel 文件，将以上分析结果导入到该 Excel 数据文件中。

8.3 实验模块三（基于 SQL Server 2008）

实验一　熟悉 SQL Server 2008

实验目的

熟悉 SQL Server 2008 的操作环境，初步掌握 SQL Server 2008 的使用，为以后的实验打下基础。

实验要求

（1）熟悉 SQL Server 2008 的 Management Studio 界面及其主要功能。

（2）掌握 SQL Server 2008 与电子数据审计相关的主要功能。

实验内容

（1）熟悉第 4 章图 4－52 中的 SQL Server 2008 的 Management Studio 操作界面及其主要工具。

（2）熟悉 SQL Server 2008 与电子数据审计相关的主要功能。

以 SQL Server 2008 为例，熟悉其与电子数据审计相关的以下功能：

1）数据导入和导出。思考如何采用 SQL Server 2008 的数据导入和导出功能完成审计数据采集以及数据的导出。

2）数据查询分析。在 SQL Server 2008 的 Management Studio 操作界面中练习 SQL 语句的应用，并思考如何采用 SQL Server 2008 的查询功能完成审计数据分析。

（3）比较 SQL Server 2008 与 SQL Server 其他版本在数据导入和导出、数据查询分析等功能上的异同。

实验二　基于 SQL Server 的审计数据采集

实验目的

掌握如何采用 SQL Server 2008 来采集不同类型的数据文件，加深理解审计数据采集的意义。

实验要求

（1）练习如何把 Access 格式的数据采集到 SQL Server 数据库中。

（2）练习如何把文本文件格式的数据采集到 SQL Server 数据库中。

（3）练习如何把 Excel 格式的数据采集到 SQL Server 数据库中。

（4）练习如何采用 ODBC 把 Access 数据库中的数据采集到 SQL Server 数据库中。

（5）练习如何把 dBASE 格式的数据采集到 SQL Server 数据库中。

（6）练习如何把 SQL Server 备份数据格式的数据采集到 SQL Server 数据库中。

（7）练习如何把XML格式的数据采集到SQL Server数据库中。

实验内容

（1）打开SQL Server Management Studio，新建一个名为“数据审计练习1”的数据库，把给定的Access格式的某税收征收电子数据（文件名为“税收征收.mdb”，数据表名为“征收表”，表结构见本书附录A中图A-1）采集到该数据库中。

（2）打开SQL Server Management Studio，新建一个名为“数据审计练习2”的数据库，把给定的文本文件格式的某零售企业商品数据（文件名为“商品.txt”，表结构见本书附录A中图A-7）采集到该数据库中。

（3）打开SQL Server Management Studio，新建一个名为“数据审计练习3”的数据库，把给定的Excel格式的某税收征收电子数据（文件名为“征收表数据.xls”，表结构见本书附录A中图A-3）采集到该数据库中。

（4）打开SQL Server Management Studio，新建一个名为“数据审计练习4”的数据库，把给定的Access格式的某劳动局失业保险数据（文件名为“失业金实际发放数据.mdb”，数据表名为“失业金实际发放表”，表结构见本书附录A中图A-6）通过ODBC采集到该数据库中。

（5）打开SQL Server Management Studio，新建一个名为“数据审计练习5”的数据库，把给定的dBASE格式的数据（文件名为“失业金实际发放表.dbf”，表结构见本书附录A中图A-5）采集到该数据库中。

（6）打开SQL Server Management Studio，新建一个名为“数据审计练习6”的数据库，把给定的SQL Server备份数据格式的数据（文件名为“数据审计练习备份数据”）采集到该数据库中（或者先把前面实验中的“数据审计练习5”的SQL Server数据库备份出来，备份的文件名为“数据审计练习备份数据”，然后删除SQL Server数据库中的“数据审计练习5”，再假定该数据为给定的SQL Server备份数据格式的数据，把该数据采集到“数据审计练习6”SQL Server数据库中）。

（7）打开SQL Server Management Studio，新建一个名为“数据审计练习7”的数据库，把给定的XML格式的数据（文件名为“征收表XML数据.xml”，表结构见本书附录A中图A-4）采集到该数据库中。

实验三　基于SQL Server的审计数据预处理

实验目的

掌握如何采用SQL Server 2008来完成审计数据预处理，加深理解审计数据预处理的意义。

实验要求

以某税收征收电子数据为例，练习如何在SQL Server 2008中完成数据表名称转换、字段名称转换、空值处理、数据标准化等审计数据预处理。

实验内容

现有某税收征收电子数据（文件名为“税收征收（数据预处理练习数据）.

mdb”，数据表名为“征收表”，表结构见本书附录 A 中图 A-8 和图 A-9)，要求在 SQL Server 中对其进行预处理，完成以下实验：

(1) 新建一个名为“数据审计练习”的 SQL Server 数据库，将该数据导入到该 SQL Server 数据库中。

(2) 根据表 8-1 和表 8-2 中的对应关系，完成数据表名称转换和字段名称转换。

(3) 在完成数据表名称转换和字段名称转换的基础上，完成“实纳税额”字段的空值处理，即把征收表“实纳税额”字段中的空值变成“0”。

(4) 在完成数据表名称转换和字段名称转换的基础上，把征收表“级次”字段中的数据标准化，即把征收表“级次”字段中的数据值“市级”变成“4”，“省级”变成“3”。

实验四　基于 SQL Server 的审计数据分析：以某税收征收数据为例

实验目的

掌握如何在 SQL Server 2008 中应用数据查询这种基本的审计数据分析方法，加深理解审计数据分析的意义。

实验要求

以某税收征收电子数据为例，掌握如何在 SQL Server 2008 中采用数据查询的方法完成审计数据分析，以及如何完成 Excel 与 SQL Server 2008 之间的数据转换。

实验内容

以给定的某税收征收电子数据（文件名为“税收征收.mdb”，数据表名为“征收表”，表结构见本书附录 A 中图 A-1）为例，完成以下实验：

(1) 将该数据导入到名为“数据审计练习”的 SQL Server 数据库中。

(2) 在 SQL Server 中编写 SQL 语句检查税收征收数据中有无“负纳税”数据和“超期滞纳”数据。其中，假定所有纳税人税款滞纳天数超过 10 天均属超期滞纳。

(3) 新建一个名为“纳税分析”的 Excel 文件；在“纳税分析”Excel 文件中新建两个工作表，名称分别为“负纳税”和“超期滞纳”；将实验内容 (2) 中的分析结果保存到所建的“纳税分析”Excel 文件中，其中，“负纳税”数据保存在“纳税分析”Excel 文件的“负纳税”工作表中，“超期滞纳”数据保存在“纳税分析”Excel 文件的“超期滞纳”工作表中。

实验五　基于 SQL Server 的审计数据分析：以某零售企业商品数据为例

实验目的

掌握如何在 SQL Server 2008 中应用数据查询这种基本的审计数据分析方法，加深理解审计数据分析的意义。

实验要求

以某零售企业商品文本文件数据为例，练习如何在 SQL Server 2008 中采用数据查询的方法完成审计数据分析，以及如何完成 Excel 与 SQL Server 2008 之间的数据转换。

实验内容

以给定的文本文件格式的某零售企业商品数据（文件名为“商品. txt”，表结构见本书附录 A 中图 A－7）为例，把其采集到 SQL Server 数据库中，并对其进行分析。

（1）将该数据导入到名为“数据审计练习”的 SQL Server 数据库中。要求：不导入订购量和再订购量，且单价精确到分，库存量为整数。

（2）在 SQL Server 数据库中查找类别为“饮料”的商品，要求在查询结果中新增一列“库存金额”并计算出每个商品的库存金额（精确到分）（注：库存金额＝库存量×单价），且将结果按库存金额的降序排列。

（3）新建一个名为“商品数据分析”的 Excel 文件；在“商品数据分析”Excel 文件中新建一个名为“饮料”的工作表；将实验内容（2）中的分析结果保存到所建的“商品数据分析”Excel 文件的“饮料”工作表中。

实验六　基于 SQL Server 的审计数据分析：以某失业保险数据为例

实验目的

掌握如何采用 SQL Server 2008 数据库实现重号分析这种审计数据分析方法，加深理解审计数据分析的意义。

实验要求

以某劳动局失业保险数据为例，练习如何在 SQL Server 2008 中采用数据查询的方法完成审计数据分析（重号分析），以及如何完成 Excel 与 SQL Server 2008 之间的数据转换。

实验内容

以给定的某劳动局失业保险数据（文件名为“失业金实际发放数据. mdb”，数据表名为“失业金实际发放表”，表结构见本书附录 A 中图 A－6）为例，采用 SQL Server 完成重号分析，要求如下：

（1）将该数据导入到名为“数据审计练习”的 SQL Server 数据库中。

（2）利用 SQL Server 数据库工具编写 SQL 语句，查找同月重复发放失业金的人员，查找结果包括身份证号、姓名、发放月份、同月发放次数、发放金额合计，并将结果按同月发放次数降序排列。

（3）新建一个名为“重复发放失业金分析结果”的 Excel 文件；在“重复发放失业金分析结果”Excel 文件中新建一个名为“重复发放失业金的人员名单”的工作表；将实验内容（2）中的分析结果保存到所建的“重复发放失业金分析结果”Excel 文件的“重复发放失业金的人员名单”工作表中。

8.4　实验模块四（基于 IDEA 8）

实验一　熟悉 IDEA 8

实验目的

熟悉 IDEA 8 的操作环境，初步掌握 IDEA 8 的使用，为以后的实验打下基础。

实验要求

（1）掌握如何安装、启动 IDEA 8。

（2）熟悉 IDEA 8 的操作界面以及界面中的主要工具。

（3）掌握如何建立审计项目。

实验内容

（1）根据安装向导，安装 IDEA 8。

（2）熟悉第 5 章图 5-8 中的 IDEA 8 操作界面及其主要工具。

（3）建立审计项目。建立审计项目，要求如下：

1）在 D 盘下新建“IDEA 学习”文件夹。

2）指定“工作文件夹”为“D:\IDEA 学习”。

3）设置“顾客属性”参数如下：

客户名称：IDEA 学习

周期：2019 年 1 月—2019 年 6 月

实验二　IDEA 审计数据采集

实验目的

掌握如何采用 IDEA 8 采集不同类型的数据文件，加深理解审计数据采集的意义。

实验要求

（1）把给定的文本文件格式数据采集到 IDEA 中。

（2）把给定的 Excel 格式数据采集到 IDEA 中。

（3）把给定的 Access 格式数据采集到 IDEA 中。

（4）把给定的 FoxPro 格式数据采集到 IDEA 中。

（5）通过 ODBC 接口把给定的数据采集到 IDEA 中。

实验内容

在“实验一　熟悉 IDEA 8”的基础上，完成以下审计数据采集任务：

（1）把给定的文本文件格式的某零售企业商品数据（文件名为“商品. txt”，表结构见本书附录 A 中图 A-7）采集到 IDEA 中。

（2）把给定的 Excel 格式的某税收征收数据（文件名为“征收表. xls”，表结构见本书附录A中图A－3）采集到IDEA中。

（3）以给定的Access格式的某税收征收电子数据（文件名为“税收征收.mdb”，数据表名为“征收表”，表结构见本书附录A中图A－1）为例，把该Access数据库“征收表”中的数据采集到IDEA中。要求练习以下两种方法：

1）选择“文件”→“导入助理”→“导入至IDEA”→“Microsoft Access”选项完成数据采集。

2）选择“文件”→“导入助理”→“导入至IDEA”→“ODBC”选项完成数据采集。

（4）以给定的FoxPro格式的某劳动局失业保险数据（文件名为“失业金实际发放表.dbf”，数据类型为FoxPro自由表，数据表结构见本书附录A中图A－5）为例，将该数据采集到IDEA中。要求练习以下两种方法：

1）选择“文件”→“导入助理”→“导入至IDEA”→“dBASE”选项完成数据采集。

2）选择“文件”→“导入助理”→“导入至IDEA”→“ODBC”选项完成数据采集。

（5）把SQL Sever和Oracle格式的数据采集到IDEA中（选做）。

若使用的电脑上安装有SQL Sever和Oracle数据库系统，请任选SQL Sever或Oracle数据库系统中的一些数据表，并把这些数据采集到IDEA中，这可以采用以下两种方法来实现：

1）新建一个Access数据库文件，把需要采集的SQL Sever和Oracle格式的数据先采集到Access数据库中，然后再把Access格式数据采集到IDEA中。

2）选择“文件”→“导入助理”→“导入至IDEA”→“ODBC”选项来直接连接SQL Sever和Oracle数据库，完成数据采集。

实验三　审计数据分析：数据查询

实验目的

在“实验二　IDEA审计数据采集”的基础上，掌握IDEA 8中数据查询这种审计数据分析方法的应用，加深理解审计数据分析的意义。

实验要求

（1）采用IDEA的标准功能完成简单的数据查询。

（2）根据给定的数据，在IDEA中练习提取数据功能的应用。

实验内容

（1）采用IDEA的标准功能完成简单的数据查询。以给定的某税收征收电子数据（文件名为“税收征收.mdb”，数据表名为“征收表”，表结构见本书附录A中图A－1）为例，假定所有纳税人税款滞纳天数超过10天均属超期滞纳，采用IDEA的标准功能查找征收表中有无“负纳税”数据和“超期滞纳”数据。

（2）提取数据功能的应用。以给定的某税收征收电子数据（文件名为“税收征收.mdb”，数据表名为“征收表”，表结构见本书附录A中图A－1）为例，假定所有纳税人税款滞纳天数超过10天均属超期滞纳，要求完成以下实验：

1）在IDEA中采用提取数据功能查找征收表中有无“负纳税”数据和“超期滞纳”数据，其中，要求查询结果中显示所有字段。

2）在IDEA中采用提取数据功能查找征收表中有无“负纳税”数据和“超期滞纳”数据，其中，要求查询结果中仅显示“税务登记号”“纳税人名称”“实纳税额”三个字段。

3）在IDEA中采用提取数据功能查找征收表中有无“负纳税”数据，要求以数据表中的“级次”字段为关键值，对查询结果进行分类，分别显示查询结果。（提示：选择“数据”→“提取数据”→“关键值提取”选项，然后定义关键量为“级次”字段。）

（3）思考题。比较IDEA的标准功能和提取数据功能在数据查询应用上的异同点。

实验四 审计数据分析：审计抽样

实验目的

掌握IDEA 8中审计抽样这种审计数据分析方法的使用，加深理解审计数据分析的意义。

实验要求

（1）根据给定的数据，练习系统采样功能的应用。

（2）根据给定的数据，练习随机采样功能的应用。

（3）根据给定的数据，练习分类随机采样功能的应用。

（4）了解采样的其他相关功能。

实验内容

以给定的某税收征收电子数据（文件名为“税收征收.mdb”，数据表名为“征收表”，表结构见本书附录A中图A-1）为例，完成以下实验。

（1）利用系统采样功能进行抽样，要求：

1）抽取20条记录，其中抽样的范围为从第一个到最后一个记录。查看抽样结果。

2）要求抽样的间隔为100，其中抽样的范围为从第一个到最后一个记录。查看抽样结果。

（2）利用随机采样功能进行抽样，要求：

1）抽取10条记录，随机数种子任意，其中抽样的范围为从第一个到最后一个记录。

2）查看抽样结果。

（3）利用分类随机采样功能进行抽样，要求：

根据“实纳税额”进行分层，然后抽取15条记录，其中，实纳税额<0的抽取1条；0<实纳税额<1 000的抽取5条；1 000<实纳税额<2 000的抽取2条；2 000<实纳税额<3 000的抽取1条；3 000<实纳税额<4 000的抽取1条；4 000<

实纳税额<5 000 的抽取 1 条；5 000<实纳税额<6 000 的抽取 1 条；6 000<实纳税额的抽取 3 条。

（4）了解采样的其他相关功能。

实验五　审计数据分析：统计分析

实验目的

在电子数据审计中，统计分析的目的是探索被审计数据内在的数量规律性，以发现异常现象，快速寻找审计突破口。本实验可以使读者加深理解审计数据分析的意义，掌握一般统计和分层分析这两种审计数据分析方法的使用。

实验要求

（1）根据给定的数据，练习一般统计功能的应用。

（2）根据给定的数据，练习分层分析功能的应用。

实验内容

（1）一般统计功能的应用。

1）以给定的某税收征收电子数据（文件名为“税收征收.mdb”，数据表名为“征收表”，表结构见本书附录 A 中图 A－1）为例，利用一般统计功能进行分析，分析结果类似于图 8－1。

图 8－1　IDEA 的一般统计功能示例

2）认真体会图 8－1 中分析结果的意义。

（2）分层分析功能的应用。现有某税收征收电子数据（文件名为“税收征收.mdb”，数据表名为“征收表”，表结构见本书附录 A 中图 A－1），要求：

1）对“实纳税额”字段进行分层分析，把分析的结果命名为“税收征收数据分层分析结果”，将分析的结果生成单独的数据库，名称为“税收征收数据分层分析结果数据库”。其分析结果类似于图 8－2。

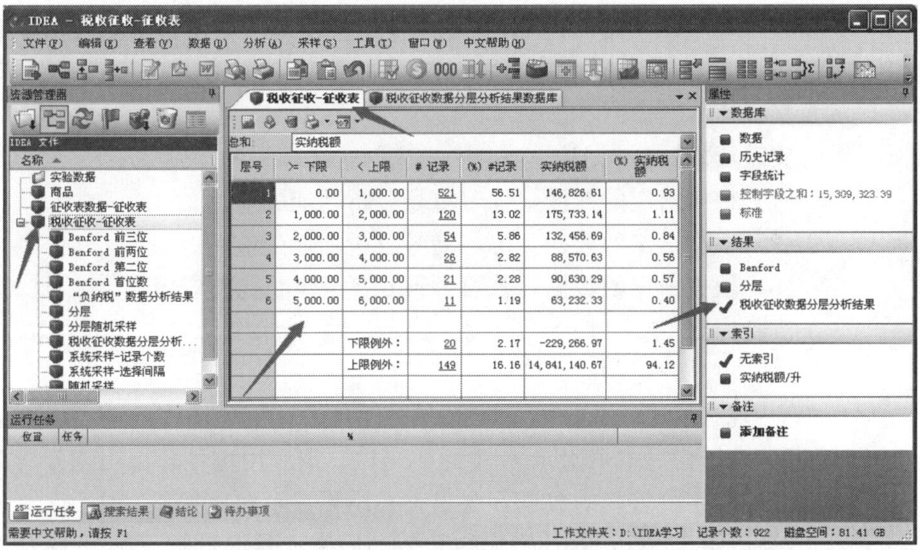

图 8－2 按数值分层的表格显示结果示例

2）以“征收类型”字段为分组依据，对“实纳税额”字段进行分层分析，把分析的结果命名为“分层分析（分组）结果”，将分析的结果生成单独的数据库，命名为“分层分析（分组）结果数据库”。其分析结果类似于图 8－3。

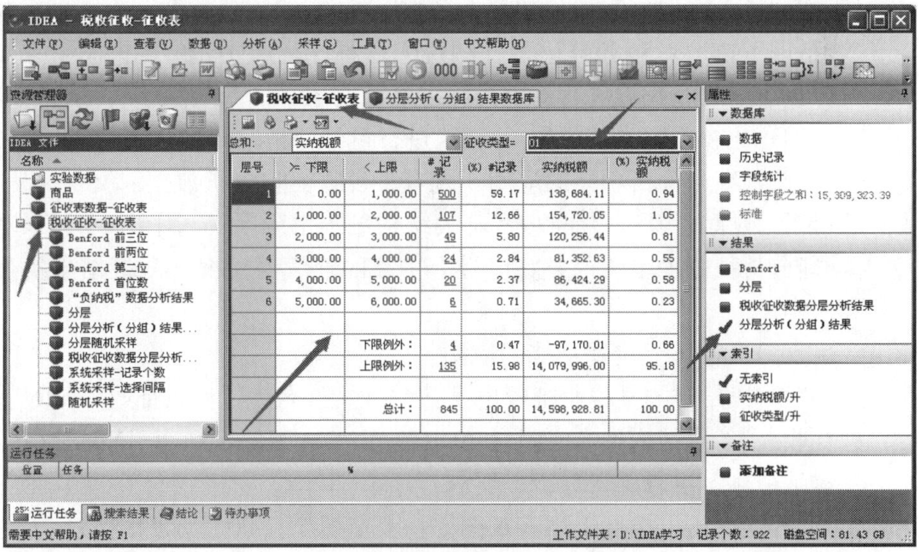

图 8－3 按分组依据分层的表格显示结果示例

3）认真体会图 8－2 和图 8－3 中分析结果的意义。

实验六　审计数据分析：数值分析

实验目的

在“实验二　IDEA 审计数据采集”的基础上，掌握 IDEA 8 中重号分析、断号分析和 Benford 定律这三种审计数据分析方法的使用，加深理解审计数据分析的意义。

实验要求

（1）根据给定的数据，练习重号分析功能的应用。

（2）根据给定的数据，练习断号分析功能的应用。

（3）根据给定的数据，练习 Benford 定律功能的应用。

实验内容

（1）重号分析功能的应用。

1）现有某税收征收电子数据（文件名为“税收征收. mdb”，数据表名为“征收表”，表结构见本书附录 A 中图 A-1），请利用重号分析功能分析征收表中“税务登记号”字段重复的数据，要求查找结果显示所有字段。

2）以给定的 FoxPro 格式的某劳动局失业保险数据（文件名为“失业金实际发放表. dbf”，数据类型为 FoxPro 自由表，表结构见本书附录 A 中图 A-5）为例，利用 IDEA 中的重号分析功能，查找同月重复发放失业金的人员，查找结果包括“身份证号”“姓名”“发放月份”这三个字段。

3）以给定的某税收征收电子数据（文件名为“税收征收. mdb”，数据表名为“征收表”，表结构见本书附录 A 中图 A-1）为例，利用 IDEA 的重号分析功能，查找“税务登记号”和“纳税人名称”相同、“征收类型”不同的数据，查找结果包括如下内容：税务登记号、纳税人名称、征收类型。（提示：在 IDEA 中选择“分析”→“查找重复”→“排除”选项完成。）

4）比较采用 IDEA 和 Access 进行重号分析时两种方法的优缺点。

（2）断号分析功能的应用。现有某税收征收电子数据（文件名为“税收征收. mdb”，数据表名为“征收表”，表结构见本书附录 A 中图 A-1），利用断号分析功能分析征收表中“税务登记号”字段的连续性情况，分析结果类似于第 5 章图 5-83。

（3）Benford 定律功能的应用。

1）以给定的某税收征收电子数据（文件名为“税收征收 . mdb”，数据表名为“征收表”，表结构见本书附录 A 中图 A-1）为例，利用 IDEA 的 Benford 定律对“实纳税额”字段进行分析，要求：

- 能分析出类似于第 5 章图 5-96 至图 5-100 所示的结果。
- 查看“实纳税额”字段中前两位数字为“60”的数据记录。

2）任意选取其他数据，检验其与 Benford 定律曲线的吻合程度。

3）思考题。图 8-4 所示的为审计人员采用审计软件 IDEA 对征收表数据进行分析的一个界面。请解释图中所标出的①和②各自代表的含义。

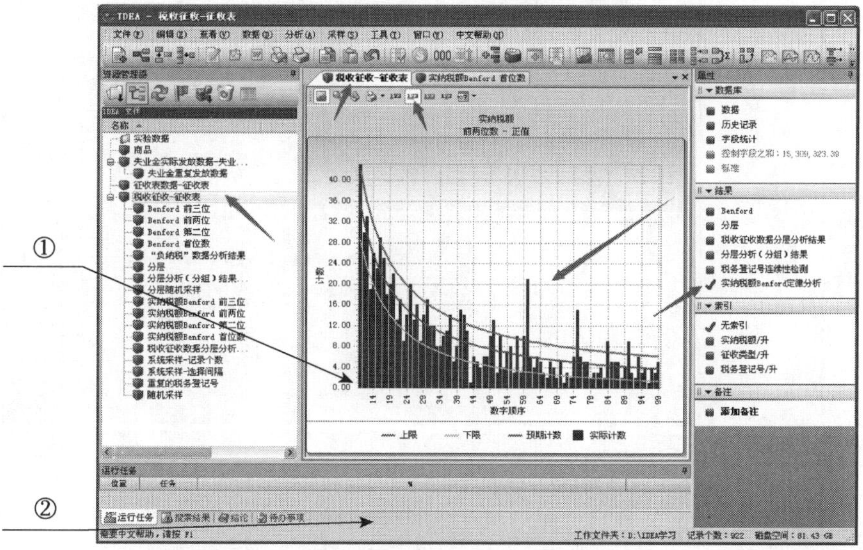

图 8-4　征收表数据某审计数据分析结果示例

实验七　审计数据分析：其他功能

实验目的

掌握 IDEA 8 中字段操作、数据透视表、图表数据等审计数据分析功能的使用，加深理解审计数据分析的意义。

实验要求

（1）根据给定的数据，练习字段操作功能的应用。

（2）根据给定的数据，练习数据透视表功能的应用。

（3）根据给定的数据，练习图表数据功能的应用（选做）。

实验内容

（1）字段操作功能的应用。以给定的文本文件格式的某零售企业商品数据（文件名为“商品.txt”，表结构见本书附录 A 中图 A-7）为例，完成以下实验：

1）将该数据导入到 IDEA 中（若 IDEA 中已有该数据，则不执行该步骤）。要求：单价精确到分，库存量为整数。

2）新增一列“库存金额”字段。（提示：选择“数据”→“字段操作”选项完成。）

3）计算出每种商品的库存金额（精确到分）。（注：库存金额＝单价×库存量）。

（2）数据透视表功能的应用。以给定的某税收征收电子数据（文件名为“税收征收.mdb”，数据表名为“征收表”，表结构见本书附录 A 中图 A-1）为例，练习数据透视表功能，结果类似于图 8-5。（操作提示：选择“分析”→“数据透视表”选项完成。）

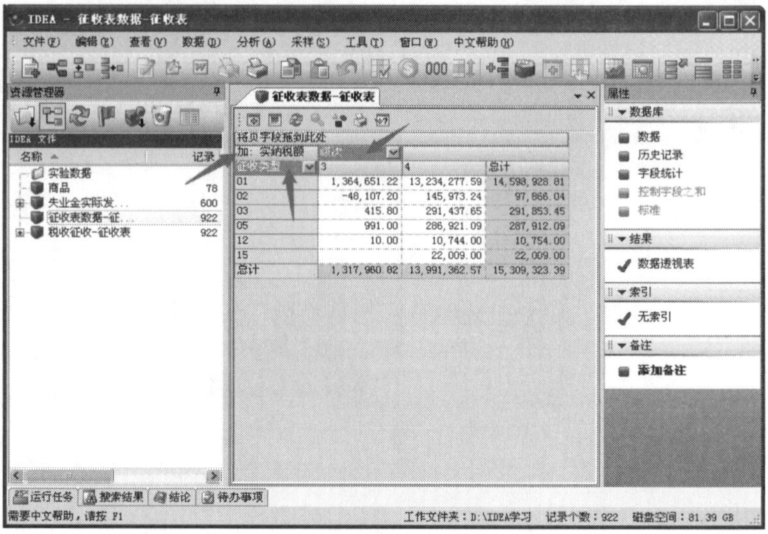

图8-5 征收表数据数据透视表分析结果示例

（3）图表数据功能的应用。以给定的某税收征收电子数据（文件名为“税收征收.mdb”，数据表名为“征收表”，表结构见本书附录A中图A-1）为例，练习图表数据功能的应用，其设置类似于图8-6。（操作提示：选择“数据”→“图表数据”选项完成。）

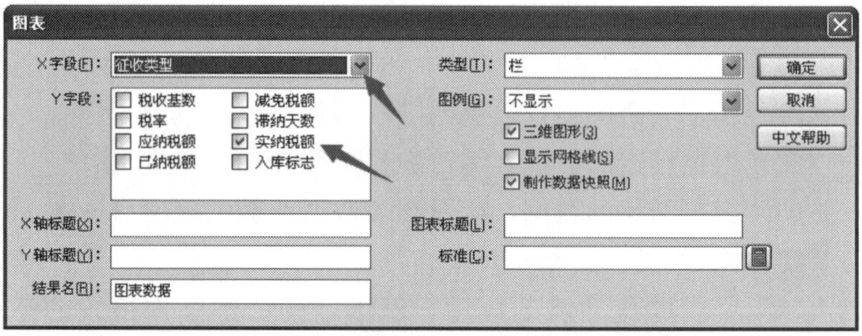

图8-6 征收表数据图表数据分析设置示例

8.5 实验模块五（基于电子数据审计模拟实验室软件V1.0）

实验一 熟悉电子数据审计模拟实验室软件V1.0

实验目的

（1）掌握如何采用电子数据审计模拟实验室软件V1.0来采集不同类型的数据文件，加深理解审计数据采集的意义。

（2）熟悉电子数据审计模拟实验室软件V1.0的操作环境，初步掌握电子数据审计模拟实验室软件的使用，为以后的实验打下基础。

实验要求

（1）把给定的文本文件格式的数据采集到电子数据审计模拟实验室软件中。

（2）把给定的 Excel 格式的数据采集到电子数据审计模拟实验室软件中。

（3）把给定的 Access 格式的数据采集到电子数据审计模拟实验室软件中。

（4）熟悉电子数据审计模拟实验室软件的操作界面以及界面中的主要工具。

实验内容

（1）把给定格式数据采集到电子数据审计模拟实验室软件中。

1）把给定的文本文件格式的某零售企业商品数据（文件名为“商品. txt”，表结构见本书附录 A 中图 A－7）采集到电子数据审计模拟实验室软件中。

2）把给定的 Excel 格式的某税收征收电子数据（文件名为“征收表. xls”，表结构见本书附录 A 中图 A－3）采集到电子数据审计模拟实验室软件中。

3）把给定的 Access 格式的某税收征收电子数据（文件名为“税收征收. mdb”，数据表名为“征收表”，表结构见本书附录 A 中图 A－1）采集到电子数据审计模拟实验室软件中。

（2）熟悉第 5 章图 5－6 中的电子数据审计模拟实验室软件操作界面及其主要工具。

1）功能菜单区；

2）数据预览及结果显示区；

3）状态区；

4）数据分析功能区。

（3）在完成以上操作之后，采用审计日志导出功能导出并查看审计日志（选做）。

实验二 审计数据分析：数据查询

实验目的

采用电子数据审计模拟实验室软件 V1.0 的数据查询功能，练习电子数据审计模拟实验室软件中的 SQL 查询模拟、便捷 SQL 查询模拟和快速条件查询等功能，掌握数据查询这种审计数据分析方法的应用，加深理解审计数据分析的意义。

实验要求

以某税收征收电子数据和某劳动局失业保险数据为例，掌握如何在电子数据审计模拟实验室软件 V1.0 中采用数据查询的方法完成审计数据分析，以及如何将分析结果导出为 Excel 格式的数据。

实验内容

（1）采用 SQL 查询模拟功能练习审计数据查询。

1）以给定的某税收征收电子数据（文件名为“税收征收. mdb”，数据表名为“征收表”，表结构见本书附录 A 中图 A－1）为例，假定所有纳税人税款滞纳天数超过 10 天均属超期滞纳，按以下要求完成实验：

- 将该数据采集到电子数据审计模拟实验室软件中。

● 借助电子数据审计模拟实验室软件的SQL查询模拟功能，编写SQL语句检查税收征收数据中有无“负纳税”数据，并将分析结果保存到名为“负纳税”的Excel文件中。

● 借助电子数据审计模拟实验室软件的SQL查询模拟功能，编写SQL语句检查税收征收数据中有无“超期滞纳”数据，并将分析结果保存到名为“超期滞纳”的Excel文件中。

2）以给定的某劳动局失业保险数据（文件名为“失业金实际发放数据.mdb”，数据表名为“失业金实际发放表”，表结构见本书附录A中图A-6）为例，按以下要求完成实验：

● 将该数据采集到电子数据审计模拟实验室软件中。

● 借助电子数据审计模拟实验室软件的SQL查询模拟功能，编写SQL语句查找同月重复发放失业金的人员，查找结果包括身份证号、姓名、发放月份、同月发放次数、发放金额合计，并将查找结果按同月发放次数降序排列。

● 将分析结果保存到名为“重复发放失业金分析结果”的Excel文件中。

（2）采用便捷SQL查询模拟功能练习审计数据查询。以给定的某税收征收电子数据（文件名为“税收征收.mdb”，数据表名为“征收表”，表结构见本书附录A中图A-1）为例，假定所有纳税人税款滞纳天数超过10天均属超期滞纳，按以下要求完成实验：

1）将该数据采集到电子数据审计模拟实验室软件中。

2）借助电子数据审计模拟实验室软件的便捷SQL查询功能，检查税收征收数据中有无“超期滞纳”数据。

3）借助电子数据审计模拟实验室软件的便捷SQL查询功能，检查税收征收数据中有无“负纳税”数据，并将查询结果按“实纳税额”降序排列。

4）借助电子数据审计模拟实验室软件的便捷SQL查询功能，查找税收征收数据“纳税人名称”字段中含有“广州”的数据。

（3）采用快速条件查询模拟功能练习审计数据查询。

以给定的某税收征收电子数据（文件名为“税收征收.mdb”，数据表名为“征收表”，表结构见本书附录A中图A-1）为例，假定所有纳税人税款滞纳天数超过10天均属超期滞纳，按以下要求完成实验：

1）将该数据采集到电子数据审计模拟实验室软件中。

2）借助电子数据审计模拟实验室软件的快速条件查询功能，查找税收征收数据“纳税人名称”字段中含有“广州”的数据。

3）借助电子数据审计模拟实验室软件的快速条件查询功能，查找税收征收数据“纳税人名称”字段中含有“广州”，且“实纳税额”在100～1 000之间的数据。

4）借助电子数据审计模拟实验室软件的快速条件查询功能，查找税收征收数据“纳税人名称”字段中含有“广州”，“经济性质”字段中含有“11”，且“实纳税额”字段在100～1 000之间的数据。

（4）在完成以上操作之后，采用审计日志导出功能导出并查看审计日志（选做）。

（5）思考题。比较电子数据审计模拟实验室软件中的 SQL 查询模拟、便捷 SQL 查询模拟和快速条件查询模拟三者在功能上的异同点。

实验三　审计数据分析：审计抽样

实验目的

采用电子数据审计模拟实验室软件 V1.0 的审计抽样功能，练习审计抽样这种审计数据分析方法的应用，从而掌握审计抽样这种审计数据分析方法，加深理解审计数据分析的意义。

实验要求

（1）根据给定的数据，练习间隔抽样（输入抽样个数）功能的应用。

（2）根据给定的数据，练习间隔抽样（输入抽样间隔）功能的应用。

（3）根据给定的数据，练习随机抽样功能的应用。

实验内容

（1）练习审计抽样功能。以给定的某税收征收电子数据（文件名为“税收征收.mdb”，数据表名为“征收表”，表结构见本书附录 A 中图 A－1）为例，完成以下实验。

1）利用间隔抽样（输入抽样个数）功能进行抽样，要求：

- 抽取 20 条记录，其中抽样的范围为从第一个到最后一个记录。
- 查看抽样结果，并将抽样结果保存到名为“间隔抽样（输入抽样个数）结果”的 Excel 文件中。

2）利用间隔抽样（输入抽样间隔）功能进行抽样，要求：

- 抽样的间隔为 100，其中抽样的范围为从第一个到最后一个记录。
- 查看抽样结果，并将抽样结果保存到名为“间隔抽样（输入抽样间隔）结果”的 Excel 文件中。

3）利用随机抽样功能进行抽样，要求：

- 抽取 10 条记录，随机数种子任意，其中抽样的范围为从第一个到最后一个记录。
- 查看抽样结果，并将抽样结果保存到名为“随机抽样结果”的 Excel 文件中。

（2）在完成以上操作之后，采用审计日志导出功能导出并查看审计日志（选做）。

实验四　审计数据分析：统计分析

实验目的

采用电子数据审计模拟实验室软件 V1.0 的统计分析功能，练习统计分析这种审计数据分析方法的应用，从而掌握统计分析这种审计数据分析方法，加深理解审计数据分析的意义。

实验要求

（1）根据给定的数据，练习一般统计功能的应用。

（2）根据给定的数据，练习分层分析功能的应用。

实验内容

（1）一般统计功能的应用。以给定的某税收征收电子数据（文件名为“税收征收.mdb”，数据表名为“征收表”，表结构见本书附录A中图A-1）为例，利用电子数据审计模拟实验室软件V1.0的一般统计功能对“实纳税额”字段进行分析，并认真体会分析结果的意义。

（2）分层分析功能的应用。现有某税收征收电子数据（文件名为“税收征收.mdb”，数据表名为“征收表”，表结构见本书附录A中图A-1）。要求：

1）对“实纳税额”字段进行分层分析，且分层的下限为0，上限为6 000，分层间隔为1 000。

2）查看分层结果，并认真体会分层结果的意义。

3）选择分层结果中的某一层，如“4 000～5 000”，查看该层中的数据，并将该层中的数据保存到名为“分层结果中的某一层数据”的Excel文件中。

（3）在完成以上操作之后，采用审计日志导出功能导出并查看审计日志（选做）。

实验五　审计数据分析：数值分析

实验目的

采用电子数据审计模拟实验室软件V1.0的重号分析、断号分析和Benford定律功能，练习重号分析、断号分析和Benford定律这三种数值分析方法的应用，从而掌握这三种审计数据分析方法的使用，加深理解审计数据分析的意义。

实验要求

（1）根据给定的数据，练习重号分析功能的应用。

（2）根据给定的数据，练习断号分析功能的应用。

（3）根据给定的数据，练习Benford定律功能的应用。

实验内容

（1）重号分析功能的应用。

1）现有某税收征收电子数据（文件名为“税收征收.mdb”，数据表名为“征收表”，表结构见本书附录A中图A-1），利用电子数据审计模拟实验室软件的重号分析功能分析征收表中“税务登记号”字段重复的数据。

2）以给定的某税收征收电子数据（文件名为“税收征收.mdb”，数据表名为“征收表”，表结构见本书附录A中图A-1）为例，要求利用电子数据审计模拟实验室软件的重号分析功能，查找“税务登记号”和“纳税人名称”相同的数据。

3）以给定的Access格式的某劳动局失业保险数据（文件名为“失业金实际发放数据.mdb”，数据表名为“失业金实际发放表”，表结构见本书附录A中图A-6）为例，要求利用电子数据审计模拟实验室软件的重号分析功能，查找同月重复发放失业金的人员，并将分析结果保存到名为“重复发放失业金分析结果”的 Excel 文件中。

4）比较采用电子数据审计模拟实验室软件的重号分析功能和通过编写 SQL 语句进行重号分析这两种方法的优缺点。

（2）断号分析功能的应用。现有某税收征收电子数据（文件名为“税收征收.mdb”，数据表名为“征收表”，表结构见本书附录 A 中图 A-1），利用电子数据审计模拟实验室软件的断号分析功能分析征收表中“税务登记号”字段的连续性情况。

（3）Benford 定律功能的应用。

1）以给定的某税收征收电子数据（文件名为“税收征收.mdb”，数据表名为“征收表”，表结构见本书附录 A 中图 A-1）为例，利用电子数据审计模拟实验室软件的 Benford 定律功能对“实纳税额”字段进行分析，要求：

- 分别对第一位和第二位数字进行分析，并分别查看分析结果，检验其与 Benford 定律曲线的吻合程度。

- 对前两位数字进行分析，查看“实纳税额”字段中前两位数字为“60”的数据记录，并将“实纳税额”字段中前两位数字为“60”的数据保存到名为“前两位数字为 60”的 Excel 文件中。

2）任意选取其他数据，检验其与 Benford 定律曲线的吻合程度。

（4）在完成以上操作之后，采用审计日志导出功能导出并查看审计日志（选做）。

8.6 实验模块六（信息系统审计）

实验一　一般控制审计

实验目的

掌握一般控制审计的方法，加深理解一般控制审计的意义。

实验要求

（1）根据选定的某一家银行，练习一般控制审计的应用。

（2）加深理解一般控制审计的意义。

实验内容

选取自己所用的一家银行，假设对该银行开展一般控制审计，按以下要求设计相关文档：

（1）思考一般控制审计的主要内容。

（2）根据给定的模板，设计审计通知书。

（3）选择对该银行要开展的一般控制审计的范围，根据给定的模板，设计审计方案。

实验二　应用控制审计

实验目的

掌握应用控制审计的方法，加深理解应用控制审计的意义。

实验要求

（1）根据选定的某一家银行，练习应用控制审计的应用。

（2）加深理解应用控制审计的意义。

实验内容

选取自己所用的一家银行，下载其手机银行 App，增加其微信银行，并按以下要求开展应用控制审计：

（1）画出该银行手机银行或微信银行的功能结构图。

（2）选择其某一功能，参照本书第 6 章中应用控制审计案例，画出该功能的流程图，并列出该流程中关键的应用控制点。

（3）根据该流程中的各应用控制点，设计出控制活动、审计领域、控制描述，以及测试步骤。

（4）根据给定的模板，完成审计工作底稿。

附录 A

实验所用数据

A-1 某税收征收数据

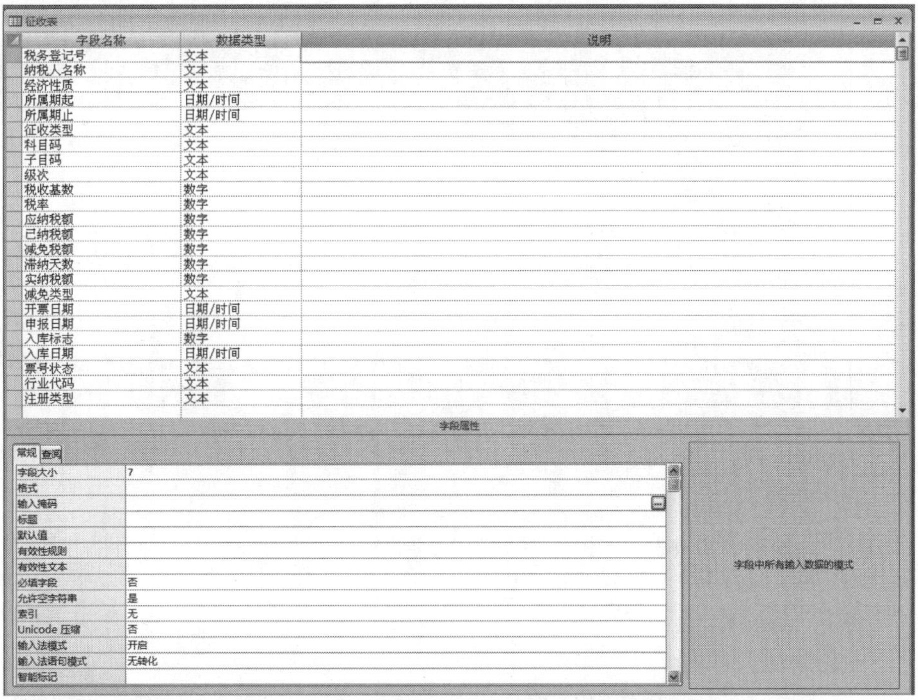

图 A-1　Access 数据库中“征收表”表结构

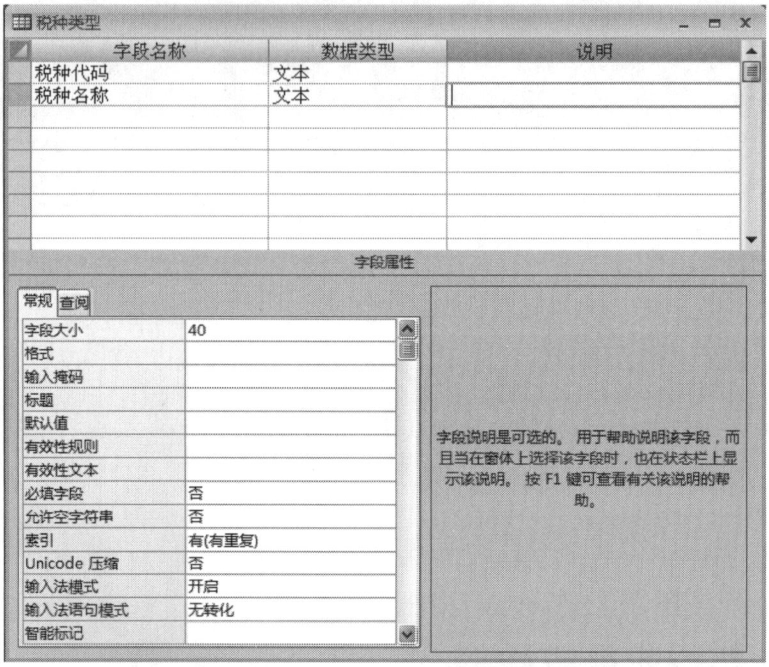

图 A-2　Access 数据库中“税种类型”表结构

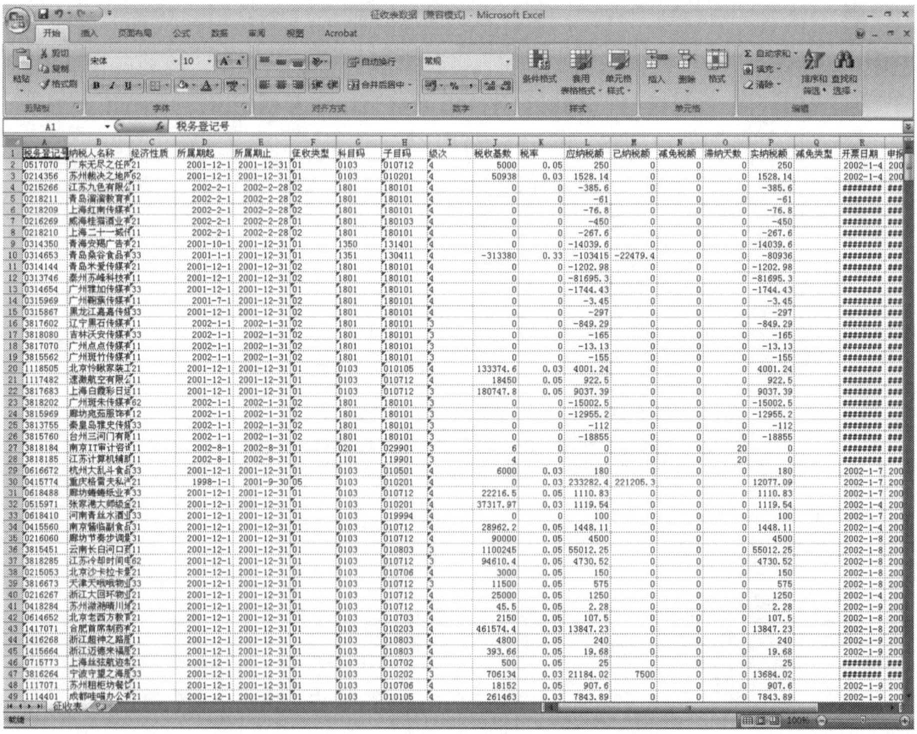

图 A-3　Excel 中“征收表”数据

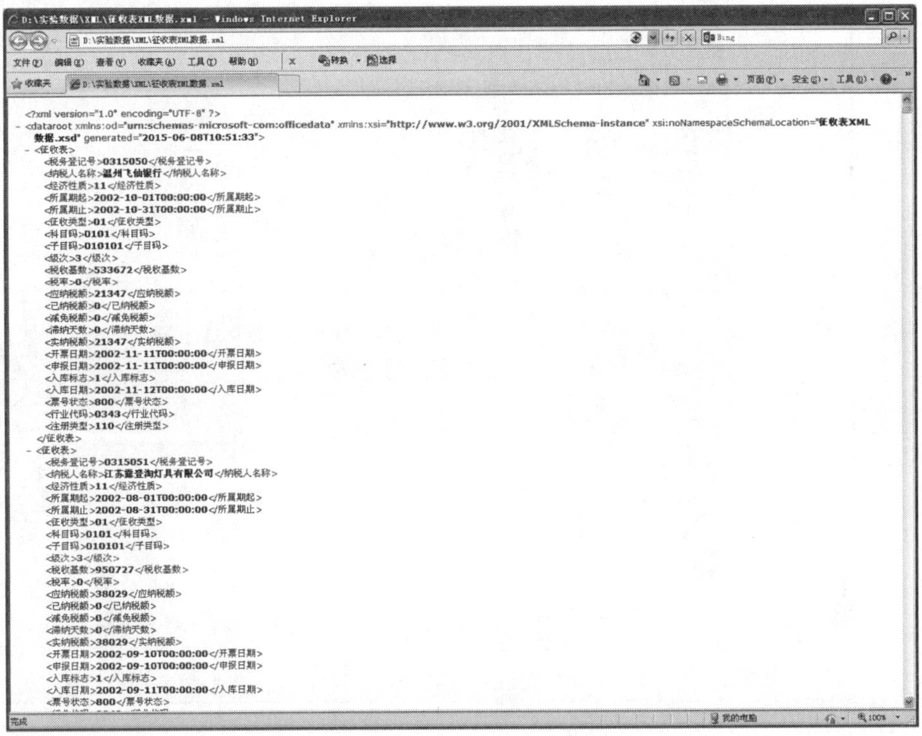

图 A-4 XML 格式的“征收表”数据

A-2 某失业保险数据

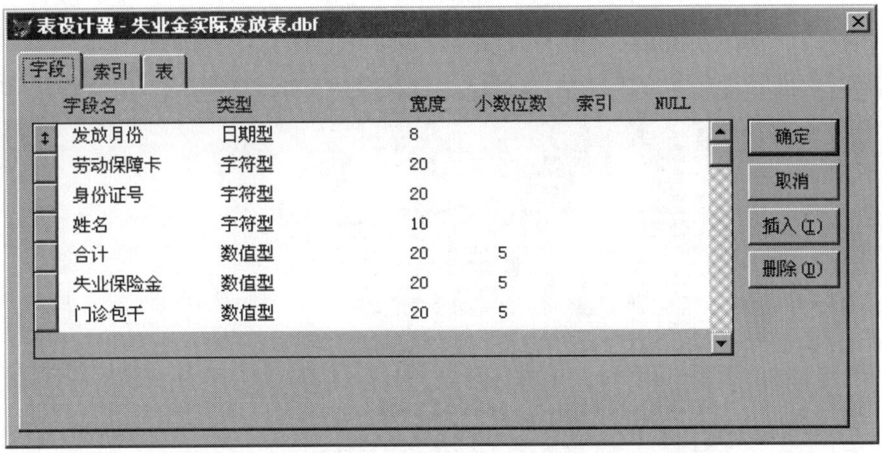

图 A-5 FoxPro 数据库中“失业金实际发放表”表结构

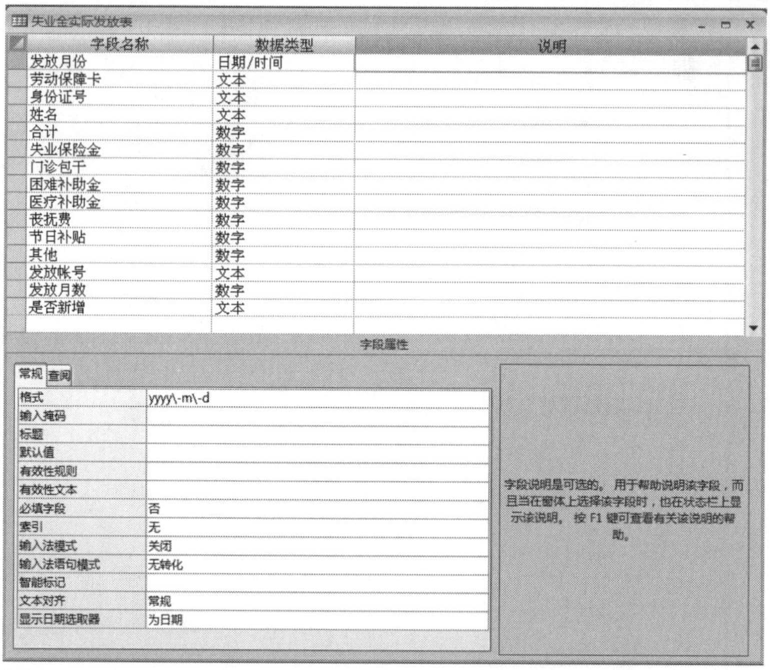

图 A-6 Access 数据库中“失业金实际发放表”表结构

A-3 某零售企业商品数据

```
"商品ID","商品名称","类别","单位数量","单价","库存量","订购量","再订购量"
1.00,"苹果汁","饮料","每箱24瓶",18.00,39.00,.00,10.00
2.00,"牛奶","饮料","每箱24瓶",19.00,17.00,40.00,25.00
3.00,"蕃茄酱","调味品","每箱12瓶",10.00,13.00,70.00,25.00
4.00,"盐","调味品","每箱12瓶",22.00,53.00,.00,.00
5.00,"麻油","调味品","每箱12瓶",21.35,.00,.00,.00
6.00,"酱油","调味品","每箱12瓶",25.00,120.00,.00,25.00
7.00,"海鲜粉","特制品","每箱30盒",30.00,15.00,.00,10.00
8.00,"胡椒粉","调味品","每箱30盒",40.00,6.00,.00,.00
9.00,"鸡","肉/家禽","每袋500克",97.00,29.00,.00,.00
10.00,"蟹","海鲜","每袋500克",31.00,31.00,.00,.00
11.00,"民众奶酪","日用品","每袋6包",21.00,22.00,30.00,30.00
12.00,"德国奶酪","日用品","每箱12瓶",38.00,86.00,.00,.00
13.00,"龙虾","海鲜","每袋500克",6.00,24.00,.00,5.00
14.00,"沙茶","特制品","每箱12瓶",23.25,35.00,.00,.00
15.00,"味精","调味品","每箱30盒",15.50,39.00,.00,5.00
16.00,"饼干","点心","每箱30盒",17.45,29.00,.00,10.00
17.00,"猪肉","肉/家禽","每袋500克",39.00,.00,.00,.00
18.00,"墨鱼","海鲜","每袋500克",62.50,42.00,.00,.00
19.00,"糖果","点心","每箱30盒",9.20,25.00,.00,5.00
20.00,"桂花糕","点心","每箱30盒",81.00,40.00,.00,.00
21.00,"花生","点心","每箱30包",10.00,3.00,40.00,5.00
22.00,"糯米","谷类/麦片","每袋3公斤",21.00,104.00,.00,25.00
23.00,"燕麦","谷类/麦片","每袋3公斤",9.00,61.00,.00,25.00
24.00,"汽水","饮料","每箱12瓶",4.50,20.00,.00,.00
25.00,"巧克力","点心","每箱30盒",14.00,76.00,.00,30.00
26.00,"棉花糖","点心","每箱30盒",31.23,15.00,.00,.00
27.00,"牛肉干","点心","每箱30包",43.90,49.00,.00,30.00
28.00,"烤肉酱","特制品","每箱12瓶",45.60,26.00,.00,.00
29.00,"鸭肉","肉/家禽","每袋3公斤",123.79,.00,.00,.00
30.00,"黄鱼","海鲜","每袋3公斤",25.89,10.00,.00,15.00
31.00,"温馨奶酪","日用品","每箱12瓶",12.50,.00,70.00,20.00
32.00,"白奶酪","日用品","每箱12瓶",32.00,9.00,40.00,25.00
33.00,"浪花奶酪","日用品","每箱12瓶",2.50,112.00,.00,20.00
34.00,"啤酒","饮料","每箱24瓶",14.00,111.00,.00,15.00
35.00,"蜜桃汁","饮料","每箱24瓶",18.00,20.00,.00,15.00
36.00,"鱿鱼","海鲜","每袋3公斤",19.00,112.00,.00,20.00
37.00,"干贝","海鲜","每袋3公斤",26.00,11.00,50.00,25.00
38.00,"绿茶","饮料","每箱24瓶",263.50,17.00,.00,15.00
39.00,"运动饮料","饮料","每箱24瓶",18.00,69.00,.00,5.00
40.00,"虾米","海鲜","每袋3公斤",18.40,123.00,.00,30.00
```

图 A-7 文本文件格式的“商品”数据

A－4 某税收征收数据（数据预处理练习数据）

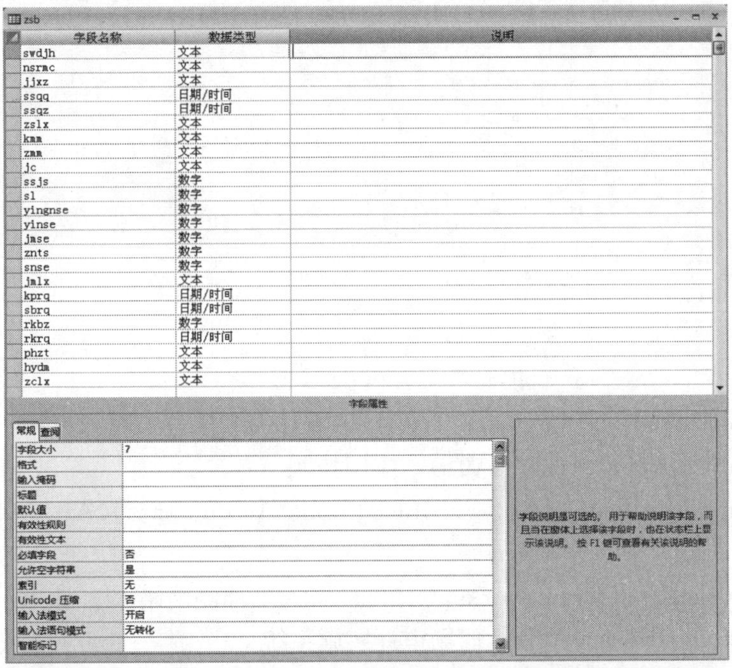

图 A－8 Access 数据库中“zsb”表结构

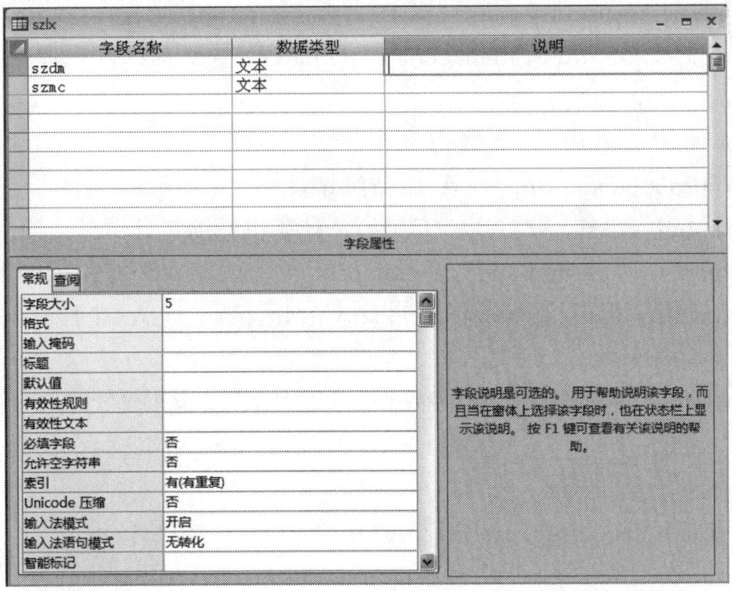

图 A－9 Access 数据库中“szlx”表结构

附录 B

术语表

[1] audit command language (ACL), 审计命令语言

[2] application controls (ACs), 应用控制

[3] American Institute of Certified Public Accountants (AICPA), 美国注册会计师协会

[4] artificial neural networks (ANNs), 人工神经网络

[5] auditor office (AO), 现场审计实施系统

[6] application programming interface (API), 应用程序编程接口

[7] Asian Organization of Supreme Audit Institutions (ASOSAI), 亚洲最高审计组织

[8] business continuity plan (BCP), 业务连续计划

[9] business continuity management (BCM), 业务连续性管理

[10] big data, 大数据

[11] big data auditing, 大数据审计

[12] continuous auditing (CA), 持续审计

[13] computer assisted audit (CAA), 计算机辅助审计

[14] computer assisted audit techniques (CAATs), 计算机辅助审计技术

[15] computer assisted audit tools and techniques (CAATTs), 计算机辅助审计工具与技术

[16] continuous auditing web services (CAWS), 持续审计 Web 服务模型

[17] Canadian Institute of Chartered Accountants (CICA), 加拿大特许会计师协会

[18] cloud computing, 云计算

[19] continuous online auditing (COA), 持续在线审计

[20] control objectives for information and related technology (COBIT), 信息及相关技术控制目标

[21] common object request broker architecture (CORBA), 公用对象请求代理程序体

系结构

[22] The Committee of Sponsoring Organizations of the Treadway Commission (COSO)，全美反舞弊性财务报告委员会发起组织

[23] data-intensive science，数据密集型科学

[24] database management system (DBMS)，数据库管理系统

[25] database system (DBS)，数据库系统

[26] data flow diagram (DFD)，数据流程图

[27] data-oriented online auditing (DOOA)，面向数据的联网审计

[28] disaster recovery plan (DRP)，灾难恢复计划

[29] electronic audit evidence (EAE)，电子审计证据

[30] embedded audit module (EAM)，嵌入审计模块

[31] electronic data processing (EDP)，电子数据处理

[32] electric data auditing，电子数据审计

[33] entity-relationship diagram (ERD)，实体联系图

[34] enterprise resource planning (ERP)，企业资源计划

[35] generalized audit software (GAS)，通用审计软件

[36] general controls (GCs)，整体控制

[37] global technology audit guide (GTAG)，全球技术审计指南

[38] Infrastructure as a Service (IaaS)，设施服务（云计算）

[39] International Audit and Assurance Standards Board (IAASB)，国际审计与鉴证准则委员会

[40] interactive data extraction and analysis (IDEA)，交互式数据抽取与分析

[41] International Organization of Supreme Audit Institutions (INTOSAI)，国际最高审计组织

[42] information system audit (ISA)，信息系统审计

[43] Information Systems Audit and Control Association (ISACA)，信息系统审计与控制协会

[44] information technology (IT)，信息技术

[45] IT auditing (或 IT audit)，IT 审计

[46] integrated test facility (ITF)，集成测试技术

[47] open database connectivity (ODBC)，开放数据库互连

[48] online analytical processing (OLAP)，联机分析处理

[49] online auditing，联网审计

[50] Platform as a Service (PaaS)，平台服务（云计算）

[51] parallel simulation，平行模拟法

[52] Software as a Service (SaaS)，软件服务（云计算）

[53] simple object access protocol (SOAP)，简单对象访问协议

[54] Sarbanes-Oxley Act 2002 (SOX)，《SOX 法案》

[55] structured query language（SQL），结构化查询语言
[56] test data，测试数据法
[57] uninterruptible power system（UPS），不间断电源
[58] use-case diagram（UCD），用例图
[59] extensible business reporting language（XBRL），可扩展商务报告语言
[60] extensible markup language（XML），可扩展标记语言

参考文献

[1] 陈伟. 大数据审计理论、方法与应用. 北京：科学出版社，2019.

[2] 陈伟，李晓鹏，居江宁. 基于大数据技术的信息系统用户及权限管理审计研究. 中国注册会计师，2019 (2)：74-79.

[3] 陈伟. 基于大数据技术的 BCM 审计方法研究. 会计之友，2019 (11)：113-116.

[4] 陈伟. 大数据环境下的联网审计风险控制研究. 中国注册会计师，2018 (9)：58-63.

[5] 陈伟. 大数据技术在扶贫审计中的应用. 财务与会计，2018 (15)：69-71.

[6] 陈伟. 审计信息化. 北京：高等教育出版社，2017.

[7] 陈伟. 计算机审计. 北京：中国人民大学出版社，2017.

[8] 陈伟，高杰，居江宁. 基于大数据技术的经济责任审计. 财务与会计，2018 (21)：51-53.

[9] 陈伟，勾东升，徐发亮. 基于文本数据分析的大数据审计方法研究. 中国注册会计师，2018 (11)：80-84.

[10] 陈伟，居江宁. 基于大数据可视化技术的审计线索特征挖掘方法研究. 审计研究，2018 (1)：16-21.

[11] 陈伟，居江宁. 大数据审计：现状与发展. 中国注册会计师，2017 (12)：77-81.

[12] 陈伟，孙梦蝶. 基于网络爬虫技术的大数据审计方法研究. 中国注册会计师，2018 (7)：76-80.

[13] 陈伟，Smieliauskas W. 大数据环境下基于数据可视化技术的电子审计方法. 中国注册会计师，2017 (1)：101-106.

[14] 陈伟. 大数据环境下基于模糊匹配的审计方法. 中国注册会计师，2016 (11)：84-88.

[15] 陈伟. 电子数据审计模拟实验. 北京：清华大学出版社，2016.

[16] 陈伟. 计算机辅助审计原理及应用. 3 版. 北京：清华大学出版社，2016.

[17] 陈伟，Wally Smieliauskas. 大数据环境下的电子数据审计：机遇、挑战与方法.

计算机科学，2016，43（1）：8-13.

[18] 陈伟. 电子数据审计模拟实验室研究. 中国注册会计师，2015（7）：86-92.

[19] 陈伟. 联网审计技术方法与绩效评价. 北京：清华大学出版社，2012.

[20] 陈伟. 一种基于AHP的联网审计绩效评价方法. 审计与经济研究，2011，26（5）：47-52.

[21] 陈伟. 一种基于等级法的联网审计绩效评价方法. 计算机科学，2010，37（11）：111-116.

[22] 陈伟. 计算机辅助审计实验教学探析. 中国管理信息化，2009，12（1）：100-103.

[23] 陈伟，陈耿，朱文明，等. 基于业务规则的错误数据清理方法. 计算机工程与应用，2005，41（14）：172-174.

[24] 陈伟，杭天竹. 政府电子数据审计应用现状调研. 财会月刊，2016（10）：61-66.

[25] 陈伟，丁秋林. 数据清理中编辑距离的应用及Java编程实现. 电脑与信息技术，2003（6）：33-35.

[26] 陈伟，丁秋林. 数据清理中不完整数据的清理方法. 微型机与应用，2005，24（2）：44-45，55.

[27] 陈伟，丁秋林. 可扩展数据清理软件平台的研究. 电子科技大学学报，2006，35（1）：100-103.

[28] 陈伟，丁秋林，谢强. 交互式数据迁移系统及其相似检测效率优化. 华南理工大学学报（自然科学版），2004，32（2）：58-61.

[29] 陈伟，刘思峰. 基于BCP视角的联网审计风险控制. 工业技术经济，2007，26（10）：135-137.

[30] 陈伟，刘思峰，邱广华. 计算机审计中数据处理新方法探讨. 审计与经济研究，2006，21（1）：37-39，48.

[31] 陈伟，刘思峰，邱广华. 计算机审计中一种基于孤立点检测的数据处理方法. 商业研究，2006，21（17）：44-47.

[32] 陈伟，刘思峰，Robin Qiu. 审计数据质量评估方法研究. 计算机工程与应用，2008，44（3）：20-23.

[33] 陈伟，牛艳芳，Wally Smieliauskas. 国内外IT审计教育比较及其对我国的启示. 中国注册会计师，2013（11）：86-92.

[34] 陈伟，Robin Qiu. 面向大型数据库的审计数据采集方法. 计算机应用，2008，28（8）：2144-2146，2149.

[35] 陈伟，Robin Qiu. 审计软件现状及发展趋势研究. 计算机科学，2009，36（2）：1-4，25.

[36] 陈伟，Robin Qiu，刘思峰. 数据库技术在计算机辅助审计中的应用研究. 计算机应用研究，2008，25（6）：1908-1910.

[37] 陈伟，Robin Qiu，刘思峰. 一种基于数据匹配技术的审计证据获取方法. 计算机科学，2008，35（8）：183-187，194.

[38] 陈伟，Robin Qiu，刘思峰. 持续审计（CA）研究综述. 小型微型计算机系统，2008，29 (9)：1755-1760.

[39] 陈伟，Wally Smieliauskas. 云计算环境下的联网审计实现方法探析. 审计研究，2012 (3)：37-44.

[40] 陈伟，尹平. 基于成本效益视角的联网审计可行性分析. 审计与经济研究，2007，22 (1)：36-39.

[41] 陈伟，王昊，陈丹萍. 一种基于交互式数据迁移技术的数据采集方法. 计算机工程，2006，32 (9)：62-63，66.

[42] 陈伟，王昊，朱文明. 基于孤立点检测的错误数据清理方法. 计算机应用研究，2005，22 (11)：71-73.

[43] 陈伟，王昊，朱文明. 一种提高相似重复记录检测精度的方法. 计算机应用与软件，2006，23 (10)：29-30，42.

[44] 陈伟，张金城. 计算机辅助审计原理及应用. 北京：清华大学出版社，2008.

[45] 陈伟，张金城，Robin Qiu. 审计数据处理实验中模拟数据生成系统的研究. 计算机工程，2007，33 (19)：54-56.

[46] 陈伟，张金城，Robin Qiu. 计算机辅助审计技术（CAATs）研究综述. 计算机科学，2007，34 (10)：290-294.

[47] 宫学庆，金澈清，王晓玲，等. 数据密集型科学与工程：需求和挑战. 计算机学报，2012，35 (8)：1563-1578.

[48] 国际内部审计师协会. http://www. global. theiia. org.

[49] 国家863计划审计署课题组. 计算机审计数据采集与处理技术研究报告. 北京：清华大学出版社，2006.

[50] 中华人民共和国审计署. http://www. audit. gov. cn.

[51] 商业银行信息科技风险管理指引. http://www. cbirc. gov. cn.

[52] 王会金，陈伟. 非现场审计的实现方法研究. 审计与经济研究，2005，20 (3)：36-39.

[53] 尹平，陈伟. 信息化环境下审计机关审计成本控制对策探究. 审计研究，2008 (4)：21-24.

[54] 张进，易仁萍，陈伟. 计算机审计中电子数据的清理研究. 审计研究，2004 (6)：21-25.

[55] 中国银行保险监督管理委员会. http://www. cbirc. gov. cn.

[56]《AO 2011 实用手册》编写组. AO 2011 实用手册. 北京：清华大学出版社，2011.

更多参考文献请扫以下二维码：

图书在版编目（CIP）数据

计算机审计/陈伟编著. —2 版. —北京：中国人民大学出版社，2019.12
教育部经济管理类主干课程教材. 审计系列
ISBN 978-7-300-27501-7

Ⅰ.①计… Ⅱ.①陈… Ⅲ.①计算机审计-高等学校-教材 Ⅳ.①F239.1

中国版本图书馆 CIP 数据核字（2019）第 226431 号

教育部经济管理类主干课程教材·审计系列
计算机审计（第 2 版）
陈 伟 编著
Jisuanji Shenji

出版发行	中国人民大学出版社		
社　　址	北京中关村大街 31 号	**邮政编码**	100080
电　　话	010－62511242（总编室）		010－62511770（质管部）
	010－82501766（邮购部）		010－62514148（门市部）
	010－62515195（发行公司）		010－62515275（盗版举报）
网　　址	http://www.crup.com.cn		
经　　销	新华书店		
印　　刷	北京昌联印刷有限公司	**版　　次**	2017 年 5 月第 1 版
规　　格	185 mm×260 mm　16 开本		2019 年 12 月第 2 版
印　　张	21.5 插页 1	**印　　次**	2020 年 6 月第 2 次印刷
字　　数	450 000	**定　　价**	46.00 元

教师教学服务说明

中国人民大学出版社财会出版分社以出版经典、高品质的会计、财务管理、审计等领域各层次教材为宗旨。

为了更好地为一线教师服务，近年来财会出版分社着力建设了一批数字化、立体化的网络教学资源。教师可以通过以下方式获得免费下载教学资源的权限：

在中国人民大学出版社网站 www.crup.com.cn 进行注册，注册后进入“会员中心”，在左侧点击“我的教师认证”，填写相关信息，提交后等待审核。我们将在一个工作日内为您开通相关资源的下载权限。

如您急需教学资源或需要其他帮助，请在工作时间与我们联络：

中国人民大学出版社　财会出版分社

联系电话：010-62515987，62515735

电子邮箱：ckcbfs@crup.com.cn

通讯地址：北京市海淀区中关村大街甲 59 号文化大厦 1501 室（100872）